2026

박문각 공인중개사

합격예상문제 2차

공인중개사법·중개실무

박문각 공인중개사연구소 편

브랜드만족
1위
박문각

수상내역
후면표기

동영상강의
www.pmg.co.kr

합격까지 박문각
합격 노하우가 다르다!

박문각

이 책의 머리말

공인중개사 2차 시험은 공인중개사법·중개실무에서 고득점을 얻어야 넉넉하게 합격할 수 있습니다. 다른 과목에 비해 양이 많지 않고 내용도 쉬운 편이라 80점 이상의 고득점을 얻을 수 있습니다.

다른 과목에 비해 쉬운 편이지만 그리 만만한 과목인 것은 아닙니다. 전 범위 내용을 꼼꼼하게 공부해야 하므로 실제 학습량은 적지 않으며, 안정적인 합격을 위해서는 고득점을 얻어야 하는 부담도 있습니다. 처음 이 과목을 접할 때 다른 과목에 비해 쉽게 느껴지기 때문에 초반에 공부를 소홀히 하여 나중에 급하게 공부하다가 낭패를 보는 경우가 많으니 암기가 필요한 부분은 꾸준히 익혀야 합니다.

공인중개사법령은 25문제 내외로 많은 문제가 전 범위에 걸쳐 출제됩니다. 법령의 내용은 쉽게 이해할 수 있으며 꾸준히 익히고 암기하면 대부분의 문제를 쉽게 풀 수 있습니다. 행정처분 및 벌칙 부분은 암기하는 데 상당한 시간이 소요되니 꾸준히 익히고 훈련해야 합니다.

부동산 거래신고 등에 관한 법령 및 중개실무는 공인중개사법령에 비해 다소 어렵고 15문제 내외로 비중이 적다 보니 공부를 소홀히 할 수 있습니다. 이 부분에서 문제를 많이 틀리면 고득점을 얻기가 어려우니 이론 정리와 문제풀이 연습으로 꾸준히 실력을 올려야 합니다.

본 책은 저자가 다년간의 강의와 집필 경력을 바탕으로 최근 기출문제를 철저하게 분석하여 만든 문제집입니다. 또한 최근에 개정된 공인중개사법령, 부동산 거래신고 등에 관한 법령 내용을 모두 반영하여 문제를 만들었으며 시험에 자주 출제되는 판례도 모두 빠짐없이 수록하였습니다.

예상문제는 기출문제와 유사한 유형으로 만들어야 한다고 생각합니다. 기출문제는 출제자가 출제자의 스타일대로 출제한 것이며 매년 비슷한 유형대로 출제되고 있습니다. 그러니 그 기출의 유형대로 연습을 해야 실전에서 이질감이 느껴지지 않아 편안하게 문제를 풀 수 있습니다. 따라서 본 문제집은 기출문제와 가장 비슷한 형태로 만들고자 하였습니다.

본 책을 쓸 수 있도록 도와주신 도서출판 박문각 박용 회장님, 편집부 직원 여러분들에게 감사드립니다.
본 교재가 여러분들의 공인중개사 시험 준비를 위한 좋은 도구가 될 수 있기를 진심으로 바라며, 건강하게 마지막까지 완주하셔서 가슴 벅찬 합격의 기쁨을 누리시길 바랍니다.

2026년 4월
편저자 씀

공인중개사 개요 및 전망

"자격증만 따면 소자본만으로 개업할 수 있고 '나'의 사업을 능력껏 추진할 수 있다."

공인중개사는 자격증만 따면 개업하고, 적당히 돌아다니기만 해도 적지 않은 수입을 올릴 수 있는 자유직업. 이는 뜬구름 잡듯 공인중개사가 되려는 사람들의 생각인데 천만의 말씀이다. 예전에도 그랬고 지금은 더하지만 공인중개사는 '부동산 전문중개인다워야' 제대로 사업을 유지할 수 있고 괜찮은 소득도 올릴 수 있는 최고의 자유직업이 될 수 있다.

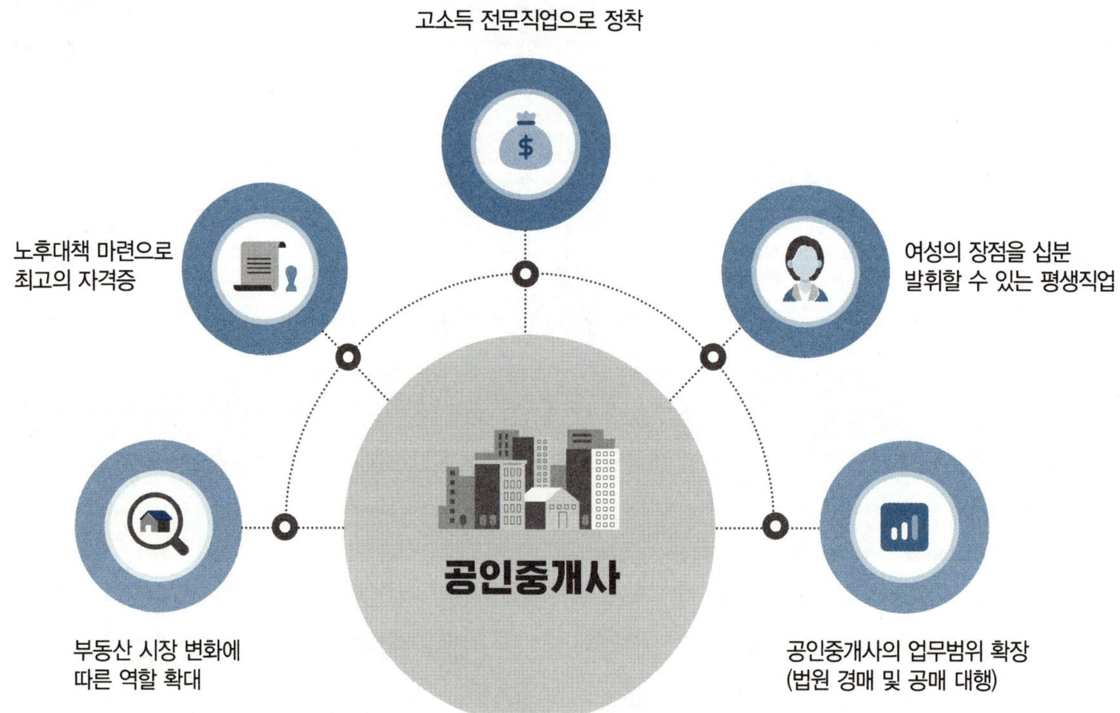

"자격증 취득하면 무슨 일 할까?"

공인중개사 자격증에 대해 사람들이 가장 많이 궁금해하는 점이 바로 '취득 후 무슨 일을 하나'이다. 하지만 공인중개사 자격증 취득 후 선택할 수 있는 직업군은 생각보다 다양하다.

개업공인중개사로서의 공인중개사 업무는 알선·중개 외에도 중개부동산의 이용이나 개발에 관한 지도 및 상담(부동산컨설팅)업무도 포함된다. 부동산중개 체인점, 주택 및 상가의 분양대행, 부동산의 관리대행, 경매 및 공매대상 부동산 취득의 알선 등 부동산의 전문적 컨설턴트로서 부동산의 구입에서 이용, 개발, 관리까지 폭넓은 업무를 다룰 수 있다.

취업

1

- 온라인 부동산 포털회사 취업
- 개인사무소, 합동사무소 취업
- 정부재투자기관 취업
- 부동산 관련기업 취업
- 은행 등 부동산 금융파트 취업 등

컨설팅

2

- 부동산투자분석 컨설팅
- 부동산 관련법규 및 세제 자문 등
- 부동산 자산관리 및 매매대행

창업

3

- 개인사무소 창업
- 합동사무소 창업

공인중개사 시험정보

시험일정 및 시험시간

1. 시험일정 및 장소

구 분	인터넷 / 모바일(App) 원서 접수기간	시험시행일	합격자발표
일 정	2026. 8. 3. ~ 8. 7.	2026. 10. 31.	2026. 12. 2.
장 소	원서 접수시 수험자가 시험지역 및 시험장소를 직접 선택		

> TIP 1. 제1·2차 시험이 동시접수·시행됩니다.
> 2. 빈자리 접수(2일간)는 정기접수 환불로 발생한 수용인원 범위 내에서 선착순으로만 이루어져 조기마감될 수 있습니다.

2. 시험시간

구 분	교시	시험과목 (과목당 40문제)	시험시간	
			입실시간	시험시간
제1차 시험	1교시	2과목	09:00까지	09:30 ~ 11:10(100분)
제2차 시험	1교시	2과목	12:30까지	13:00 ~ 14:40(100분)
	2교시	1과목	15:10까지	15:30 ~ 16:20(50분)

＊ 수험자는 반드시 입실시간까지 입실하여야 함(시험 시작 이후 입실 불가)

＊ 개인별 좌석배치도는 입실시간 20분 전에 해당 교실 칠판에 별도 부착함

＊ 위 시험시간은 일반응시자 기준이며, 장애인 등은 유형에 따라 편의제공 및 시험시간 연장가능(유형별 편의제공 및 시험시간 연장 등 세부내용은 큐넷 공인중개사 홈페이지 공지사항 참조)

＊ 2차만 응시하는 시간연장 수험자는 1·2차 동시응시 시간연장자의 2차 시작시간과 동일 시작

> TIP 시험일시, 시험장소, 시험방법, 합격자 결정방법 및 응시수수료의 환불에 관한 사항 등은 '제37회 공인중개사 자격시험 시행공고'시 고지

응시자격 및 합격자 결정방법

1. 응시자격: 제한 없음

다만, 다음의 각 호에 해당하는 경우에는 공인중개사 시험에 응시할 수 없음

① 공인중개사시험 부정행위자로 처분 받은 날로부터 시험시행일 전일(2026. 10. 30)까지 5년이 지나지 않은 자(공인중개사법 제4조의3)

② 공인중개사 자격이 취소된 후 합격자발표일(2026. 12. 2)까지 3년이 지나지 않은 자(공인중개사법 제6조)

③ 이미 공인중개사 자격을 취득한 자

2. 합격자 결정방법

제1·2차 시험 공통, 매 과목 100점 만점으로 하여 매 과목 40점 이상, 전 과목 평균 60점 이상 득점한 자

> TIP 제1·2차 시험 응시자 중 제1차 시험에 불합격한 자의 제2차 시험은 무효로 합니다(「공인중개사법 시행령」 제5조 제3항).

＊ 제1차 시험 면제대상자: 2025년 제36회 제1차 시험에 합격한 자

시험과목 및 출제비율

구 분	시험과목	시험범위	출제비율
제1차 시험 (2과목)	부동산학개론 (부동산 감정평가론 포함)	부동산학개론 •부동산학 총론[부동산의 개념과 분류, 부동산의 특성(속성)] •부동산학 각론(부동산 경제론, 부동산 시장론, 부동산 정책론, 부동산 투자론, 부동산 금융론, 부동산 개발 및 관리론)	85% 내외
		부동산 감정평가론(감정평가의 기초이론, 감정평가방식, 부동산가격 공시제도)	15% 내외
	민법 및 민사특별법 중 부동산중개에 관련되는 규정	민 법 •총칙 중 법률행위 •질권을 제외한 물권법 •계약법 중 총칙·매매·교환·임대차	85% 내외
		민사특별법 •주택임대차보호법 •집합건물의 소유 및 관리에 관한 법률 •가등기담보 등에 관한 법률 •부동산 실권리자명의 등기에 관한 법률 •상가건물 임대차보호법	15% 내외
제2차 시험 1교시 (2과목)	공인중개사의 업무 및 부동산 거래신고 등에 관한 법령 및 중개실무	공인중개사법	70% 내외
		부동산 거래신고 등에 관한 법률	
		중개실무	30% 내외
	부동산공법 중 부동산중개에 관련되는 규정	국토의 계획 및 이용에 관한 법률	30% 내외
		도시개발법	30% 내외
		도시 및 주거환경정비법	
		주택법	40% 내외
		건축법	
		농지법	
제2차 시험 2교시 (1과목)	부동산공시에 관한 법령 및 부동산 관련 세법	부동산등기법	30% 내외
		공간정보의 구축 및 관리 등에 관한 법률 제2장 제4절 및 제3장	30% 내외
		부동산 관련 세법(상속세, 증여세, 법인세, 부가가치세 제외)	40% 내외

TIP 답안은 시험시행일에 시행되고 있는 법령 등을 기준으로 작성

제36회 공인중개사 **시험총평**

2025년 제36회 공인중개사 시험
"1차는 비교적 쉬웠고, 2차는 어려웠다."

제36회 공인중개사 시험에서 1차 과목인 부동산학개론은 계산문제가 11문제 출제되었지만 9문제가 전형적인 패턴의 문제여서 풀이에 어려움이 없었고, 이론문제가 쉽게 출제되어 전체적인 난이도는 '하' 수준이었다. 민법은 전체적으로 평이하게 출제되었지만 민사특별법 부분에서는 다소 어렵게 출제되어 체감 난이도는 전년도와 비슷하였다.

2차 과목의 공인중개사법·중개실무는 최근 2년간의 시험보다 쉽게 출제되었고, 부동산세법과 부동산공시법령, 부동산공법은 비교적 평이하거나 전년도와 비슷한 중상 수준으로 출제되었다. 하지만 부동산공시법령과 부동산공법에서 일부 생소한 유형의 문제, 지엽적인 법률 문제가 출제되어 수험생들의 체감 난이도는 높아졌다고 볼 수 있다.

제36회 시험의 과목별 출제 경향은 다음과 같다.

1차

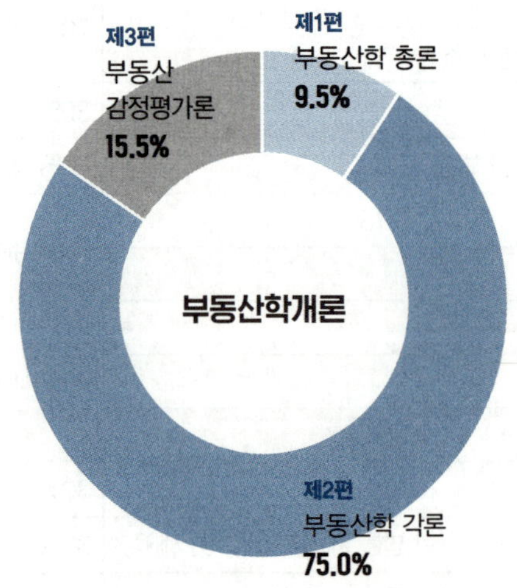

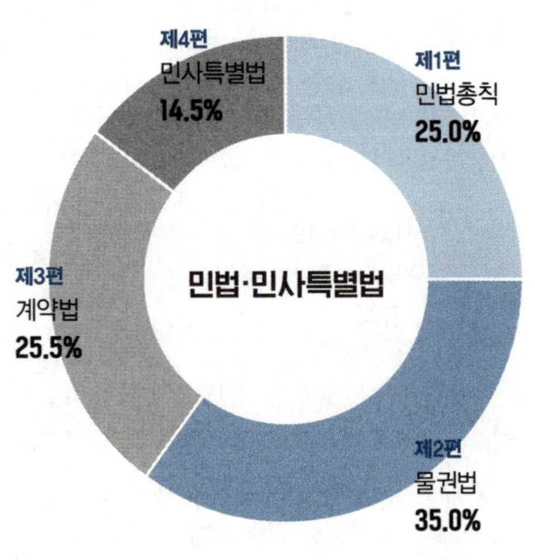

부동산학개론은 계산문제가 11문제 나왔지만 전형적인 패턴의 문제여서 충분히 풀 수 있었고, 이론문제가 쉽게 출제되어 전체적으로 역대급 쉬운 시험이었다.

전체적으로 평이하게 출제되었지만, 민사특별법 부분에서 다소 어렵게 출제되었다.

2차

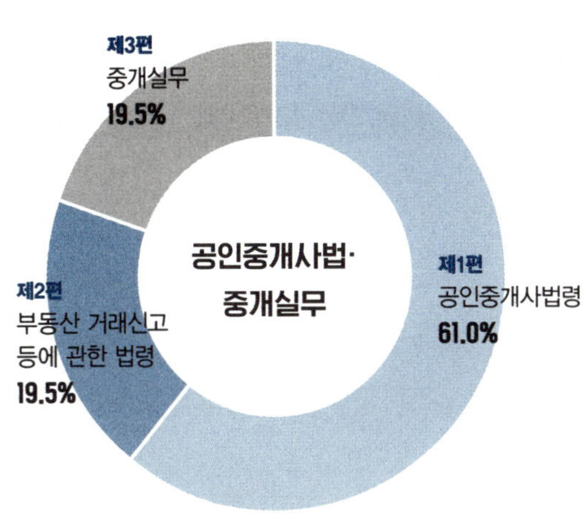

공인중개사법·중개실무는 최근 2년간의 시험보다 쉽게 출제되어 안정적인 고득점이 가능하였다.

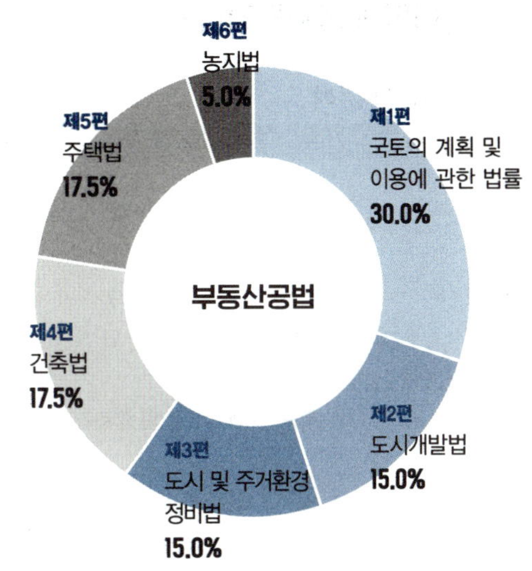

부동산공법의 전체적인 난이도는 전년도와 비슷하게 출제되었으나, 일부 법률에서 최근 출제된 적 없는 매우 지엽적인 문제가 출제되어 체감 난이도는 높아졌다.

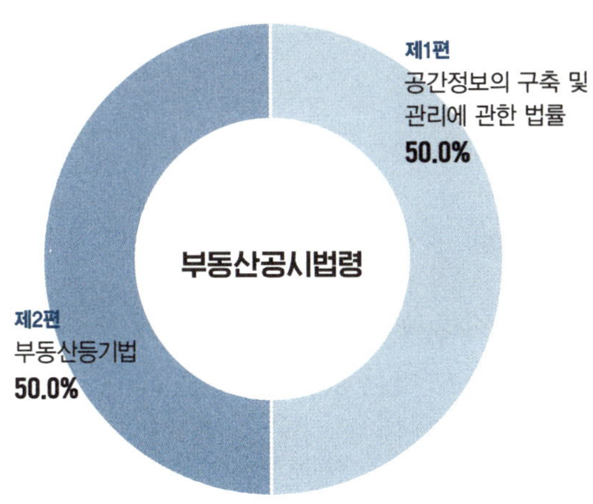

'공간정보관리법'은 기출유형을 크게 벗어나지 않은 평이한 난이도를 유지했고, '부동산등기법'은 생소한 모습의 극상 문제들이 일부 출제되어 다소 까다로웠다.

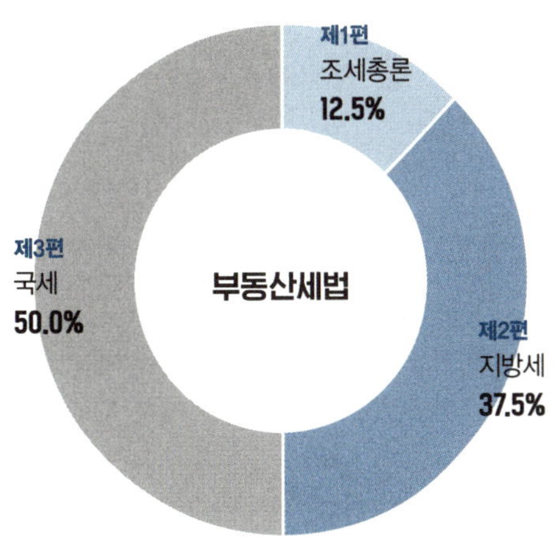

부동산세법은 기본개념을 이해하였는지를 중점적으로 물어보았고 단순 법조문을 묻는 문제, 사례형 문제, 계산문제를 혼합하여 출제하였다.

출제경향 분석 및 수험대책

📝 어떻게 출제되었나?

▶ 출제경향 분석

구분		제32회	제33회	제34회	제35회	제36회	총 계	비율(%)
공인중개사법령	총 칙	1	2	2	0	1	6	3.0
	공인중개사 제도 및 교육	0	2	2	2	1	7	3.5
	중개사무소 개설등록	3	2	3	2	1	11	5.5
	중개사무소 설치 및 업무	5	1	0	3	6	15	7.5
	개업공인중개사의 의무와 책임	5	7	11	6	6	35	17.5
	개업공인중개사의 보수	0	3	1	1	2	7	3.5
	부동산거래정보망 및 협회	2	1	1	2	2	8	4.0
	보 칙	1	1	0	0	2	4	2.0
	감독상 명령, 행정처분 및 벌칙	6	4	4	3	4	21	10.5
	법령 통합문제	4	1	1	2	0	8	4.0
	소 계	27	24	25	21	25	122	61.0
부동산 거래신고 등에 관한 법령	부동산 거래신고	4	2	3	4	5	18	9.0
	외국인 등의 부동산 등 취득에 관한 특례	1	2	1	1	1	6	3.0
	토지거래허가구역	2	2	2	2	1	9	4.5
	보칙 및 벌칙	1	2	1	0	1	5	2.5
	법령 통합문제	0	1	0	0	0	1	0.5
	소 계	8	9	7	7	8	39	19.5
중개실무	민법 관련 중개실무	2	2	3	4	1	12	6.0
	중개실무 관련 법령	1	1	2	2	2	8	4.0
	임대차실무 관련 법령	1	2	1	4	2	10	5.0
	경매실무 관련 법령	1	2	2	2	2	9	4.5
	소 계	5	7	8	12	7	39	19.5
총 계		40	40	40	40	40	200	100.0

제36회 시험의 전체적인 난이도는 제34회 및 제35회 시험보다 쉬웠으며 제33회 시험과 비슷한 수준으로 출제되었고 대부분의 문제는 단순 암기로 쉽게 풀 수 있었으며 극상 문제는 1문제로 적게 출제되었다.

제1편 공인중개사법령에서 25문제, 제2편 부동산 거래신고 등에 관한 법령에서 8문제, 제3편 중개실무에서 7문제가 출제되어 최근 출제비중에 맞게 출제되었다.

🖥 이렇게 준비하자!

본 과목은 매년 비슷한 난이도와 출제비중으로 출제되는 편이 아니다. 제34회 및 제35회는 어렵게 출제되었고 제36회 시험은 쉽게 출제되었다. 또한 제35회 시험은 중개실무에서 12문제로 높은 비중으로 출제되었는데 출제범위를 벗어난 민법의 문제도 다수 출제되기도 하였다. 제36회 시험은 매우 쉽게 출제된 편이며 30문제 이상이 30초 안에 풀 수 있는 단순 암기를 요하는 문제이다. 박스 문제는 매년 15문제 내외로 출제되며 대부분 3개의 보기가 주어지는데 보기 중에서 한 개의 지문을 모르면 맞히기 어려운 경우도 많다.

제37회 시험이 어떤 수준으로 출제될지 알기 어려우나 어렵게 출제되더라도 70점 정도는 쉽게 맞힐 수 있는 문제가 출제된다. 모든 절대평가의 시험은 풀 수 있는 기본적인 문제를 모두 맞히면 합격할 수 있도록 출제한다. 간단한 이해 후 익히고 암기하여 쉬운 문제를 모두 맞히면 무난하게 합격할 수 있다. 불합격의 대부분의 원인은 이러한 쉬운 문제에서 실수를 하는 것이다. 또한 기출지문의 반영비율도 70% 이상으로 높기 때문에 익힘 및 암기와 함께 기출문제의 훈련도 병행해야 한다.

▶ 공인중개사법령

25문제 내외로 많은 문제가 출제되지만 내용이 쉬운 편이며 기출문제도 법령의 내용을 그대로 묻는 단순한 문제 위주이다. 하지만 대부분 암기를 해야 하는 것들이므로 꾸준히 이해하고 익히고 암기해야 문제를 쉽게 풀 수 있다. 시험준비 기간을 1년으로 보았을 때 처음 6개월 정도는 공인중개사법령 부분에 집중하여 익히고 암기를 하는 것이 좋다.

▶ 부동산 거래신고 등에 관한 법령 및 중개실무

학습량은 많은데 15문제 내외로 적게 출제되는 편이라서 많은 수험생들이 소홀히 다루는 부분이지만 합격을 위한 안정적인 점수를 얻으려면 잘 준비하여야 한다. 초반에는 강의를 들으면서 내용을 이해하는 것이 좋고 공인중개사법령의 암기가 어느 정도 완성되면 시험의 후반기에 집중적으로 학습하면 된다. 내용을 응용한 사례형 문제도 출제되며 중개실무의 경우는 민법과 관련된 문제가 다수 출제된다. 내용이 다소 어렵다고 해서 걱정할 필요는 없다. 공인중개사법령의 문제는 거의 맞힐 수 있으니 부동산 거래신고 등에 관한 법령 및 중개실무의 문제는 반타작 이상을 목표로 해도 충분히 합격이 가능하다.

공인중개사 공략법

📖 학습 정도에 따른 공략법

type 01 — 입문자의 경우

공인중개사 시험 준비 경험이 전혀 없는 상태라면 먼저 시험에 대한 전체적인 파악과 과목에 대한 이해가 필요하다. 서점에서 공인중개사 관련 서적을 살펴보고 공인중개사 시험에 대한 대략적 지식을 쌓은 후 학원에서 수험상담을 받는 것이 좋다.

type 02 — 학습경험이 있는 경우

잠시라도 손을 놓으면 실력이 급격히 떨어질 수 있으므로 문제풀이를 통해 학습한 이론을 정리하고, 안정적 실력 향상을 위해 꾸준히 노력해야 한다. 강의 또한 평소 취약하다고 느끼는 과목에 대해 집중 심화학습을 해야 한다. 정기적인 모의고사를 실시하여 결과에 따라 약점을 보완하는 동시에 성적이 잘 나오는 과목에 대해서도 소홀하지 않도록 지속적인 복습을 해야 한다.

type 03 — 시간이 부족한 직장인 또는 학생의 경우

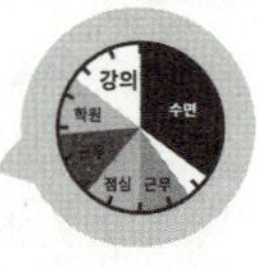

시험에 올인하는 수험생에 비해 절대적으로 학습시간이 부족하므로 시간을 최대한 아껴가며 효율적으로 공부하는 방법을 찾는 것이 무엇보다도 중요하다. 평소에는 동영상 강의 등을 활용하여 과목별 이해도를 높이고 자투리 시간을 활용하여 지하철이나 버스 안에서 자기만의 암기카드, 핸드북 등을 보며 학습하는 것이 좋다. 주말은 주로 기본이론보다는 주중에 학습한 내용의 심화학습 위주로 공부해야 한다.

🎯 학습 방법에 따른 공략법

type 01 독학할 경우

신뢰할 수 있는 기본서를 선택하여 기본이론을 충실히 학습하면서 문제집 또는 모의고사집을 통하여 실전에 필요한 문제풀이 방법을 터득하는 것이 관건이다. 주기적으로 모의고사 등에 응시하여 자신의 실력을 확인하면서 체계적인 수험계획을 세우고 이에 따라서 공부하여야 한다.

TIP 관련 법령 개정이 잦은 공인중개사 시험의 특성상 시험 전 최신 수험정보를 확인해 보는 자세가 필요하다.

※ 최신 수험정보 및 수험자료는 박문각 홈페이지(www.pmg.co.kr)에서 박문각출판 참고

type 02 학원강의를 수강할 경우

보통 학원에서는 2달을 기준으로 기본서, 문제집, 모의고사 등에 관련된 강의가 개설·진행되는데 그에 맞춰서 수험 전체의 일정을 잡는 것이 좋다. 학원수업 후에는 개인공부를 통해 실력을 쌓아 나가고, 쉬는 날에도 공부의 흐름을 놓치지 않도록 그 주에 공부한 부분을 가볍게 훑어보는 것이 좋다. 학원 내 스터디 모임과 학원의 전문상담원을 통하여 수험정보를 빠르고 쉽게 접할 수 있는 장점도 있다.

type 03 동영상강의를 수강할 경우

    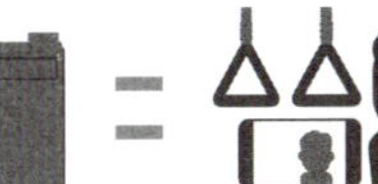

동영상을 통하여 이론 강의와 문제풀이 강의를 동시에 수강할 수도 있고, 단원별로 이론강의 수강 후에 문제풀이 강의로 즉시 실력을 점검할 수도 있다. 그리고 이해가 안 되거나 어려운 부분은 책갈피해 두었다가 다시 볼 수 있다. 패키지 강좌, 프리미엄 강좌 등을 이용하면 강의료가 할인된다.

※ **공인중개사 동영상강의:** www.pmg.co.kr
박문각 공인중개사 전화문의: 02-6466-7201

이 책의 구성 및 특징

01 실전에 강한 기출·예상문제

실전예상문제

철저한 최신출제경향 분석을 통해 출제가능성이 높은 문제를 수록함으로써 실전능력을 기를 수 있도록 하였다.

대표유형

단원 내에서 키워드가 유사한 문제를 모아 테마를 만들고, 그 테마를 대표하는 문제를 통해 시험에 자주 출제되는 문제의 유형을 제시하였다.

난이도·핵심키워드·포인트 표시

난이도를 3단계로 표시하고 포인트와 핵심키워드를 통해 보다 정확한 문제 분석을 제시함으로써 수험생 스스로 셀프테스트가 가능하도록 구성하였다.

Chapter
01 총 칙

02

1 용어의 정의

대표유형

공인중개사법령상 용어와 관련된 설명으로 옳은 것을 모두 고른 것은? (다툼이 있으면 판례에 따름)

㉠ 개업공인중개사란 「공인중개사법」에 의하여 중개사무소의 개설등록을 한 자이다.
㉡ 개업공인중개사인 법인의 사원으로서 중개업무를 수행하는 공인중개사는 소속공인중개사에 해당하지 않는다.
㉢ 개업공인중개사에 고용되어 그의 중개업무를 보조하는 공인중개사는 소속공인중개사이다.
㉣ 보수를 받지 않고 매매계약을 알선한 행위는 중개업에 해당하지 않는다.

① ㉠, ㉡　　　　　② ㉠, ㉢　　　　　③ ㉠, ㉢, ㉣
④ ㉡, ㉢, ㉣　　　　⑤ ㉠, ㉡, ㉢, ㉣

해설

㉡ 소속공인중개사란 개업공인중개사에 소속된 공인중개사(개업공인중개사인 법인의 사원·임원으로서 공인중개사인 자를 포함한다)로서 중개업무를 수행하거나 개업공인중개사의 중개업무를 보조하는 자를 말한다.

▶ 정답 ③

03

Point 01
용어의 정의

01

다음 중 「공인중개사법」에서 사용하는 용어의 정의로 옳은 것은?

① "개업공인중개사"라 함은 이 법에 의하여 중개사무소의 개설등록을 한 공인중개사를 말한다.
② "공인중개사"라 함은 이 법에 의한 공인중개사자격을 취득하고 중개업을 하는 자를 말한다.
③ "중개"라 함은 중개대상물에 대하여 거래당사자 간의 매매·교환·임대차 그 밖의 권리의 득실변경에 관한 행위를 알선하는 것을 말한다.
④ "중개보조원"이라 함은 공인중개사가 아닌 자로서 개업공인중개사에 소속되어 중개업무를 수행하는 자를 말한다.
⑤ "중개업"이라 함은 다른 사람의 의뢰에 의하여 보수의 유무에 관계없이 중개를 업으로 행하는 것을 말한다.

PART 01 공인중개사법령

제1장 총칙

Answer

01 ③	02 ⑤	03 ⑤	04 ③	05 ②	06 ①	07 ④	08 ③	09 ④	10 ④
11 ①	12 ⑤	13 ②	14 ④	15 ③	16 ⑤	17 ③	18 ⑤	19 ③	20 ③
21 ②	22 ①	23 ③	24 ②	25 ④	26 ①				

01 ① 이 법에 의하여 중개사무소의 개설등록을 한 자를 말한다.
② 공인중개사 자격을 취득한 자를 말한다.
④ "중개보조원"이라 함은 공인중개사가 아닌 자로서 개업공인중개사에 소속되어 중개대상물에 대한 현장안내 및 일반서무 등 개업공인중개사의 중개업무와 관련된 단순한 업무를 보조하는 자를 말한다.
⑤ '중개업'이란 다른 사람의 의뢰에 의하여 일정한 보수를 받고 중개를 업으로 행하는 것을 말한다.

02 ① 중개: 중개대상물에 대하여 매매 · 교환 · 임대차 등 권리의 득실변경에 관한 행위를 알선하는 것을 말한다. 중개업: 다른 사람의 의뢰에 의하여 일정한 보수를 받고 중개를 업으로 행하는 것을 말한다. 맨 앞 단어를 바꿔치기 한 것으로 주의할 지문입니다.
② 중개보조원: <u>공인중개사가 아닌 자로서</u> 개업공인중개사에 소속되어 <u>현장안내 및 일반서무</u> 등 개업공인중개사의 중개업무와 관련된 <u>단순한 업무를 보조하는</u> 자를 말한다.
③ 우연한 기회에 중개를 한 것은 보수를 받았더라도 중개업에 해당하지 않는다.
④ 개업공인중개사이든 개설등록을 하지 아니한 자이든 <u>다른 사람의 의뢰에 의하여 일정한 보수를 받고 중개를 업으로 행하였다면</u> 이는 중개업에 해당한다. 다만, 개설등록을 하지 않은 자가 중개업을 한 경우에는 무등록중개업(3-3)으로 처벌된다.

03 ⑤ 유치권의 성립은 중개할 수 없으나, 유치권이 성립된 건물은 중개대상물이 된다.
① 공인중개사 취득자격 후 중개사무소 개설등록을 하지 않은 자는 개업공인중개사가 아니다.
② 개업공인중개사인 법인의 사원 또는 임원으로서 공인중개사인 자는 소속공인중개사에 해당한다.
③ 소속공인중개사는 그 개업공인중개사의 중개업무를 보조할 수 있다.
④ 거래당사자가 무등록중개업자에게 중개를 의뢰한 행위는 「공인중개사법」 위반으로 처벌할 수 없으며, 공동정범 행위로 처벌할 수도 없다(판례).

중개실무

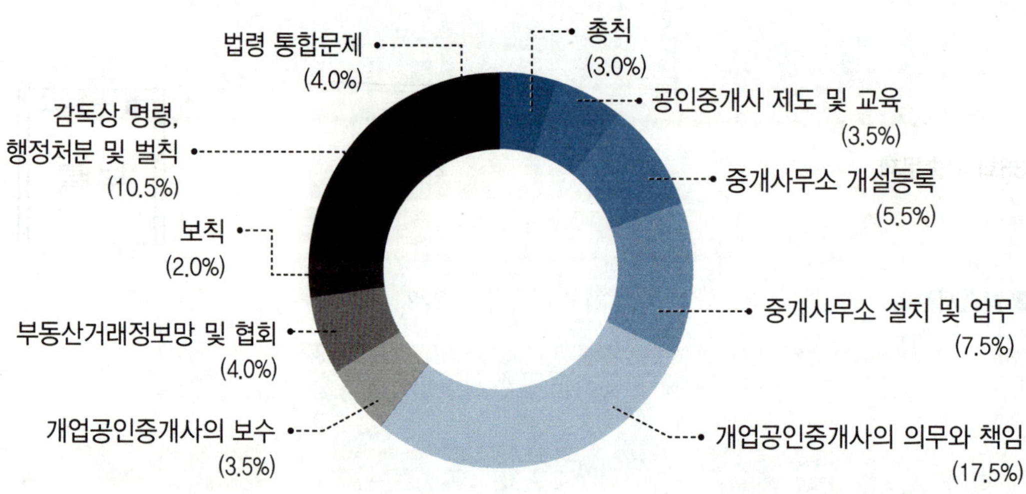

최근 5개년 출제경향 분석

공인중개사법령은 25문제 내외로 많은 문제가 전 범위에 걸쳐 골고루 출제되므로 어느 한 부분도 소홀히 할 수 없다. 최근 출제비중이 높은 단원은 제4장 중개사무소의 설치 및 업무, 제5장 개업공인중개사의 의무와 책임, 제9장 감독상 명령, 행정처분 및 벌칙이며, 이 부분의 출제비중이 거의 절반을 차지한다. 가장 어려운 부분은 제9장 감독상 명령, 행정처분 및 벌칙이며 철저한 암기와 이해가 필요하다.

PART

PART
01

공인중개사법령

1 용어의 정의

대표유형

공인중개사법령상 용어와 관련된 설명으로 옳은 것을 모두 고른 것은? (다툼이 있으면 판례에 따름)

㉠ 개업공인중개사란 「공인중개사법」에 의하여 중개사무소의 개설등록을 한 자이다.
㉡ 개업공인중개사인 법인의 사원으로서 중개업무를 수행하는 공인중개사는 소속공인중개사에 해당하지 않는다.
㉢ 개업공인중개사에 고용되어 그의 중개업무를 보조하는 공인중개사는 소속공인중개사이다.
㉣ 보수를 받지 않고 매매계약을 알선한 행위는 중개업에 해당하지 않는다.

① ㉠, ㉡　　　　　② ㉠, ㉢　　　　　③ ㉠, ㉢, ㉣
④ ㉡, ㉢, ㉣　　　　　⑤ ㉠, ㉡, ㉢, ㉣

해설
㉡ 소속공인중개사란 개업공인중개사에 소속된 공인중개사(개업공인중개사인 법인의 사원·임원으로서 공인중개사인 자를 포함한다)로서 중개업무를 수행하거나 개업공인중개사의 중개업무를 보조하는 자를 말한다.

▶ 정답 ③

Point 01 **다음 중 「공인중개사법」에서 사용하는 용어의 정의로 옳은 것은?**

용어의 정의

① "개업공인중개사"라 함은 이 법에 의하여 중개사무소의 개설등록을 한 공인중개사를 말한다.
② "공인중개사"라 함은 이 법에 의한 공인중개사자격을 취득하고 중개업을 하는 자를 말한다.
③ "중개"라 함은 중개대상물에 대하여 거래당사자 간의 매매·교환·임대차 그 밖의 권리의 득실변경에 관한 행위를 알선하는 것을 말한다.
④ "중개보조원"이라 함은 공인중개사가 아닌 자로서 개업공인중개사에 소속되어 중개업무를 수행하는 자를 말한다.
⑤ "중개업"이라 함은 다른 사람의 의뢰에 의하여 보수의 유무에 관계없이 중개를 업으로 행하는 것을 말한다.

02  공인중개사법령에 관한 내용 중 옳은 것은?

① 중개업이란 중개대상물에 대하여 매매·교환·임대차 그 밖의 권리의 득실변경에 관한 행위를 알선하는 것을 말한다.

② 중개보조원이란 공인중개사가 아닌 자로서 개업공인중개사에 소속되어 중개업무를 수행하거나 중개업무를 보조하는 자를 말한다.

③ 우연한 기회에 단 1회 건물전세계약의 중개를 하고 보수를 받은 행위는 알선·중개를 업으로 하는 중개업에 해당한다.

④ 중개사무소 개설등록을 하지 아니한 자가 다른 사람의 의뢰에 의하여 일정한 보수를 받고 중개를 업으로 하는 것은 중개업이라고 볼 수 없다.

⑤ 개업공인중개사인 법인의 공인중개사가 아닌 임원으로서 중개업무를 보조하는 자는 소속공인중개사에 해당하지 않는다.

03  공인중개사법령에 관한 내용으로 옳은 것은?

① 공인중개사 취득자격 후 중개사무소 개설등록을 하지 않은 자는 개업공인중개사에 해당한다.

② 개업공인중개사인 법인의 사원으로서 공인중개사인 자는 개업공인중개사에 해당한다.

③ 소속공인중개사는 그가 소속된 개업공인중개사의 중개업무를 보조할 수 없다.

④ 무자격자에게 토지매매의 중개를 의뢰한 거래당사자는 처벌의 대상이 된다.

⑤ 유치권이 행사되고 있는 건물도 중개대상물이 될 수 있다.

04  다음 중 「공인중개사법」의 제정목적으로 옳은 것은 몇 개인가?

> ㉠ 공인중개사의 전문성 제고 ㉡ 건전한 부동산 거래질서 확립
> ㉢ 부동산중개업무의 건전한 육성 ㉣ 국민경제에 이바지함

① 없음 ② 1개 ③ 2개
④ 3개 ⑤ 4개

05 공인중개사법령상 용어에 관하여 옳은 것은 몇 개인가?

용어의 정의

> ㉠ 중개라 함은 중개대상물에 대하여 거래당사자 간의 매매·교환·임대차 행위를 알선하는 것을 말한다.
> ㉡ 중개보조원이라 함은 공인중개사가 아닌 자로서 개업공인중개사에 소속되어 중개대상물에 대한 현장안내 및 거래계약서 작성 등 개업공인중개사의 중개업무를 보조하는 자를 말한다.
> ㉢ 개업공인중개사라 함은 이 법에 의하여 중개사무소의 개설등록을 한 자를 말한다.
> ㉣ 공인중개사라 함은 공인중개사 자격을 취득하고 개업공인중개사에 소속된 자를 말한다.
> ㉤ 소속공인중개사라 함은 개업공인중개사에 소속된 공인중개사(개업공인중개사인 법인의 사원 또는 임원으로서 공인중개사인 자를 제외한다)로서 중개업무를 수행하거나 개업공인중개사의 중개업무를 보조하는 자를 말한다.

① 없음   ② 1개   ③ 2개
④ 3개   ⑤ 4개

06 공인중개사법령상 용어와 관련된 설명으로 옳은 것은? (다툼이 있으면 판례에 따름)   제26회

중개

① 법정지상권을 양도하는 행위를 알선하는 것은 중개에 해당한다.
② 반복, 계속성이나 영업성 없이 단 1회 건물매매계약의 중개를 하고 보수를 받은 경우 중개를 업으로 한 것으로 본다.
③ 외국의 법에 따라 공인중개사 자격을 취득한 자도 「공인중개사법」에서 정의하는 공인중개사로 본다.
④ 소속공인중개사란 법인인 개업공인중개사에 소속된 공인중개사만을 말한다.
⑤ 중개보조원이란 공인중개사가 아닌 자로서 개업공인중개사에 소속되어 중개대상물에 대한 현장안내와 중개대상물의 확인·설명의무를 부담하는 자를 말한다.

07 공인중개사법령상 용어에 관한 설명으로 옳은 것은? (다툼이 있으면 판례에 따름)

용어의 정의

① 개업공인중개사가 토지의 개발에 관한 상담을 하는 것은 중개에 해당한다.
② 부동산의 환매계약을 알선하는 행위는 중개에 해당하지 않는다.
③ 공인중개사는 이 법에 의한 공인중개사자격을 취득하고 중개업무를 수행하는 자를 말한다.
④ 개업공인중개사인 법인에 소속된 공인중개사로서 중개업무를 보조하는 자는 소속공인중개사이다.
⑤ 저당권 설정에 관한 행위의 알선이 금전소비대차의 알선에 부수하여 이루어진 경우에는 중개업에 해당하지 않는다.

08 「공인중개사법」상의 용어에 관한 설명으로 틀린 것은?

① 개업공인중개사인 법인의 사원으로서 개업공인중개사의 중개업무를 보조하는 공인중개사는 소속공인중개사에 해당한다.
② "공인중개사"라 함은 이 법에 의한 공인중개사자격을 취득한 자를 말한다.
③ 부동산 유치권을 양도하는 계약을 알선하는 행위는 중개행위에 포함되지 않는다.
④ 공인중개사 자격취득 후 중개사무소 개설등록을 하지 않은 자는 개업공인중개사에 해당하지 않는다.
⑤ 공인중개사가 아닌 자로서 개업공인중개사에 고용되어 그의 중개업무를 보조하는 자는 중개보조원에 해당한다.

09 공인중개사법령에 관한 설명으로 틀린 것은? (다툼이 있으면 판례에 따름)

① 부동산 컨설팅행위에 부수하여 중개행위가 이루어진 경우라도 중개업에 해당할 수 있다.
② 다른 사람의 의뢰에 의하여 일정한 보수를 받고 저당권 양도의 알선을 업으로 하는 경우에는 중개업에 해당한다.
③ 개업공인중개사가 임대차계약을 알선한 후 거래당사자로부터 종전 임차인에게 임차보증금을 전달해 달라는 부탁을 받고 이를 수령하여 횡령한 것은 중개행위에 해당한다.
④ 중개사무소 개설등록을 하지 않은 자가 중개업을 하면서 거래당사자와 체결한 중개보수 지급약정은 유효하다.
⑤ 법정지상권이 성립된 토지는 중개대상물이 될 수 있다.

10 공인중개사법령상 중개업 및 중개행위에 관한 설명으로 틀린 것은? (다툼이 있으면 판례에 따름)

① 일정한 보수를 받고 금전소비대차에 부수하여 토지의 저당권 설정에 관한 행위의 알선을 업으로 하는 경우는 중개업에 해당한다.
② 매매계약 체결을 알선한 후 계약금 및 중도금 지급에 관여한 개업공인중개사가 잔금 중 일부를 횡령한 것은 사회통념상 중개행위에 해당한다.
③ 중개행위는 거래당사자 간의 매매 등 법률행위가 용이하게 성립할 수 있도록 조력하고 주선하는 사실행위이다.
④ 중개행위에 해당하는지 여부는 진정으로 거래당사자를 위해 거래를 알선·중개하려는 의사를 갖고 있었느냐고 하는 개업공인중개사의 주관적 의사에 의해 결정된다.
⑤ 중개행위에는 개업공인중개사가 거래의 일방 당사자의 의뢰에 의하여 중개하는 경우도 포함한다.

11

중 · 용어의 정의

「공인중개사법」상 용어와 관련된 설명으로 옳은 것을 모두 고른 것은? (다툼이 있으면 판례에 따름)

> ㉠ 중개사무소 개설등록을 하지 않은 자가 다른 사람의 의뢰에 의하여 일정한 보수를 받고 중개를 업으로 한 것은 중개업에 해당한다.
> ㉡ 개업공인중개사인 법인의 사원으로서 중개업무를 수행하는 공인중개사는 개업공인중개사에 해당한다.
> ㉢ 우연한 기회에 단 1회 주택의 임대차계약을 중개한 경우라도 그에 따른 보수를 받은 것은 중개업에 해당한다.
> ㉣ 공인중개사로서 개업공인중개사에 고용되어 중개업무와 관련된 단순한 업무를 보조하는 자는 중개보조원에 해당한다.

① ㉠ 　　② ㉠, ㉡ 　　③ ㉡, ㉢
④ ㉢, ㉣ 　　⑤ ㉠, ㉡, ㉣

12

상 · 중개와 판례

공인중개사법령상 용어에 관한 설명으로 옳은 것은?　　제34회

① 중개대상물을 거래당사자 간에 교환하는 행위는 '중개'에 해당한다.
② 다른 사람의 의뢰에 의하여 중개를 하는 경우는 그에 대한 보수를 받지 않더라도 '중개업'에 해당한다.
③ 개업공인중개사인 법인의 임원으로서 공인중개사인 자가 중개업무를 수행하는 경우에는 '개업공인중개사'에 해당한다.
④ 공인중개사가 개업공인중개사에 소속되어 개업공인중개사의 중개업무와 관련된 단순한 업무를 보조하는 경우에는 '중개보조원'에 해당한다.
⑤ 공인중개사자격을 취득한 자는 중개사무소의 개설등록 여부와 관계없이 '공인중개사'에 해당한다.

13 
중개업과 판례

공인중개사법령상 중개와 중개업에 관한 설명으로 옳은 것을 모두 고른 것은? (다툼이 있으면 판례에 따름)

> ㉠ 부동산거래를 중개한 후 보수를 받기로 약속하거나 요구한 행위도 중개업에 해당한다.
> ㉡ 유·무형의 재산적 가치의 양도에 대하여 이른바 "권리금" 등을 수수하도록 알선한 것은 중개행위에 해당하지 않는다.
> ㉢ 주택이 철거될 경우 일정한 요건하에 택지개발지구 내에 이주자택지를 공급받을 지위인 대토권의 매매를 알선한 행위는 중개행위에 해당한다.

① ㉠   ② ㉡   ③ ㉠, ㉡
④ ㉡, ㉢   ⑤ ㉠, ㉡, ㉢

14
중개와 판례

공인중개사법령상 중개에 관한 설명으로 옳은 것은? (다툼이 있으면 판례에 따름)

① 법인인 개업공인중개사가 다른 개업공인중개사를 대상으로 중개업의 경영정보를 제공하고 보수를 받은 경우 이는 중개업에 해당한다.
② 일정한 보수를 받고 금전소비대차 계약의 알선을 업으로 한 것은 중개업에 해당한다.
③ 중개의뢰인이 개업공인중개사에게 소정의 중개보수를 지급하지 않은 경우 개업공인중개사는 고의·과실에 의한 중개사고로 발생한 손해에 대하여 책임을 지지 않는다.
④ 법인인 개업공인중개사의 임원인 공인중개사는 소속공인중개사에 해당한다.
⑤ 거래당사자가 중개사무소 개설등록을 하지 않고 중개업을 하는 자에게 중개를 의뢰한 행위는 「공인중개사법」 위반으로 처벌된다.

15
용어의 정의

공인중개사법령에 관한 다음 설명 중 옳은 것은?

① 자본금 1억원인 「협동조합 기본법」상 사회적 협동조합은 중개사무소 개설등록을 할 수 있다.
② 공인중개사로서 개업공인중개사에 소속되어 중개업무를 보조하는 자는 소속공인중개사가 아니다.
③ 법인인 개업공인중개사의 소속공인중개사가 되려는 자는 시·도지사가 실시하는 실무교육을 받아야 한다.
④ 소속공인중개사는 중개사무소 개설등록을 신청할 수 있다.
⑤ 중개보조원이란 개업공인중개사에 소속된 공인중개사로서 중개업무와 관련된 단순한 업무를 보조하는 자를 말한다.

2 중개대상물

공인중개사법령상 중개대상물이 될 수 없는 것을 모두 고른 것은? (다툼이 있으면 판례에 따름)

㉠ 20톤 이상의 선박
㉡ 콘크리트 지반 위에 쉽게 분리철거가 가능한 볼트조립방식으로 철제 파이프 기둥을 세우고 지붕을 덮은 다음 3면에 천막을 설치한 세차장구조물
㉢ 거래처, 신용, 영업상의 노하우 또는 점포위치에 따른 영업상의 이점 등 무형의 재산적 가치
㉣ 주택이 철거될 경우 일정한 요건하에 택지개발지구 내에 이주자택지를 공급받을 지위인 대토권

① ㉠, ㉡   ② ㉢, ㉣   ③ ㉠, ㉡, ㉣
④ ㉡, ㉢, ㉣   ⑤ ㉠, ㉡, ㉢, ㉣

해설 ㉠㉡㉢㉣ 보기 모두 중개대상물이 아니다.
㉡ 중개대상물인 건축물은 「민법」상의 부동산인 건축물에 한정된다. 법률상 독립된 부동산으로서의 건물이라고 하려면 최소한의 기둥과 지붕, 그리고 주벽이 이루어져야 할 것인바, 세차장구조물은 주벽이라고 할 만한 것이 없고, 볼트만 해체하면 쉽게 토지로부터 분리·철거가 가능하므로 이를 토지의 정착물이라 볼 수는 없다 (2008도9427).
▶▶ 정답 ⑤

16 공인중개사법령상 중개대상에 관한 설명으로 틀린 것은?

제26회

(하) 중개대상물

① 중개대상물인 "건축물"에는 기존의 건축물뿐만 아니라 장차 건축될 특정의 건물도 포함될 수 있다.
② 공용폐지가 되지 아니한 행정재산인 토지는 중개대상물에 해당하지 않는다.
③ 「입목에 관한 법률」에 따라 등기된 입목은 중개대상물에 해당한다.
④ 주택이 철거될 경우 일정한 요건하에 택지개발지구 내에 이주자 택지를 공급받을 지위인 대토권은 중개대상물에 해당하지 않는다.
⑤ 용어의 정의 "중개"에서 말하는 '그 밖의 권리'에 저당권은 포함되지 않는다.

17 공인중개사법령상 중개대상물이 될 수 있는 것은 모두 몇 개인가? (판례에 의함)

중개대상물

> ㉠ 주택이 철거될 경우 일정한 요건하에서 택지개발지구 내 이주자택지를 공급받을 수 있는 지위인 대토권
> ㉡ 분양계약이 체결되어 동·호수가 특정된 장차 건축될 아파트
> ㉢ 아파트 추첨기일에 신청하여 당첨되면 아파트의 분양예정자로 선정될 수 있는 지위인 입주권
> ㉣ 「입목에 관한 법률」에 따른 입목
> ㉤ 「공장 및 광업재단 저당법」에 따른 광업재단

① 1개 ② 2개 ③ 3개
④ 4개 ⑤ 5개

18 공인중개사법령상 중개대상물에 포함되지 않는 것을 모두 고른 것은? (다툼이 있으면 판례에 따름)

중개대상물

> ㉠ 피분양자가 선정된 장차 건축될 특정의 건물
> ㉡ 영업용 건물의 비품
> ㉢ 거래처, 신용 또는 점포 위치에 따른 영업상의 이점 등 무형물
> ㉣ 주택이 철거될 경우 일정한 요건하에 이주자 택지를 공급받을 대토권

① ㉠ ② ㉠, ㉡ ③ ㉡, ㉢
④ ㉠, ㉡, ㉣ ⑤ ㉡, ㉢, ㉣

19 공인중개사법령상 중개대상물에 관한 설명으로 틀린 것은? (다툼이 있으면 판례에 따름)

중개대상물

① 지붕, 기둥 및 주벽을 갖춘 미등기 건물은 중개대상물에 해당한다.
② 주택이 철거될 경우 일정한 요건하에 택지개발지구 내에 이주자택지를 공급받을 지위인 대토권은 중개대상물이 아니다.
③ 공장재단에 속한 건축물은 공장재단과 분리하여 중개대상물이 된다.
④ 장래에 건축될 건물은 중개대상물에 포함된다.
⑤ 특정 동·호수에 대하여 분양계약이 체결되지는 않았으나 아파트 전체의 건축이 완료되어 분양 목적물로의 현실적인 제공이 가능한 상태에 이르렀다면, 이에 대한 거래를 중개하는 것은 건축물의 중개에 해당한다.

20 공인중개사법령상 개업공인중개사의 중개대상이 될 수 있는 권리 및 대상물로 틀린 항목이 들어 있는 것을 모두 고른 것은?

중개대상물

> ㉠ 미등기건물, 공유수면 매립면허를 얻어 준공인가를 받은 토지, 지상권이 설정되어 있는 토지
> ㉡ 지역권, 법정저당권의 성립, 가등기가 설정되어 있는 토지
> ㉢ 무허가건물, 권리금, 질권
> ㉣ 법정지상권의 양도, 등기된 환매권, 「공장 및 광업재단 저당법」에 따른 광업재단
> ㉤ 저당권, 특허권, 접도구역에 포함된 사유지

① ㉠, ㉡, ㉢　　　　② ㉠, ㉢, ㉣　　　　③ ㉡, ㉢, ㉤
④ ㉡, ㉣, ㉤　　　　⑤ ㉢, ㉣, ㉤

21 공인중개사법령상 중개대상물이 아닌 것은? (다툼이 있으면 판례에 따름)　　제22회

중개대상물

① 신축 중인 건물로서 기둥과 지붕, 그리고 주벽이 이루어진 미등기상태의 건물
② 거래처, 신용, 영업상의 노하우 등 무형의 재산적 가치
③ 토지에 부착된 수목의 집단으로서 소유권보존등기를 한 것
④ 동·호수가 특정되어 분양계약이 체결된 아파트분양권
⑤ 가압류된 부동산

22 공인중개사법령상 중개대상권리 및 행위에 관한 설명으로 옳은 것은? (다툼이 있는 경우 판례에 따름)

중개대상권리 및 행위

① 토지의 지역권 설정계약을 알선하는 행위는 중개행위에 해당한다.
② 개업공인중개사가 거래계약 체결 후 목적물의 인도, 보증금의 지급 등과 같은 거래당사자 간의 계약상 의무 실현에 관여하는 행위는 중개행위로 볼 수 없다.
③ 동산질권의 성립을 알선하는 행위는 중개행위이다.
④ 등기된 환매권은 중개대상권리가 될 수 없다.
⑤ 저당권 설정계약을 알선하는 행위는 중개행위에 해당하지 않는다.

23
(상)
중개대상물

공인중개사법령상 중개대상인 것은 몇 개인가?

> ㉠ 「입목에 관한 법률」에 따라 등기되지 않았으며 명인방법도 갖추지 않은 수목의 집단
> ㉡ 「공장 및 광업재단 저당법」에 따른 공장재단
> ㉢ 유치권이 행사 중인 건물
> ㉣ 「자연환경보전법」에 따른 생태·경관보전지역 내의 토지
> ㉤ 사권이 소멸된 포락지

① 1개 ② 2개 ③ 3개
④ 4개 ⑤ 5개

24
(상)
중개대상물

공인중개사법령상 중개대상물 또는 중개대상권리에 해당하지 않는 것은 모두 몇 개인가?

> ㉠ 1필 토지의 일부에 대한 전세권
> ㉡ 20톤 미만의 선박
> ㉢ 채굴되지 않은 광물
> ㉣ 「도로법」상의 접도구역에 포함되어 있는 사유지
> ㉤ 법정지상권이 성립된 토지

① 1개 ② 2개 ③ 3개
④ 4개 ⑤ 5개

25
(하)
입목

「입목에 관한 법률」에 의한 입목에 대한 설명으로 틀린 것은?

① 토지소유권 또는 지상권의 처분의 효력은 입목에 미치지 않는다.
② 입목은 부동산으로 본다.
③ 입목의 소유자는 토지와 분리하여 입목을 양도하거나 저당권의 목적으로 할 수 있다.
④ 입목을 목적으로 하는 저당권의 효력은 입목을 베어낸 경우에 그 토지로부터 분리된 수목에 대하여 미치지 않는다.
⑤ 소유권보존의 등기를 받을 수 있는 수목의 집단은 이 법에 따른 입목등록원부에 등록된 것으로 한정한다.

26 
입목

「공장 및 광업재단 저당법」에 따른 공장재단에 관한 설명으로 틀린 것은?

① 공장재단의 구성물은 동시에 다른 공장재단에 속하게 할 수 있다.

② 저당권자의 동의를 얻어 공장재단을 임대할 수 있다.

③ 공장재단은 1개의 부동산으로 본다.

④ 공장재단은 부동산 거래신고 대상에 포함되지 않는다.

⑤ 법원에 매수신청대리인으로 등록한 개업공인중개사는 공장재단의 매수신청대리를 할 수 있다.

1 공인중개사 제도 및 정책심의위원회

대표유형

공인중개사법령상 공인중개사의 자격 및 자격증 등에 관한 설명으로 틀린 것은? (다툼이 있으면 판례에 따름)

제27회

① 시·도지사는 자격시험 합격자의 결정·공고일부터 2개월 이내에 시험합격자에 관한 사항을 공인중개사자격증교부대장에 기재한 후 자격증을 교부해야 한다.

② 자격이 취소된 후 3년이 경과되지 아니한 자는 공인중개사가 될 수 없다.

③ 공인중개사자격증의 재교부를 신청하는 자는 재교부신청서를 자격증을 교부한 시·도지사에게 제출해야 한다.

④ 공인중개사자격증의 대여란 다른 사람이 그 자격증을 이용하여 공인중개사로 행세하면서 공인중개사의 업무를 행하려는 것을 알면서도 그에게 자격증 자체를 빌려주는 것을 말한다.

⑤ 공인중개사가 다른 사람에게 자기의 성명을 사용하여 중개업무를 하게 한 경우, 시·도지사는 그 자격을 취소해야 한다.

해설 ① 시·도지사는 합격자 공고일로부터 1개월 이내에 자격증교부대장에 기재한 후 자격증을 교부해야 한다. ④ '공인중개사자격증의 대여'란 다른 사람이 그 자격증을 이용하여 공인중개사로 행세하면서 공인중개사의 업무를 행하려는 것을 알면서도 그에게 자격증 자체를 빌려주는 것을 말하므로, 만일 공인중개사가 무자격자로 하여금 그 공인중개사 명의로 개설등록을 마친 중개사무소의 경영에 관여하거나 자금을 투자하고 그로 인한 이익을 분배받도록 하는 경우라도 공인중개사 자신이 그 중개사무소에서 공인중개사의 업무인 부동산거래 중개행위를 수행하고 무자격자로 하여금 공인중개사의 업무를 수행하도록 하지 않는다면, 이를 가리켜 등록증·자격증의 대여를 한 것이라고 말할 수는 없을 것이다(2006도9334). ▶▶ 정답 ①

---

01 공인중개사법령상 공인중개사 정책심의위원회의 의결사항을 모두 고른 것은?

상

정책심의위원회

ㄱ 부동산 중개업의 육성에 관한 사항
ㄴ 심의위원에 대한 기피신청을 받아들일 것인지 여부에 관한 사항
ㄷ 국토교통부장관이 직접 공인중개사 자격시험 문제를 출제할 것인지 여부에 관한 사항

① ㄱ   ② ㄴ   ③ ㄱ, ㄴ
④ ㄴ, ㄷ   ⑤ ㄱ, ㄴ, ㄷ

02

하
공인중개사 제도

공인중개사법령상 공인중개사 제도와 관련하여 틀린 것은?

① 공인중개사 시험은 시·도지사가 시행함이 원칙이며 예외적으로 국토교통부장관이 시행할 수 있다.

② 국토교통부장관이 시행하는 자격시험에 응시하는 자는 국토교통부장관이 결정·공고하는 수수료를 납부해야 한다.

③ 시험의 신뢰도를 크게 떨어뜨리는 행위를 하여 명단이 통보된 출제위원은 5년간 출제위원으로 위촉될 수 없다.

④ 공인중개사가 다른 사람에게 자기의 성명을 사용하여 중개업무를 하게 한 경우, 시·도지사는 공인중개사 자격을 정지할 수 있다.

⑤ 공인중개사자격증 재교부 신청서는 자격증을 교부한 시·도지사에게 제출해야 한다.

03

Point
중
정책심의위원회

공인중개사법령상 공인중개사 정책심의위원회에 관한 설명으로 옳은 것은?

① 법무부에 공인중개사 정책심의위원회를 둘 수 있다.

② 심의위원회는 위원장 1명을 제외하고 7명 이상 11명 이내의 위원으로 구성한다.

③ 심의위원회 위원은 국토교통부장관이 임명하거나 위촉한다.

④ 심의위원회에서 부동산 중개업의 육성에 관한 사항을 심의한 경우, 시·도지사는 이에 따라야 한다.

⑤ 위원장이 부득이한 사유로 직무를 수행할 수 없을 때에는 위원 중에서 호선된 자가 그 직무를 대행한다.

04

중
공인중개사 제도

공인중개사법령상 공인중개사 제도에 관한 설명으로 틀린 것은?

① 미성년자는 공인중개사가 될 수 있으나 개업공인중개사는 될 수 없다.

② 부정한 방법으로 공인중개사 자격을 취득한 자에 대하여 시·도지사는 자격을 취소해야 한다.

③ 공인중개사가 「변호사법」을 위반하여 징역형을 선고받은 경우 시·도지사는 자격을 취소해야 한다.

④ 시·도지사가 시행하는 자격시험에 응시하는 자는 해당 지방자치단체 조례로 정하는 응시수수료를 납부해야 한다.

⑤ 한국공인중개사협회는 공인중개사 자격시험의 업무를 위탁받아 시험을 시행할 수 있다.

05

정책심의위원회

공인중개사법령상 공인중개사 정책심의위원회와 관련한 내용으로 다음 빈칸에 들어갈 것이 순서대로 옳게 나열된 것은?

> • 심의위원회는 위원장 1인을 포함한 (　　)명 이상 (　　)명 이내의 위원으로 구성하며, 위원장은 국토교통부 제1차관이 된다.
> • (　　)은 위원이 제척 사유에 해당하는 데도 불구하고 회피하지 아니한 경우에는 해당 위원을 해촉(解囑)할 수 있다.
> • 위원장은 심의위원회의 회의를 소집하려면 긴급하거나 부득이한 사유가 없는 한 회의 개최 (　　)일 전까지 회의의 일시, 장소 및 안건을 각 위원에게 통보해야 한다.

① 7, 11, 국토교통부장관, 7　　　　　② 7, 11, 위원장, 7

③ 9, 15, 국토교통부장관, 7　　　　　④ 9, 15, 위원장, 10

⑤ 7, 11, 국토교통부장관, 10

06
정책심의위원회

공인중개사법령상 공인중개사 정책심의위원회에 관한 설명으로 옳은 것은?

① 심의위원회의 위원은 위원장이 임명하거나 위촉한다.

② 심의위원회 안건의 당사자는 위원에게 공정한 심의·의결을 기대하기 어려운 사정이 있는 경우에는 심의위원회에 기피 신청을 할 수 있고, 심의위원회는 의결로 이를 결정한다.

③ 위원이 해당 안건에 대하여 연구를 한 경우는 심의위원회의 심의·의결에서 제척(除斥)되는 사유에 해당하지 않는다.

④ 위원장은 위원이 제척사유에 해당하는 데에도 불구하고 스스로 회피하지 않는 경우에는 해당 위원을 해촉(解囑)할 수 있다.

⑤ 심의위원회의 회의를 소집하려는 위원장은 긴급하거나 부득이한 사유가 없는 한 회의 개최 10일 전까지 회의의 일시, 장소 및 안건을 각 위원에게 통보해야 한다.

07
공인중개사 자격

공인중개사법령상 공인중개사 제도에 관한 설명으로 옳은 것은? (다툼이 있으면 판례에 따름)

① 변호사는 공인중개사 자격을 취득하지 않고 중개사무소 개설등록을 할 수 있다.

② 금고 이상의 형의 집행유예를 선고받고 그 유예기간이 종료된 날부터 2년이 지나지 아니한 자는 공인중개사가 될 수 없다.

③ 파산선고를 받고 복권되지 아니한 자는 공인중개사가 될 수 없다.

④ 외국인은 공인중개사가 될 수 없다.

⑤ 피한정후견인은 공인중개사가 될 수 있다.

08

공인중개사법령상 공인중개사에 관한 설명으로 틀린 것은? (다툼이 있으면 판례에 따름)

① 공인중개사 자격이 취소되고 3년이 지나지 아니한 자는 공인중개사가 될 수 없다.

② 자격시험에서 부정행위로 적발되어 시험의 무효처분을 받은 자는 그 처분을 받은 날부터 5년간 중개보조원이 될 수 없다.

③ 무자격자가 자신의 명함에 "부동산뉴스 대표"라는 명칭을 사용한 것은 공인중개사와 유사한 명칭을 사용한 것에 해당한다.

④ 공인중개사 자격을 취득한 자는 중개사무소 개설등록을 하지 않더라도 공인중개사라는 명칭을 사용할 수 있다.

⑤ 실질적으로 무자격자가 공인중개사의 명의를 사용하여 중개업무를 수행한 경우에는 공인중개사가 외관상 업무를 수행하는 형식을 취하였더라도 공인중개사자격증 대여에 해당한다.

09

공인중개사법령상 공인중개사자격증에 관한 설명으로 틀린 것은?

① 시장·군수 또는 구청장은 공인중개사자격 시험합격자의 결정 공고일부터 1개월 이내에 시험합격자에게 공인중개사자격증을 교부해야 한다.

② 공인중개사자격증의 재교부를 신청하는 자는 재교부신청서를 자격증을 교부한 시·도지사에게 제출해야 한다.

③ 공인중개사자격증의 재교부를 신청하는 자는 해당 지방자치단체의 조례로 정하는 바에 따라 수수료를 납부해야 한다.

④ 공인중개사는 유·무상 여부를 불물하고 자기의 공인중개사자격증을 양도해서는 아니 된다.

⑤ 공인중개사가 아닌 자로서 공인중개사 명칭을 사용한 자는 1년 이하의 징역 또는 1천만원 이하의 벌금에 처한다.

10

공인중개사법령상 공인중개사 정책심의위원회의 공인중개사 업무에 관한 심의사항에 해당하는 것을 모두 고른 것은?

> ㉠ 공인중개사의 시험 등 공인중개사의 자격취득에 관한 사항
> ㉡ 부득이한 사유로 해당 연도의 시험을 시행하지 아니할 것인지에 관한 사항
> ㉢ 중개보수 변경에 관한 사항
> ㉣ 손해배상책임의 보장 등에 관한 사항

① ㉠   ② ㉡, ㉢   ③ ㉡, ㉣

④ ㉠, ㉢, ㉣   ⑤ ㉠, ㉡, ㉢, ㉣

2 교육 제도

대표유형

공인중개사법령상 개업공인중개사 등의 교육에 관한 설명으로 옳은 것은? (단, 다른 법률의 규정은 고려하지 않음)

① 중개사무소 개설등록을 신청하려는 법인의 공인중개사가 아닌 사원은 실무교육 대상이 아니다.

② 개업공인중개사가 되려는 자의 실무교육시간은 40시간이다.

③ 중개보조원이 받는 직무교육에는 부동산중개 관련 법·제도의 변경사항이 포함된다.

④ 국토교통부장관, 시·도지사, 등록관청은 개업공인중개사 등에 대한 부동산거래사고 예방 등의 교육을 위하여 교육 관련 연구에 필요한 비용을 지원할 수 있다.

⑤ 소속공인중개사는 2년마다 국토교통부장관이 실시하는 연수교육을 받아야 한다.

해설 ① 법인의 대표자 및 임원 또는 사원의 전원은 등록신청일 전 1년 이내에 실무교육을 받아야 한다.
② 실무교육시간은 45시간이다.
③ 중개보조원이 받는 직무교육은 중개보조원의 직무수행에 필요한 직업윤리 등을 내용으로 한다.
⑤ 개업공인중개사 및 소속공인중개사는 실무교육을 받은 후 2년마다 시·도지사가 실시하는 연수교육을 받아야 한다.　　　　　　　　▶정답 ④

11  **공인중개사법령상 개업공인중개사 등의 교육에 관한 설명으로 옳은 것은?**

교육

① 소속공인중개사로서 고용관계가 종료된 후 2년 이내에 중개사무소 개설등록을 신청하는 자는 실무교육을 받지 않아도 된다.

② 등록관청은 연수교육을 실시할 수 있다.

③ 직무교육은 12시간 이상 16시간 이하로 한다.

④ 시·도지사는 직무교육의 균형유지를 위하여 교육의 지침을 마련하여 시행할 수 있다.

⑤ 국토교통부장관은 개업공인중개사 등의 부동산거래사고 예방을 위한 교육을 실시할 수 있다.

12  공인중개사법령상 교육에 관한 설명으로 옳은 것은?

① 중개사무소 개설등록을 하려는 자는 등록신청일 전 1년 이내에 등록관청이 실시하는 실무교육을 받아야 한다.

② 시·도지사는 연수교육을 실시하려는 경우 실무교육 또는 연수교육을 받은 후 2년이 되기 10일 전까지 연수교육의 일시·장소·내용 등을 대상자에게 통지해야 한다.

③ 중개보조원은 부동산거래사고 예방을 위한 교육대상에 포함되지 않는다.

④ 국토교통부장관은 개업공인중개사의 부동산거래사고 예방을 위한 교육을 실시할 수 없다.

⑤ 국토교통부장관은 시·도지사가 실시하는 연수교육의 전국적인 균형유지를 위하여 해당 교육의 지침을 마련하여 시행할 수 있다.

Point 13 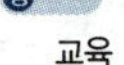 공인중개사법령상 개업공인중개사 등의 교육에 관한 설명으로 옳은 것은 모두 몇 개인가?

> ㉠ 직무교육은 등록관청이 실시할 수 있다.
> ㉡ 중개보조원은 직무교육을 받은 후 2년마다 연수교육을 받아야 한다.
> ㉢ 시·도지사는 중개보조원이 직무교육을 받는 경우에는 필요한 비용을 지원할 수 있다.
> ㉣ 시·도지사는 부동산거래사고 예방교육을 실시하려는 경우에는 교육일 2개월 전까지 일시·장소 및 내용 등을 공고하거나 교육대상자에게 통지해야 한다.
> ㉤ 등록관청은 부동산거래사고 예방을 위한 교육을 실시할 수 있다.

① 1개   ② 2개   ③ 3개

④ 4개   ⑤ 5개

03 중개사무소 개설등록

1 중개사무소 개설등록

대표유형

> **공인중개사법령상 중개사무소의 개설등록 및 등록증 교부에 관한 설명으로 옳은 것은?** 제28회
>
> ① 소속공인중개사는 중개사무소의 개설등록을 신청할 수 있다.
> ② 등록관청은 중개사무소등록증을 교부하기 전에 개설등록을 한 자가 손해배상책임을 보증하기 위한 조치(보증)를 하였는지 여부를 확인해야 한다.
> ③ 국토교통부장관은 중개사무소의 개설등록을 한 자에 대하여 국토교통부령이 정하는 바에 따라 중개사무소등록증을 교부해야 한다.
> ④ 중개사무소의 개설등록신청서에는 신청인의 여권용 사진을 첨부하지 않아도 된다.
> ⑤ 중개사무소의 개설등록을 한 개업공인중개사가 종별을 달리하여 업무를 하고자 등록신청서를 다시 제출하는 경우 종전의 등록증은 반납하지 않아도 된다.
>
> **해설** ① 소속공인중개사는 중개사무소 개설등록을 신청할 수 없다.
> ③ 등록관청은 중개사무소의 개설등록을 한 자에 대하여 국토교통부령이 정하는 바에 따라 중개사무소등록증을 교부해야 한다.
> ④ 등록신청 시 여권용 사진을 제출해야 한다.
> ⑤ 중개사무소 개설등록을 한 개업공인중개사란 공인중개사인 개공 및 법인인 개공을 말한다. 이들이 서로 종별을 달리하여 업무를 계속하고자 하는 경우에는 등록신청서를 다시 제출해야 하는데, 종전의 등록증은 반납해야 한다.
> ▶▶ 정답 ②

01
중
등록기준

공인중개사법령상 중개사무소의 개설등록에 관한 설명으로 옳은 것은? (단, 다른 법률의 규정은 고려하지 않음)

① 합명회사가 개설등록을 하려면 사원 전원이 직무교육을 받아야 한다.
② 자본금이 5천만원인 「협동조합 기본법」상 사회적 협동조합은 개설등록을 할 수 있다.
③ 주식회사가 개설등록을 하려면 대표자를 포함하여 임원 또는 사원의 3분의 1 이상이 공인중개사이어야 한다.
④ 중개업과 상업용 건축물의 임대업을 영위할 목적으로 설립된 법인은 개설등록을 할 수 있다.
⑤ 전세로 중개사무소의 사용권을 확보한 공인중개사는 개설등록을 할 수 없다.

02 공인중개사법령상 중개사무소의 개설등록에 관한 설명으로 옳은 것은?

중개사무소
개설등록

① 중개사무소의 개설등록 신청을 받은 등록관청은 그 등록 여부를 신청일부터 10일 이내에 신청인에게 서면으로 통지해야 한다.
② 시·도지사는 개설등록을 한 자에 대하여 법령에 따라 중개사무소등록증을 교부해야 한다.
③ 법인인 개업공인중개사가 토지의 분양을 대행하는 경우는 개설등록이 취소될 수 있다.
④ 소속공인중개사는 중개사무소의 개설등록을 신청할 수 있다.
⑤ A광역시 甲구(區)에 주된 사무소 소재지를 둔 법인인 개업공인중개사는 A광역시 乙구(區)에 분사무소를 둘 수 없다.

03 부동산중개사무소 개설등록신청서(별지 제5호 서식)에 관한 설명으로 틀린 것은?

중개사무소
개설등록신청서

① 신청서 서식의 개업공인중개사의 종별에는 법인과 공인중개사만 있다.
② 신청서 서식에는 개업공인중개사의 인장등록신고서가 포함되어 있다.
③ 시·군·구 조례로 정하는 수수료를 납부하도록 하고 있다.
④ 건축물대장은 담당 공무원의 확인사항이다.
⑤ 법인등기사항증명서는 신청인의 제출서류에 포함된다.

04 공인중개사법령상 중개사무소 개설등록에 관한 설명으로 옳은 것은?

중개사무소
개설등록

① 중개사무소 개설등록을 하려는 법인은 중개사무소 소재지를 관할하는 시·도지사에게 중개사무소 개설등록신청서를 제출해야 한다.
② 중개사무소 개설등록을 신청하는 공인중개사는 국토교통부령으로 정하는 바에 따라 수수료를 납부해야 한다.
③ 자본금 5천만원 이상인 「협동조합 기본법」에 따른 사회적 협동조합은 중개사무소 개설등록을 신청할 수 있다.
④ 중개사무소 개설등록 후 2개월간 중개업무를 개시하지 아니하려는 경우에는 이를 등록관청에 신고해야 한다.
⑤ 등록관청은 중개사무소등록증을 교부한 사실을 다음 달 10일까지 한국공인중개사협회에 통보해야 한다.

05

중개사무소
개설등록

공인중개사법령상 법인의 중개사무소 개설등록에 관한 설명으로 옳은 것은? (다른 법률에 따라 중개업을 할 수 있는 경우는 제외함)

① 대표자를 제외한 무한책임사원이 10명인 합명회사인 경우 그중 3명 이상이 공인중개사이어야 개설등록을 할 수 있다.

② 중개업과 상업용 건축물의 관리대행을 영위할 목적으로 설립된 법인은 개설등록을 할 수 있다.

③ 자본금 5천만원인 「협동조합 기본법」에 따른 사회적 협동조합은 중개사무소 개설등록을 할 수 있다.

④ 대표자를 포함한 임원 또는 사원의 전원은 등록신청일 전 1년 이내에 직무교육을 받아야 한다.

⑤ 「건축법」상 사용승인을 받았으나 건축물대장에 기재되지 않은 건물에 중개사무소 개설등록을 할 수 없다.

Point
06

중개사무소
개설등록

공인중개사법령상 중개사무소 개설등록에 관한 설명으로 옳은 것은?

① 중개사무소 개설등록을 하고자 하는 자는 등록신청일 전 1년 이내에 국토교통부장관이 실시하는 실무교육을 받아야 한다.

② 국토교통부장관은 중개사무소 개설등록을 한 자에 대하여 국토교통부령으로 정하는 중개사무소등록증을 교부해야 한다.

③ 중개사무소 개설등록을 한 개업공인중개사가 종별을 달리하여 중개업무를 하고자 하는 경우에는 등록신청서를 다시 제출해야 하며 종전의 등록증은 반납해야 한다.

④ 「농업협동조합법」에 따른 지역농업협동조합이 부동산중개업을 하고자 하는 경우에는 손해배상책임을 보장하기 위한 보증을 설정하지 않아도 된다.

⑤ 다른 법률에 의하여 중개업을 할 수 있는 법인은 공인중개사법령이 정한 등록기준을 갖추어야 한다.

07

중개사무소
개설등록

공인중개사법령상 중개사무소 개설등록에 관한 설명으로 틀린 것은?

① 공인중개사(소속공인중개사를 제외한다) 또는 법인이 아닌 자는 중개사무소 개설등록을 신청할 수 없다.

② 중개사무소 개설등록 후 3개월을 초과하여 업무를 개시하지 않고자 하는 경우 등록관청에 이를 신고해야 한다.

③ 중개사무소 개설등록의 신청을 받은 등록관청은 개설등록 신청을 받은 날부터 7일 이내에 등록신청인에게 중개사무소등록증을 교부해야 한다.

④ 외국인은 중개사무소 개설등록신청서에 등록의 결격사유에 해당하지 아니함을 증명하는 서류를 첨부해야 한다.

⑤ 실무교육을 위탁받은 기관 또는 단체가 실무교육 수료 여부를 등록관청이 전자적으로 확인할 수 있도록 조치한 경우에는 중개사무소 개설등록신청서에 실무교육 수료확인증 사본을 첨부하지 않아도 된다.

08

종합형

공인중개사법령상 법인이 중개사무소를 개설하려는 경우 개설등록 기준에 부합하는 것을 모두 고른 것은? (단, 다른 법률의 규정은 고려하지 않음)

> ㉠ 대표자는 공인중개사가 아닌 자이다.
> ㉡ 「건축법」에 따른 가설건축물대장에 기재된 건물에 임대차로 중개사무소를 확보하였다.
> ㉢ 중개사무소를 개설하려는 법인이 자본금 3억원인 「협동조합 기본법」상 협동조합(사회적 협동조합 제외)이다.

① ㉡ ② ㉢ ③ ㉠, ㉡

④ ㉡, ㉢ ⑤ ㉠, ㉡, ㉢

09

협회에 통보해야
할 사항

공인중개사법령상 등록관청이 다음 달 10일까지 한국공인중개사협회에 통보해야 하는 사항이 아닌 것은?

① 중개사무소등록증을 교부한 때

② 중개보조원의 고용신고를 받은 때

③ 휴업한 중개업의 재개신고를 받은 때

④ 업무정지처분을 한 때

⑤ 과태료처분을 한 때

10 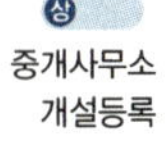
등록기준

「공인중개사법」상 법인의 등록기준에 관한 설명으로 옳은 것은? (다른 법률에 따라 중개업을 할 수 있는 경우는 제외함)

① 「협동조합 기본법」상 협동조합은 자본금이 5천만원 미만이더라도 중개사무소 개설등록을 신청할 수 있다.

② 중개업만을 영위할 목적으로 설립된 법인이어야 한다.

③ 대표자를 포함한 사원 또는 임원의 전원이 등록신청일 전 1년 이내에 실무교육을 받아야 한다.

④ 대표자를 포함한 사원 또는 임원의 3분의 1 이상이 공인중개사이어야 한다.

⑤ 중개사무소 개설등록신청 전에 손해배상책임을 보장하기 위한 2억원 이상의 보증을 설정해야 한다.

11
중개사무소
개설등록

공인중개사법령상 중개사무소 개설등록에 관한 설명으로 옳은 것은?

① 중개업 및 이사업체를 운영할 목적으로 설립된 법인은 중개사무소 개설등록을 할 수 있다.

② 공인중개사가 아닌 자는 법인인 개업공인중개사의 대표자를 포함한 임원 또는 사원이 될 수 없다.

③ 법인인 개업공인중개사의 공인중개사가 아닌 사원 또는 임원은 실무교육을 받을 의무가 없다.

④ 외국인은 중개사무소 개설등록신청서에 공인중개사자격증 사본을 첨부해야 한다.

⑤ 「주택법」상 사용검사를 받은 건물로서 건축물대장에 기재되지 않은 건물에 중개사무소 개설등록을 할 수 있다.

12
등록기준

공인중개사법령상 법인이 중개사무소를 등록·설치하려는 경우, 그 기준으로 틀린 것은? (다른 법률의 규정은 고려하지 않음)
제28회

① 분사무소 설치 시 분사무소의 책임자가 분사무소 설치신고일 전 1년 이내에 직무교육을 받았을 것

② 「상법」상 회사는 자본금이 5천만원 이상일 것

③ 대표자를 제외한 임원 또는 사원(합명회사 또는 합자회사의 무한책임사원)의 3분의 1 이상이 공인중개사일 것

④ 법인의 중개업 및 겸업제한에 위배되지 않는 업무만을 영위할 목적으로 설립되었을 것

⑤ 대표자는 공인중개사일 것

13
상
중개사무소
개설등록

공인중개사법령상 중개사무소의 개설등록에 관한 설명으로 옳은 것은? (다른 법률의 규정에 의하여 부동산중개업을 할 수 있는 경우를 제외함)

① 소속공인중개사는 중개사무소 소재지를 관할하는 등록관청에 중개사무소 개설등록을 신청할 수 있다.

② 중개사무소를 두려는 지역을 관할하는 구가 설치된 시의 시장은 등록관청에 해당한다.

③ 개업공인중개사는 중개사무소를 설치할 건물에 관하여 반드시 소유권 또는 임차권을 확보해야 한다.

④ 부동산중개사무소 개설등록신청서에는 개업공인중개사의 인장등록신고서가 포함되어 있다.

⑤ 「농업협동조합법」에 따라 부동산중개업을 할 수 있는 지역농업협동조합도 공인중개사 법령에 정한 개설등록기준을 갖추어야 한다.

14
중
등록신청시
제출서류

공인중개사법령상 법인이 중개사무소 개설등록을 신청하는 때에 제출하는 서류에 해당하는 것은?

① 대표자 및 공인중개사인 사원 또는 임원의 공인중개사자격증 사본

② 법인등기사항증명서

③ 건축물대장

④ 보증의 설정을 증명할 수 있는 서류

⑤ 건축물대장의 기재가 되지 않은 건물에 중개사무소를 확보한 경우 건축물대장에 기재가 지연되는 사유서

15
중
중개사무소
개설등록

공인중개사법령상 중개사무소 개설등록에 관한 설명으로 틀린 것은? (다툼이 있으면 판례에 따름)

① 개업공인중개사가 업무정지처분을 받고 그 기간 중에 계속 중개업을 한 경우 등록관청은 중개사무소 개설등록을 취소해야 한다.

② 등록관청은 개업공인중개사가 사망한 때에는 그 중개사무소 개설등록을 취소해야 한다.

③ 개업공인중개사가 다른 사람에게 자신의 성명을 사용하여 중개업무를 하게 한 경우, 등록관청은 업무의 정지를 명할 수 있다.

④ 개업공인중개사가 중개사무소등록증을 대여한 경우에는 1년 이하의 징역 또는 1천만원 이하의 벌금에 처한다.

⑤ 중개사무소 개설등록을 하지 않은 자가 중개업을 하면서 거래당사자와 체결한 중개보수 지급약정은 무효이다.

16 공인중개사법령에 관한 설명으로 옳은 것은?

중
이중등록 및
이중소속

① 법인인 개업공인중개사는 이중으로 중개사무소 개설등록을 하여 중개업을 할 수 있다.
② A군에서 중개사무소 개설등록을 하여 중개업을 하고 있는 자가 다시 A군에서 개설등록을 한 경우는 이중등록에 해당하지 않는다.
③ 소속공인중개사는 다른 개업공인중개사인 법인의 임원이 될 수 있다.
④ 이중소속을 한 경우 공인중개사인 개업공인중개사는 업무정지 사유에 해당하며, 소속공인중개사는 자격정지 사유에 해당한다.
⑤ 이중등록을 하거나 이중소속을 한 자는 모두 1년 이하의 징역 또는 1천만원 이하의 벌금에 처한다.

17 공인중개사법령상 중개사무소 개설등록에 관한 설명으로 틀린 것은? (단, 다른 법률의 규정은 고려하지 않음)

상
이중등록 및
이중소속

제29회

① 법인은 주된 중개사무소를 두려는 지역을 관할하는 등록관청에 중개사무소 개설등록을 해야 한다.
② 대표자가 공인중개사가 아닌 법인은 중개사무소를 개설할 수 없다.
③ 법인의 임원 중 공인중개사가 아닌 자도 분사무소의 책임자가 될 수 있다.
④ 소속공인중개사는 중개사무소 개설등록을 신청할 수 없다.
⑤ 등록관청은 개설등록을 하고 등록신청을 받은 날로부터 7일 이내에 등록신청인에게 서면으로 통지해야 한다.

18 공인중개사법령상 중개사무소 개설등록에 관한 설명으로 틀린 것은? (다툼이 있으면 판례에 따름)

중
중개사무소
개설등록

① 중개사무소 개설등록을 하지 않고 부동산 거래를 중개하면서 그에 대한 보수를 약속·요구하는 행위는 「공인중개사법」에 따라 처벌할 수 없다.
② 개설등록을 하지 않은 부동산 컨설팅업자가 부동산 컨설팅행위에 부수하여 중개행위를 한 것은 무등록중개업 위반죄로 처벌될 수 있다.
③ 개업공인중개사가 다른 사람에게 자기의 상호를 사용하여 중개업무를 하게 한 경우 등록관청은 중개사무소 개설등록을 취소해야 한다.
④ 거짓 그 밖의 부정한 방법으로 중개사무소 개설등록을 한 자에 대하여는 1년 이하의 징역 또는 1천만원 이하의 벌금에 처한다.
⑤ 공인중개사가 중개사무소 개설등록을 하지 않은 채 부동산중개업을 하는 경우에도 「공인중개사법」상 형사처벌의 대상이 된다.

2 등록의 결격사유

공인중개사법령상 중개사무소 개설등록의 결격사유에 해당하지 않는 자는?

① 파산선고를 받고 복권되지 아니한 자
② 징역형의 선고유예를 받고 2년이 지나지 아니한 자
③ 만 19세에 달하지 아니한 자
④ 「공인중개사법」을 위반하여 300만원 이상의 벌금형의 선고를 받고 3년이 지나지 아니한 자
⑤ 금고 이상의 실형의 선고를 받고 그 집행이 종료되거나 집행이 면제된 날부터 3년이 지나지 아니한 자

해설 ② 금고 또는 징역형의 집행유예기간 중인 자는 결격사유에 해당하나, 선고유예를 받은 자는 결격사유에 해당하지 않는다.　　▶▶ 정답 ②

19

등록의
결격사유

공인중개사법령상 중개사무소 개설등록의 결격사유에 해당하지 않는 자는?

① 공인중개사의 직무와 관련하여 「형법」상 사기죄로 400만원의 벌금형의 선고를 받고 3년이 지나지 아니한 자
② 금고형의 실형을 선고받고 그 집행이 면제된 날부터 3년이 지나지 아니한 자
③ 공인중개사의 자격이 취소된 후 1년이 된 자
④ 업무정지처분을 받은 개업공인중개사인 법인의 업무정지의 사유가 발생한 당시의 사원 또는 임원이었던 자로서 해당 개업공인중개사에 대한 업무정지기간이 지나지 아니한 자
⑤ 공인중개사의 자격이 정지된 자로서 자격정지기간 중에 있는 자

20

등록의
결격사유

공인중개사법령상 중개사무소 개설등록의 결격사유에 해당하지 않는 자는?

① 「공인중개사법」 위반으로 300만원의 벌금형을 선고받고 2년이 된 자
② 업무정지처분을 받고 폐업신고를 한 자로서 업무정지기간이 지나지 않은 자
③ 피특정후견인이 임원으로 있는 법인
④ 금고형의 집행유예를 받고 그 유예기간이 만료된 날부터 1년이 된 자
⑤ 징역형의 실형선고를 받고 그 집행이 종료된 날부터 3년이 지나지 않은 자

21

등록의
결격사유

공인중개사법령상 개업공인중개사 등의 결격사유에 해당하는 자는?

① 거래당사자 쌍방을 대리한 것을 이유로 중개사무소 개설등록이 취소된 후 2년이 된 자
② 등록기준에 미달하여 중개사무소 개설등록이 취소된 후 2년이 된 자
③ 한정후견종료의 심판을 받고 1년이 된 자
④ 금고형의 선고유예를 받고 1년이 된 자
⑤ 업무정지처분을 받고 폐업신고를 한 후 6개월이 지난 자

22

등록의
결격사유

공인중개사법령상 개업공인중개사 등의 결격사유에 관한 설명으로 옳은 것은?

① 「공인중개사법」을 위반하여 300만원 이상의 과태료처분을 받고 3년이 지나지 아니한 자는 개업공인중개사가 될 수 없다.
② 공인중개사 자격이 취소되고 2년이 지난 자는 중개보조원이 될 수 있다.
③ 1년간 폐업 후 재등록한 개업공인중개사가 폐업 전에 이중소속을 한 이유로 개설등록이 취소된 경우, 등록취소 후 2년이 지난 때 다시 개설등록을 할 수 있다.
④ 「도로교통법」을 위반하여 징역형의 집행유예를 선고받고 그 유예기간이 만료된 날부터 2년이 지나지 아니한 자는 개업공인중개사가 될 수 있다.
⑤ 업무정지처분을 받은 법인인 개업공인중개사의 업무정지사유가 발생한 후에 선임된 임원은 업무정지기간 중 결격사유에 해당한다.

23

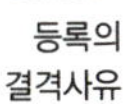

등록의
결격사유

2026년 10월 1일 현재 공인중개사법령상 중개사무소 개설등록의 결격사유에 해당하는 자는?
(주어진 조건만 고려함)

① 2025년 10월 1일 징역형의 선고유예를 받은 자
② 2026년 4월 1일 5개월의 업무정지처분을 받고 2026년 6월 1일 폐업한 자
③ 「형법」상 횡령죄로 2024년 11월 1일 벌금 500만원을 선고받은 자
④ 중개사무소등록증을 양도한 것을 이유로 2024년 11월 1일 개설등록이 취소된 자
⑤ 2026년 2월 1일 공인중개사 자격정지처분을 받은 자

24

(상)

등록의
결격사유

공인중개사법령상 중개사무소 개설등록의 결격사유에 해당하는 자를 모두 고른 것은? 제29회

> ㉠ 피특정후견인
> ㉡ 형의 선고유예를 받고 3년이 경과되지 아니한 자
> ㉢ 금고 이상의 형의 집행유예를 받고 그 유예기간이 만료된 날부터 2년이 지나지 아니한 자
> ㉣ 공인중개사자격증을 대여하여 그 자격이 취소된 후 3년이 경과되지 아니한 자

① ㉠, ㉡ ② ㉠, ㉢ ③ ㉡, ㉢
④ ㉡, ㉣ ⑤ ㉢, ㉣

25

(중)

등록의
결격사유

「공인중개사법」상 중개사무소의 개설등록을 할 수 있는 자를 모두 고른 것은?

> ㉠ 혼인을 한 미성년자
> ㉡ 성년후견개시의 심판을 받은 자
> ㉢ 파산선고를 받고 복권된 후 1년이 지난 자
> ㉣ 「공인중개사법」 위반으로 300만원의 벌금형을 선고받고 2년이 지난 자
> ㉤ 「변호사법」 위반으로 500만원의 벌금형을 선고받고 3년이 지나지 않은 자가 사원으로 있는 법인

① ㉠, ㉡ ② ㉠, ㉣ ③ ㉡, ㉢
④ ㉢, ㉤ ⑤ ㉣, ㉤

26

(중)

등록의
결격사유

공인중개사법령상 甲이 중개사무소의 개설등록을 할 수 있는 경우에 해당하는 것은?

① 甲이 거래계약서에 서명 및 날인을 하지 아니하여 공인중개사의 자격이 정지되고 그 자격정지기간 중에 있는 경우
② 甲이 중개사무소등록증 대여를 이유로 중개사무소 개설등록이 취소된 후 3년이 지나지 않은 경우
③ 甲이 「공인중개사법」을 위반하여 400만원의 과태료 처분을 받고 3년이 지나지 않은 경우
④ 파산선고를 받고 복권되지 않은 甲이 임원으로 있는 법인인 경우
⑤ 甲이 사기죄로 징역형의 집행유예를 선고받고 그 유예기간이 만료된 날부터 1년이 지나지 아니한 경우

27 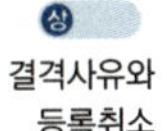
결격사유와
등록취소

공인중개사법령상 중개사무소의 개설등록을 할 수 있는 자는?

① 피성년후견인

② 징역형의 집행유예를 받고 그 유예기간이 만료된 날부터 1년이 지난 자

③ 법인인 개업공인중개사의 업무정지사유 발생 후 업무정지처분을 받기 전에 그 법인의 임원으로 선임되었던 자

④ 업무정지처분을 받고 폐업신고를 한 자로서 업무정지기간이 지나지 아니한 자

⑤ 공인중개사법령을 위반하여 500만원 이상의 벌금형을 선고받고 2년이 지난 자

28 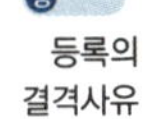
등록의
결격사유

공인중개사법령상 중개사무소 개설등록의 결격사유를 모두 고른 것은?  제31회

> ㉠ 파산선고를 받고 복권되지 아니한 자
> ㉡ 피특정후견인
> ㉢ 공인중개사 자격이 취소된 후 3년이 지나지 아니한 임원이 있는 법인
> ㉣ 개업공인중개사인 법인의 해산으로 중개사무소 개설등록이 취소된 후 3년이 지나지 않은 경우 그 법인의 대표이었던 자

① ㉠

② ㉠, ㉢

③ ㉡, ㉢

④ ㉡, ㉣

⑤ ㉠, ㉢, ㉣

1 중개사무소 설치, 이전, 분사무소 등

대표유형

공인중개사법령상 중개사무소에 관한 설명으로 틀린 것을 모두 고른 것은?

㉠ 개업공인중개사가 중개사무소를 A군에서 B군으로 이전한 경우 이전한 날부터 10일 이내에 A군 군수에게 이전사실을 신고해야 한다.
㉡ 등록관청은 이동이 용이한 임시 중개시설물을 설치한 개업공인중개사의 중개사무소 개설등록을 취소해야 한다.
㉢ 법인인 개업공인중개사가 A군에 소재한 분사무소를 B군으로 이전한 경우 B군 군수에게 이전사실을 신고해야 한다.
㉣ 휴업기간 중인 개업공인중개사 甲의 중개사무소를 공동으로 사용하기 위해 공인중개사 乙은 중개사무소 개설등록을 신청할 수 없다.

① ㉠, ㉣　　　　　② ㉡, ㉢　　　　　③ ㉠, ㉡, ㉢
④ ㉡, ㉢, ㉣　　　　⑤ ㉠, ㉡, ㉢, ㉣

해설 ㉠ 이전 후의 등록관청인 B군에 신고해야 한다.
㉡ 중개사무소 개설등록을 취소할 수 있는 사유이다.
㉢ 분사무소 이전신고는 주된 사무소 관할 등록관청에 해야 한다.
㉣ 업무정지기간 중인 중개사무소를 다른 개업공인중개사가 공동으로 사용할 수 없으나 휴업기간 중인 개업공인중개사의 중개사무소는 공동으로 사용할 수 있다.　　　▶▶ 정답 ⑤

01

상

간판의 철거의무

공인중개사법령상 개업공인중개사가 설치된 사무소의 간판을 지체 없이 철거해야 하는 경우로 명시된 것을 모두 고른 것은?　　　제25회

㉠ 등록관청에 폐업신고를 한 경우
㉡ 등록관청에 6개월을 초과하는 휴업신고를 한 경우
㉢ 중개사무소의 개설등록 취소처분을 받은 경우
㉣ 등록관청에 중개사무소의 이전사실을 신고한 경우

① ㉠, ㉡　　　　　② ㉢, ㉣　　　　　③ ㉠, ㉡, ㉣
④ ㉠, ㉢, ㉣　　　　⑤ ㉠, ㉡, ㉢, ㉣

02 
중개사무소

공인중개사법령상 중개사무소에 관한 설명으로 옳은 것은?

① 개업공인중개사가 아닌 자가 그 사무소의 명칭에 '부동산중개'라는 명칭을 사용한 경우에는 100만원 이하의 과태료를 부과한다.

② 법인인 개업공인중개사의 분사무소에서 설치한 옥외광고물에는 대표자의 성명을 표기해야 한다.

③ 개업공인중개사가 아닌 자가 사무소의 명칭에 '부동산중개'라는 명칭을 사용한 경우 등록관청은 그 간판의 철거를 명할 수 있다.

④ 개업공인중개사가 중개대상물의 표시·광고를 하는 경우 그 광고물에 중개사무소의 등록번호를 명시할 의무가 없다.

⑤ 개업공인중개사는 중개사무소 개설등록이 취소된 때에는 취소처분을 받은 날부터 7일 이내에 중개사무소의 간판을 철거해야 한다.

03 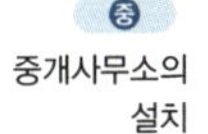
중개사무소의 설치

공인중개사법령상 중개사무소의 설치에 관한 설명으로 틀린 것은?　　제26회

① 법인 아닌 개업공인중개사는 분사무소를 둘 수 없다.

② 분사무소의 설치는 업무정지기간 중에 있는 다른 개업공인중개사의 중개사무소를 공동으로 사용하는 방법으로는 할 수 없다.

③ 법인인 개업공인중개사가 분사무소를 설치하려는 경우 분사무소 소재지의 시장·군수 또는 구청장에게 신고해야 한다.

④ 「공인중개사법」을 위반하여 둘 이상의 중개사무소를 둔 경우 등록관청은 중개사무소 개설등록을 취소할 수 있다.

⑤ 개업공인중개사는 이동이 용이한 임시 중개시설물을 설치해서는 아니된다.

04 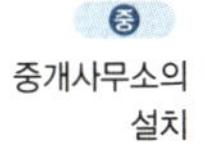
중개사무소의 설치

공인중개사법령상 사무소에 관한 설명으로 옳은 것은? (다툼이 있으면 판례에 따름)

① 공인중개사인 개업공인중개사가 둘 이상의 중개사무소를 둔 경우 등록관청은 개설등록을 취소해야 한다.

② 중개사무소를 두 개 둔 개업공인중개사와 임시 중개시설물을 설치한 개업공인중개사에 대한 벌칙규정은 서로 다르다.

③ 개업공인중개사가 중개사무소 외에 별도로 설치한 사무소가 등록기준을 갖추지 못한 중개사무소인 경우라도 이중사무소 설치금지에 위반된다.

④ 업무정지기간 중인 공인중개사인 개업공인중개사는 다른 개업공인중개사의 중개사무소를 공동으로 사용하기 위하여 중개사무소를 이전할 수 있다.

⑤ 법인인 개업공인중개사는 등록관청에 신고하고 그 등록관청 관할 구역 내에 분사무소를 둘 수 있다.

05 
중개사무소의
명칭

공인중개사법령상 중개사무소의 명칭 및 등록증 등의 게시에 관한 설명으로 틀린 것은? (다툼이 있으면 판례에 따름)   제32회

① 법인인 개업공인중개사의 분사무소에는 분사무소설치신고확인서 원본을 게시해야 한다.

② 소속공인중개사가 있는 경우 그 소속공인중개사의 공인중개사자격증 원본도 게시해야 한다.

③ 개업공인중개사가 아닌 자가 '부동산중개'라는 명칭을 사용한 경우, 3년 이하의 징역 또는 3천만원 이하의 벌금에 처한다.

④ 무자격자가 자신의 명함에 '부동산뉴스 대표'라는 명칭을 기재하여 사용하였다면 공인중개사와 유사한 명칭을 사용한 것에 해당한다.

⑤ 공인중개사인 개업공인중개사가 「옥외광고물 등의 관리와 옥외광고산업 진흥에 관한 법률」에 따른 옥외광고물을 설치하는 경우, 중개사무소등록증에 표기된 개업공인중개사의 성명을 표기해야 한다.

06 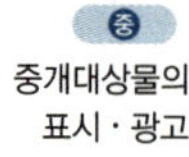
중개대상물의
표시 · 광고

공인중개사법령상 중개대상물의 표시 · 광고에 관한 설명으로 옳은 것은?

① 개업공인중개사가 중개대상물의 표시 · 광고를 하는 경우, 그 광고물에 중개사무소의 소재지를 명시할 의무는 없다.

② 개업공인중개사가 인터넷을 이용하지 않는 중개대상물의 표시 · 광고를 하는 때에는 중개대상물의 면적 및 가격을 명시해야 한다.

③ 개업공인중개사가 중개대상물이 존재하지 않아서 실제로 거래할 수 없는 중개대상물에 대한 표시 · 광고를 하는 경우 1년 이하의 징역 또는 1천만원 이하의 벌금에 처한다.

④ 시 · 도지사는 인터넷을 이용한 중개대상물에 대한 표시 · 광고가 부당한 표시 · 광고 금지의 규정을 준수하는지 여부를 모니터링 할 수 있다.

⑤ 모니터링 업무 수탁기관은 기본 모니터링 업무를 수행하려는 경우 모니터링 대상, 모니터링 체계 등을 포함한 다음 연도의 모니터링 기본계획서를 매년 12월 31일까지 제출해야 한다.

07 공인중개사법령상의 중개사무소에 관한 설명으로 옳은 것을 모두 고른 것은?

중개사무소의 설치,
게시의무

▽ 중개사무소 안에 「부가가치세법 시행령」에 따른 사업자등록증을 게시하지 않은 개업공인중개사에게는 과태료를 부과한다.
○ 개업공인중개사는 중개사무소 안에 소속공인중개사의 공인중개사자격증 사본을 게시해야 한다.
◎ 개업공인중개사는 중개사무소에 보증의 설정을 증명할 수 있는 서류를 게시해야 한다.
◍ 법인인 개업공인중개사의 중개사무소에는 사원 또는 임원 전원의 실무교육 수료증 원본을 게시해야 한다.

① ㉠, ㉡   ② ㉠, ㉢   ③ ㉡, ㉢
④ ㉡, ㉣   ⑤ ㉢, ㉣

08 공인중개사법령상 중개사무소의 이전신고에 관한 설명으로 틀린 것은?   제28회

중개사무소의 설치,
게시의무

① 중개사무소를 이전한 때에는 이전한 날부터 10일 이내에 이전신고를 해야 한다.
② 분사무소를 이전한 때에는 주된 사무소의 소재지를 관할하는 등록관청에 이전신고를 해야 한다.
③ 분사무소 이전신고를 하려는 법인인 개업공인중개사는 중개사무소등록증을 첨부해야 한다.
④ 분사무소의 이전신고를 받은 등록관청은 지체 없이 이를 이전 전 및 이전 후의 소재지를 관할하는 시장·군수 또는 구청장에게 통보해야 한다.
⑤ 중개사무소를 등록관청의 관할지역 외의 지역으로 이전한 경우, 그 이전신고 전에 발생한 사유로 인한 개업공인중개사에 대한 행정처분은 이전 후 등록관청이 행한다.

09 공인중개사법령상 법인인 개업공인중개사가 인터넷을 이용하지 않는 중개대상물의 표시·광고를 하는 경우 명시해야 할 사항을 모두 고른 것은?

중개대상물의
표시·광고

▽ 중개사무소의 명칭   ○ 등록번호
◎ 건축물의 총 층수   ◍ 중개사무소 소재지
◈ 거래형태

① ㉠, ㉡, ㉣   ② ㉢, ㉣, ㉤   ③ ㉠, ㉢, ㉣, ㉤
④ ㉡, ㉢, ㉣, ㉤   ⑤ ㉠, ㉡, ㉢, ㉣, ㉤

10

중개대상물의
부당한 표시·광고

공인중개사법령상 개업공인중개사의 중개대상물에 대한 부당한 표시·광고에 해당하지 않는 것은?

① 중개대상물이 존재하지만 실제로 중개의 대상이 될 수 없는 중개대상물에 대한 표시·광고를 하는 행위

② 중개대상물의 가격 등 내용을 사실과 다르게 거짓으로 표시·광고를 하는 행위

③ 정당한 사유 없이 개업공인중개사 등의 중개대상물에 대한 정당한 표시·광고 행위를 방해하는 행위

④ 중개대상물이 존재하지 않아서 실제로 거래할 수 없는 중개대상물에 대한 표시·광고를 하는 행위

⑤ 중개대상물의 가격 및 거래조건 등 선택에 중요한 영향을 미칠 수 있는 사실을 빠뜨리거나 은폐·축소하는 등의 방법으로 소비자를 속이는 표시·광고를 하는 행위

Point
11

중개대상물의
표시·광고 및
모니터링

공인중개사법령상 중개대상물의 표시·광고 및 모니터링에 관한 설명으로 옳은 것은?

① 중개대상물이 존재하지만 실제로 중개할 의사가 없는 중개대상물에 대한 표시·광고를 한 개업공인중개사에 대하여 국토교통부장관은 500만원 이하의 과태료를 부과한다.

② 등록관청은 인터넷을 이용한 중개대상물에 대한 표시·광고가 부당한 표시·광고 금지의 규정을 준수하는지 여부를 모니터링 할 수 있다.

③ 「민법」 제32조에 따라 설립된 비영리법인으로서 인터넷 광고 시장 감시와 관련된 업무를 수행하는 법인은 인터넷 표시·광고 모니터링 업무를 위탁받아 업무를 수행할 수 있다.

④ 수시 모니터링 업무는 분기별로 실시하는 모니터링을 말한다.

⑤ 모니터링의 기준, 절차 및 방법 등에 관한 세부적인 사항은 등록관청이 정하여 고시한다.

12
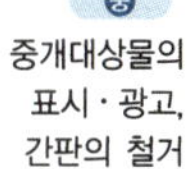
중개대상물의
표시·광고 및
모니터링

공인중개사법령상 중개대상물의 표시·광고 및 모니터링에 관한 설명에서 (   ) 안에 들어갈 내용으로 그 순서가 옳은 것은?

> - (㉠) 모니터링 업무는 중개대상물의 표시·광고 내용을 위반한 사실이 의심되는 경우 등 국토교통부장관이 필요하다고 판단하여 실시하는 모니터링을 말한다.
> - 모니터링 기관은 수시 모니터링 업무를 수행한 경우 해당 업무에 따른 결과보고서를 업무를 완료한 날부터 (㉡)일 이내에 국토교통부장관에게 제출해야 한다.
> - 모니터링 기관은 기본 모니터링 업무를 수행한 경우 해당 업무에 따른 결과보고서를 매 분기의 마지막 날부터 (㉢)일 이내에 국토교통부장관에게 제출해야 한다.
> - 시·도지사 및 등록관청은 조사 및 조치의 요구를 받으면 신속하게 조사 및 조치를 완료하고, 완료한 날부터 (㉣)일 이내에 그 결과를 국토교통부장관에게 통보해야 한다.

① ㉠ (기본), ㉡ (15), ㉢ (30), ㉣ (15)
② ㉠ (수시), ㉡ (15), ㉢ (30), ㉣ (10)
③ ㉠ (기본), ㉡ (30), ㉢ (15), ㉣ (10)
④ ㉠ (기본), ㉡ (30), ㉢ (10), ㉣ (15)
⑤ ㉠ (수시), ㉡ (15), ㉢ (30), ㉣ (15)

13
중개대상물의
표시·광고,
간판의 철거

공인중개사법령상 다음 설명 중 틀린 것은?

① 개업공인중개사는 옥외광고물에 중개사무소의 연락처를 표기할 의무가 없다.
② 중개보조원은 중개대상물의 표시·광고를 할 수 없다.
③ 개업공인중개사는 중개사무소 이전사실을 신고한 때에는 지체 없이 중개사무소의 간판을 철거해야 한다.
④ 등록관청은 중개사무소 개설등록 취소처분을 받고 간판을 철거하지 않은 자에 대하여 「행정대집행법」에 따라 대집행을 할 수 있다.
⑤ 개업공인중개사가 등록관청에 휴업사실을 신고한 때에는 지체 없이 사무소의 간판을 철거해야 한다.

14 공인중개사법령에 관한 설명으로 틀린 것을 모두 고른 것은?

상
중개사무소의
설치 등

> ㉠ 개업공인중개사가 옥외광고물에 인식할 수 있는 정도의 크기로 성명을 표기하지 아니한 경우 등록관청은 간판의 철거를 명할 수 없다.
> ㉡ 분사무소 설치신고서에는 보증의 설정을 증명할 수 있는 서류를 첨부해야 한다.
> ㉢ 개업공인중개사가 중개사무소 이전사실을 신고한 때에는 지체 없이 중개사무소의 간판을 철거해야 한다.
> ㉣ 휴업기간 중인 개업공인중개사의 중개사무소를 공동으로 사용하기 위하여 분사무소를 설치할 수 있다.

① ㉠   ② ㉠, ㉡   ③ ㉡, ㉣
④ ㉠, ㉡, ㉢   ⑤ ㉡, ㉢, ㉣

15 공인중개사법령상 중개사무소 이전에 관한 설명으로 틀린 것은?

중
중개사무소의
이전

① 중개사무소 이전신고서를 제출할 때 건축물대장은 첨부서류가 아니다.
② 등록관청은 중개사무소의 이전신고를 받은 때에는 그 사실을 한국공인중개사협회에 통보해야 한다.
③ 개업공인중개사가 등록관청 관할 지역 내로 이전할 때와 관할 지역 외로 이전할 때의 중개사무소 이전신고서에 첨부할 서류는 동일하다.
④ 법인인 개업공인중개사가 주된 사무소를 관할 지역 외로 이전한 때에는 이전 전의 등록관청에 이전사실을 신고해야 한다.
⑤ 중개사무소 이전신고를 하지 않은 개업공인중개사에게는 100만원 이하의 과태료를 부과한다.

16 공인중개사법령상 개업공인중개사의 중개사무소 이전신고 등에 관한 설명으로 틀린 것은?

제34회

중
중개사무소의
이전

① 개업공인중개사가 중개사무소를 등록관청의 관할 지역 외의 지역으로 이전한 경우에는 이전 후의 중개사무소를 관할하는 시장·군수 또는 구청장에게 신고하여야 한다.
② 개업공인중개사가 등록관청에 중개사무소의 이전사실을 신고한 경우에는 지체 없이 사무소의 간판을 철거하여야 한다.
③ 분사무소의 이전신고를 하려는 경우에는 주된 사무소의 소재지를 관할하는 등록관청에 중개사무소이전신고서를 제출해야 한다.
④ 업무정지 기간 중에 있는 개업공인중개사는 중개사무소의 이전신고를 하는 방법으로 다른 개업공인중개사의 중개사무소를 공동으로 사용할 수 없다.
⑤ 공인중개사인 개업공인중개사가 중개사무소이전신고서를 제출할 때 중개사무소등록증을 첨부하지 않아도 된다.

Point 17 (중)
중개사무소 이전

공인중개사법령상 개업공인중개사가 등록관청 관할지역 외로 중개사무소를 이전하는 경우에 관한 설명으로 틀린 것은?

① 개업공인중개사는 사무소를 이전한 날부터 10일 이내에 이전 후의 등록관청에 이전사실을 신고해야 한다.

② 이전신고를 받은 등록관청은 신고 내용이 적합한 경우에는 중개사무소등록증을 재교부하거나 기존의 중개사무소등록증에 변경사항을 기재하여 이를 교부해야 한다.

③ 중개사무소 이전신고서에는 중개사무소를 확보하였음을 증명하는 서류를 첨부해야 한다.

④ 종전의 등록관청이 이전 후 등록관청에 송부해야 하는 서류에는 행정처분절차가 진행 중인 경우 그 관련서류가 포함된다.

⑤ 이전신고 전에 발생된 사유로 인한 개업공인중개사에 대한 행정처분은 이전 후의 등록관청이 이를 행한다.

18 (중)
분사무소의 설치

공인중개사법령상 서울특별시 A구에 주된 사무소를 둔 법인인 개업공인중개사 甲이 B도 C군에 분사무소를 설치하는 경우에 관한 설명으로 옳은 것은?

① 분사무소 설치신고서는 C군 군수에게 제출해야 한다.

② 설치신고를 받은 등록관청은 분사무소설치신고확인서를 교부한 때에는 지체 없이 이를 C군 군수에게 통보해야 한다.

③ 분사무소 설치신고를 할 때에는 책임자의 공인중개사자격증 사본을 제출해야 한다.

④ 업무정지기간 중에 있는 다른 개업공인중개사 乙의 중개사무소를 공동으로 사용하기 위해 분사무소를 설치할 수 있다.

⑤ 甲은 서울특별시 내에는 분사무소를 둘 수 없다.

19 (상)
분사무소의 설치

공인중개사법령상 분사무소 설치에 관한 설명으로 옳은 것은?

① 다른 법률의 규정에 따라 중개업을 할 수 있는 법인의 분사무소인 경우에는 공인중개사를 책임자로 두지 않아도 된다.

② 주된 사무소의 소재지를 포함한 시·군·구별로 설치하되, 시·군·구별로 1개소를 초과할 수 없다.

③ 분사무소를 설치하는 경우 이를 설치하고자 하는 시·군·구에 신고해야 한다.

④ 분사무소 설치신고서를 제출하는 자는 국토교통부령이 정하는 수수료를 납부해야 한다.

⑤ 분사무소 책임자는 설치신고일 전 1년 이내에 연수교육을 받아야 한다.

20

공인중개사법령상 법인인 개업공인중개사의 중개사무소 개설등록신청과 분사무소의 설치신고를 비교한 설명으로 틀린 것은?

① 등록신청 및 설치신고는 모두 주된 사무소 소재지를 관할하는 등록관청에 해야 한다.

② 등록신청 및 설치신고를 하는 자는 모두 지방자치단체 조례로 정하는 수수료를 납부해야 한다.

③ 중개사무소 개설등록신청서 및 분사무소 설치신고서에는 모두 보증설정증명서류를 첨부해야 한다.

④ 중개사무소 개설등록신청서 및 분사무소 설치신고서에는 모두 법인등기사항증명서를 첨부하지 않는다.

⑤ 법인의 사원 또는 임원의 전원은 등록신청일 전 1년 이내에, 분사무소 책임자는 설치신고일 전 1년 이내에 실무교육을 받아야 한다.

21

공인중개사법령상 법인인 개업공인중개사의 분사무소에 관한 설명으로 틀린 것은?

① 공인중개사인 개업공인중개사는 그 등록관청 관할 구역 외의 지역에 분사무소를 둘 수 없다.

② 분사무소 소재지를 관할하는 시장·군수 또는 구청장은 감독상 필요한 때에는 소속공무원으로 하여금 분사무소에 출입하여 장부·서류 등을 조사하게 할 수 있다.

③ 법인인 개업공인중개사의 분사무소는 주된 사무소가 속한 시·도에는 둘 수 없다.

④ 등록관청은 매월 분사무소 설치신고사항을 다음 달 10일까지 한국공인중개사협회에 통보해야 한다.

⑤ 분사무소를 두는 경우 분사무소마다 각각 2억원 이상의 보증을 설정해야 한다.

22

공인중개사법령상 법인인 개업공인중개사의 분사무소에 대한 설명 중 옳은 것은?

① 분사무소의 설치신고를 하는 자는 지방자치단체 조례로 정하는 수수료를 납부해야 한다.

② 주된 사무소를 관할하는 등록관청 내에 분사무소를 둘 수 있다.

③ 법인인 개업공인중개사가 분사무소를 설치하려는 경우 분사무소 소재지의 시장·군수 또는 구청장에게 신고해야 한다.

④ 다른 법률의 규정에 따라 중개업을 할 수 있는 법인의 분사무소에는 공인중개사를 책임자로 두어야 한다.

⑤ 분사무소의 설치신고를 하려는 자는 법인등기사항증명서를 제출해야 한다.

23
상
분사무소의
설치

A군(郡)에 중개사무소를 두고 있는 공인중개사인 개업공인중개사 甲과 법인인 개업공인중개사 乙, 乙법인 분사무소의 책임자 丙에 관한 설명으로 옳은 것은?

① 甲은 B군에 분사무소를 둘 수 있다.

② 甲이 B군에 임시중개시설물을 설치한 경우, 등록이 취소될 수 있으며 3년 이하의 징역 또는 3천만원 이하의 벌금에 처한다.

③ 乙이 B군에 분사무소를 두고자 할 때는 B군 군수에게 설치신고서를 제출해야 한다.

④ 乙은 B군, C군, D군에 각 분사무소 1개소를 설치할 수 있다.

⑤ 丙은 분사무소 설치신고일 전 1년 이내에 연수교육을 받아야 한다.

24
중
중개사무소의
공동사용

공인중개사 甲 및 乙의 중개사무소 공동사용에 관한 설명으로 틀린 것은?

① 개업공인중개사 甲의 중개사무소를 공동으로 사용하고자 하는 공인중개사 乙은 중개사무소 개설등록신청서에 甲의 승낙서를 첨부해야 한다.

② 개업공인중개사 甲은 휴업기간 중인 개업공인중개사 乙의 중개사무소로 이전하여 중개사무소를 공동으로 사용할 수 있다.

③ 공인중개사 甲은 업무정지기간 중인 개업공인중개사 乙로부터 승낙서를 받아 乙의 중개사무소를 공동으로 사용고자 개설등록을 신청할 수 없다.

④ 개업공인중개사 乙이 업무정지처분을 받기 전부터 중개사무소를 공동사용 중이었던 개업공인중개사 甲은 乙의 업무정지기간 중에 중개사무소를 공동으로 사용할 수 없다.

⑤ 업무정지기간 중인 甲은 개업공인중개사 乙의 중개사무소를 공동으로 사용하기 위하여 乙의 승낙서를 받아 중개사무소를 이전할 수 없다.

2 개업공인중개사의 겸업

대표유형

공인중개사법령상 법인인 개업공인중개사가 겸업할 수 있는 업무를 모두 고른 것은?

㉠ 도배업체의 소개
㉡ 부동산의 개발업
㉢ 소속공인중개사를 대상으로 한 중개업의 경영기법 및 경영정보의 제공
㉣ 30호 미만인 단독주택의 분양대행
㉤ 공매대상 부동산에 대한 권리분석 및 취득의 알선

① ㉠, ㉡, ㉣, ㉤   ② ㉡, ㉢, ㉣   ③ ㉠, ㉣, ㉤
④ ㉠, ㉡, ㉤   ⑤ ㉡, ㉢, ㉣, ㉤

해설 ㉡ 부동산의 개발업은 겸업할 수 없고 개발에 관한 상담을 할 수 있다.
㉢ 중개업의 경영기법 및 경영정보의 제공은 개업공인중개사를 대상으로 하여야 한다.
▶ 정답 ③

25

개업공인중개사의 겸업

공인중개사법령상 개업공인중개사의 업무범위에 관한 내용으로 틀린 것은?

① 공인중개사인 개업공인중개사는 「국세징수법」 그 밖의 법령에 따른 공매부동산에 대한 권리분석 및 취득의 알선을 할 수 있다.

② 법인인 개업공인중개사는 중개사무소 개설등록을 준비 중인 공인중개사를 대상으로 중개업의 경영기법 제공업무를 겸업할 수 있다.

③ 법인인 개업공인중개사가 「민사집행법」에 따른 경매 부동산의 매수신청대리를 하려면 대법원규칙이 정하는 요건을 갖추어 법원에 등록을 해야 한다.

④ 공인중개사인 개업공인중개사는 「주택법」상 사업계획승인대상이 아닌 주택에 대한 분양대행을 겸업할 수 있다.

⑤ 공인중개사인 개업공인중개사는 이사업체를 운영할 수 있다.

26 
법인인
개업공인중개사의
겸업

공인중개사법령상 법인인 개업공인중개사가 겸업할 수 있는 것은? (다툼이 있으면 판례에 따름)
제24회

① 농업용 건축물에 대한 관리대행
② 토지에 대한 분양대행
③ 개업공인중개사 아닌 공인중개사를 대상으로 한 중개업 경영기업의 제공행위
④ 부동산 개발에 관한 상담
⑤ 의뢰인에게 경매대상 부동산을 취득시키기 위하여 개업공인중개사가 자신의 이름으로 직접 매수신청을 하는 행위

27 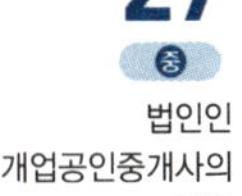
법인인
개업공인중개사의
겸업

공인중개사법령상 법인인 개업공인중개사의 업무범위에 해당하지 않는 것은? (단, 다른 법령의 규정은 고려하지 않음)
제32회

① 주택의 임대관리
② 부동산 개발에 관한 상담 및 주택의 분양대행
③ 개업공인중개사를 대상으로 한 공제업무의 대행
④ 「국세징수법」상 공매대상 부동산에 대한 취득의 알선
⑤ 중개의뢰인의 의뢰에 따른 이사업체의 소개

28 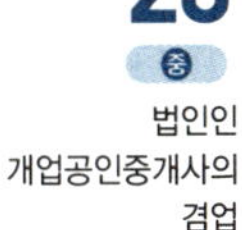
법인인
개업공인중개사의
겸업

공인중개사법령상 법인인 개업공인중개사가 겸업할 수 있는 업무를 모두 고른 것은? (다른 법률에 따라 중개업을 할 수 있는 경우는 제외함)

> ㉠ 주택의 분양대행
> ㉡ 부동산의 이용·개발 및 거래에 관한 상담
> ㉢ 중개의뢰인의 의뢰에 따른 이사업체의 소개
> ㉣ 개업공인중개사를 대상으로 한 중개업의 경영기법의 제공

① ㉠, ㉢   ② ㉡, ㉢   ③ ㉠, ㉡, ㉢
④ ㉠, ㉡, ㉣   ⑤ ㉠, ㉡, ㉢, ㉣

29 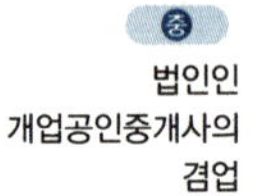
법인인
개업공인중개사의
겸업

공인중개사법령상 법인인 개업공인중개사가 할 수 있는 업무로 옳은 것은?

① 주택의 임대업
② 상업용 건축물의 매매업
③ 소속공인중개사를 대상으로 한 중개업의 경영정보 제공
④ 「건축물의 분양에 관한 법률」에 따른 분양신고 대상인 상가의 분양대행
⑤ 중개의뢰인의 의뢰에 따른 주거이전에 부수되는 용역업

30 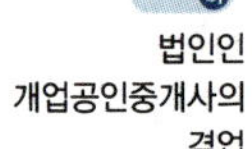
법인인
개업공인중개사의
겸업

공인중개사법령상 법인인 개업공인중개사가 겸업할 수 있는 것은?

① 상업용 건축물의 임대업
② 토지의 개발대행
③ 경매 대상 동산에 대한 권리분석 및 취득의 알선
④ 상업용 건축물의 분양대행
⑤ 중개의뢰인의 의뢰에 따른 주거이전에 부수되는 용역의 제공

31 
법인인
개업공인중개사의
겸업

공인중개사법령상 법인인 개업공인중개사가 겸업할 수 있는 업무가 아닌 것은 모두 몇 개인가?

㉠ 부동산 개발업
㉡ 주택의 임대관리
㉢ 「택지개발촉진법」에 따라 조성된 택지의 분양대행
㉣ 공인중개사인 개업공인중개사를 대상으로 한 중개업의 경영기법 제공
㉤ 주택의 건설업

① 1개　　　　　② 2개　　　　　③ 3개
④ 4개　　　　　⑤ 5개

32
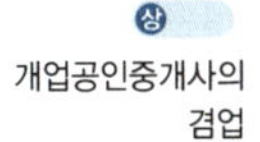

개업공인중개사의
겸업

공인중개사법령상 모든 개업공인중개사가 겸업할 수 있는 업무를 모두 고른 것은? (다른 법률에 의하여 중개업을 할 수 있는 경우는 제외함)

> ㉠ 부동산 거래에 관한 상담
> ㉡ 상업용 건축물의 임대업
> ㉢ 토지의 개발대행
> ㉣ 토지의 분양대행
> ㉤ 개업공인중개사를 대상으로 한 중개업의 경영정보의 제공

① ㉠, ㉤   ② ㉢, ㉤   ③ ㉠, ㉡, ㉤
④ ㉡, ㉢, ㉣   ⑤ ㉢, ㉣, ㉤

33

개업공인중개사의
겸업

공인중개사법령상 개업공인중개사의 업무범위에 관한 설명으로 틀린 것은?

① 공인중개사인 개업공인중개사는 상업용 건축물의 관리대행을 겸업할 수 있다.
② 법인이 아닌 개업공인중개사는 토지의 분양대행을 할 수 있다.
③ 모든 개업공인중개사는 중개업에 부수되는 도배업체를 운영할 수 있다.
④ 공인중개사인 개업공인중개사는 대법원규칙이 정하는 요건을 갖춘 경우, 법원에 등록하고 경매대상 부동산의 매수신청 대리를 할 수 있다.
⑤ 모든 개업공인중개사는 상업용 건축물의 분양대행을 겸업할 수 있다.

34

개업공인중개사의
겸업

공인중개사법령상 개업공인중개사의 업무범위에 관한 설명으로 옳은 것은?

① 공인중개사인 개업공인중개사는 부동산의 거래에 관한 상담을 겸업할 수 있다.
② 공인중개사인 개업공인중개사가 경매부동산에 대한 매수신청대리를 하고자 하는 때에는 국토교통부령으로 정하는 바에 따라 법원에 등록해야 한다.
③ 공인중개사인 개업공인중개사는 다른 개업공인중개사를 대상으로 중개업의 경영기법 제공을 겸업할 수 없다.
④ 모든 개업공인중개사는 토지의 분양대행을 겸업할 수 있다.
⑤ 공인중개사인 개업공인중개사가 법령상 겸업제한을 위반한 경우 등록관청은 중개사무소 개설등록을 취소할 수 있다.

3 고용인

대표유형

공인중개사법령상 개업공인중개사의 고용인과 관련된 설명으로 옳은 것은? (다툼이 있으면 판례에 따름)

① 중개보조원은 현장안내 등 중개업무를 보조하는 경우 중개의뢰인에게 본인이 중개보조원이 라는 사실을 미리 알려야 한다.

② 개업공인중개사가 소속공인중개사를 고용한 경우 그 업무개시 후 10일 이내에 등록관청에 신고해야 한다.

③ 소속공인중개사는 고용신고일 전 1년 이내에 직무교육을 받아야 한다.

④ 중개보조원의 업무상 행위는 그를 고용한 개업공인중개사의 행위로 추정한다.

⑤ 중개보조원의 업무상 과실로 인한 불법행위로 의뢰인에게 손해를 입힌 경우 개업공인중개 사가 손해배상책임을 지고 중개보조원은 그 책임을 지지 않는다.

해설 ② 개업공인중개사는 소속공인중개사 또는 중개보조원을 고용한 때에는 업무를 개시하기 전에 등록관청에 신고해야 하며, 고용관계가 종료한 때에는 종료일로부터 10일 이내에 등록관청에 신고해야 한다.
③ 소속공인중개사는 실무교육을, 중개보조원은 직무교육을 받아야 한다.
④ '추정한다'가 아니라 '본다' 또는 '간주한다'가 옳다.
⑤ 중개보조원의 업무상 과실로 손해가 발생했으므로 중개보조원은 「민법」상 불법행위자로서의 손해배상책임을 당연히 져야 한다. 중개보조원이 고의 또는 과실로 거래당사자에게 재산상 손해를 입힌 경우에 중개보조원은 불법 행위자로서 거래당사자가 입은 손해를 배상할 책임을 지는 것이고, 개업공인중개사 역시 거래당사자에게 손해를 배상할 책임을 지도록 하는 규정이다. 따라서 중개보조원을 고용한 개업공인중개사만이 손해배상책임을 지도록 하고 중개보조원에게는 손해배상책임을 지우지 않는다는 취지를 규정한 것은 아니다(2006다29945). ▶▶ **정답** ①

35
(중)
고용인

개업공인중개사 甲의 소속공인중개사 乙이 중개업무를 하면서 중개대상물의 거래상 중요사항에 관하여 거짓된 언행으로 중개의뢰인 丙의 판단을 그르치게 하여 재산상 손해를 입혔다. 공인중 개사법령에 관한 설명으로 틀린 것은? 제29회

① 乙의 행위는 공인중개사 자격정지 사유에 해당한다.

② 乙은 1년 이하의 징역 또는 1천만원 이하의 벌금에 처한다.

③ 등록관청은 甲의 중개사무소 개설등록을 취소할 수 있다.

④ 乙이 징역 또는 벌금형을 선고받은 경우 甲은 乙의 위반행위 방지를 위한 상당한 주의 · 감독을 게을리 하지 않았더라도 벌금형을 받는다.

⑤ 丙은 甲에게 손해배상을 청구할 수 있다.

36

고용인에 대한
개업공인중개사의
책임

공인중개사법령상 개업공인중개사의 고용인의 신고에 관한 설명으로 틀린 것은? 제23회

① 소속공인중개사의 고용신고를 받은 등록관청은 공인중개사 자격증을 발급한 시·도지사에게 그 소속공인중개사의 공인중개사 자격 확인을 요청해야 한다.

② 개업공인중개사가 중개보조원을 고용한 경우에는 업무개시 전까지 등록관청에 신고해야 한다.

③ 소속공인중개사의 업무상 행위는 그를 고용한 개업공인중개사의 행위로 본다.

④ 개업공인중개사가 소속공인중개사를 고용한 경우 소속공인중개사의 공인중개사자격증 사본을 중개사무소에 게시해야 한다.

⑤ 개업공인중개사가 중개보조원과의 고용관계가 종료한 경우에는 고용관계 종료일부터 10일 이내에 등록관청에 신고해야 한다.

37

고용인

공인중개사법령상 개업공인중개사의 고용인에 관한 설명으로 옳은 것은?

① 소속공인중개사로 외국인을 고용하는 경우에는 고용신고서에 공인중개사자격증 사본을 첨부해야 한다.

② 개업공인중개사가 소속공인중개사를 고용하고 이를 등록관청에 신고하는 경우, 전자문서에 의한 신고서로 제출할 수 없다.

③ 중개보조원이 중개업무를 보조하는 때에 중개의뢰인에게 본인이 중개보조원이라는 사실을 미리 알리지 아니한 경우 시·도지사는 중개보조원에게 500만원 이하의 과태료를 부과한다.

④ 중개보조원의 고용신고를 받은 등록관청은 직무교육의 수료 여부를 확인해야 한다.

⑤ 중개보조원의 모든 행위는 그를 고용한 개업공인중개사의 행위로 본다.

38

소속공인중개사의
의무

공인중개사법령상 공인중개사인 개업공인중개사가 고용한 소속공인중개사에게 적용되는 의무는 모두 몇 개인가?

㉠ 인장등록의무	㉡ 거래계약서 작성 및 교부의무
㉢ 실무교육 이수의무	㉣ 보증설정의무
㉤ 비밀누설 금지의무	㉥ 이중소속 금지의무
㉦ 중개대상물 확인·설명서의 보존의무	

① 1개 ② 2개 ③ 3개

④ 4개 ⑤ 5개

39 
고용인의 업무상
행위에 대한 책임

공인중개사인 개업공인중개사 甲의 소속공인중개사 乙의 중개행위로 중개가 완성되었다. 공인중개사법령상 이에 관한 설명으로 틀린 것은? 제31회

① 乙의 업무상 행위는 甲의 행위로 본다.

② 중개대상물 확인·설명서에는 甲과 乙이 함께 서명 및 날인하여야 한다.

③ 乙은 甲의 위임을 받아 부동산거래계약 신고서의 제출을 대행할 수 있다.

④ 乙의 중개행위가 금지행위에 해당하여 乙이 징역형의 선고를 받았다는 이유로 甲도 해당 조(條)에 규정된 징역형을 선고받는다.

⑤ 甲은 거래당사자에게 손해배상책임의 보장에 관한 사항을 설명하고 관계 증서의 사본을 교부하거나 관계 증서에 관한 전자문서를 제공하여야 한다.

40 
소속공인중개사의
업무상 행위에 대한
개업공인중개사의
책임

공인중개사인 개업공인중개사 甲이 고용한 소속공인중개사 乙은 법령상 상한액을 초과하여 중개보수를 받았다. 공인중개사법령상 이에 관한 설명으로 틀린 것은? (다툼이 있으면 판례에 따름)

① 乙의 행위는 공인중개사 자격정지 사유에 해당한다.

② 乙의 위반행위를 이유로 등록관청은 甲의 중개사무소 개설등록을 취소할 수 있다.

③ 乙은 1년 이하의 징역 또는 1천만원 이하의 벌금형에 처해질 수 있다.

④ 甲이 乙의 위반행위를 방지하기 위하여 상당한 주의와 감독을 게을리하지 않은 경우 甲은 양벌규정에 따라 벌금형을 받지 않는다.

⑤ 甲이 양벌규정으로 300만원의 벌금형을 선고받은 경우, 이는 등록의 결격사유에 해당한다.

41 
중개보조원

공인중개사법령상 중개보조원에 관한 설명으로 옳은 것은? (다툼이 있으면 판례에 따름)

① 중개보조원이 이 법상 업무정지 사유를 위반한 경우 개업공인중개사 및 중개보조원 모두에게 업무정지처분을 할 수 있다.

② 개업공인중개사가 법령상 고용인원을 초과하여 중개보조원을 고용한 경우는 500만원 이하의 과태료 부과사유에 해당한다.

③ 개업공인중개사인 법인의 임원은 다른 개업공인중개사의 중개보조원이 될 수 있다.

④ 중개보조원으로 외국인을 고용할 수 있다.

⑤ 공인중개사인 개업공인중개사가 고용한 중개보조원이 결격사유에 해당되고 개업공인중개사가 그 결격사유를 2개월 이내에 해소하지 않은 경우 개설등록이 취소된다.

42 
고용인

공인중개사인 개업공인중개사 甲과 그가 고용한 소속공인중개사 乙 및 중개보조원 丙에 관한 설명으로 옳은 것은?

① 乙의 모든 행위는 그를 고용한 개업공인중개사의 행위로 본다.

② 乙이 작성한 거래계약서에 甲만 서명 및 날인을 한 것은 공인중개사자격증 대여에 해당한다.

③ 丙은 고용신고일 전 1년 이내에 실무교육을 받아야 한다.

④ 丙이 업무상 고의로 중개의뢰인에게 재산상 손해를 입힌 때에는 甲과 丙은 함께 손해배상책임을 진다.

⑤ 丙이 중개업무와 관련된 행위를 함에 있어서 중개의뢰인에게 재산상 손해를 입힌 경우 중개의뢰인은 甲이 가입한 한국공인중개사협회의 공제사업자에게 손해배상을 청구할 수 없다.

43 
소속공인중개사

공인중개사법령상 소속공인중개사에 대한 설명으로 옳은 것은?

① 소속공인중개사는 고용신고일 전 1년 이내에 시·도지사가 실시하는 직무교육을 받아야 한다.

② 소속공인중개사의 업무상 행위는 그를 고용한 개업공인중개사의 행위로 추정한다.

③ 개업공인중개사가 고용할 수 있는 소속공인중개사의 수는 개업공인중개사의 5배를 초과해서는 아니된다.

④ 소속공인중개사는 현장안내 등 중개업무를 보조하는 경우 중개의뢰인에게 본인이 소속공인중개사임을 알려야 한다.

⑤ 소속공인중개사에 대한 고용신고는 전자문서에 의하여 할 수 있다.

4 인장등록

대표유형

공인중개사법령상 인장에 관한 설명으로 옳은 것은?

① 법인인 개업공인중개사의 소속공인중개사는 인장등록의무가 없다.

② 중개사무소 개설등록신청과 인장등록신고를 함께 할 수 있다.

③ 개업공인중개사가 등록한 인장을 변경한 경우, 변경일로부터 10일 이내에 변경된 인장을 등록관청에 등록해야 한다.

④ 법인인 개업공인중개사는 「상업등기규칙」에 따라 신고한 대표자의 인장을 등록해야 한다.

⑤ 법인인 개업공인중개사의 인장등록은 「상업등기규칙」에 따른 인감증명서의 제출로 갈음할 수 없다.

해설 ① 모든 소속공인중개사는 인장등록의무를 진다.
③ 변경일로부터 7일 이내에 변경된 인장을 등록관청에 등록해야 한다.
④ 「상업등기규칙」에 따라 신고한 법인의 인장을 등록해야 한다.
⑤ 「상업등기규칙」에 따라 법인의 대표자가 보증하는 인장을 등록할 수 있다. ▶ 정답 ②

44

인장등록

공인중개사법령상 인장등록에 관한 기술 중 옳은 것은?

① 중개보조원은 업무를 시작하기 전에 중개행위에 사용할 인장을 등록해야 한다.

② 소속공인중개사의 인장등록은 전자문서에 의하여 등록할 수 있다.

③ 소속공인중개사는 고용신고를 하는 때에 인장등록신고를 함께 해야 한다.

④ 법인인 개업공인중개사의 인장등록은 「상업등기규칙」에 따른 인감증명서의 제출로 갈음할 수 없다.

⑤ 등록관청은 중개행위에 등록하지 않은 인장을 사용한 개업공인중개사에 대하여 1년의 범위 안에서 업무정지처분을 할 수 있다.

45
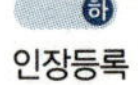
인장등록

공인중개사법령상 인장의 등록에 관한 설명으로 옳은 것은? 제28회

① 소속공인중개사는 중개업무를 수행하더라도 인장등록을 하지 않아도 된다.

② 개업공인중개사가 등록한 인장을 변경한 경우, 변경일로부터 7일 이내에 그 변경된 인장을 등록관청에 등록하지 않으면 이는 업무정지사유에 해당한다.

③ 법인인 개업공인중개사의 주된 사무소에서 사용할 인장은 「상업등기규칙」에 따라 법인의 대표자가 보증하는 인장이어야 한다.

④ 법인인 개업공인중개사의 인장등록은 「상업등기규칙」에 따른 인감증명서의 제출로 갈음할 수 없다.

⑤ 개업공인중개사의 인장등록은 중개사무소 개설등록신청과 같이 할 수 없다.

46 공인중개사법령상 인장의 등록 등에 관한 설명으로 틀린 것은? 제29회

인장등록

① 소속공인중개사는 업무개시 전에 중개행위에 사용할 인장을 등록관청에 등록해야 한다.
② 개업공인중개사가 등록한 인장을 변경한 경우 변경일부터 7일 이내에 그 변경된 인장을 등록관청에 등록해야 한다.
③ 법인인 개업공인중개사의 인장 등록은 상업등기규칙에 따른 인감증명서의 제출로 갈음한다.
④ 분사무소에서 사용할 인장의 경우에는 상업등기규칙에 따라 법인의 대표자가 보증하는 인장을 등록할 수 있다.
⑤ 법인의 분사무소에서 사용하는 인장은 분사무소 소재지 등록관청에 등록해야 한다.

5 휴업 및 폐업

대표유형

공인중개사법령상 개업공인중개사의 휴업에 관한 설명으로 틀린 것을 모두 고른 것은? 제29회

㉠ 중개사무소 개설등록 후 업무를 개시하지 않고 3개월을 초과하는 경우에는 신고해야 한다.
㉡ 법령에 정한 사유를 제외하고 휴업은 6개월을 초과할 수 없다.
㉢ 분사무소는 주된 사무소와 별도로 휴업할 수 없다.
㉣ 휴업신고는 원칙적으로 휴업개시 후 휴업종료 전에 해야 한다.
㉤ 휴업기간 변경신고서에는 중개사무소등록증을 첨부해야 한다.

① ㉠, ㉡　　　　　② ㉢, ㉤　　　　　③ ㉠, ㉡, ㉣
④ ㉡, ㉢, ㉤　　　　⑤ ㉢, ㉣, ㉤

해설 ㉢ 분사무소는 주된 사무소와 별도로 휴업 및 폐업이 가능하다. 분사무소설치 신고확인서를 첨부하여 주된 사무소 관할 등록관청에 신고해야 한다.
㉣ 3개월을 초과하는 휴업을 하고자 하는 때에는 등록관청에 미리 신고해야 한다.
㉤ 휴업 및 폐업신고서에 중개사무소등록증을 첨부해야 한다. ▶ 정답 ⑤

47 공인중개사법령상 휴업에 관한 설명으로 옳은 것을 모두 고른 것은? 제26회

휴업

㉠ 개업공인중개사는 3개월을 초과하는 휴업을 하고자 하는 경우 미리 등록관청에 신고해야 한다.
㉡ 개업공인중개사가 5개월의 휴업신고를 하고자 하는 때에는 국토교통부령이 정하는 신고서에 중개사무소등록증을 첨부해야 한다.
㉢ 등록관청에 휴업신고를 한 때에는 개업공인중개사는 지체 없이 사무소의 간판을 철거해야 한다.

① ㉠　　　　　② ㉡　　　　　③ ㉠, ㉡
④ ㉡, ㉢　　　　⑤ ㉠, ㉡, ㉢

48 
휴업과 폐업

공인중개사법령상 휴업 및 폐업에 관한 설명으로 옳은 것은?

① 개업공인중개사는 3개월의 휴업을 하고자 할 때에는 이를 등록관청에 신고해야 한다.
② 개업공인중개사는 폐업신고를 한 사실을 다음 달 10일 이내에 한국공인중개사협회에 통보해야 한다.
③ 개업공인중개사가 중개사무소를 폐업한 때에는 지체 없이 이를 등록관청에 신고해야 한다.
④ 휴업기간의 변경신고는 전자문서에 의한 신고서로 제출할 수 있다.
⑤ 등록관청은 휴업한 중개업의 재개신고를 하지 않은 개업공인중개사에게 6개월의 범위 내에서 업무정지를 명할 수 있다.

Point
49 
휴업과 폐업

공인중개사법령상 휴업 또는 폐업에 관한 설명으로 틀린 것을 모두 고른 것은?

> ㉠ 출산으로 인한 경우 6개월을 초과하여 휴업신고를 할 수 있다.
> ㉡ 개업공인중개사가 중개사무소 개설등록 후 업무를 개시하지 아니하는 경우, 법령상 부득이한 사유가 없는 한 그 기간은 6개월을 초과할 수 없다.
> ㉢ 분사무소를 폐업하고자 하는 경우에는 분사무소설치신고확인서를 첨부하여 분사무소 소재지를 관할하는 시장·군수 또는 구청장에게 신고해야 한다.
> ㉣ 휴업기간의 변경신고를 하는 때에는 중개사무소등록증을 첨부해야 한다.
> ㉤ 휴업, 폐업, 휴업기간 변경 및 중개업의 재개신고의 경우 동일 서식의 신고서에 따른다.

① ㉡, ㉢, ㉤   ② ㉢, ㉣   ③ ㉠, ㉢
④ ㉣, ㉤   ⑤ ㉡, ㉢

50 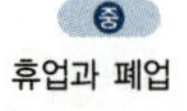
휴업과 폐업

공인중개사법령상 휴업과 폐업에 관한 설명으로 옳은 것은?

① 개업공인중개사가 부득이한 사유 없이 6개월을 초과하여 휴업하였을 경우 등록관청은 중개사무소 개설등록을 취소해야 한다.
② 개업공인중개사는 중개사무소 개설등록 후 3개월을 초과하여 업무를 개시하지 않고자 하는 경우에도 이를 신고해야 한다.
③ 개업공인중개사가 휴업신고를 한 때에는 지체 없이 중개사무소의 간판을 철거해야 한다.
④ 중개업의 폐업신고는 전자문서에 의한 신고서로 제출할 수 있다.
⑤ 개업공인중개사는 휴업기간 중에 다른 개업공인중개사의 소속공인중개사가 될 수 있다.

51 
휴업과 폐업

공인중개사법령상 개업공인중개사가 등록관청에 전자문서로 신고서를 제출할 수 있는 것을 모두 고른 것은?

> ㉠ 소속공인중개사에 대한 고용신고 ㉡ 등록인장 변경신고
> ㉢ 휴업기간 변경신고 ㉣ 휴업한 중개업의 재개신고

① ㉠ ② ㉡, ㉢ ③ ㉠, ㉡, ㉢
④ ㉡, ㉢, ㉣ ⑤ ㉠, ㉡, ㉢, ㉣

52
중
휴업과 폐업

공인중개사법령상 개업공인중개사의 휴업과 폐업 등에 관한 설명으로 틀린 것은? 제30회

① 부동산중개업휴업신고서의 서식에 있는 '개업공인중개사의 종별'란에는 법인, 공인중개사, 법 제7638호 부칙 제6조 제2항에 따른 개업공인중개사가 있다.

② 개업공인중개사가 부동산중개업 폐업신고서를 작성하는 경우에는 폐업기간, 부동산중개업 휴업신고서를 작성하는 경우에는 휴업기간을 기재하여야 한다.

③ 중개사무소의 개설등록 후 업무를 개시하지 않은 개업공인중개사라도 3개월을 초과하는 휴업을 하고자 하는 때에는 부동산중개업휴업 신고서에 중개사무소등록증을 첨부하여 등록관청에 미리 신고하여야 한다.

④ 개업공인중개사가 등록관청에 폐업사실을 신고한 경우에는 지체 없이 사무소의 간판을 철거하여야 한다.

⑤ 개업공인중개사가 취학을 하는 경우 6개월을 초과하여 휴업을 할 수 있다.

53
상
신청서(신고서)와
구비서류

공인중개사법령상 법인인 개업공인중개사의 중개사무소등록증 원본 또는 사본이 첨부되어야 하는 경우에 해당하지 않는 것은?

① 중개사무소 이전신고

② 중개사무소 폐업신고

③ 분사무소 설치신고

④ 등록인장 변경신고

⑤ 3개월을 초과하는 중개사무소 휴업신고

1 일반중개계약 및 전속중개계약

대표유형

1. 공인중개사법령상 일반중개계약에 관한 설명으로 옳은 것은? 제28회

① 일반중개계약서는 국토교통부장관이 정한 표준이 되는 서식을 사용해야 한다.
② 중개의뢰인은 동일한 내용의 일반중개계약을 다수의 개업공인중개사와 체결할 수 있다.
③ 일반중개계약의 체결은 서면으로 해야 한다.
④ 중개의뢰인은 일반중개계약서에 개업공인중개사가 준수해야 할 사항의 기재를 요청할 수 없다.
⑤ 개업공인중개사가 일반중개계약을 체결한 때에는 부동산거래정보망에 중개대상물에 관한 정보를 공개해야 한다.

해설 ② 일반중개계약을 체결한 중개의뢰인은 동일한 중개대상물의 중개에 대하여 다른 개업공인중개사에 의뢰할 수 있다.
① 일반중개계약서는 국토교통부장관이 정한 표준서식(별지 제14호)이 있으나 이를 사용할 의무는 없다.
③ 처음부터 일반중개계약서를 작성할 의무는 없다.
④ 중개의뢰인은 중개의뢰내용을 명확하게 하기 위하여 필요한 경우에는 개업공인중개사에게 다음의 사항을 기재한 일반중개계약서의 작성을 요청할 수 있다.

> 1. 중개대상물의 위치 및 규모 2. 거래예정가격 3. 거래예정가격에 대하여 정한 중개보수
> 4. 그 밖에 개업공인중개사와 중개의뢰인이 준수해야 할 사항

⑤ 일반중개계약을 체결한 개업공인중개사는 중개대상물의 정보를 공개할 의무가 없다. ▶▶ 정답 ②

2. 공인중개사법령상 전속중개계약에 관한 설명으로 옳은 것을 모두 고른 것은? 제27회

> ㉠ 특정한 개업공인중개사를 정하여 그 개업공인중개사에 한하여 중개대상물을 중개하도록 하는 계약이 전속중개계약이다.
> ㉡ 당사자 간에 기간의 약정이 없으면 전속중개계약의 유효기간은 6개월로 한다.
> ㉢ 개업공인중개사는 중개의뢰인에게 전속중개계약 체결 후 2주일에 1회 이상 중개업무 처리상황을 문서로 통지해야 한다.
> ㉣ 전속중개계약의 유효기간 내에 다른 개업공인중개사에게 해당 중개대상물의 중개를 의뢰하여 거래한 중개의뢰인은 전속중개계약을 체결한 개업공인중개사에게 위약금 지불의무를 진다.

① ㉠, ㉢   ② ㉡, ㉣   ③ ㉠, ㉡, ㉢
④ ㉠, ㉢, ㉣   ⑤ ㉠, ㉡, ㉢, ㉣

해설 ㉡ 전속중개계약의 유효기간은 3개월로 하되, 개업공인중개사와 중개의뢰인의 약정이 있는 경우 그에 따른다.
㉣ 중개보수에 해당하는 금액을 위약금으로 지불해야 하는 사유이다. 일부 표현을 생략하고 '위약금 지불의무를 진다'고 해도 옳다. ▶▶ 정답 ④

01 공인중개사법령상 일반중개계약에 관한 설명으로 틀린 것은?

일반중개계약

① 중개의뢰인은 개업공인중개사에게 거래예정가격을 기재한 일반중개계약서의 작성을 요청할 수 있다.
② 공인중개사법령은 일반중개계약서의 표준서식을 정하고 있다.
③ 중개의뢰인은 유효기간 내에 중개대상물의 거래에 관한 중개를 다른 개업공인중개사에게도 의뢰할 수 있다.
④ 개업공인중개사가 일반중개계약서를 작성·교부한 경우 이를 3년간 보존해야 한다.
⑤ 일반중개계약을 체결한 개업공인중개사는 중개대상물의 정보를 공개할 의무는 없다.

02 공인중개사법령상 일반중개계약에 대한 설명으로 옳은 것은?

일반중개계약

① 일반중개계약의 의뢰를 받은 개업공인중개사는 일반중개계약서를 작성하여 교부해야 한다.
② 중개의뢰인의 작성요청에 따라 일반중개계약서를 작성·교부하지 않은 개업공인중개사는 6개월의 범위 내에서 업무정지를 받을 수 있다.
③ 국토교통부장관은 일반중개계약의 표준이 되는 서식을 정하여 이의 사용을 권장할 수 있다.
④ 개업공인중개사는 일반중개계약서를 작성한 경우 이에 서명 및 날인해야 한다.
⑤ 개업공인중개사는 중개의뢰인의 비공개 요청이 없는 한 중개대상물에 관한 정보를 공개해야 한다.

03 「공인중개사법」상 일반중개계약 체결 시 중개의뢰인이 중개의뢰내용을 명확하게 하기 위하여 개업공인중개사에게 기재를 요청할 수 있는 사항으로 틀린 것은?

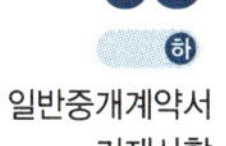
일반중개계약서
기재사항

① 중개대상물의 위치 및 규모
② 공법상 이용제한 및 거래규제에 관한 사항
③ 거래예정가격
④ 거래예정가격에 대한 중개보수
⑤ 개업공인중개사와 중개의뢰인이 준수해야 할 사항

04

중

일반중개계약 및
전속중개계약

공인중개사법령상 중개계약에 관한 설명으로 옳은 것은? (중개의뢰인의 비공개 요청은 없었음)

① 전속중개계약의 유효기간 내에는 중개의뢰인이 스스로 발견한 상대방과 거래계약을 체결할 수 없다.

② 전속중개계약을 체결한 개업공인중개사가 공개해야 할 정보에는 중개대상물의 공법상의 이용제한 및 거래규제에 관한 사항은 포함되지 않는다.

③ 소속공인중개사가 중개의뢰를 접수하여 그 중개업무를 수행한 경우 이 법 시행규칙 별지서식 중개계약서에 개업공인중개사와 소속공인중개사가 함께 서명 또는 날인하도록 하고 있다.

④ 이 법 시행규칙 별지서식 중개계약서의 기재란에는 권리이전용과 권리취득용으로 구분되어 있다.

⑤ 개업공인중개사가 국토교통부령으로 정하는 전속중개계약서에 의하지 아니하고 전속중개계약을 체결한 경우 등록관청은 개설등록을 취소할 수 있다.

05

중

일반중개계약 및
전속중개계약

공인중개사법령상 중개계약에 관한 설명으로 틀린 것은? (다툼이 있으면 판례에 따름) 제29회

① 임대차에 대한 전속중개계약을 체결한 개업공인중개사는 중개대상물의 공시지가를 공개해야 한다.

② 부동산중개계약은 「민법」상 위임계약과 유사하다.

③ 전속중개계약은 법령이 정하는 계약서에 의하여야 하며, 중개의뢰인과 개업공인중개사가 모두 서명 또는 날인한다.

④ 개업공인중개사는 전속중개계약 체결 후 중개의뢰인에게 2주일에 1회 이상 중개업무 처리상황을 문서로 통지해야 한다.

⑤ 중개의뢰인은 일반중개계약을 체결할 때 일반중개계약서의 작성을 요청할 수 있다.

06

상

일반중개계약서 및
전속중개계약서

공인중개사법령상 일반중개계약서와 전속중개계약서에 관한 설명으로 틀린 것은?

① 일반중개계약서, 전속중개계약서 서식은 모두 별지 서식으로 정해져 있다.

② 일반중개계약이든 전속중개계약이든 중개계약이 체결된 경우 모두 법정서식을 사용해야 한다.

③ 일반중개계약서의 보존기간에 관한 규정은 없다.

④ 일반중개계약서와 전속중개계약서에는 중개의뢰인은 개업공인중개사가 중개대상물 확인·설명 의무를 이행하는 데 협조해야 한다고 명시하고 있다.

⑤ 일반중개계약서와 전속중개계약서 서식상의 개업공인중개사의 손해배상책임에 관한 기술 내용은 동일하다.

07 개업공인중개사 乙은 2026년 7월 1일 X주택의 매도의뢰인 甲과 유효기간 2개월의 전속중개계약을 체결하였다. 공인중개사법령상 이에 관한 설명으로 틀린 것은?

① 乙은 국토교통부령으로 정하는 계약서를 사용하여 전속중개계약서를 작성해야 한다.

② 甲이 중개대상물에 관한 정보의 비공개를 요청한 경우 乙은 정보를 공개해서는 안 된다.

③ 甲은 전속중개계약서에 희망지역을 기재해야 한다.

④ 甲이 동년 7월 30일 스스로 발견한 상대방과 거래한 경우에는 중개보수의 50%에 해당하는 금액의 범위에서 乙이 중개행위에 소요한 비용을 지불해야 한다.

⑤ 甲이 동년 8월 30일 다른 개업공인중개사 丙에게 중개를 의뢰하여 거래한 경우, 甲은 乙에게 중개보수에 해당하는 금액을 위약금으로 지불해야 한다.

08 공인중개사법령상 전속중개계약을 체결한 개업공인중개사의 정보공개에 관한 설명으로 틀린 것은?

① 부동산거래정보망에 가입하지 않은 개업공인중개사는 의뢰인의 비공개 요청이 없는 한 일간신문에 중개대상물의 정보를 공개해야 한다.

② 개업공인중개사가 중개대상물을 공개한 때에는 지체 없이 의뢰인에게 그 내용을 문서로써 통지해야 한다.

③ 권리를 취득함에 따라 부담해야 할 조세의 종류 및 세율을 공개해야 한다.

④ 각 권리자의 주소·성명 등은 공개해서는 안 된다.

⑤ 임대차에 관한 전속중개계약을 체결한 경우 공시지가는 필수공개사항이 아니다.

09 개업공인중개사 乙은 중개의뢰인 甲과 전속중개계약을 체결하고 전속중개계약서를 작성·교부하였으나, 甲이 유효기간 내에 스스로 발견한 상대방과 거래를 하였다. 乙이 중개행위에 소요한 비용은 30만원, 甲과 乙 간에 약정한 중개보수는 100만원, 거래예정가격을 기준으로 한 중개보수의 상한액은 120만원일 경우 乙이 甲에게 청구할 수 있는 비용은 얼마인가?

① 120만원   ② 100만원   ③ 50만원

④ 30만원   ⑤ 60만원

10 공인중개사법령상 전속중개계약에 관한 설명으로 틀린 것은? 제26회

전속중개계약

① 개업공인중개사는 중개의뢰인에게 전속중개계약 체결 후 2주일에 1회 이상 중개업무 처리상황을 문서로 통지해야 한다.
② 전속중개계약의 유효기간은 당사자 간 다른 약정이 없는 경우 3개월로 한다.
③ 개업공인중개사가 전속중개계약을 체결한 때에는 그 계약서를 5년 동안 보존해야 한다.
④ 개업공인중개사는 중개의뢰인이 비공개를 요청한 경우 중개대상물에 관한 정보를 공개해서는 아니된다.
⑤ 전속중개계약에 정하지 않은 사항에 대하여는 중개의뢰인과 개업공인중개사가 합의하여 별도로 정할 수 있다.

11 공인중개사법령상 전속중개계약에 관한 설명으로 옳은 것은? (중개의뢰인의 중개대상물 정보의 비공개 요청은 없었음)

전속중개계약

① 등록관청은 표준서식인 전속중개계약서에 의하지 아니하고 전속중개계약을 체결한 개업공인중개사의 중개사무소 개설등록을 취소할 수 있다.
② 개업공인중개사는 전속중개계약 체결 후 10일 이내에 중개대상물에 관한 정보를 공개해야 한다.
③ 임대차에 관한 전속중개계약을 체결한 개업공인중개사는 공시지가를 공개해야 한다.
④ 시행규칙 별지서식 전속중개계약서에는 중개의뢰인은 개업공인중개사가 중개대상물의 확인·설명의무를 이행하는 데 협조해야 함을 명시하고 있다.
⑤ 유효기간 내에 다른 개업공인중개사에게 중개를 의뢰하여 거래한 중개의뢰인은 중개보수의 50%에 해당하는 금액의 범위에서 개업공인중개사가 중개행위에 소요한 비용을 지불해야 한다.

12 공인중개사법령상 전속중개계약을 체결한 개업공인중개사 乙과 X주택의 매도의뢰인 甲에 관한 설명으로 틀린 것은? (甲의 중개대상물 비공개 요청이 없었음)

전속중개계약

① 甲과 乙의 전속중개계약은 국토교통부령이 정하는 계약서에 의해야 한다.
② 乙은 전속중개계약 체결 후 7일 이내에 중개대상물에 관한 정보를 부동산거래정보망 또는 일간신문에 공개해야 한다.
③ 乙이 공개해야 할 정보에는 소음, 진동 등 환경조건도 포함된다.
④ 유효기간 내에 다른 개업공인중개사에게 중개를 의뢰하여 거래한 甲은 乙에게 중개보수에 해당하는 금액을 위약금으로 지불해야 한다.
⑤ 乙이 중개대상물의 정보를 공개하지 아니한 경우 등록관청은 중개사무소 개설등록을 취소해야 한다.

13

전속중개계약
체결시
공개해야 할 정보

공인중개사법령상 전속중개계약 체결 시 공개해야 할 중개대상물의 정보내용을 모두 고른 것은? (중개의뢰인의 비공개 요청은 없었음)

> ㉠ 도로 및 대중교통수단과의 연계성
> ㉡ 벽면 및 도배의 상태
> ㉢ 중개보수 및 실비의 금액과 산출내역
> ㉣ 토지이용계획
> ㉤ 거래예정금액

① ㉠, ㉡ 　　② ㉠, ㉣ 　　③ ㉢, ㉤
④ ㉠, ㉡, ㉤ 　　⑤ ㉠, ㉣, ㉤

14

일반중개계약서와
전속중개계약서

「공인중개사법 시행규칙」 별지 서식인 일반중개계약서와 전속중개계약서에 관한 설명으로 틀린 것은?

① 양 서식에는 개업공인중개사의 의무가 명시되어 있다.
② 양 서식에 중개의뢰인은 개업공인중개사가 확인·설명의무를 이행하는 데 협조해야 한다고 명시되어 있다.
③ 양 서식에 중개의뢰인은 중개대상물의 거래에 관한 중개를 다른 개업공인중개사에게도 의뢰할 수 있다고 명시되어 있다.
④ 양 서식에는 개업공인중개사는 중개대상물의 확인·설명을 소홀히 하여 재산상의 피해를 발생하게 한 경우 손해액을 배상해야 함을 규정하고 있다.
⑤ 양 서식에는 개업공인중개사와 중개의뢰인 간에 약정한 중개보수를 기재하도록 하고 있다.

15

일반중개계약서와
전속중개계약서

공인중개사법령상 일반중개계약서와 전속중개계약서에 관한 설명으로 틀린 것은?　제21회

① 일반중개계약서, 전속중개계약서 서식은 모두 별지 서식으로 정해져 있다.
② 일반중개계약이든 전속중개계약이든 중개계약이 체결된 경우 모두 법정 서식을 사용해야 한다.
③ 일반중개계약서의 보존기간에 관한 규정은 없다.
④ 일반중개계약서 서식에는 중개의뢰인의 권리·의무사항이 기술되어 있다.
⑤ 일반중개계약서와 전속중개계약서 서식상의 개업공인중개사의 손해배상책임에 관한 기술 내용은 동일하다.

2 개업공인중개사 등의 기본윤리

대표유형

공인중개사법령상 비밀누설 금지의무에 관한 설명으로 틀린 것은?

① 중개보조원은 이 법 및 다른 법률에 특별한 규정이 있는 경우를 제외하고는 업무상 알게 된 비밀을 누설해서는 안 된다.

② 이 의무를 위반한 자는 1년 이하의 징역 또는 1천만원 이하의 벌금에 처한다.

③ 소속공인중개사가 이 규정을 위반하여 처벌받는 경우, 그를 고용한 개업공인중개사는 양벌규정에 따라 벌금형을 받을 수 있다.

④ 중개업을 폐업한 후에 이 규정을 위반한 경우에는 처벌할 수 없다.

⑤ 거래상 중요사항인 경우 부동산을 취득하려는 의뢰인에 대하여 이 의무는 예외가 인정될 수 있다.

해설 ④ 개업공인중개사 등이 그 업무를 떠난 후에도 지켜야 할 의무이므로 위반 시 처벌된다. ▶▶ **정답** ④

16

소속공인중개사의 의무

공인중개사법령상 중개업무를 수행하는 소속공인중개사의 의무가 아닌 것은?

① 신의와 성실로 공정하게 중개할 의무
② 중개대상물 확인·설명서 작성·교부 및 보존의무
③ 거래계약서의 서명 및 날인의무
④ 실무교육 이수의무
⑤ 비밀누설 금지의무

17

반의사불벌죄

공인중개사인 개업공인중개사가 다음의 행위를 한 경우, 공인중개사법령상 피해자의 명시한 의사에 반하여 처벌할 수 없는 것은?

① 거짓, 그 밖의 부정한 방법으로 중개사무소의 개설등록을 한 경우
② 임시중개시설물을 설치한 경우
③ 둘 이상의 중개사무소를 둔 경우
④ 업무상 알게 된 비밀을 누설한 경우
⑤ 중개대상물의 매매를 업으로 한 경우

3 중개대상물 확인·설명 및 확인·설명서 작성

대표유형

1. 공인중개사법령상 개업공인중개사의 확인·설명의무에 관한 설명으로 틀린 것을 모두 고른 것은?
제22회

> ㉠ 권리관계의 경우 등기사항증명서 등의 근거자료를 권리를 취득하려는 의뢰인에게 제시해야 한다.
> ㉡ 개업공인중개사의 자료요구에 대해 중개의뢰인이 자료를 제공하지 않는 경우 개업공인중개사는 중개대상물에 대해 조사할 권한이 있다.
> ㉢ 법인의 분사무소에서 중개가 완성되어 거래계약서를 작성하면서 확인·설명서를 작성한 경우에는 대표자가 서명 및 날인해야 한다.
> ㉣ 부동산유치권은 확인·설명의 대상이 아니다.
> ㉤ 중개대상물 확인·설명서 서식의 확인·설명 근거자료에는 지적도가 명시되어 있다.

① ㉠, ㉡, ㉢   ② ㉡, ㉢, ㉣   ③ ㉡, ㉢, ㉤
④ ㉡, ㉣, ㉤   ⑤ ㉢, ㉣, ㉤

해설 ㉡ 개업공인중개사의 자료요구에 의뢰인이 불응하는 경우 개업공인중개사는 이를 취득의뢰인에게 설명하고 확인·설명서에 그 내용을 기재하면 그 부분에 대한 책임을 다한 것이 된다. 자료요구에 불응한 경우라도 개업공인중개사가 직접 조사해서 설명해야 할 의무는 없으므로 틀린 지문이다.
㉢ 법인의 분사무소에서 작성된 확인·설명서에는 책임자가 서명 및 날인해야 하므로 틀린 지문이다.
㉣ 등기되지 않은 권리인 부동산유치권, 법정지상권, 분묘기지권 등도 확인·설명의 대상인 '권리관계'에 포함되므로 틀린 지문이다.
㉠ 확인·설명을 하는 경우 설명의 근거자료를 권리를 취득하려는 의뢰인에게 제시해야 한다.
㉤ 중개대상물 확인·설명서 서식의 '확인·설명 근거자료 등'에는 등기권리증, 등기사항증명서, 토지대장, 건축물대장, 지적도, 임야도, 토지이용계획확인서 등으로 되어 있으므로 옳은 지문이다.   ▶▶ **정답 ②**

2. 공인중개사법령상 개업공인중개사가 주거용 건축물의 중개대상물 확인·설명서 [Ⅰ]를 작성하는 방법에 관한 설명으로 틀린 것은?
제28회

① 개업공인중개사 기본 확인사항은 개업공인중개사가 확인한 사항을 적어야 한다.
② 건축물의 내진설계 적용 여부와 내진능력은 개업공인중개사 기본 확인사항이다.
③ 거래예정금액은 중개가 완성되기 전 거래예정금액을 적는다.
④ 벽면·바닥면 및 도배상태는 매도(임대)의뢰인에게 자료를 요구하여 확인한 사항을 적는다.
⑤ 아파트를 제외한 주택의 경우, 단독경보형감지기 설치 여부는 개업공인중개사 세부 확인사항이 아니다.

해설 ⑤ 세부 확인사항의 '내부·외부 시설물의 상태'의 '소방'에는 주거용의 경우 단독경보형감지기를 적고, 비주거용의 경우 소화전 및 비상벨을 기재한다.
② 건축물의 내진설계 적용 여부와 내진능력은 기본 확인사항의 '대상물건의 표시'에 기재한다.   ▶▶ **정답 ⑤**

18 공인중개사법령상 주거용 건축물의 중개대상물 확인·설명서 "개업공인중개사 기본 확인사항"
이 아닌 것은?

주거용 건축물
확인·설명서

① 대상물건의 표시
② 입지조건
③ 비선호시설(1km 이내)
④ 환경조건
⑤ 거래예정금액

19 공인중개사법령상 개업공인중개사가 비주거용 건축물의 중개대상물 확인·설명서를 작성하는
방법에 관한 설명으로 틀린 것은?　　　　　　　　　　　　　　　　　　　제26회

중개대상물
확인·설명서

① '대상물건의 표시'는 토지대장 및 건축물대장 등을 확인하여 적는다.
② '권리관계'의 '등기부기재사항'은 등기사항증명서를 확인하여 적는다.
③ '건폐율 상한 및 용적률 상한'은 시·군의 조례에 따라 적는다.
④ '중개보수'는 실제거래금액을 기준으로 계산하고, 협의가 없는 경우 부가가치세는 포함
된 것으로 본다.
⑤ 공동중개 시 참여한 개업공인중개사(소속공인중개사 포함)는 모두 서명 및 날인해야 한다.

20 공인중개사법령상 중개대상물 확인·설명의무 등에 관한 다음 설명 중 옳은 것은?

확인·설명의무 등

① 개업공인중개사는 중개가 완성되기 전에 거래당사자 모두에게 중개대상물을 성실·정
확하게 설명해야 한다.
② 매도의뢰인이 중개대상물의 상태에 관한 자료요구에 불응한 경우 개업공인중개사는 이
를 매수의뢰인에게 설명할 의무가 없다.
③ 법인인 개업공인중개사의 분사무소에서 작성된 중개대상물 확인·설명서에는 대표자가
서명 및 날인해야 한다.
④ 「입목에 관한 법률」에 따른 입목을 중개하고 작성한 확인·설명서에는 "토지이용계획,
공법상 이용제한 및 거래규제"에 관한 항목을 기재하지 않는다.
⑤ 「공장 및 광업재단 저당법」에 따른 광업재단의 매매계약을 중개한 개업공인중개사는 중
개대상물 확인·설명서를 교부할 의무가 없다.

21 

확인 · 설명서

공인중개사법령상 주거용 건축물을 중개하고 작성하는 확인 · 설명서에 관한 설명으로 틀린 것은?

① 건축물의 방향은 거실, 안방 등 주실의 방향을 적는다.

② 아파트를 제외한 주택인 경우 단독경보형 감지기 설치 유무를 개업공인중개사 기본 확인사항에 기재한다.

③ 종합부동산세는 6월 1일 기준 소유자가 납세의무를 부담함을 명시하고 있다.

④ 교육시설은 개업공인중개사 기본 확인사항에 기재한다.

⑤ 중개보수는 거래예정금액을 기준으로 계산하여 기재한다.

Point 22

확인 · 설명의무

개업공인중개사가 중개를 의뢰받아 공인중개사법령상 중개대상물의 확인 · 설명을 하는 경우에 관한 내용으로 틀린 것은? (확인 · 설명 사항이 공인전자문서 센터에 보관된 경우를 제외함)

제26회

① 개업공인중개사는 중개가 완성되기 전에 확인 · 설명 사항을 확인하여 이를 해당 중개대상물에 관한 권리를 취득하고자 하는 중개의뢰인에게 설명해야 한다.

② 개업공인중개사가 성실 · 정확하게 중개대상물의 확인 · 설명을 하지 아니하면 업무정지 사유에 해당한다.

③ 중개대상물에 대한 권리를 취득함에 따라 부담해야 할 조세의 종류 및 세율은 개업공인중개사가 확인 · 설명해야 할 사항이다.

④ 개업공인중개사는 거래계약서를 작성하는 때에는 확인 · 설명서를 작성하여 거래당사자에게 교부하고 3년 동안 보존해야 한다.

⑤ 확인 · 설명서에는 개업공인중개사가 서명 및 날인하되, 해당 중개행위를 한 소속공인중개사가 있는 경우에는 소속공인중개사가 함께 서명 및 날인해야 한다.

23

확인 · 설명사항

공인중개사법령상 개업공인중개사가 주택의 매매계약을 중개하는 경우에 확인 · 설명해야 할 사항이 아닌 것은?

① 토지이용계획, 공법상 이용제한 및 거래규제에 관한 사항

② 관리비 금액과 그 산출내역

③ 일조 · 소음 · 진동 등 환경조건

④ 도로 및 대중교통수단과의 연계성 등 입지조건

⑤ 권리를 취득함에 따라 부담해야 할 조세의 종류 및 세율

24 공인중개사법령상 주거용 건축물의 매매에 관한 확인·설명서의 작성방법으로 틀린 것은?

주거용 건축물
확인·설명서

① "실제권리관계 또는 공시되지 아니한 물건의 권리에 관한 사항"은 매도(임대)의뢰인이 고지한 사항을 적는다.
② "거래예정금액"란에는 중개가 완성되기 전의 거래예정금액을 적는다.
③ "계약갱신요구권 행사 여부"는 개업공인중개사가 확인하여 적는다.
④ "건폐율 상한 및 용적률 상한"은 시·군의 조례에 따라 적는다.
⑤ 비선호시설은 매도(임대)의뢰인에게 자료를 요구하여 확인한 내용을 적는다.

25 공인중개사법령상 개업공인중개사의 중개대상물 확인·설명의무에 관한 설명으로 옳은 것은?

확인·설명의무

(다툼이 있으면 판례에 따름)

① 소속공인중개사가 중개하여 작성한 중개대상물 확인·설명서에 개업공인중개사가 서명 및 날인한 경우, 소속공인중개사는 서명 및 날인하지 않아도 된다.
② 주거용 건축물의 바닥면에 관한 확인·설명의무는 없다.
③ 토지용 확인·설명서에는 소음이나 진동에 관한 환경조건도 적어야 한다.
④ 중개대상물에 근저당권이 설정된 경우, 실제 피담보채무액까지 조사·확인하여 설명할 의무는 없다.
⑤ 토지용 확인·설명서에는 입지조건에 관한 사항을 적지 않아도 된다.

26 공인중개사법령상 토지 매매의 경우 중개대상물 확인·설명서 서식의 '개업공인중개사 기본 확인사항'에 해당하지 않는 것은?

토지용
확인·설명서

① 입지조건
② 실제권리관계 또는 공시되지 않은 물건의 권리사항
③ 거래예정금액
④ 취득 시 부담할 조세의 종류 및 세율
⑤ 비선호시설(1km 이내)

27 공인중개사법령상 주거용 건축물 확인·설명서의 '임대차 확인사항'이 아닌 것은?

중개대상물
확인·설명서

① 확정일자 부여현황 정보
② 전입세대 확인서
③ 관리비
④ 최우선변제금
⑤ 계약갱신요구권 행사 여부

28 공인중개사법령상 주택 매매 시 작성하는 '중개대상물의 확인·설명서'에 관한 설명으로 틀린 것은?
제24회

주거용 건축물
확인·설명서

① '건폐율 상한 및 용적률 상한'은 '토지이용계획확인서를'를 확인하여 적는다.
② 권리관계의 '등기부기재사항'은 등기사항증명서를 확인하여 적는다.
③ '도시·군계획시설'과 '지구단위계획구역'은 개업공인중개사가 확인하여 적는다.
④ '환경조건'은 개업공인중개사의 세부 확인사항이다.
⑤ 주택 취득 시 부담할 조세의 종류 및 세율은 개업공인중개사가 확인한 사항을 적는다.

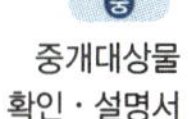

29 공인중개사법령상 주거용 건축물 확인·설명서의 작성방법에 관한 설명으로 틀린 것은?

중개대상물
확인·설명서

① '건축물의 용도'는 건축물대장상의 용도와 실제용도를 함께 적는다.
② '내진설계 적용 여부 및 내진능력'은 개업공인중개사 기본 확인사항에 적는다.
③ 계약 전 소유권 변동 여부는 '실제권리관계 또는 공시되지 아니한 물건의 권리에 관한 사항'란에 매도(임대)의뢰인이 고지한 사항을 적는다.
④ '중개보수 및 실비의 금액과 산출내역'에 중개보수 지급시기를 적는다.
⑤ '환경조건'은 개업공인중개사 기본 확인사항에 적는다.

30

(하)
주거용 건축물
확인 · 설명서

공인중개사법령상 주거용 건축물 확인 · 설명서의 개업공인중개사 세부 확인사항에 해당하는 것은?

① 교육시설
② 벽면 · 바닥면 및 도배의 상태
③ 개별공시지가
④ 계약갱신요구권 행사 여부
⑤ 민간임대 등록 여부

31

(상)
비주거용 건축물
확인 · 설명서

공인중개사법령상 비주거용 건축물 확인 · 설명서의 작성방법에 관한 설명으로 옳은 것은?

① '거래예정금액'란에는 중개가 완성된 때의 거래금액을 기재한다.
② '민간임대 등록 여부'는 기재할 항목이 아니다.
③ '계약갱신요구권 행사 여부'는 개업공인중개사 세부 확인사항에 적는다.
④ '바닥면'은 개업공인중개사 세부 확인사항에 적는다.
⑤ '교육시설'은 '입지조건'에 적는다.

32

(상)
중개대상물
확인 · 설명서

개업공인중개사가 비주거용 건축물의 중개대상물 확인 · 설명서를 작성할 때 조사 · 확인 방법으로 틀린 것은?

① 내진설계 적용 여부 – 건축물대장
② 지목 – 토지대장
③ 위반건축물 여부 – 등기사항증명서
④ 공부에서 확인할 수 없는 사항 – 부동산종합공부시스템 등
⑤ 공시되지 아니한 물건의 권리 사항 – 매도(임대)의뢰인이 고지한 사항

33

중개대상물
확인 · 설명서

공인중개사법령상 중개대상물의 확인 · 설명에 관한 설명으로 틀린 것은? (다툼이 있으면 판례에 따름)   제36회

① 개업공인중개사는 중개를 의뢰받은 경우 중개가 완성되기 전에 중개대상물에 관한 확인 · 설명을 해야 한다.

② 개업공인중개사는 중개가 완성되어 거래계약서를 작성하는 때에는 중개대상물 확인 · 설명서를 작성해야 한다.

③ 개업공인중개사는 자기가 조사 · 확인하여 설명할 의무가 없는 사항이라도 중개의뢰인이 계약을 맺을지를 결정하는 데 중요한 것이라면 그에 관해 그릇된 정보를 제공해서는 아니된다.

④ 아파트인 공동주택 임대차 중개의 경우 관리비 금액과 그 산출내역은 개업공인중개사가 확인 · 설명해야 하는 사항이 아니다.

⑤ 중개의뢰인이 개업공인중개사에게 소정의 보수를 지급하지 아니하였다고 해서 개업공인중개사의 확인 · 설명의무와 이에 위반한 경우의 손해배상의무가 당연히 소멸되는 것이 아니다.

34
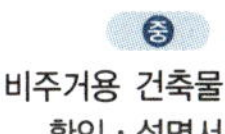
비주거용 건축물
확인 · 설명서

공인중개사법령상 비주거용 건축물 중개대상물 확인 · 설명서 작성 시 개업공인중개사의 세부 확인사항이 아닌 것은?

① 벽면의 균열 유무   ② 승강기의 유무
③ 주차장의 유무   ④ 소화전의 유무
⑤ 가스(취사용)의 공급방식

35
입목 · 광업재단 ·
공장재단용
확인 · 설명서

공인중개사법령상 입목 · 광업재단 · 공장재단용 확인 · 설명서에 기재해야 할 사항을 모두 고른 것은?

> ㉠ 권리관계
> ㉡ 토지이용계획, 공법상 이용제한 및 거래규제
> ㉢ 실제권리관계 및 공시되지 않은 물건의 권리
> ㉣ 재단목록 또는 입목의 생육상태

① ㉠, ㉡   ② ㉠, ㉣   ③ ㉡, ㉢
④ ㉠, ㉢, ㉣   ⑤ ㉡, ㉢, ㉣

36
중
비주거용 건축물
확인 · 설명서

공인중개사법령상 비주거용 건축물 확인 · 설명서에 기재할 항목이 아닌 것은?

① 계약갱신요구권 행사 여부
② 소음
③ 바닥면
④ 난방방식 및 연료공급
⑤ 지구단위계획구역 그 밖의 도시 · 군관리계획

37
상
중개대상물
확인 · 설명서
공통항목

공인중개사법령상 모든 확인 · 설명서에 공통으로 들어 있는 항목은 모두 몇 개인가?

㉠ 권리관계(등기부 기재사항)
㉡ 실제권리관계 또는 공시되지 않은 물건의 권리 사항
㉢ 토지이용계획, 공법상의 이용제한 및 거래규제에 관한 사항
㉣ 취득 시 부담할 조세의 종류 및 세율
㉤ 환경조건

① 1개   ② 2개   ③ 3개
④ 4개   ⑤ 5개

4 거래계약서 작성

대표유형

공인중개사법령상 개업공인중개사가 거래계약서를 작성하는 경우에 관한 설명으로 틀린 것은?
(다툼이 있으면 판례에 따름)
제31회

① 개업공인중개사는 중개가 완성된 때에만 거래계약서를 작성 · 교부하여야 한다.
② 개업공인중개사는 거래계약서에 서명 및 날인하여야 한다.
③ 중개대상물 확인 · 설명서 교부일자는 거래계약서의 필수 기재사항에 해당한다.
④ 개업공인중개사의 거래계약서 보존기간(공인전자문서센터에 보관된 경우는 제외함)은 5년이다.
⑤ 개업공인중개사가 하나의 거래계약에 대하여 서로 다른 둘 이상의 거래계약서를 작성한 경우, 등록관청은 중개사무소의 개설등록을 취소하여야 한다.

해설 ⑤ 개업공인중개사는 거래금액 등 거래내용을 거짓으로 기재하거나 서로 다른 둘 이상의 거래계약서를 작성하여서는 안 된다. 이를 위반한 경우 등록관청은 중개사무소의 개설등록을 취소할 수 있다. 즉 임의적 등록취소 사유이다.
▶ 정답 ⑤

38 
거래계약서의
필수적 기재사항

공인중개사법령상 개업공인중개사가 작성하는 거래계약서의 필수적 기재사항이 아닌 것을 모두 고른 것은?

> ㉠ 물건의 인도일시
> ㉡ 거래예정금액
> ㉢ 권리를 취득함에 따라 부담해야 할 조세의 종류 및 세율
> ㉣ 권리이전의 내용

① ㉠, ㉡　　　　② ㉠, ㉢　　　　③ ㉡, ㉢
④ ㉡, ㉣　　　　⑤ ㉢, ㉣

39
거래계약서

공인중개사법령상 거래계약서와 별지 서식을 작성하는 방법에 관한 설명으로 틀린 것은?

① 개업공인중개사는 거래계약서에 서명 및 날인해야 한다.
② 개업공인중개사는 중개대상물 확인·설명서에 서명 및 날인해야 한다.
③ 개업공인중개사는 전속중개계약서에 서명 및 날인해야 한다.
④ 중개업무를 수행한 소속공인중개사는 중개대상물 확인·설명서에 서명 및 날인해야 한다.
⑤ 법인인 개업공인중개사의 주된 사무소에서 소속공인중개사가 작성한 거래계약서에는 대표자와 소속공인중개사가 함께 서명 및 날인해야 한다.

40
거래계약서

공인중개사법령상 거래계약서의 작성에 관한 설명으로 옳은 것은? (다툼이 있으면 판례에 의함)

① 소속공인중개사가 거래계약서를 작성한 경우 개업공인중개사 또는 소속공인중개사가 서명 및 날인해야 한다.
② 법인의 분사무소에서 분사무소 소속공인중개사에 의해 중개가 완성된 경우 거래계약서에 법인의 대표자가 서명 및 날인해야 한다.
③ 거래계약서에는 중개대상물 확인·설명서의 교부일자를 기재하지 않아도 된다.
④ 개업공인중개사가 거래계약서에 서명과 날인 중 어느 한 가지를 하지 아니한 경우에는 업무정지사유가 된다.
⑤ 거래계약서의 서식은 국토교통부령으로 정하고 있다.

41 

개업공인중개사 등의 의무

공인중개사법령상 개업공인중개사 등의 의무에 관한 설명으로 옳은 것은? (거래계약서가 공인 전자문서센터에 보관된 경우를 제외함)

① 개업공인중개사는 중개가 완성된 때에는 거래계약서를 작성하여 거래당사자에게 교부하고 3년 동안 그 원본, 사본 또는 전자문서를 보존해야 한다.

② 소속공인중개사가 서로 다른 둘 이상의 거래계약서를 작성한 경우는 자격취소사유에 해당한다.

③ 거래계약서에는 계약금액 및 그 지급일자를 기재해야 한다.

④ 중개보조원이 업무를 떠난 후에 업무상 알게 된 비밀을 누설한 경우에는 처벌되지 않는다.

⑤ 비밀누설금지의무를 위반한 자는 3년 이하의 징역 또는 3천만원 이하의 벌금에 처한다.

42 

중개완성시 교부사항

공인중개사법령상 개업공인중개사가 중개가 완성된 때 거래당사자에게 교부(제공)해야 할 것을 모두 고른 것은?

> ㉠ 중개대상물 확인 · 설명서
> ㉡ 거래계약서
> ㉢ 중개보수 영수증
> ㉣ 보증관계증서사본 또는 전자문서

① ㉠, ㉡, ㉢　　　　② ㉠, ㉢, ㉣　　　　③ ㉡, ㉢, ㉣
④ ㉠, ㉡, ㉣　　　　⑤ ㉠, ㉡, ㉢, ㉣

Point
43

거래계약서

공인중개사법령상 거래계약서의 작성 등에 관한 설명으로 옳은 것을 모두 고른 것은? 제36회

> ㉠ 국토교통부장관은 개업공인중개사가 작성하는 거래계약서의 표준이 되는 서식을 정하여 그 사용을 권장할 수 있다.
> ㉡ 계약일과 중개대상물확인 · 설명서 교부일자는 거래계약서에 기재하여야 하는 사항이다.
> ㉢ 개업공인중개사가 거래계약서를 작성한 경우 그 원본, 사본 또는 전자문서를 보존하여야 하는 기간은 3년이다.

① ㉠　　　　　　　② ㉢　　　　　　　③ ㉠, ㉡
④ ㉡, ㉢　　　　　⑤ ㉠, ㉡, ㉢

44

거래계약서
필요적 기재사항

공인중개사법령상 개업공인중개사가 거래계약서에 기재해야 할 사항이 아닌 것은?

① 거래금액의 지급일자
② 공법상 이용제한 및 거래규제에 관한 사항
③ 계약의 조건이 있는 경우 그 조건
④ 중개대상물 확인·설명서 교부일자
⑤ 당사자의 담보책임을 면제하기로 한 경우 그 약정

45

거래계약서

공인중개사법령상 거래계약서에 관한 설명으로 옳은 것은?

① 한국공인중개사협회는 개업공인중개사가 작성하는 거래계약서의 표준서식을 정하여 이의 사용을 권장할 수 있다.
② 거래계약서에는 중개보수 및 실비의 금액과 그 산출내역을 기재해야 한다.
③ 개업공인중개사는 중개가 완성된 때에 법령이 정한 표준서식에 따라 거래계약서를 작성하여 거래당사자에게 교부해야 한다.
④ 소속공인중개사가 서로 다른 둘 이상의 거래계약서를 작성한 경우 6개월의 자격정지처분을 받을 수 있다.
⑤ 법인인 개업공인중개사의 분사무소에서 작성된 거래계약서에는 대표자가 서명 및 날인해야 한다.

5 계약금 등의 반환채무이행의 보장

대표유형

공인중개사법령상 매매계약에 관한 계약금 등의 반환채무이행의 보장에 관한 설명으로 틀린 것은?

① 개업공인중개사가 거래당사자에게 계약금 등을 예치하도록 권고할 의무는 없다.
② 계약금 등 예치하는 경우 「우체국예금·보험에 관한 법률」에 따른 체신관서 명의로 공제사업을 하는 한국공인중개사협회에 예치할 수도 있다.
③ 계약금 등은 「보험업법」에 따른 보험회사 명의로 금융기관에 예치할 수 있다.
④ 개업공인중개사가 고용한 소속공인중개사는 계약금 등의 예치명의자가 될 수 있다.
⑤ 계약금을 개업공인중개사의 명의로 예치한 경우, 개업공인중개사는 해당 계약의 이행이 완료된 때 계약금의 인출에 관한 거래당사자의 동의방법을 약정해야 한다.

해설 ④ 개업공인중개사는 예치명의자가 될 수 있으나 소속공인중개사는 될 수 없다. ▶ 정답 ④

46 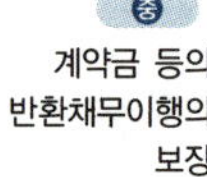
계약금 등의
반환채무이행의
보장

공인중개사법령상 계약금 등의 반환채무이행의 보장에 관한 설명으로 옳은 것은?

① 매수인이 요구하는 경우 개업공인중개사는 계약금 등을 금융기관 등에 예치해야 한다.
② 예치대상이 되는 계약금 등에 잔금은 포함되지 않는다.
③ 개업공인중개사는 계약금 등의 예치명의자가 될 수 없다.
④ 계약금을 예치한 경우 매도인은 계약의 이행이 완료되기 전에 계약금 미리 수령할 수 없다.
⑤ 계약금·중도금 또는 잔금 및 계약관련 서류 관리업무를 수행하는 전문회사는 거래대금의 예치명의자가 될 수 있다.

47 중
계약금 등의
반환채무이행의
보장

공인중개사법령상 계약금 등의 반환채무이행의 보장에 관한 설명으로 옳은 것은?

① 개업공인중개사는 거래계약의 이행이 완료될 때까지 계약금·중도금 또는 잔금을 예치하도록 거래당사자에게 권고해야 한다.
② 개업공인중개사 명의로 예치하는 경우 계약금 등을 중개사무소 수입·지출을 관리하는 개업공인중개사 본인의 예금통장에 예치할 수 있다.
③ 개업공인중개사의 명의로 예치하는 경우 개업공인중개사는 반환채무이행 보장에 소요되는 실비에 관하여 약정해야 한다.
④ 계약금 등을 예치한 경우 매도인은 계약의 이행이 완료되기 전에 예치된 계약금 등의 반환을 보장하는 금융기관 또는 보증보험회사에서 발행하는 보증서를 매수인에게 교부하고 계약금 등을 미리 수령할 수 있다.
⑤ 공제사업을 하는 한국공인중개사협회는 계약금 등의 예치명의자가 될 수 없다.

48 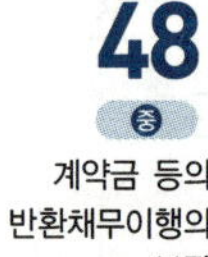
계약금 등의
반환채무이행의
보장

공인중개사인 개업공인중개사 丙의 중개로 매도인 甲 및 매수인 乙 간의 매매계약이 체결된 후 계약금 등의 반환채무이행을 보장하기 위해 매수인 乙이 낸 계약금 및 중도금을 丙의 명의로 금융기관에 예치하였다. 공인중개사법령상 이에 관한 설명으로 틀린 것은?

① 금융기관에 예치하는 데 소요되는 실비는 특별한 약정이 없는 한 乙이 부담한다.
② 丙은 잔금도 예치하도록 거래당사자에게 권고할 수 있다.
③ 丙은 총 거래대금에 해당하는 금액을 보장하는 보증보험 또는 공제에 가입하거나 공탁을 해야 한다.
④ 丙은 매매계약의 해제의 사유로 인한 계약금 및 중도금의 인출에 대한 甲과 乙의 동의방법을 약정해야 한다.
⑤ 丙은 예치된 계약금을 거래당사자의 동의 없이 임의로 인출하여서는 안 된다.

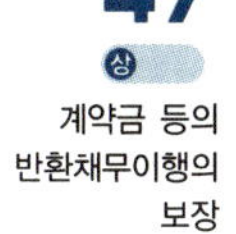

49

계약금 등의
반환채무이행의
보장

공인중개사법령상 계약금 등의 반환채무이행의 보장에 관한 설명으로 틀린 것은?

① 예치대상인 '계약금 등'에는 계약금, 중도금 또는 잔금이 있다.

② 계약금 등의 반환채무이행의 보장에 소요되는 비용은 특별한 사정이 없는 한 매도인이 부담한다.

③ 거래당사자는 반환채무이행의 보장을 위해 계약금 등을 반드시 금융기관 등에 예치해야 하는 것은 아니다.

④ 소속공인중개사는 계약금 등의 예치명의자가 될 수 없다.

⑤ 거래당사자 간 계약이행기간 동안의 거래안전을 보장하기 위한 제도이다.

50

예치명의자

개업공인중개사는 계약금 등을 개업공인중개사 또는 대통령령이 정하는 자의 명의로 금융기관 등에 예치하도록 거래당사자에게 권고할 수 있는데, 그 명의자에 속하지 않는 것은 몇 개인가?

ㄱ 중개보조원
ㄴ 「보험업법」에 따른 보험회사
ㄷ 한국자산관리공사
ㄹ 「우체국예금·보험에 관한 법률」에 따른 체신관서
ㅁ 「농업협동조합법」에 따른 지역농업협동조합

① 1개   ② 2개   ③ 3개

④ 4개   ⑤ 5개

6 손해배상책임과 보증설정의무

대표유형

공인중개사법령상 개업공인중개사의 손해배상책임에 관한 설명으로 옳은 것은? (다툼이 있으면 판례에 따름)

① 다른 법률에 따라 중개업을 할 수 있는 법인은 2천만원 이상의 보증을 설정해야 하나, 등록관청에 이를 신고할 법령상의 의무는 없다.

② 개업공인중개사는 중개를 개시하기 전에 거래당사자에게 손해배상책임의 보장에 관하여 설명해야 한다.

③ 2억원의 보증을 설정한 개업공인중개사 甲의 중과실로 거래당사자 乙에게 3억원의 재산상의 손해가 발생한 때에는 乙은 甲에게 손해액 전부에 대해 손해배상을 청구할 수 있다.

④ 개업공인중개사가 보증을 다른 보증으로 변경하려는 경우에는 이미 설정한 보증의 효력이 만료되는 즉시 다른 보증을 설정하여야 한다.

⑤ 개업공인중개사가 중개행위를 함에 있어서 거래당사자에게 재산상 손해가 발생한 경우에는 자신의 고의 또는 과실의 유무에 관계없이 배상책임을 진다.

해설 ③ 개업공인중개사가 얼마의 보증을 설정했든 관계없이 개업공인중개사 개인적으로는 의뢰인에게 발생한 모든 손해에 대하여 손해배상책임을 진다.

① 다른 법률에 따라 중개업을 할 수 있는 법인은 중개업무를 개시하기 전에 보장금액 2천만원 이상의 보증을 보증기관에 설정하고 그 증명서류를 갖추어 등록관청에 신고하여야 한다.

② 중개가 완성된 때 거래당사자에게 손해배상책임의 보장에 관하여 설명하고 보증관계증서의 사본을 교부하거나 관계증서에 관한 전자문서를 제공해야 한다.

④ 보증을 설정한 개업공인중개사는 그 보증을 다른 보증으로 변경하고자 하는 경우에는 이미 설정한 보증의 효력이 있는 기간 중에 다른 보증을 설정하고 그 증명서류를 갖추어 등록관청에 신고해야 한다.

⑤ 개업공인중개사가 직접 중개행위를 한 경우에는 개업공인중개사 자신의 고의 또는 과실이 없이 거래당사자에게 재산상 손해가 발생했다면 개업공인중개사는 손해배상책임을 지지 않는다. 다만, 소속공인중개사나 중개보조원의 업무상 고의 또는 과실로 재산상 손해가 발생한 경우에는 개업공인중개사는 자신의 고의 또는 과실이 없는 경우에도 손해배상책임을 져야 한다. ▶▶ 정답 ③

51 공인중개사법령상 개업공인중개사의 손해배상책임의 보장에 관한 설명으로 틀린 것은? (다툼이 있으면 판례에 따름)

제29회

손해배상책임의 보장

① 개업공인중개사 등이 아닌 제3자의 중개행위로 거래당사자에게 재산상 손해가 발생한 경우 그 제3자는 이 법에 따른 손해배상책임을 진다.
② 부동산 매매계약을 중개하고 계약금 및 중도금 지급에도 관여한 개업공인중개사가 잔금 중 일부를 횡령한 경우 이 법에 따른 손해배상책임이 있다.
③ 개업공인중개사는 업무를 개시하기 전에 손해배상책임을 보장하기 위하여 법령이 정한 조치를 하여야 한다.
④ 개업공인중개사가 자기의 중개사무소를 다른 사람의 중개행위 장소로 제공함으로써 거래당사자에게 재산상 손해가 발생한 경우 그 손해를 배상할 책임이 있다.
⑤ 손해배상책임의 보장을 위한 공탁금은 개업공인중개사가 폐업 또는 사망한 날부터 3년 이내에는 회수할 수 없다.

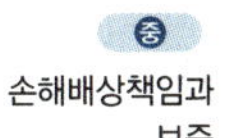

52 공인중개사법령상 손해배상책임과 업무보증에 관한 설명으로 틀린 것은? (다툼이 있으면 판례에 따름)

손해배상책임과 보증

① 다른 법률에 따라 중개업을 할 수 있는 법인이 부동산중개업을 하는 때에는 업무를 개시하기 전에 보증을 설정하고 등록관청에 신고해야 한다.
② 개업공인중개사는 보증보험금·공제금 또는 공탁금으로 손해배상을 한 때에는 15일 이내에 보증보험 또는 공제에 다시 가입하거나 공탁금 중 부족하게 된 금액을 보전해야 한다.
③ 중개행위에는 거래의 일방 당사자의 의뢰로 매매 등을 알선하는 경우는 포함되지 않는다.
④ 개업공인중개사(고용인 포함)가 아닌 사람에게는 이 법령에 따른 손해배상책임이 발생하지 않는다.
⑤ 중개보조원이 중개업무에 관하여 고의로 인한 위법행위로 거래당사자에게 손해를 입힌 경우 개업공인중개사는 손해배상책임을 진다.

53
중
손해배상책임과 보증

공인중개사법령상 개업공인중개사의 손해배상책임 규정에 관한 설명으로 틀린 것은? (다툼이 있으면 판례에 의함) 제22회

① 개업공인중개사는 업무를 개시하기 전에 손해배상책임을 보장하기 위하여 보증보험 또는 공제에 가입하거나 공탁을 해야 한다.

② 개업공인중개사가 손해배상책임의 보장을 위하여 가입한 보험은 이른바 타인을 위한 손해보험계약의 성질을 가진다.

③ 개업공인중개사가 자기의 중개사무소를 타인의 중개행위의 장소로 제공하여 거래당사자에게 재산상 손해를 입힌 경우 개업공인중개사에게 책임이 있다.

④ 개업공인중개사의 손해배상책임은 가입한 보증보험의 보장금액을 한도로 한다.

⑤ 중개의뢰인이 개업공인중개사에게 소정의 보수를 지급하지 아니한 무상중개의 경우에 손해배상의무가 당연히 소멸되는 것은 아니다.

54
Point
상
손해배상책임과 보증

공인중개사법령상 개업공인중개사의 손해배상책임을 보장하기 위한 보증에 관한 설명으로 옳은 것은?

① 법인이 아닌 개업공인중개사는 4억원 이상의 보증을 설정해야 한다.

② 법인이 분사무소를 두는 경우에는 주된 사무소와 별도로 분사무소마다 2억원 이상을 추가로 설정해야 한다.

③ 개업공인중개사는 중개가 완성되기 전에 거래당사자에게 손해배상책임의 보장에 관하여 설명해야 한다.

④ 개업공인중개사의 손해배상책임을 보장하기 위한 보증보험 또는 공제 가입, 공탁은 중개사무소 개설등록신청을 할 때 해야 한다.

⑤ 손해배상책임을 보장하기 위한 공탁금은 개업공인중개사가 사망한 날부터 5년 이내에 회수할 수 없다.

55
중
손해배상책임과 보증

공인중개사법령상 개업공인중개사의 손해배상책임 및 보증설정과 관련한 설명으로 옳은 것은?

① 개업공인중개사는 업무개시 후 즉시 손해배상책임의 보장을 위하여 보증보험 또는 공제에 가입해야 한다.

② 개업공인중개사는 중개가 완성되기 전에 거래당사자에게 보증관계증서의 사본을 교부하거나 관계증서에 관한 전자문서를 제공해야 한다.

③ 보증기관이 개업공인중개사가 보증을 설정한 사실을 등록관청에 직접 통보한 경우, 개업공인중개사는 보증설정신고를 생략할 수 있다.

④ 개업공인중개사는 자신이 가입한 보증의 한도액을 초과하는 손해에 대하여만 배상책임을 진다.

⑤ 공제에 가입한 개업공인중개사가 공제기간이 만료된 때에는 만료일부터 15일 이내에 다시 보증을 설정하여 등록관청에 신고해야 한다.

56 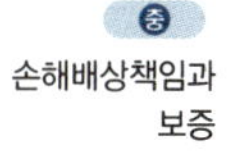
보증설정금액

법인인 개업공인중개사가 서울특별시 A구에 주된 사무소를, 서울특별시 B구, C구, D구, E구에 각각 분사무소를 두는 경우, 공인중개사법령상 중개행위를 함에 있어서 거래당사자에게 발생할 수 있는 손해배상과 관련하여 보증보험에 가입할 때 법인이 설정해야 할 최소 보증보험금액의 합계는?

① 6억원 ② 8억원 ③ 10억원
④ 12억원 ⑤ 20억원

57
손해배상책임과 보증

공인중개사법령상 개업공인중개사의 보증설정에 관한 설명으로 옳은 것은?

① 다른 법률의 규정에 따라 중개업을 할 수 있는 법인이 부동산중개업을 하는 경우 업무보증설정을 하지 않아도 된다.

② 개업공인중개사 甲이 자신의 중개사무소를 乙에게 중개행위의 장소로 제공하여 거래당사자에게 재산상 손해가 발생한 경우 乙의 중개행위에 甲이 관여하지 않았다면 甲은 손해배상책임을 지지 않는다.

③ 개업공인중개사가 손해배상책임을 보장하기 위한 조치를 이행하지 아니하고 업무를 개시한 경우 등록관청은 개설등록을 취소할 수 있다.

④ 개업공인중개사는 보증보험금으로 손해배상을 한 때에는 30일 이내에 보증보험에 다시 가입해야 한다.

⑤ 중개의뢰인이 보증기관에 보증보험금, 공제금 또는 공탁금의 지급을 청구할 때 첨부해야 하는 서면에 중개의뢰인과 개업공인중개사 간의 손해배상합의서는 포함되지 않는다.

58
손해배상책임과 보증

공인중개사법령상 중개행위 등에 관한 설명으로 옳은 것은? (다툼이 있으면 판례에 따름)

제32회

① 중개행위에 해당하는지 여부는 개업공인중개사의 행위를 객관적으로 보아 판단할 것이 아니라 개업공인중개사의 주관적 의사를 기준으로 판단해야 한다.

② 임대차계약을 알선한 개업공인중개사가 계약 체결 후에도 목적물의 인도 등 거래당사자의 계약상 의무의 실현에 관여함으로써 계약상 의무가 원만하게 이행되도록 주선할 것이 예정되어 있는 경우, 그러한 개업공인중개사의 행위는 사회통념상 중개행위의 범주에 포함된다.

③ 소속공인중개사는 자신의 중개사무소 개설등록을 신청할 수 있다.

④ 개업공인중개사는 거래계약서를 작성하는 경우 거래계약서에 서명하거나 날인해야 한다.

⑤ 개업공인중개사가 국토교통부장관이 정한 거래계약서 표준서식을 사용하지 않는 경우 과태료부과처분을 받게 된다.

7 금지행위 및 부동산거래질서교란행위 신고센터

대표유형

공인중개사법령상 개업공인중개사의 행위 가운데 금지행위에 해당하는 것을 모두 고른 것은? (다툼이 있으면 판례에 따름)

ㄱ 자기의 친척 소유 주택을 매수의뢰인에게 매도하는 계약을 중개한 행위
ㄴ 매도의뢰인을 대리하여 매수의뢰인과 매매계약을 체결한 행위
ㄷ 중개보수 상한액을 초과하여 금품을 받았으나 그 초과부분을 반환한 행위
ㄹ 상가분양을 대행하고 주택 외의 중개대상물에 대한 법정중개보수를 초과하여 금품을 받은 행위
ㅁ 무허가건축물의 매매를 중개한 행위

① ㄷ　　　　　　② ㄹ　　　　　　③ ㄷ, ㄹ, ㅁ
④ ㄱ, ㄹ　　　　　⑤ ㄴ, ㅁ

해설 ㄷ 사례·증여 그 밖의 어떠한 명목으로도 중개보수 또는 실비를 초과하여 금품을 받는 행위는 금지행위이다.
ㄱ 적법한 중개행위이다.
ㄴ 일방대리로서 금지행위가 아니다.
ㄹ 판례에 따르면 분양대행은 중개와 구별되는 것으로서 이에 따른 보수는 중개보수를 적용하지 않으므로 금지행위가 아니다.
ㅁ 무허가건축물도 중개대상물로서 이를 적법하게 중개할 수 있다.
따라서 금지행위인 것은 ㄷ이다.
▶▶ 정답 ①

59 (중)
금지행위

공인중개사법령상 개업공인중개사의 금지행위에 해당하는 것을 모두 고른 것은? (다툼이 있으면 판례에 따름)
제27회

ㄱ 중개의뢰인을 대리하여 타인에게 중개대상물을 임대하는 행위
ㄴ 상업용 건축물의 분양을 대행하고 법정의 중개보수 또는 실비를 초과하여 금품을 받는 행위
ㄷ 중개의뢰인인 소유자로부터 거래에 관한 대리권을 수여받은 대리인과 중개대상물을 직접 거래하는 행위
ㄹ 건축물의 매매를 업으로 하는 행위

① ㄱ, ㄴ　　　　　② ㄷ, ㄹ　　　　　③ ㄱ, ㄴ, ㄹ
④ ㄱ, ㄷ, ㄹ　　　⑤ ㄴ, ㄷ, ㄹ

60 공인중개사법령상 개업공인중개사의 금지행위에 해당하지 않는 것은? (다툼이 있으면 판례에 따름)

제25회

① 토지 또는 건축물의 매매를 업으로 하는 행위
② 중개의뢰인이 부동산을 단기 전매하여 세금을 포탈하려는 것을 알고도 개업공인중개사가 이에 동조하여 그 전매를 중개한 행위
③ 공인중개사가 매도의뢰인과 서로 짜고 매도의뢰가격을 숨긴 채 이에 비하여 무척 높은 가격으로 매수의뢰인에게 부동산을 매도하고 그 차액을 취득한 행위
④ 개업공인중개사가 소유자로부터 거래에 관한 대리권을 수여받은 대리인과 직접 거래한 행위
⑤ 매도인으로부터 매도중개의뢰를 받은 개업공인중개사 乙의 중개로 X부동산을 매수한 개업공인중개사 甲이, 매수중개의뢰를 받은 다른 개업공인중개사 丙의 중개로 X부동산을 매도한 행위

Point 61 공인중개사법령상 개업공인중개사 甲의 행위 가운데 금지행위에 해당하는 것을 모두 고른 것은?

> ㉠ 甲이 자신 소유의 상가건물에 대해 임차의뢰인과 임대차 계약을 체결한 행위
> ㉡ 甲이 자신 소유의 아파트를 매수인으로부터 매수의뢰를 받은 다른 개업공인중개사 乙의 중개로 매도한 행위
> ㉢ 甲이 상업용 건축물의 임대관리를 한 행위
> ㉣ 甲이 관계 법령에 따라 전매가 제한된 부동산의 매매계약을 중개한 행위

① ㉠, ㉡　　　　② ㉢, ㉣　　　　③ ㉠, ㉣
④ ㉡, ㉢　　　　⑤ ㉠, ㉢

62 공인중개사법령상 개업공인중개의 금지행위에 관한 설명으로 틀린 것은? (다툼이 있으면 판례에 따름)

① 중개대상물의 매매를 업으로 하는 행위는 금지행위에 해당한다.
② 아파트의 특정 동·호수에 대한 분양계약이 체결된 후 그 분양권의 매매를 중개한 것은 금지행위에 해당하지 않는다.
③ 임대의뢰인과 임차의뢰인 모두를 대리하여 주택 임대차 계약을 체결하는 행위는 금지행위에 해당한다.
④ 매도의뢰인으로부터 위임을 받아 매수의뢰인과 매매계약을 체결하는 행위는 금지행위에 해당한다.
⑤ 탈세 등 관계 법령을 위반할 목적으로 미등기 부동산의 매매를 중개하여 부동산투기를 조장하는 행위는 금지행위에 해당한다.

63
중
금지행위

공인중개사법령상 개업공인중개사 등의 금지행위에 해당하지 않는 것은?

① 의뢰인의 토지를 중개하면서 알게 된 정보를 이용하여 그의 토지를 직접 매수하였다.
② 의뢰인의 상가를 그의 요구에 맞추어 거래를 성사시켜 준 대가로 법정보수 상한액을 받고, 별도로 미술작품 1점을 받았다.
③ 업무상 알게 된 개발업자로부터 입수한 확정되지 않은 개발계획을 이용하여 타인에게 그 지역 임야를 매입하도록 권유하여 매매계약을 체결하였다.
④ 매매계약을 중개함에 있어서 매도의뢰인의 급박한 사고로 인해 그의 위임을 받아 매수의뢰인과 매매계약을 체결하였다.
⑤ 매수의뢰인에게 아파트 매매계약을 체결하게 한 후 이전등기를 하지 아니하고 타인에게 다시 매매계약을 체결하게 하였다.

64
중
금지행위

공인중개사법령상 중개보조원에게 금지되는 행위를 모두 고른 것은?

> ㉠ 중개대상물의 표시·광고를 하는 행위
> ㉡ 중개대상물의 매매를 업으로 하는 행위
> ㉢ 온라인 커뮤니티 등을 이용하여 특정 개업공인중개사 등에 대한 중개의뢰를 제한하거나 제한을 유도하는 행위
> ㉣ 단체를 구성하여 특정 중개대상물에 대하여 중개를 제한하는 행위

① ㉠, ㉡   ② ㉢, ㉣   ③ ㉠, ㉡, ㉢
④ ㉡, ㉢, ㉣   ⑤ ㉠, ㉡, ㉢, ㉣

65
상
금지행위

공인중개사법령상 개업공인중개사의 다음 행위 가운데 금지행위에 해당하는 것을 모두 고른 것은? (다툼이 있으면 판례에 따름)

> ㉠ 주택의 분양을 대행하고 법령상 중개보수 상한액을 초과하여 금품을 받은 행위
> ㉡ 상업용 건축물의 권리금 계약을 알선하고 중개보수 상한액을 초과하여 금품을 받은 행위
> ㉢ 매도의뢰인으로부터 위임을 받아 매수의뢰인과 토지의 매매계약을 체결한 행위
> ㉣ 매도의뢰인의 위임을 받은 자로부터 상가를 매수한 행위
> ㉤ 「공장 및 광업재단 저당법」에 따른 공장재단의 매매를 업으로 한 행위

① ㉠, ㉡, ㉤   ② ㉣, ㉤   ③ ㉠
④ ㉢, ㉣   ⑤ ㉤

66 **(중)** 금지행위

공인중개사법령상 공인중개사인 개업공인중개사의 금지행위에 해당하는 것을 모두 고른 것은?

> ㉠ 중개사무소 개설등록을 하지 않고 중개업을 영위하는 자인 사실을 알면서 그에게 자기의 명의를 이용하게 한 행위
> ㉡ 오피스텔의 임대업을 한 행위
> ㉢ 매도의뢰인의 대리인과 아파트 매매계약을 체결한 행위
> ㉣ 생활정보지에 매물로 나온 아파트를 자신이 주거할 목적으로 매입한 행위
> ㉤ 입주자저축증서의 매매를 중개한 행위

① ㉠, ㉤   ② ㉠, ㉢, ㉤   ③ ㉠, ㉢
④ ㉡, ㉣   ⑤ ㉠, ㉡, ㉣

67 **(상)** 금지행위

「공인중개사법」 제33조 제1항 개업공인중개사 등의 금지행위에 관한 설명으로 틀린 것은? (다툼이 있는 경우 판례에 따름)

① 시·도지사는 중개대상물의 매매를 업으로 한 소속공인중개사에 대하여 그 자격을 정지할 수 있다.
② 중개보조원이 중개대상물의 매매를 업으로 한 경우에도 처벌대상이 된다.
③ 개업공인중개사가 중개의뢰인과 직접거래를 하여 400만원의 벌금형을 선고받은 경우, 등록관청은 중개사무소 개설등록을 취소해야 한다.
④ 개업공인중개사 등이 중개의뢰인과 직접 거래를 금지하는 규정은 효력규정에 해당한다.
⑤ 중개보수 초과금지 규정은 중개보수 약정 중 소정의 한도를 초과하는 부분을 무효로 하는 강행법규에 해당한다.

68 **(하)** 금지행위 위반시 제재

공인중개사법령상 개업공인중개사의 금지행위에 해당하지 않는 것은? (다툼이 있으면 판례에 따름)
제28회

① 중개사무소 개설등록을 하지 않고 중개업을 영위하는 자인 사실을 알면서 그를 통하여 중개를 의뢰받는 행위
② 사례금 명목으로 법령이 정한 한도를 초과하여 중개보수를 받는 행위
③ 관계 법령에서 양도·알선 등이 금지된 부동산의 분양과 관련 있는 증서의 매매를 중개하는 행위
④ 법인이 아닌 개업공인중개사가 중개대상물 외 건축자재의 매매를 업으로 하는 행위
⑤ 중개의뢰인이 중간생략등기의 방법으로 전매하여 세금을 포탈하려는 것을 개업공인중개사가 알고도 투기목적의 전매를 중개하였으나, 전매차익이 발생하지 않은 경우 그 중개행위

Point 69 (상)

소속공인중개사의 금지행위에 대한 개업공인중개사의 책임

공인중개사인 개업공인중개사 甲의 소속공인중개사 乙은 매수의뢰인 丙에게 아파트를 취득하도록 도와주고 중개보수를 초과하여 금품을 받았다. 이에 관한 설명으로 틀린 것은? (다툼이 있으면 판례에 따름)

① 甲은 乙의 업무에 관여하지 않은 경우에도 丙은 甲에게 중개보수의 초과 부분에 대한 손해배상청구를 할 수 있다.

② 乙은 자격정지 6개월에 처해질 수 있으며, 甲은 개설등록이 취소될 수 있다.

③ 乙은 1년 이하의 징역 또는 1천만원 이하의 벌금에 처한다.

④ 甲이 乙의 위반행위를 방지하기 위해 상당한 주의와 감독을 게을리하지 않은 경우에도 양벌규정에 따라 벌금형을 받을 수 있다.

⑤ 甲이 양벌규정으로 300만원 이상의 벌금형을 받게 되더라도 등록의 결격사유에 해당하지 않는다.

70 (중)

중개보수 초과행위

개업공인중개사 甲은 중개업무를 하면서 법정한도를 초과하는 중개보수를 요구하여 수령하였다. 공인중개사법령상 甲의 행위에 관한 설명으로 틀린 것은? (다툼이 있으면 판례에 따름) 제29회

① 등록관청은 甲에게 업무의 정지를 명할 수 있다.

② 등록관청은 甲의 중개사무소 개설등록을 취소할 수 있다.

③ 1년 이하의 징역 또는 1천만원 이하의 벌금 사유에 해당한다.

④ 법정한도를 초과하는 중개보수 약정은 그 한도를 초과하는 범위 내에서 무효이다.

⑤ 甲이 법정한도를 초과하는 금액을 중개의뢰인에게 반환하였다면 금지행위에 해당하지 않는다.

71 (중)

금지행위 관련 판례

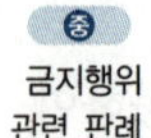

공인중개사법령상 중개보수에 관한 판례의 입장이 아닌 것은? 제19회

① 법령상 상한을 초과하는 부동산중개보수 약정은 그 한도를 넘는 범위 내에서 무효이다.

② 법령상 한도를 초과하는 보수를 유효한 당좌수표로 받았으나 부도처리되어 개업공인중개사가 그 수표를 반환한 경우에도 이는 위법하다.

③ 권리금은 법령상의 중개대상물이 아니므로 중개보수에 관한 규정이 적용되지 않는다.

④ 중개사무소 개설등록을 하지 아니하고 부동산거래를 중개하면서 그에 대한 보수를 약속·요구하는 데 그친 행위는 처벌할 수 없다.

⑤ 개업공인중개사가 중개보수 산정에 관한 지방자치단체의 조례를 잘못 해석하여 법령이 허용하는 금액을 초과한 중개보수를 받은 경우 처벌대상이 되지 않는다.

72
부동산거래
질서교란행위

공인중개사법령상 누구든지 시세에 부당한 영향을 줄 목적으로 개업공인중개사 등의 업무를 방해해서는 아니 되는 행위를 모두 고른 것은?

> ㉠ 제3자에게 부당한 이익을 얻게 할 목적으로 거짓으로 거래가 완료된 것처럼 꾸미는 등 중개대상물의 시세에 부당한 영향을 주거나 줄 우려가 있는 행위
> ㉡ 탈세 등 관계법령을 위반할 목적으로 소유권보존등기 또는 이전등기를 하지 않은 부동산의 매매를 중개하는 등 부동산 투기를 조장하는 행위
> ㉢ 안내문, 온라인 커뮤니티 등을 이용하여 특정 개업공인중개사 등에 대한 중개의뢰를 제한하거나 제한을 유도하는 행위
> ㉣ 개업공인중개사 등에게 중개대상물을 시세보다 현저하게 높게 표시·광고하도록 강요하는 행위

① ㉠, ㉡
② ㉠, ㉢
③ ㉡, ㉢
④ ㉡, ㉣
⑤ ㉢, ㉣

Point
73
부동산거래
질서교란행위

공인중개사법령상 부동산거래질서교란행위에 해당하는 것을 모두 고른 것은?

> ㉠ 정당한 사유 없이 개업공인중개사 등의 중개대상물에 대한 정당한 표시·광고 행위를 방해하는 행위
> ㉡ 중개대상물이 존재하지 않아서 실제로 거래할 수 없는 중개대상물에 대한 표시·광고를 하는 행위
> ㉢ 개업공인중개사 등에게 중개대상물을 시세보다 현저하게 높게 표시·광고하도록 유도하는 행위
> ㉣ 중개대상물의 가격 등 내용을 사실과 다르게 거짓으로 표시·광고하거나 사실을 과장되게 하는 표시·광고를 하는 행위

① ㉠, ㉡
② ㉠, ㉢
③ ㉡, ㉢
④ ㉡, ㉣
⑤ ㉢, ㉣

Point 74 중

부동산거래
질서교란행위
신고센터

공인중개사법령상 부동산거래질서교란행위 신고센터에 관한 설명으로 옳은 것은?

① 국토교통부장관은 부동산거래질서교란행위 신고센터의 업무를 한국공인중개사협회에 위탁한다.

② 신고센터 업무의 위탁기관은 신고센터의 업무 처리 방법, 절차 등에 관한 운영규정을 변경하려는 경우에는 국토교통부장관의 승인을 받지 않아도 된다.

③ 신고센터에 부동산거래질서교란행위를 신고하려는 자는 신고인 및 피신고인의 인적사항을 서면(전자문서 포함)으로 제출해야 한다.

④ 신고센터는 매월 말일까지 직전 달의 신고사항 접수 및 처리 결과 등을 국토교통부장관에게 제출해야 한다.

⑤ 신고내용이 법원의 판결에 의해 확정된 경우에는 국토교통부장관의 승인을 받지 않고 접수된 신고사항의 처리를 종결할 수 있다.

대표유형

공인중개사법령상 중개보수의 한도와 계산 등에 관한 설명으로 틀린 것은? (다툼이 있으면 판례에 따름)
제28회 일부 수정

① 중도금의 일부만 납부된 아파트 분양권의 매매를 중개하는 경우, 중개보수는 총 분양대금과 프리미엄을 합산한 금액을 거래대금으로 하여 계산한다.

② 공인중개사 자격이 없는 자가 중개사무소 개설등록을 하지 아니한 채 부동산중개업을 하면서 거래당사자와 체결한 중개보수 지급약정은 무효이다.

③ 동일한 중개대상물에 대하여 동일 당사자 간에 매매를 포함한 둘 이상의 거래가 동일 기회에 이루어지는 경우, 중개보수는 매매계약에 관한 거래금액만을 적용하여 계산한다.

④ 주택의 임대차 중개에 관하여 중개의뢰인 일방으로부터 받을 수 있는 한도는 국토교통부령이 정하는 범위 안에서 시·도의 조례로 정하며, 그 요율한도 이내에서 중개의뢰인과 개업공인중개사가 서로 협의하여 결정한다.

⑤ 중개대상물인 건축물 중 주택의 면적이 2분의 1 미만인 경우, 주택 외의 중개대상물에 대한 중개보수 규정을 적용한다.

해설 ① 거래금액은 당사자가 거래 당시 수수하게 되는 총 대금(즉, 통상적으로 계약금, 기 납부한 중도금, 프리미엄을 합한 금액)을 거래가액이라고 보아야 할 것이므로, 이와 달리 장차 건물이 완성되었을 경우를 상정하여 총 분양대금과 프리미엄을 합산한 금액으로 거래가액을 산정하여야 한다는 취지의 주장은 받아들일 수 없다(2004도62).
▶▶ 정답 ①

01

중개보수의 기준 및 지급시기

공인중개사법령상 중개보수에 관한 설명으로 틀린 것은? (다툼이 있으면 판례에 따름)

① 공인중개사 자격이 없는 자가 우연한 기회에 단 1회 중개를 한 경우에는 과다하지 않은 중개보수를 받을 수 있다.

② 개업공인중개사와 중개의뢰인 간에 중개보수의 지급시기 약정이 없을 때는 중개대상물의 거래대금 지급이 완료된 날로 한다.

③ 주택(부속토지 포함) 외의 중개대상물의 중개에 대한 보수는 국토교통부령으로 정한다.

④ 주택(부속토지 포함)의 중개에 대한 보수는 시·도의 조례로 정하는 요율한도 이내에서 중개의뢰인과 개업공인중개사가 서로 협의하여 결정한다.

⑤ 사례·증여 기타 어떤 명목으로든 법에서 정한 보수를 초과하여 금품을 받는 행위는 개설등록을 취소해야 하는 사유에 해당한다.

02
중개보수

공인중개사법령상 개업공인중개사의 중개보수 청구권에 관한 설명으로 옳은 것은? (다툼이 있으면 판례에 따름)

① 거래계약서에는 중개보수의 지급시기를 기재해야 한다.
② 중개보수에는 부가가치세가 포함된 것으로 본다.
③ 법령에서 정한 한도를 초과하는 부동산 중개보수 약정은 그 전부가 무효이다.
④ 개업공인중개사가 중개보수를 초과하여 받은 경우 등록관청은 업무정지처분을 할 수 있다.
⑤ 개업공인중개사의 과실 없이 거래당사자 간의 사정으로 계약이 무효·취소·해제된 경우 개업공인중개사는 중개보수를 받을 수 없다.

03
중개보수 및
판례

공인중개사법령상 중개보수 등에 관한 설명으로 옳은 것은?　　　　　제33회

① 개업공인중개사의 과실로 인하여 중개의뢰인 간의 거래행위가 취소된 경우에도 개업공인중개사는 중개업무에 관하여 중개의뢰인으로부터 소정의 보수를 받는다.
② 개업공인중개사는 권리를 이전하고자 하는 중개의뢰인으로부터 중개대상물의 권리관계 등의 확인에 소요되는 실비를 받을 수 없다.
③ 개업공인중개사는 권리를 취득하고자 하는 중개의뢰인으로부터 계약금 등의 반환채무 이행 보장에 소요되는 실비를 받을 수 없다.
④ 개업공인중개사의 중개보수의 지급시기는 개업공인중개사와 중개의뢰인 간의 약정에 따르되, 약정이 없을 때에는 중개대상물의 거래대금 지급이 완료된 날로 한다.
⑤ 주택 외의 중개대상물의 중개에 대한 보수는 시·도의 조례로 정한다.

04
중개보수의
기준

공인중개사법령상 일방으로부터 받을 수 있는 중개보수의 한도 및 거래금액의 계산 등에 관한 설명으로 틀린 것은? (다툼이 있으면 판례에 따름)

① 주택의 임대차에 대한 중개보수는 국토교통부령으로 정하는 범위 안에서 시·도 조례로 정한다.
② 아파트 분양권의 매매를 중개한 경우 당사자가 거래 당시 수수하게 되는 총 대금(통상적으로 계약금, 기 납부한 중도금, 프리미엄을 합한 금액)을 거래가액으로 보아야 한다.
③ 교환계약의 경우 거래금액은 교환대상 중개대상물 중 거래금액이 큰 중개대상물의 가액으로 한다.
④ 중개대상물인 건축물 중 주택의 면적이 2분의 1 이상인 건축물은 주택의 중개보수 규정을 적용한다.
⑤ 전용면적이 85제곱미터 이하이고, 상·하수도 시설이 갖추어진 전용입식 부엌, 전용수세식 화장실 및 목욕시설을 갖춘 오피스텔의 임대차에 대한 중개보수의 상한요율은 거래금액의 1천분의 5이다.

05 공인중개사법령상 개업공인중개사의 중개보수 등에 관한 설명으로 틀린 것은? 제29회

중개보수 및 실비

① 중개대상물의 권리관계 등의 확인에 소요되는 실비를 받을 수 있다.
② 다른 약정이 없는 경우 중개보수의 지급시기는 중개대상물의 거래대금 지급이 완료된 날로 한다.
③ 주택 외의 중개대상물에 대한 중개보수는 국토교통부령으로 정하고, 중개의뢰인 쌍방에게 각각 받는다.
④ 개업공인중개사의 고의 또는 과실로 중개의뢰인 간의 거래행위가 해제된 경우 중개보수를 받을 수 없다.
⑤ 중개대상물인 주택 소재지와 중개사무소 소재지가 다른 경우 주택 소재지를 관할하는 시·도 조례에서 정한 기준에 따라 중개보수를 받아야 한다.

06 공인중개사법령상 중개보수에 관한 설명으로 옳은 것은?

중개보수의 기준

① 중개보수의 지급시기는 별도의 약정이 없는 한 거래계약이 체결된 날로 한다.
② 개업공인중개사의 과실로 거래당사자 간의 거래계약이 해제되더라도 중개보수 청구권은 소멸하지 않는다.
③ 주택 외의 중개에 대한 중개보수는 국토교통부령이 정하는 범위 안에서 시·도의 조례로 정한다.
④ 중개대상물의 소재지와 중개사무소의 소재지가 다른 경우에는 중개사무소 소재지를 관할하는 시·도의 조례로 정한 기준에 따라 중개보수를 받아야 한다.
⑤ 교환계약의 경우 거래대상물의 평균가액을 거래금액으로 하여 중개보수를 계산한다.

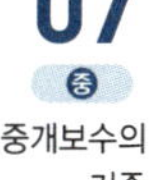

07 A시에 중개사무소를 둔 개업공인중개사 甲은 B시에 소재하는 乙 소유의 오피스텔(건축법령상 업무시설로 전용면적 80제곱미터이고, 상·하수도 시설이 갖추어진 전용입식 부엌, 전용수세식 화장실 및 목욕시설을 갖춤)에 대하여, 이를 매도하려는 乙과 매수하려는 丙의 의뢰를 받아 매매계약을 중개하였다. 이 경우 공인중개사법령상 甲이 받을 수 있는 중개보수 및 실비에 관한 설명으로 옳은 것을 모두 고른 것은? 제33회

중개보수의 기준

> ㉠ 甲이 乙로부터 받을 수 있는 실비는 A시가 속한 시·도의 조례에서 정한 기준에 따른다.
> ㉡ 甲이 丙으로부터 받을 수 있는 중개보수의 상한요율은 거래금액의 1천분의 5이다.
> ㉢ 甲은 乙과 丙으로부터 각각 중개보수를 받을 수 있다.
> ㉣ 주택(부속토지 포함)의 중개에 대한 보수 및 실비 규정을 적용한다.

① ㉣   ② ㉠, ㉢   ③ ㉡, ㉣
④ ㉠, ㉡, ㉢   ⑤ ㉠, ㉡, ㉢, ㉣

08
(중)
오피스텔
중개보수 계산

甲은 개업공인중개사 丙에게 중개를 의뢰하여 乙 소유의 전용면적 90m² 오피스텔을 보증금 5천만원, 월 차임 150만원에 임대차계약을 체결하였다. 이 경우 丙이 甲으로부터 받을 수 있는 중개보수의 최고한도액은? (임차한 오피스텔은 건축법령상 업무시설로 상·하수도 시설이 갖추어진 전용입식 부엌, 전용수세식 화장실 및 목욕시설을 갖춤)

① 80만원　　　　　　② 100만원　　　　　　③ 160만원
④ 180만원　　　　　　⑤ 360만원

09
(상)
중개보수의
계산

Y시에 중개사무소를 둔 개업공인중개사 A의 중개로 매도인(甲)과 매수인(乙) 간에 X주택을 3억원에 매매하는 계약을 체결하고 동시에 乙이 임차인(丙)에게 X주택을 보증금 1천만원, 월 차임 40만원에 임대하는 계약을 체결하였다. A가 乙에게 받을 수 있는 중개보수의 최고액은?

◈ Y시의 조례로 정한 기준

구 분	중개보수 요율상한 및 한도액		
	거래금액	상한요율(%)	한도액
매매·교환	5천만원 이상 ~ 2억원 미만	0.5	80만원
	2억원 이상 ~ 9억원 미만	0.4	–
임대차 등	5천만원 미만	0.5	20만원
	5천만원 이상 ~ 1억원 미만	0.4	30만원

① 120만원　　　　　　② 139만원　　　　　　③ 140만원
④ 240만원　　　　　　⑤ 280만원

10
(중)
교환계약
중개보수 계산

개업공인중개사 甲은 乙소유의 아파트와 丙소유의 단독주택의 교환계약을 중개하였다. 甲이 거래당사자로부터 받을 수 있는 중개보수 상한액의 총액은? (아파트의 거래금액은 2억 2천만원, 단독주택의 거래금액은 1억 8천만원임. 중개보수 요율은 5천만원 이상 2억원 미만인 경우에는 5/1,000, 한도액은 80만원이고 2억원 이상 9억원 미만인 경우에는 4/1,000임)

① 180만원　　　　　　② 160만원　　　　　　③ 88만원
④ 176만원　　　　　　⑤ 166만원

11

분양권
중개보수 계산

甲은 분양가격 3억원인 아파트에 분양계약을 체결하고 계약금, 중도금으로 1억 5천만원을 납부한 상태에서 프리미엄 4,000만원이 붙어 분양권을 매도하였다. 개업공인중개사가 이 분양권 매매를 중개하고 甲으로부터 받을 수 있는 중개보수는?

종 별	거래가액	보수요율	한도액
매매 · 교환	5천만원 미만	0.6%	250,000원
	5천만원 이상 ~ 2억원 미만	0.5%	800,000원
	2억원 이상 ~ 9억원 미만	0.4%	없음

① 950,000원 ② 800,000원 ③ 1,900,000원
④ 1,600,000원 ⑤ 700,000원

12

중개보수의
계산

개업공인중개사 A는 X시에 소재하는 甲소유의 주택 면적이 3분의 1, 상가 면적이 3분의 2인 건물에 대하여 乙과 매매계약의 체결을 중개하고 동시에 乙이 매수한 그 건물을 甲이 임차하는 계약을 중개하였다. 이 경우 개업공인중개사 A가 거래당사자 모두로부터 받을 수 있는 중개보수의 상한액은 총 얼마인가?

- 매매가격 : 3억원
- 보증금 3천만원, 월 차임 60만원
- X시 조례는 다음과 같다.
  - 매매 : 2억원 이상 9억원 미만인 경우에는 4/1,000
  - 임대차 : 5천만원 이상 1억원 미만인 경우에는 4/1,000(한도액은 30만원)

① 1,200,000원 ② 2,700,000원 ③ 5,400,000원
④ 2,400,000원 ⑤ 1,500,000원

13 
오피스텔 및
주택임대차
중개보수 계산

개업공인중개사 甲이 X시에 소재하는 乙 소유의 전용면적 85m²인 오피스텔을 보증금 3,000만원, 월 차임 50만원으로 임대차계약을 중개한 경우와 丙 소유의 일반주택을 보증금 3,000만원, 월 차임 50만원으로 임대차계약을 중개한 경우에 甲이 乙과 丙으로부터 받을 수 있는 중개보수의 최고한도액의 합산액은?

> 1. 오피스텔은 건축법령상 업무시설로 상·하수도 시설이 갖추어진 전용입식 부엌, 전용수세식 화장실 및 목욕시설을 갖춤
> 2. X시 주택 임대차 중개보수의 기준
>   1) 거래금액 5천만원 미만은 0.5%(한도액 20만원)
>   2) 거래금액 5천만원 이상 1억원 미만은 0.4%(한도액 30만원)

① 62만원   ② 60만원   ③ 64만원
④ 30만원   ⑤ 32만원

14
오피스텔
중개보수 계산

甲은 개업공인중개사 丙에게 중개를 의뢰하여 乙 소유의 전용면적 80제곱미터 오피스텔을 보증금 3천만원, 월 차임 70만원에 임대차계약을 체결하였다. 이 경우 丙이 甲으로부터 받을 수 있는 중개보수의 최고한도액은? (임차한 오피스텔은 건축법령상 업무시설로 상·하수도 시설이 갖추어진 전용입식 부엌, 전용수세식 화장실 및 목욕시설을 갖춤)

① 40만원   ② 50만원   ③ 80만원
④ 90만원   ⑤ 100만원

Point
15 
중개보수 및
실비

아래의 주택에 대하여 개업공인중개사가 임대차계약 체결을 알선한 경우 개업공인중개사가 임대의뢰인으로부터 받을 수 있는 총 보수(중개보수 및 실비)는 얼마인가?

> • ┌ 보증금 5천만원, 월 차임 30만원
>   └ 중개보수요율: 0.4%(한도액 30만원)
> • 주택의 권리관계 확인에 소요한 실비 10만원
> • 중도금 및 잔금을 개업공인중개사의 명의로 예치함에 있어서 소요된 실비 20만원

① 30만원   ② 32만원   ③ 40만원
④ 42만원   ⑤ 50만원

1 부동산거래정보망

대표유형

공인중개사법령상 부동산거래정보사업자의 지정 등에 관한 설명으로 옳은 것은?

① 등록관청은 부동산거래정보망을 설치·운영할 자를 지정할 수 있다.

② 거짓 그 밖의 부정한 방법으로 지정받은 경우, 그 지정은 무효이다.

③ 지정을 받은 자는 지정받은 날부터 30일 이내에 운영규정을 정하여 지정권자의 승인을 얻어야 한다.

④ 거래정보사업자로 지정을 받기 위해서는 공인중개사 2인 이상을 확보해야 한다.

⑤ 개업공인중개사가 거래정보망에 공개한 중개대상물의 거래가 완성된 사실을 해당 거래정보사업자에게 통보하지 아니한 경우는 업무정지사유에 해당한다.

해설 ① 거래정보사업자의 지정권자는 국토교통부장관이다.
② 무효는 아니며 지정을 취소할 수 있는 사유이다.
③ 거래정보사업자는 지정받은 날부터 3개월 이내에 운영규정을 정하여 국토교통부장관(지정권자)의 승인을 얻어야 한다.
④ 공인중개사 1인 이상을 확보해야 한다.　　　　　　　　　　▶▶ 정답 ⑤

01 공인중개사법령상 부동산거래정보망의 지정 및 이용에 관한 설명으로 틀린 것은?

중
거래정보사업자

① 국토교통부장관은 부동산거래정보망을 설치·운영할 자를 지정할 수 있다.

② 부동산거래정보망을 설치·운영할 자로 지정을 받을 수 있는 자는 「전기통신사업법」의 규정에 의한 부가통신사업자로서 국토교통부령으로 정하는 요건을 갖춘 자이어야 한다.

③ 거래정보사업자는 지정받은 날부터 3개월 이내에 부동산 거래정보망의 이용 및 정보제공방법 등에 관한 운영규정을 정하여 국토교통부장관의 승인을 얻어야 한다.

④ 거래정보사업자가 부동산거래정보망의 이용 및 정보제공방법 등에 관한 운영규정을 변경하고자 하는 경우 국토교통부장관의 승인을 얻어야 한다.

⑤ 거래정보사업자가 개업공인중개사로부터 공개를 의뢰받은 중개대상물의 정보를 개업공인중개사에 따라 차별적으로 공개한 경우에는 과태료를 부과한다.

02 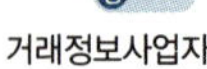

공인중개사법령상 부동산거래정보망에 관한 설명으로 틀린 것은?

① 거래정보사업자가 개업공인중개사로부터 공개를 의뢰받은 내용과 다르게 정보를 공개한 경우는 1년 이하의 징역 또는 1천만원 이하의 벌금에 처한다.

② 거래정보사업자는 개업공인중개사로부터 공개를 의뢰받은 중개대상물의 정보에 한하여 이를 부동산거래정보망에 공개해야 한다.

③ 거래정보사업자가 정당한 사유 없이 지정받은 날부터 1년 이내에 부동산거래정보망을 설치·운영하지 아니한 경우에는 그 지정을 취소해야 한다.

④ 거래정보사업자가 운영규정을 위반하여 부동산거래정보망을 운영한 경우는 과태료 부과사유에 해당한다.

⑤ 개업공인중개사는 해당 중개대상물의 거래가 완성된 때에는 지체 없이 이를 해당 거래정보사업자에게 통보해야 한다.

03 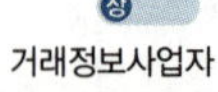

공인중개사법령상 부동산거래정보망에 관한 설명으로 옳은 것은?

① 부동산거래정보망은 개업공인중개사와 중개의뢰인 상호 간에 중개대상물의 중개에 관한 정보를 교환하는 체계를 말한다.

② 거래정보사업자는 운영규정을 변경하고자 하는 경우에도 국토교통부장관의 승인을 얻어야 한다.

③ 거래정보사업자가 개업공인중개사에 따라 정보를 차별적으로 공개되도록 한 경우 500만원 이하의 과태료를 부과한다.

④ 개업공인중개사가 부동산거래정보망에 중개대상물에 관한 정보를 거짓으로 공개한 경우 등록관청은 중개사무소 개설등록을 취소할 수 있다.

⑤ 개업공인중개사는 정보망에 공개한 중개대상물의 거래가 완성된 때에는 10일 이내에 이를 거래정보사업자에게 통보해야 한다.

04 
거래정보사업자

공인중개사법령상 거래정보사업자의 지정취소 사유에 해당하는 것을 모두 고른 것은?　제31회

> ㉠ 부동산거래정보망의 이용 및 정보제공방법 등에 관한 운영규정을 변경하고도 국토교통
> 부장관의 승인을 받지 않고 부동산거래정보망을 운영한 경우
> ㉡ 개업공인중개사로부터 공개를 의뢰 받지 아니한 중개대상물 정보를 부동산거래정보망에
> 공개한 경우
> ㉢ 정당한 사유 없이 지정받은 날부터 6개월 이내에 부동산거래정보망을 설치하지 아니한
> 경우
> ㉣ 개인인 거래정보사업자가 사망한 경우
> ㉤ 부동산거래정보망의 이용 및 정보제공방법 등에 관한 운영규정을 위반하여 부동산거래
> 정보망을 운영한 경우

① ㉠, ㉡　　　　　　　　② ㉢, ㉣　　　　　　　　③ ㉠, ㉡, ㉤
④ ㉠, ㉡, ㉣, ㉤　　　　⑤ ㉠, ㉡, ㉢, ㉣, ㉤

05 
거래정보사업자

공인중개사법령상 부동산거래정보망에 관한 설명으로 옳은 것은 모두 몇 개인가?

> 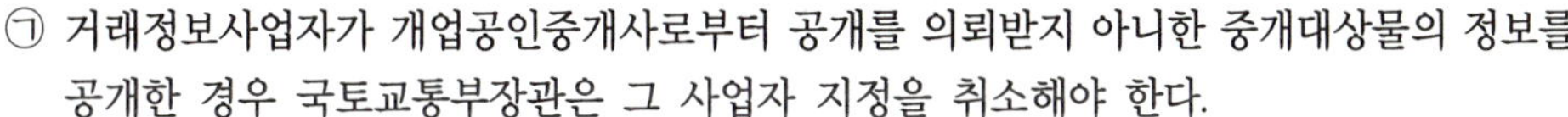
> ㉠ 거래정보사업자가 개업공인중개사로부터 공개를 의뢰받지 아니한 중개대상물의 정보를
> 공개한 경우 국토교통부장관은 그 사업자 지정을 취소해야 한다.
> ㉡ 부동산거래정보망 가입·이용신청서에는 가입한 개업공인중개사의 중개사무소등록증
> 사본을 첨부해야 한다.
> ㉢ 부동산거래정보망에 가입하지 않은 개업공인중개사가 전속중개계약을 체결한 경우 중개
> 의뢰인의 비공개 요청이 없는 한 일간신문에 중개대상물의 정보를 공개해야 한다.
> ㉣ 거래정보사업자로 지정받으려면 가입한 개업공인중개사가 보유하고 있는 주된 컴퓨터의
> 용량 및 성능을 확인할 수 있는 서류를 제출해야 한다.
> ㉤ 국토교통부장관은 지정요건에 적합한 경우 지정신청을 받은 날부터 3개월 이내에 거래
> 정보사업자 지정서를 교부해야 한다.

① 1개　　　　　　　　　② 2개　　　　　　　　　③ 3개
④ 4개　　　　　　　　　⑤ 5개

06 공인중개사법령상 거래정보사업자의 지정요건으로 옳은 것을 모두 묶은 것은?

거래정보사업자
지정요건

> ⊙ 「전기통신사업법」의 규정에 의하여 부가통신사업자로 신고한 자일 것
> ⓒ 500명 이상이고 2개 이상의 시·도에서 각각 100명 이상의 개업공인중개사가 가입·이용신청을 할 것
> ⓒ 정보처리기능사 1인 이상을 확보할 것
> ② 공인중개사 2인 이상을 확보할 것
> ◎ 국토교통부장관이 정하는 용량 및 성능을 갖춘 컴퓨터 설비를 확보할 것

① ⊙, ◎ ② ⊙, ⓒ, ◎ ③ ⊙, ⓒ, ⓒ, ②
④ ⊙, ⓒ, ⓒ, ◎ ⑤ ⊙, ⓒ, ⓒ, ②, ◎

07 공인중개사법령상 거래정보사업자 지정신청서에 첨부할 서류로 틀린 것은?

거래정보사업자
지정신청시
제출서류

① 국토교통부장관이 정하는 주된 컴퓨터의 용량 및 성능 등을 알 수 있는 서류
② 가입한 개업공인중개사의 부동산거래정보망 가입·이용신청서 및 해당 개업공인중개사의 공인중개사자격증 사본
③ 정보처리기사 1인 이상의 자격증 사본
④ 부가통신사업자신고서를 제출하였음을 확인할 수 있는 서류
⑤ 공인중개사 1인 이상의 자격증 사본

2 한국공인중개사협회

대표유형

공인중개사법령상 한국공인중개사협회(이하 "협회"라 한다)에 관한 설명으로 틀린 것은?

① 개업공인중개사의 자질향상 및 품위유지와 중개업에 관한 제도의 개선, 운용에 관한 업무를 효율적으로 수행하기 위하여 한국공인중개사협회를 설립한다.
② 협회는 법인으로 한다.
③ 협회는 정관을 제정하거나 변경하려는 경우에는 국토교통부장관의 승인을 얻어야 한다.
④ 협회는 부동산 정보제공에 관한 업무를 수행할 수 있다.
⑤ 협회는 총회의 의결내용을 지체 없이 국토교통부장관에게 보고하여야 한다.

해설 ③ 협회는 법인으로 하며, 정관을 제정하거나 변경하려는 경우에는 국토교통부장관의 인가를 받아야 한다.

▶▶ 정답 ③

08 
한국공인중개사협회

공인중개사법령상 국토교통부장관이 한국공인중개사협회의 공제사업 운영개선을 위하여 명할 수 있는 조치를 모두 고른 것은?   제29회

> ㉠ 업무집행방법의 변경
> ㉡ 자산예탁기관의 변경
> ㉢ 자산의 장부가격의 변경
> ㉣ 불건전한 자산에 대한 적립금의 보유

① ㉡, ㉣   ② ㉠, ㉡, ㉢   ③ ㉠, ㉢, ㉣
④ ㉡, ㉢, ㉣   ⑤ ㉠, ㉡, ㉢, ㉣

Point 09 
한국공인중개사협회

공인중개사법령상 한국공인중개사협회(이하 "협회"라 한다)에 관한 설명으로 틀린 것은?

① 협회는 정관으로 정하는 바에 따라 주사무소에 두는 중앙회를 설치한다.
② 협회는 시·도에 시·도회를 두어야 한다.
③ 협회에 총회를 둔다.
④ 협회는 정관의 제정과 변경에 관하여 총회의 의결을 거쳐야 한다.
⑤ 국토교통부장관은 협회의 시·도회를 지도·감독하기 위하여 필요한 때에는 소속공무원으로 하여금 시·도회의 사무소에 출입하여 장부·서류 등을 조사 또는 검사하게 할 수 있다.

10 
한국공인중개사협회

공인중개사법령상 한국공인중개사협회(이하 "협회"라 한다)에 관한 설명으로 틀린 것은?

① 협회에 관하여 이 법에 규정된 것 외에는 「민법」 중 사단법인에 관한 규정을 적용한다.
② 협회는 회원이 업무를 수행할 때 지켜야 하는 직업윤리에 관한 윤리규정을 국토교통부장관의 승인을 받아 제정하여야 한다.
③ 협회는 광역시에 시·도회를 둘 수 있다.
④ 협회가 시·도회를 설치하려는 경우에는 시·도지사의 인가를 받아야 한다.
⑤ 시·도지사는 협회에 직무교육에 관한 업무를 위탁할 수 있다.

11 공인중개사법령상 한국공인중개사협회(이하 "협회"라 한다)에 관한 설명으로 옳은 것을 모두 고른 것은?

(중)
한국공인중개사협회

> ㉠ 협회는 공제의 책임준비금을 다른 용도로 사용하고자 하는 경우 국토교통부장관의 승인을 얻어야 한다.
> ㉡ 협회는 공제사업 운용실적을 매 회계연도 종료 후 2개월 이내에 일간신문 또는 협회보에 공시해야 한다.
> ㉢ 금융감독원장은 협회의 공제사업 운영이 적정하지 아니하거나 자산상황이 불량하여 중개사고 피해자 및 공제 가입자 등의 권익을 해칠 우려가 있다고 인정하면 개선명령을 할 수 있다.
> ㉣ 협회는 취약계층의 지원 등 공익활동에 적극 참여하여야 한다.

① ㉠, ㉡   ② ㉠, ㉣   ③ ㉠, ㉡, ㉢
④ ㉡, ㉢, ㉣   ⑤ ㉠, ㉡, ㉢, ㉣

Point
12 한국공인중개사협회의 공제사업 운영위원회에 관한 설명으로 옳은 것은?

(상)
공제사업의
운영위원회

① 공제사업에 관한 사항을 심의하고 그 업무집행을 감독하기 위하여 국토교통부에 운영위원회를 둔다.
② 운영위원회의 위원은 11명 이내로 한다.
③ 운영위원회 위원 중 협회의 회장 및 협회 이사회가 협회의 임원 중에서 선임하는 사람의 수는 전체 위원 수의 2분의 1 미만으로 한다.
④ 위원장 및 부위원장은 국토교통부장관이 지명한다.
⑤ 간사는 회의 때마다 회의록을 작성하여 다음 회의에 보고하고 이를 보관해야 한다.

13 공인중개사법령상 한국공인중개사협회(이하 "협회"라 한다)의 공제사업에 관한 설명으로 틀린 것은?

(중)
공제사업

① 협회는 재무건전성 기준이 되는 지급여력비율을 100분의 50 이상으로 유지해야 한다.
② 공제사업은 비영리사업으로서 회원 간의 상호부조를 목적으로 한다.
③ 협회는 공제사업을 다른 회계와 구분하여 별도의 회계로 관리하여야 한다.
④ 책임준비금의 적립비율은 공제사고 발생률 및 공제금 지급액 등을 종합적으로 고려하여 정하되, 공제료 수입액의 100분의 10 이상으로 정한다.
⑤ 국토교통부장관은 공제사업의 재무건전성 기준에 관하여 필요한 세부기준을 정할 수 있다.

Point
14
상
임원에 대한
징계 · 해임 요구

공인중개사법령상 국토교통부장관은 한국공인중개사협회의 임원이 공제사업을 건전하게 운영하지 못할 우려가 있는 경우 그 임원에 대한 징계 · 해임을 요구하거나 해당 위반행위를 시정하도록 명할 수 있는데 그 사유가 아닌 것을 모두 고른 것은?

㉠ 공제규정을 위반하여 업무를 처리한 경우
㉡ 재무건전성 기준을 지키지 아니한 경우
㉢ 금융감독원장의 공제사업의 조사 또는 검사에 불응한 경우
㉣ 국토교통부장관의 개선명령을 이행하지 아니한 경우

① ㉢
② ㉠, ㉡
③ ㉡
④ ㉢, ㉣
⑤ ㉠, ㉡, ㉣

15
중
한국공인중개사협회

공인중개사법령상 한국공인중개사협회(이하 "협회"라 한다)에 관한 설명으로 옳은 것은? (다툼이 있으면 판례에 따름)

① 협회는 부동산중개제도의 연구 · 개선에 관한 업무를 수행할 수 없다.
② 책임준비금은 공제사고 발생률 및 공제금 지급액 등을 종합적으로 고려하여 결정하되 공제료 수입액의 100분의 30 이상으로 적립해야 한다.
③ 협회는 공제사업을 다른 회계와 구분하여 별도의 회계로 관리해야 한다.
④ 협회는 공인중개사 자격시험 시행에 관한 업무를 위탁받아 수행할 수 없다.
⑤ 협회는 공제규정을 변경하고자 하는 경우에는 국토교통부장관의 승인을 얻지 않아도 된다.

16
중
공제사업
운영위원회

공인중개사법령상 공제사업 운영위원회에 관한 설명으로 틀린 것은?

① 공제사업에 관한 사항을 심의하고 그 업무집행을 감독하기 위하여 협회에 운영위원회를 둔다.
② 운영위원회 위원의 수는 19명 이내로 한다.
③ 운영위원회의 위원장은 국토교통부 제1차관으로 한다.
④ 운영위원회 위원 중 협회의 회장 및 협회의 이사회가 협회의 임원 중에서 선임하는 사람의 수는 전체 위원 수의 3분의 1 미만으로 한다.
⑤ 운영위원회의 간사 및 서기는 공제업무를 담당하는 협회의 직원 중에서 위원장이 임명한다.

17 공인중개사법령상 한국공인중개사협회(이하 "협회"라 한다)에 관한 설명으로 틀린 것은?

한국공인중개사협회

① 협회는 예산과 결산에 관하여 총회의 의결을 거쳐야 한다.

② 국토교통부장관은 총회의 의결이 법령이나 정관에 위반될 경우에는 정관 변경이나 재의결을 요청할 수 있다.

③ 협회에 관하여 이 법에 규정된 것 외에는 「민법」 중 재단법인에 관한 규정을 적용한다.

④ 총회의 구성에 관한 사항은 정관으로 정한다.

⑤ 협회가 조사 또는 검사를 거부·방해 또는 기피하거나 거짓으로 보고 또는 자료제출을 한 경우 500만원 이하의 과태료에 처한다.

1 업무위탁, 행정수수료

대표유형

공인중개사법령에 관한 설명으로 옳은 것은?

① 공인중개사자격시험을 위탁하여 실시하는 경우 자격시험에 응시하는 자는 해당 업무를 위탁한 자가 결정·공고하는 수수료를 납부해야 한다.

② 공인중개사자격증의 재교부를 신청하는 자는 국토교통부장관이 결정·공고하는 수수료를 납부해야 한다.

③ 실무교육의 업무를 위탁받으려는 기관 또는 단체는 면적이 50m^2 이상인 강의실을 1개소 이상 확보해야 한다.

④ 시험시행기관장은 부동산 관련학과가 개설된 「고등교육법」에 따른 학교에 공인중개사 자격시험 업무를 위탁할 수 있다.

⑤ 시·도지사는 직무교육에 관한 업무를 한국공인중개사협회에 위탁할 수 없다.

해설 ① 공인중개사 자격시험업무를 위탁한 경우에는 해당 업무를 위탁받은 자가 위탁한 자의 승인을 얻어 결정·공고하는 수수료를 각각 납부해야 한다.
② 해당 지방자치단체의 조례(시·도 조례)가 정하는 바에 따라 수수료를 납부해야 한다.
④ 부동산 관련학과가 개설된 「고등교육법」에 따른 학교는 실무교육, 직무교육, 연수교육만 위탁받을 수 있다.
⑤ 한국공인중개사협회는 실무교육, 연수교육 및 직무교육의 업무를 위탁받을 수 있다.　▶정답 ③

01 공인중개사법령상 업무위탁에 관한 설명으로 틀린 것은?

(중)
업무위탁

① 시·도지사는 연수교육의 업무를 부동산 관련 학과가 개설된 「고등교육법」에 따른 학교에 위탁할 수 있다.

② 시·도지사는 실무교육에 관한 업무를 「공공기관의 운영에 관한 법률」에 따른 공기업 또는 준정부기관에 위탁할 수 있다.

③ 등록관청은 직무교육에 관한 업무를 한국공인중개사협회에 위탁할 수 있다.

④ 한국공인중개사협회는 공인중개사 자격시험 업무를 위탁받을 수 있다.

⑤ 시험시행기관의 장은 자격시험의 업무를 위탁한 때에는 위탁받은 기관의 명칭·대표자 및 소재지와 위탁업무의 내용 등을 관보에 고시해야 한다.

02 공인중개사법령상 한국공인중개사협회가 위탁받을 수 있는 업무를 모두 고른 것은?

업무위탁

> ㉠ 직무교육에 관한 업무
> ㉡ 부동산거래질서교란행위 신고센터 운영에 관한 업무
> ㉢ 인터넷을 이용한 중개대상물의 표시·광고 모니터링에 관한 업무
> ㉣ 공인중개사 시험의 시행에 관한 업무

① ㉠, ㉡   ② ㉠, ㉢   ③ ㉠, ㉣
④ ㉡, ㉢   ⑤ ㉢, ㉣

Point
03 공인중개사법령상 지방자치단체의 조례가 정하는 바에 따라 수수료를 납부해야 하는 것을 모두 고른 것은?

행정수수료

> ㉠ 중개사무소의 폐업을 신고하는 자
> ㉡ 중개사무소의 개설등록을 신청하는 자
> ㉢ 국토교통부장관이 시행하는 자격시험에 응시하는 자
> ㉣ 분사무소설치신고확인서의 재교부를 신청하는 자

① ㉠, ㉡   ② ㉠, ㉣   ③ ㉡, ㉢
④ ㉡, ㉣   ⑤ ㉢, ㉣

2 포상금

대표유형

공인중개사법령상 포상금 제도에 관한 설명으로 옳은 것은?

① 중개사무소 개설등록이 취소된 후 중개업을 한 자를 고발한 경우는 포상금 지급대상이 아니다.
② 부정한 방법으로 공인중개사 자격을 취득한 자를 고발한 경우에도 포상금을 지급한다.
③ 단체를 구성하여 특정 중개대상물에 대하여 중개를 제한하는 행위를 한 자를 고발한 경우는 포상금 지급대상이 아니다.
④ 포상금은 해당 신고 또는 고발사건에 대하여 검사가 기소유예의 결정을 한 경우에는 지급하지 않는다.
⑤ 포상금의 지급에 대하여 국고에서 보조할 수 있는 비율은 1건당 25만원까지로 한다.

해설 ① 무등록중개업자에 해당하므로 포상금을 지급한다.
② 포상금 지급사유에 해당하지 않으며, 자격취소 사유에만 해당한다.
③ 포상금 지급대상이다.
④ 포상금은 해당 신고 또는 고발사건에 대하여 검사가 공소제기 또는 기소유예의 결정을 한 경우에 한하여 지급한다.

▶▶ 정답 ⑤

04

포상금

공인중개사법령상 포상금을 지급받을 수 있는 신고 또는 고발의 대상을 모두 고른 것은?

> ㉠ 중개대상물의 매매를 업으로 하는 행위를 한 자
> ㉡ 정당한 사유 없이 개업공인중개사 등의 중개대상물에 대한 정당한 표시·광고 행위를 방해하는 행위를 한 자
> ㉢ 해당 중개대상물의 거래상의 중요사항에 관하여 거짓된 언행으로 중개의뢰인의 판단을 그르치게 하는 행위를 한 자

① ㉠　　　　　　② ㉡　　　　　　③ ㉠, ㉢
④ ㉡, ㉢　　　　　⑤ ㉠, ㉡, ㉢

05

Point

포상금

공인중개사법령상 등록관청, 수사기관 또는 부동산거래질서교란행위 신고센터에 신고 또는 고발 시 포상금을 지급받을 수 있는 신고 또는 고발의 대상을 모두 고른 것은?

> ㉠ 안내문, 온라인 커뮤니티 등을 이용하여 특정 가격 이하로 중개를 의뢰하지 아니하도록 유도하는 행위를 한 자
> ㉡ 중개의뢰인과 직접거래를 한 자
> ㉢ 개업공인중개사가 아닌 자로서 사무소의 명칭에 "부동산중개"라는 문자를 사용한 자
> ㉣ 단체를 구성하여 특정 중개대상물에 대하여 중개를 제한하는 행위를 한 자

① ㉠, ㉡　　　　　② ㉠, ㉣　　　　　③ ㉡, ㉢
④ ㉡, ㉣　　　　　⑤ ㉢, ㉣

06

포상금

공인중개사법령상 포상금 제도에 관한 설명으로 옳은 것은?

① 중개대상물의 표시·광고에 중개사무소의 연락처를 표기하지 아니한 개업공인중개사를 신고한 경우는 포상금 지급대상이다.
② 공인중개사자격증을 대여한 자를 신고한 경우에는 시·도지사가 포상금을 지급한다.
③ 포상금지급신청서는 수사기관에 제출해야 한다.
④ 하나의 사건에 대하여 2건 이상의 신고가 접수된 경우에는 최초로 신고한 자에게만 포상금을 지급해야 한다.
⑤ 포상금은 그 지급결정일부터 2개월 이내에 지급해야 한다.

07  공인중개사법령상 포상금 제도에 관한 설명으로 옳은 것은?

① 포상금은 해당 신고 또는 고발사건에 대하여 검사가 공소제기의 결정을 한 경우에 한하여 지급한다.

② 하나의 사건에 대하여 2인 이상이 공동으로 신고한 경우에는 배분방법에 관한 합의가 있더라도 포상금을 균등하게 배분한다.

③ 포상금 지급사유에 해당하는 자가 행정기관에 의하여 발각된 후에 신고 또는 고발한 경우 포상금을 지급하지 않는다.

④ 포상금의 지급에 소요되는 비용은 전액 국고에서 보조할 수 있다.

⑤ 하나의 사건에 대하여 2건 이상의 신고 또는 고발이 접수된 경우에는 건수에 따라 균등하여 포상금을 지급한다.

08  공인중개사법령상 포상금에 관한 설명으로 틀린 것은?

① 정당한 사유 없이 개업공인중개사 등의 중개대상물에 대한 정당한 표시·광고 행위를 방해하는 행위를 한 자를 고발한 경우는 포상금 지급대상에 포함된다.

② 포상금 지급대상에 해당하는 자에 대하여 검사가 공소제기를 하였으나 재판에서 무죄판결을 받은 경우에는 포상금을 지급하지 않는다.

③ 중개대상물이 존재하지만 실제로 중개의 대상이 될 수 없는 중개대상물에 대한 표시·광고 자를 신고한 경우는 포상금 지급대상에 포함되지 않는다.

④ 2인 이상이 함께 신고 또는 고발한 경우로서 배분액에 관한 합의가 된 경우에는 포상금 지급신청서에 포상금 배분에 관한 합의 각서를 첨부해야 한다.

⑤ 수사기관에 고발한 자는 포상금지급신청서에 수사기관의 고발확인서를 첨부해야 한다.

09 공인중개사법령상 등록관청에 신고한 甲과 乙이 받을 수 있는 포상금 최대금액은?

포상금 계산

> ㉠ 甲은 개설등록을 하지 아니하고 중개업을 한 A를 고발하여 A는 기소유예의 처분을 받았다.
> ㉡ 거짓 부정한 방법으로 중개사무소 개설등록을 한 B에 대해 甲이 먼저 신고하고, 뒤이어 乙이 신고하였는데, 검사가 B를 공소제기하였다.
> ㉢ 甲과 乙은 포상금배분에 관한 합의 없이 공동으로 공인중개사자격증을 다른 사람에게 대여한 C를 신고하였는데, 검사가 공소제기하였지만, C는 무죄판결을 받았다.
> ㉣ 乙은 중개사무소등록증을 대여받은 D와 E를 신고하였는데, 검사는 D를 무혐의처분, E를 공소제기하였으나 무죄판결을 받았다.
> ㉤ A, B, C, D, E는 甲 또는 乙의 위 신고·고발 전에 행정기관에 의해 발각되지 않았다.

① 甲 : 75만원, 乙 : 25만원
② 甲 : 75만원, 乙 : 50만원
③ 甲 : 100만원, 乙 : 50만원
④ 甲 : 125만원, 乙 : 75만원
⑤ 甲 : 125만원, 乙 : 100만원

Point 10 공인중개사법령상 甲과 乙이 받을 수 있는 포상금의 최대 금액은?

포상금 계산

> ㉠ 甲은 거짓으로 거래가 완료된 것처럼 꾸미는 등 중개대상물의 시세에 부당한 영향을 줄 우려가 있는 행위를 한 A를 고발하였고 A는 공소제기 되었다.
> ㉡ 부정한 방법으로 중개사무소 개설등록을 한 B에 대해 乙이 먼저 신고하고, 뒤이어 甲이 신고하였는데, B는 형사재판에서 무죄판결을 받았다.
> ㉢ 甲과 乙은 포상금배분에 관한 합의 없이 공동으로 공인중개사자격증을 다른 사람에게 대여한 C를 신고하였는데, C는 기소유예 처분을 받았다.
> ㉣ 乙은 중개사무소등록증을 대여받은 D와 E를 신고하였는데, D는 무혐의 처분되었고 E는 형사재판에서 유죄판결을 받았다.
> ㉤ A, B, C, D, E는 甲 또는 乙의 위 신고·고발 전에 행정기관에 의해 발각되지 않았다.

① 甲 : 75만원, 乙 : 125만원
② 甲 : 125만원, 乙 : 75만원
③ 甲 : 100만원, 乙 : 50만원
④ 甲 : 75만원, 乙 : 25만원
⑤ 甲 : 125만원, 乙 : 100만원

1 감독상 명령

대표유형

공인중개사법령상 감독상의 명령 등에 관한 설명으로 옳은 것은?

① 법인인 개업공인중개사의 분사무소 소재지를 관할 시장·군수 또는 구청장은 소속 공무원으로 하여금 분사무소에 출입하여 조사하게 할 수 없다.

② 감독관청은 소속공인중개사에 대한 자격정지 처분을 하고자 하는 경우에는 소속 공무원으로 하여금 중개사무소에 출입하여 조사하게 할 수 없다.

③ 감독관청은 중개사무소 개설등록을 하지 않고 중개업을 하는 자의 사무소에는 출입하여 조사할 권한이 없다.

④ 시·도지사는 「공인중개사법」 위반행위를 확인하기 위하여 소속 공무원으로 하여금 중개사무소에 출입하여 장부·서류 등을 조사 또는 검사하게 할 수 있다.

⑤ 개업공인중개사가 관계 공무원의 조사 또는 검사를 거부·방해 또는 기피한 경우 500만원 이하의 과태료를 부과한다.

해설 ④ 개업공인중개사에 대한 감독권은 국토교통부장관, 시·도지사 및 등록관청이 갖는다.

① 분사무소 소재지를 관할 시장·군수 또는 구청장은 분사무소에 대한 감독상 명령의 권한을 갖는다. 다만, 분사무소에 대한 행정처분(업무정지)은 주된 사무소 관할 등록관청이 행한다.

② 등록취소, 업무정지, 자격취소, 자격정지 등 행정처분을 위하여 필요한 경우 감독관청은 중개사무소에 공무원을 출입하게 하여 조사하게 할 수 있다.

③ 등록을 하지 않고 중개업을 하는 자의 사무소에도 출입하여 조사할 권한이 있다.

⑤ 업무정지처분을 받을 수 있다.

▶▶ 정답 ④

01 감독상의 명령

공인중개사법령상 개업공인중개사의 지도·감독에 관한 설명으로 틀린 것은?

① 국토교통부장관은 개업공인중개사에 대하여 그 업무에 관한 사항을 보고하게 하거나 자료의 제출, 그 밖의 필요한 명령을 할 수 없다.

② 등록관청은 소속 공무원으로 하여금 중개사무소 개설등록을 하지 않고 중개업을 하는 자의 사무소에 출입하여 장부·서류 등을 조사 또는 검사하게 할 수 있다.

③ 법인인 개업공인중개사의 분사무소 소재지의 시장·군수 또는 구청장은 소속 공무원으로 하여금 분사무소에 출입하여 장부·서류 등을 조사 또는 검사하게 할 수 있다.

④ 등록관청은 개업공인중개사에 대하여 업무정지처분을 하기 위해 필요한 경우 소속 공무원으로 하여금 중개사무소에 출입하여 장부·서류 등을 조사 또는 검사하게 할 수 있다.

⑤ 개업공인중개사가 공무원의 조사 또는 검사에 불응하는 경우, 등록관청은 그 업무를 정지할 수 있다.

2 행정처분

대표유형

1. 공인중개사법령상 개업공인중개사의 업무정지 사유이면서 중개행위를 한 소속공인중개사의 자격정지 사유에 해당하는 것을 모두 고른 것은?

> ㉠ 등록한 인장을 변경하고도 변경등록을 하지 아니한 경우
> ㉡ 중개대상물 확인·설명서에 서명 및 날인을 하지 아니한 경우
> ㉢ 거래계약서에 서명 및 날인을 하지 아니한 경우
> ㉣ 거래계약서의 보존의무를 위반한 경우

① ㉠, ㉡   ② ㉢, ㉣   ③ ㉠, ㉡, ㉢
④ ㉡, ㉢, ㉣   ⑤ ㉠, ㉡, ㉢, ㉣

해설 ㉠ 인장등록을 하지 않은 경우
⇨ 개업공인중개의 업무중지(○), 소속공인중개사의 자격정지(○)
㉡㉢ 중개대상물 확인·설명서 및 거래계약서에 서명 및 날인을 하지 않은 경우
⇨ 개업공인중개사의 업무정지(○), 소속공인중개사의 자격정지(○)
㉣ 중개대상물 확인·설명서 및 거래계약서를 교부하지 않거나 보존하지 않은 경우
⇨ 개업공인중개사의 업무정지(○), 소속공인중개사의 자격정지(×)   ▶ 정답 ③

2. 공인중개사법령상 개업공인중개사의 중개사무소 개설등록을 취소해야 하는 사유가 아닌 것은?

① 개업공인중개사인 법인이 해산한 경우
② 부정한 방법으로 중개사무소의 개설등록을 한 경우
③ 이중으로 중개사무소의 개설등록을 한 경우
④ 다른 개업공인중개사의 소속공인중개사가 된 경우
⑤ 관계법령에 의하여 전매가 제한된 부동산의 매매를 중개하는 등 투기를 조장하는 행위를 한 경우

> **해설** ⑤ 중개사무소 개설등록을 취소할 수 있는 사유이다.　　　　▶ 정답 ⑤

02 공인중개사법령상 공인중개사의 자격취소에 관한 설명으로 틀린 것은?

(하)
자격취소

① 자격취소처분은 공인중개사자격증을 교부한 시·도지사가 행한다.
② 시·도지사는 자격증의 양도를 이유로 자격을 취소하고자 하는 경우 청문을 실시해야 한다.
③ 시·도지사는 자격취소처분을 한 사실을 다른 시·도지사에게 통보해야 한다.
④ 자격취소처분을 받아 자격증을 반납하고자 하는 자는 그 처분을 받은 날부터 7일 이내에 반납해야 한다.
⑤ 소속공인중개사가 「공인중개사법」을 위반하여 300만원 이상의 벌금형을 선고받은 경우, 시·도지사는 자격을 취소해야 한다.

03 「공인중개사법 시행규칙」 [별표 1]에 규정된 공인중개사 자격정지 기준으로 옳은 것은 몇 개인가?

(상)
자격정지의
기준기간

위반행위	자격정지 기준
㉠ 2 이상의 중개사무소에 소속된 경우	6개월
㉡ 성실·정확하게 중개대상물의 확인·설명을 하지 않은 경우	6개월
㉢ 단체를 구성하여 특정 중개대상물에 대한 중개를 제한하는 행위를 한 경우	6개월
㉣ 거래계약서에 거래금액을 거짓으로 기재한 경우	3개월
㉤ 중개행위에 등록하지 아니한 인장을 사용한 경우	3개월

① 1개　　　　② 2개　　　　③ 3개
④ 4개　　　　⑤ 5개

04 
자격정지 사유

공인중개사법령상 중개업무를 수행하는 소속공인중개사의 자격정지사유에 해당하지 않는 것은?

제29회

① 하나의 거래에 대하여 서로 다른 둘 이상의 거래계약서를 작성한 경우
② 국토교통부령이 정하는 전속중개계약서에 의하지 않고 전속중개계약을 체결한 경우
③ 성실·정확하게 중개대상물의 확인·설명을 하지 않은 경우
④ 거래계약서에서 거래금액 등 거래내용을 거짓으로 기재한 경우
⑤ 둘 이상의 중개사무소에 소속공인중개사로 소속된 경우

05 
업무정지사유

공인중개사법령상 개업공인중개사에 관한 업무정지처분을 할 수 없는 경우는?

① 개업공인중개사가 등록하지 아니한 인장을 사용한 경우
② 법인인 개업공인중개사가 겸업금지 규정을 위반한 경우
③ 개업공인중개사가 부동산거래정보망에 중개대상물에 관한 정보를 거짓으로 공개한 경우
④ 개업공인중개사가 최근 1년 이내에 이 법에 의하여 1회의 업무정지 처분을 받고 다시 과태료 처분에 해당하는 행위를 한 경우
⑤ 중개대상물 확인·설명서를 보존하지 아니한 경우

06
업무정지
기준기간

「공인중개사법 시행규칙」상 개업공인중개사 업무정지의 기준기간으로 옳은 것은 모두 몇 개인가?

위반행위	업무정지 기준
부동산거래정보망에 중개대상물에 관한 정보를 거짓으로 공개한 경우	6개월
중개대상물 확인·설명서를 교부하지 않은 경우	3개월
중개대상물의 거래가 완성된 사실을 거래정보사업자에게 통보하지 아니한 경우	6개월
거래계약서에 서명 및 날인을 하지 않은 경우	3개월
최근 1년 이내에 이 법에 의하여 2회의 과태료 처분을 받고 다시 과태료 처분 사유에 해당하는 위반행위를 한 경우	3개월

① 1개   ② 2개   ③ 3개
④ 4개   ⑤ 5개

07

자격취소사유

공인중개사법령상 자격취소사유에 해당하는 것은 모두 몇 개인가?

> ㉠ 관계법령의 규정에 의하여 전매 등 권리의 변동이 제한된 부동산의 매매를 중개하는 등 부동산 투기를 조장하는 행위를 한 경우
> ㉡ 자격정지기간 중에 다른 개업공인중개사의 소속공인중개사가 된 경우
> ㉢ 공인중개사의 직무와 관련하여 「형법」상 횡령죄로 징역형의 집행유예를 선고받은 경우
> ㉣ 둘 이상의 중개사무소에 소속된 경우
> ㉤ 다른 사람에게 자기의 성명을 사용하여 중개업무를 하게 한 경우

① 1개   ② 2개   ③ 3개
④ 4개   ⑤ 5개

Point 08
자격정지사유

공인중개사법령상 중개업무를 수행하는 소속공인중개사의 자격정지사유에 해당하는 것은 모두 몇 개인가?

> ㉠ 하나의 거래에 관하여 서로 다른 둘 이상의 거래계약서를 작성한 경우
> ㉡ 공인중개사자격증을 대여한 경우
> ㉢ 거래당사자 쌍방을 대리한 경우
> ㉣ 중개대상물 확인·설명서에 서명 및 날인을 하지 아니한 경우
> ㉤ 적정하게 거래계약서를 작성·교부하지 아니한 경우

① 1개   ② 2개   ③ 3개
④ 4개   ⑤ 5개

Point 09

절대적
등록취소

공인중개사법령상 중개사무소 개설등록을 취소해야 하는 사유는 모두 몇 개인가?

> ㉠ 고용인원수 제한을 위반하여 중개보조원을 고용한 경우
> ㉡ 자격정지처분을 받은 소속공인중개사로 하여금 자격정지기간 중에 중개업무를 하게 한 경우
> ㉢ 부득이한 사유 없이 7개월간 계속 휴업한 경우
> ㉣ 최근 1년 이내에 1회의 과태료처분과 2회의 업무정지처분을 받고 다시 과태료 처분 사유에 해당하는 행위를 한 경우
> ㉤ 등록관청 관할 구역 내에 두 개의 중개사무소를 둔 경우

① 1개   ② 2개   ③ 3개
④ 4개   ⑤ 5개

10 공인중개사법령상 개업공인중개사의 중개사무소 개설등록을 취소할 수 있는 사유(임의적 등록취소)에 속하는 것은 모두 몇 개인가?

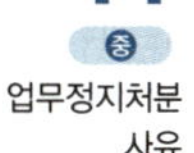
임의적
등록취소

> ㉠ 다른 개업공인중개사인 법인의 임원이 된 경우
> ㉡ 전속중개계약을 체결한 개업공인중개사가 중개의뢰인의 비공개요청에도 불구하고 중개대상물의 정보를 공개한 경우
> ㉢ 이중으로 중개사무소의 개설등록을 한 경우
> ㉣ 최근 1년 이내에 2회의 과태료처분과 1회의 업무정지처분을 받고 다시 업무정지 사유에 해당하는 위반행위를 한 경우
> ㉤ 제3자에게 부당한 이익을 얻게 할 목적으로 거짓으로 거래가 완료된 것처럼 꾸미는 등 중개대상물의 시세에 부당한 영향을 주거나 줄 우려가 있는 행위를 한 경우

① 1개   ② 2개   ③ 3개
④ 4개   ⑤ 5개

11 공인중개사법령상 개업공인중개사의 업무정지처분을 할 수 있는 사유가 아닌 것은?

업무정지처분
사유

① 거짓된 방법으로 중개사무소의 개설등록을 한 경우
② 중개대상물확인·설명서를 교부하지 아니한 경우
③ 서로 다른 둘 이상의 거래계약서를 작성한 경우
④ 등록기준에 미달한 경우
⑤ 최근 1년 이내에 1회의 업무정지처분과 1회의 과태료처분을 받고 다시 과태료처분 사유에 해당하는 행위를 한 경우

12 공인중개사법령상 개업공인중개사의 업무정지 사유이면서 중개행위를 한 소속공인중개사의 자격정지 사유에 해당하는 것을 모두 고른 것은?

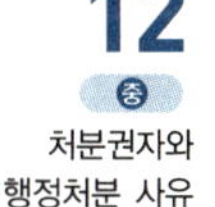
처분권자와
행정처분 사유

> ㉠ 전속중개계약서를 보존기간 동안 보존하지 아니한 경우
> ㉡ 중개대상물 확인·설명서에 서명 및 날인을 하지 아니한 경우
> ㉢ 거래계약서에 서명 및 날인을 하지 아니한 경우
> ㉣ 거래계약서를 작성·교부하지 아니한 경우

① ㉠, ㉡   ② ㉡, ㉢   ③ ㉢, ㉣
④ ㉠, ㉡, ㉢   ⑤ ㉡, ㉢, ㉣

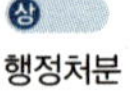

13 공인중개사법령상 행정처분에 관한 설명으로 옳은 것은?

행정처분

① 등록관청은 중개행위에 등록하지 않은 인장을 사용한 개업공인중개사에 대하여 그 공인중개사 자격을 정지할 수 있다.

② 자격증을 교부한 시·도지사와 중개사무소 소재지를 관할하는 시·도지사가 서로 다른 경우 자격취소처분은 중개사무소 소재지를 관할하는 시·도지사가 행한다.

③ 등록관청은 공인중개사가 자격정지 사유에 해당하는 사실을 알게 된 때에는 지체 없이 그 사실을 시·도지사에게 통보해야 한다.

④ 시·도지사가 공인중개사에 대하여 자격정지처분을 하고자 하는 경우에는 사전에 청문을 실시해야 한다.

⑤ 시·도지사는 공인중개사자격증을 대여한 자에 대하여 공인중개사 자격을 정지할 수 있다.

14 공인중개사법령상 자격취소에 관한 설명으로 틀린 것은?

자격취소

① 공인중개사 자격이 취소되고 3년이 지나지 않은 자는 중개보조원이 될 수 없다.

② 공인중개사가 「공인중개사법」을 위반하여 징역형을 선고받고 그 형의 집행이 유예된 경우, 시·도지사는 그 공인중개사 자격을 취소해야 한다.

③ 자격증 교부 시·도지사와 사무소 관할 시·도지사가 서로 다른 경우에는 자격증을 교부한 시·도지사가 자격취소처분에 필요한 절차를 이행한다.

④ 공인중개사가 공인중개사의 직무와 관련 없이 「형법」상 사기죄로 징역형을 선고받은 경우는 자격취소 사유에 해당하지 않는다.

⑤ 자격취소 후 분실 등의 사유로 인하여 자격증을 반납할 수 없는 자는 자격증 반납을 대신하여 그 이유를 기재한 사유서를 시·도지사에게 제출해야 한다.

15 공인중개사법령상 공인중개사의 자격정지처분에 관한 설명으로 틀린 것은?

자격정지

① 자격정지처분은 그 공인중개사자격증을 교부한 시·도지사가 행한다.

② 등록관청이 공인중개사의 자격정지사유를 알게 된 때에는 등록관청이 자격정지처분을 행한다.

③ 시·도지사는 공인중개사에게 자격정지처분을 한 사실을 다른 시·도지사에게 통보해야 할 의무가 없다.

④ 개업공인중개사가 자격정지기간 중인 소속공인중개사에게 중개업무를 하게 한 경우, 등록관청은 개업공인중개사의 중개사무소 개설등록을 취소해야 한다.

⑤ 공인중개사 자격이 정지된 자는 자격증을 교부한 시·도지사에게 자격증을 반납해야 할 의무가 없다.

16 
행정처분

공인중개사법령상 행정처분에 관한 설명으로 옳은 것은?

① 공인중개사인 개업공인중개사가 고용한 소속공인중개사가 결격사유에 해당된 후 그 사유를 2개월 이내 해소하지 않은 경우, 등록관청은 개설등록을 취소해야 한다.

② 위반행위의 내용이 중대하여 소비자에게 미치는 피해가 크다고 인정되어 등록관청이 업무정지기간을 늘리는 경우 그 기간은 6개월을 넘을 수 있다.

③ 개업공인중개사의 업무정지사유가 발생한 날부터 2년이 지난 때에는 등록관청은 업무정지처분을 할 수 없다.

④ 등록관청은 법인인 개업공인중개사에 대하여 법인 또는 분사무소별로 업무정지처분을 할 수 있다.

⑤ 등록관청은 법인인 개업공인중개사가 해산한 것을 이유로 중개사무소 개설등록을 취소하려는 경우에는 사전에 청문을 실시해야 한다.

17 
행정처분

공인중개사법령상 행정처분에 관한 설명으로 옳은 것은?

① 시·도지사는 공인중개사의 자격정지처분을 한 때에는 5일 이내에 이를 국토교통부장관에게 통보해야 한다.

② 업무정지 및 자격정지에 관한 기준은 대통령령으로 정한다.

③ 자격정지처분을 받고 6개월이 경과한 공인중개사는 다른 개업공인중개사의 소속공인중개사가 될 수 있다.

④ 자격정지사유가 발생한 날부터 3년이 지난 자에 대하여는 자격정지처분을 할 수 없다.

⑤ 개업공인중개사가 중개사무소등록증을 대여한 날부터 1년 후 폐업을 하였고, 2년의 폐업기간 경과 후 다시 개설등록을 한 경우, 등록관청은 폐업 전의 위반사유로 중개사무소 개설등록취소처분을 할 수 없다.

18 
행정처분

「공인중개사법 시행규칙」 별표 4의 개업공인중개사에 대한 업무정지 처분기준이 3개월인 것은?

① 중개대상물 확인·설명서를 교부하지 않은 경우

② 부동산거래정보망에 중개대상물에 관한 정보를 거짓으로 공개한 경우

③ 중개보조원이 결격사유에 해당하고 그 사유가 발생한 날부터 2개월 이내에 결격사유를 해소하지 않은 경우

④ 거래계약서에 거래금액을 거짓으로 기재한 경우

⑤ 최근 1년 이내에 2회 이상 업무정지 또는 과태료처분을 받고 다시 과태료처분 사유를 위반한 경우

19
상
자격정지
기준기간

「공인중개사법 시행규칙」 [별표 3]에 규정된 중개업무를 수행하는 소속공인중개사에 대한 자격정지의 기준으로 옳은 것은 모두 몇 개인가?

위반행위	자격정지 기준
⊙ 둘 이상의 중개사무소에 소속된 경우	6개월
ⓒ 중개대상물 확인·설명서에 서명 및 날인을 하지 않은 경우	3개월
ⓒ 거래계약서에 거래금액 등 거래내용을 거짓으로 기재한 경우	3개월
ⓒ 중개행위에 등록하지 않은 인장을 사용한 경우	3개월
⑩ 중개의뢰인과 직접거래를 한 경우	6개월

① 1개 ② 2개 ③ 3개
④ 4개 ⑤ 5개

20
상
임의적
등록취소

공인중개사법령상 등록관청이 개업공인중개사 甲의 중개사무소 개설등록을 취소할 수 있는 사유 (임의적 등록취소 사유)에 해당하지 않는 것은?

① 甲이 중개대상물의 매매를 업으로 한 경우
② 甲이 단체를 구성하여 특정 중개대상물에 대한 중개를 제한하는 행위를 한 경우
③ 甲이 서로 다른 두 개의 거래계약서를 작성한 경우
④ 甲이 표준서식인 전속중개계약서에 의하지 아니하고 전속중개계약을 체결한 경우
⑤ 甲이 손해배상책임을 보장하기 위한 조치를 이행하지 아니하고 업무를 개시한 경우

21
상
최근 1년 이내에

공인중개사법령상 개업공인중개사의 사유로 중개사무소 개설등록을 취소할 수 있는 경우가 아닌 것은?

① 최근 1년 이내에 「공인중개사법」에 의하여 1회 업무정지처분, 2회 과태료처분을 받고 다시 업무정지처분에 해당하는 행위를 한 경우
② 최근 1년 이내에 「공인중개사법」에 의하여 2회 업무정지처분, 1회 과태료처분을 받고 다시 과태료처분에 해당하는 행위를 한 경우
③ 최근 1년 이내에 「공인중개사법」에 의하여 3회 과태료처분을 받고 다시 업무정지처분에 해당하는 행위를 한 경우
④ 최근 1년 이내에 「공인중개사법」에 의하여 1회 업무정지처분, 2회 과태료처분을 받고 다시 과태료처분에 해당하는 행위를 한 경우
⑤ 최근 1년 이내에 「공인중개사법」에 의하여 2회 업무정지처분을 받고 다시 과태료처분에 해당하는 행위를 한 경우

22 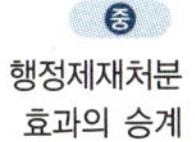
업무정지처분
사유

공인중개사법령상 등록관청이 개업공인중개사 甲에게 업무정지처분을 할 수 있는 경우가 아닌 것은?

① 甲이 중개행위에 등록하지 아니한 인장을 사용한 경우
② 甲이 중개대상물 확인·설명을 함에 있어서 설명의 근거자료를 제시하지 아니한 경우
③ 甲이 부동산거래정보망에 공개한 중개대상물의 거래가 완성된 사실을 거래정보사업자에게 통보하지 아니한 경우
④ 甲이 중개의뢰인과 직접거래를 한 경우
⑤ 甲이 「독점규제 및 공정거래에 관한 법률」 제26조 사업자단체 금지행위를 위반하여 과징금을 받은 경우

23
업무정지의
기준기간

개업공인중개사 甲, 乙, 丙에 대한 「공인중개사법」 제40조(행정제재처분효과의 승계 등)의 적용에 관한 설명으로 옳은 것을 모두 고른 것은?

> ㉠ 甲이 2025. 3. 12. 「공인중개사법」에 따른 과태료부과처분을 받았으나 2025. 4. 11. 폐업신고를 하였다가 2026. 2. 15. 다시 중개사무소의 개설등록을 하였다면, 위 과태료부과처분의 효과는 승계된다.
> ㉡ 乙이 2025. 5. 1. 중개행위에 등록하지 아니한 인장을 사용한 후, 2025. 6. 1. 폐업신고를 하였다가 2026. 7. 1. 다시 중개사무소의 개설등록을 하였다면, 등록관청은 업무정지처분을 할 수 있다.
> ㉢ 丙이 2023. 6. 5. 다른 사람에게 중개사무소등록증을 양도하여 중개업무를 하게 한 후, 2023. 7. 5. 폐업신고를 하였다가 2026. 8. 5. 다시 중개사무소의 개설등록을 하였다면, 등록관청은 개설등록을 취소해야 한다.

① ㉠   ② ㉠, ㉡   ③ ㉠, ㉢
④ ㉡, ㉢   ⑤ ㉠, ㉡, ㉢

24
행정제재처분
효과의 승계

공인중개사법령상 행정제재처분효과의 승계에 관한 설명으로 틀린 것은?

① 개업공인중개사가 폐업신고 후 등록관청을 달리하여 다시 중개사무소의 개설등록을 한 때에는 폐업신고 전의 개업공인중개사의 지위를 승계한다.
② 폐업신고 전의 위반행위로 개업공인중개사에게 한 업무정지처분의 효과는 그 처분일로부터 15개월이 된 때 재등록한 개업공인중개사에게 승계되지 않는다.
③ 등록관청은 2년 6개월간 폐업한 후 재등록한 개업공인중개사에게 폐업신고 전에 중개사무소등록증을 양도했던 것을 이유로 등록취소처분을 할 수 없다.
④ 폐업신고 전의 법인인 개업공인중개사에게 부과했던 과태료처분의 효과는 그 처분일로부터 10개월이 된 때 재등록한 법인의 대표자이었던 자에게 승계한다.
⑤ 재등록개업공인중개사에 대하여 폐업 전의 사유로 행정처분을 하는 경우에는 폐업기간과 폐업의 사유 등을 고려해야 한다.

Point 25 공인중개사법령상 행정제재처분효과의 승계에 관한 설명으로 옳은 것은?

행정제재처분
효과의 승계

① 폐업신고 전의 개업공인중개사에 대하여 행한 업무정지처분의 효과는 폐업신고일부터 1년간 재등록한 개업공인중개사에게 승계된다.

② 업무정지처분은 그 사유가 발생한 날부터 1년이 지난 때에는 이를 할 수 없다.

③ 1년간 폐업 후 재등록한 개업공인중개사가 폐업신고 전에 이중등록을 했던 사유로 개설등록이 취소된 경우, 등록취소 후 3년 이내에 개업공인중개사가 될 수 없다.

④ 폐업신고 전에 개업공인중개사에게 행한 과태료처분의 효과는 그 처분일부터 3년간 재등록한 개업공인중개사에게 승계된다.

⑤ 등록관청은 15개월간 폐업 후 재등록한 개업공인중개사에 대하여 폐업신고 전에 중개대상물 확인·설명서를 교부하지 않은 사유로 업무정지처분을 할 수 없다.

3 벌 칙

대표유형

1. 공인중개사법령상 3년 이하의 징역 또는 3천만원 이하의 벌금에 처해지는 사유는 모두 몇 개인가?

㉠ 중개사무소 개설등록을 하지 않고 중개업을 영위하는 자인 사실을 알면서 그에게 자기의 명의를 이용하게 한 자
㉡ 둘 이상의 중개사무소를 둔 자
㉢ 부정한 방법으로 중개사무소의 개설등록을 한 자
㉣ 온라인 커뮤니티를 이용하여 특정 개업공인중개사 등에 대한 중개의뢰를 제한하거나 제한을 유도하는 행위
㉤ 단체를 구성하여 단체 구성원 이외의 자와 공동중개를 제한하는 행위를 한 자

① 1개   ② 2개   ③ 3개
④ 4개   ⑤ 5개

해설 ㉢㉣㉤ 3년 이하 또는 3천만원 이하 / ㉠㉡ 1년 이하 또는 1천만원 이하   ▶▶ 정답 ③

2. 공인중개사법령상 과태료 부과대상자와 부과기관의 연결이 잘못된 것은?

① 공제사업 운용실적을 공시하지 아니한 한국공인중개사협회 − 국토교통부장관
② 금융감독원장의 공제사업에 관한 조사 또는 검사에 불응한 한국공인중개사협회 − 국토교통부장관
③ 정당한 사유 없이 연수교육을 받지 아니한 자 − 등록관청
④ 신고하지 아니하고 5개월 동안 휴업한 자 − 등록관청
⑤ 성실·정확하게 중개대상물의 확인·설명을 하지 아니한 자 − 등록관청

해설 ③ 정당한 사유 없이 연수교육을 받지 아니한 자에 대한 과태료는 시·도지사가 부과한다.   ▶▶ 정답 ③

26 하 행정형벌

공인중개사법령상 1년 이하의 징역 또는 1천만원 이하의 벌금에 해당하지 않는 자는?

① 공인중개사가 아닌 자로서 공인중개사 또는 이와 유사한 명칭을 사용한 자
② 개업공인중개사가 아닌 자로서 중개업을 하기 위하여 중개대상물에 대한 표시 · 광고를 한 자
③ 개업공인중개사가 아닌 자로서 "공인중개사사무소", "부동산중개" 또는 이와 유사한 명칭을 사용한 자
④ 관계 법령에서 양도 · 알선 등이 금지된 부동산의 분양 · 임대 등과 관련 있는 증서 등의 매매 · 교환 등을 중개한 개업공인중개사
⑤ 다른 사람에게 자기의 상호를 사용하여 중개업무를 하게 한 개업공인중개사

27 중 행정형벌

공인중개사법령상 1년 이하의 징역 또는 1천만원 이하의 벌금에 처해지는 사유를 모두 고른 것은?

㉠ 거래정보사업자로서 개업공인중개사로부터 공개를 의뢰받은 정보와 다르게 중개대상물의 정보를 공개한 자
㉡ 다른 사람에게 자기의 상호를 사용하여 중개업무를 하게 한 자
㉢ 탈세 등의 목적으로 소유권보존등기 또는 이전등기를 하지 아니한 부동산의 매매를 중개하는 등 부동산투기를 조장하는 행위를 한 자
㉣ 안내문, 온라인 커뮤니티 등을 이용하여 특정 가격 이하로 중개를 의뢰하지 아니하도록 유도하는 행위를 한 자

① ㉠, ㉡　　　　　② ㉠, ㉢　　　　　③ ㉡, ㉢
④ ㉡, ㉣　　　　　⑤ ㉢, ㉣

28 하 행정형벌

공인중개사법령상 위반사유와 그 제재의 연결이 옳은 것은?

① 사무소의 명칭에 "공인중개사사무소" 또는 "부동산중개"라는 문자를 사용하지 아니한 개업공인중개사 − 1년 이하의 징역이나 1천만원 이하의 벌금
② 중개사무소 개설등록을 하지 않고 중개업을 하는 자임을 알면서 그를 통하여 중개를 의뢰받은 자 − 1년 이하의 징역 또는 1천만원 이하의 벌금
③ 임시 중개시설물을 설치한 자 − 3년 이하의 징역 또는 3천만원 이하의 벌금
④ 다른 사람에게 자신의 성명을 사용하여 중개업무를 하게 한 자 − 3년 이하의 징역 또는 3천만원 이하의 벌금
⑤ 중개의뢰인과 직접거래를 한 자 − 1년 이하의 징역이나 1천만원 이하의 벌금

29
중
행정형벌

공인중개사법령상에 관한 설명으로 옳은 것은?

① 중개대상물이 존재하지 않아서 실제로 거래할 수 없는 중개대상물에 대한 표시·광고를 한 개업공인중개사에 대하여는 국토교통부장관이 500만원 이하의 과태료를 부과한다.

② 중개대상물에 대한 표시·광고에 중개보조원을 명시한 개업공인중개사에 대하여는 등록관청이 500만원 이하의 과태료를 부과한다.

③ 이 법에 의한 과태료의 부과기준은 국토교통부령으로 정한다.

④ 업무상 알게 된 비밀을 누설한 자는 피해자의 명시한 의사에 반하여 벌하지 않는다.

⑤ 개업공인중개사가 양벌규정으로 받게 되는 벌금형은 개업공인중개사가 고용인의 위반행위를 방지하기 위해 상당한 주의와 감독을 게을리하지 않은 경우 2분의 1의 범위 내에서 감경할 수 있다.

Point
30
상
행정처분과
행정형벌

공인중개사법령상 과태료 부과대상이 아닌 것은?

① 개업공인중개사가 아닌 자로서 중개업을 하기 위하여 중개대상물에 대한 표시·광고를 한 경우

② 3개월을 초과하여 휴업하면서 등록관청에 그 사실을 신고하지 않은 경우

③ 중개대상물의 가격 등 내용을 사실과 다르게 거짓으로 표시·광고한 경우

④ 인터넷을 이용하여 중개대상물에 대한 표시·광고를 하면서 중개대상물의 가격을 명시하지 않은 경우

⑤ 중개보조원이 현장안내 등 중개업무를 보조함에 있어서 중개의뢰인에게 본인이 중개보조원임을 알리지 아니한 경우

31
하
500만원 이하
과태료 사유

공인중개사법령상 500만원 이하의 과태료처분 사유에 해당하지 않는 것은?

① 공제사업의 운용실적을 공시하지 않은 한국공인중개사협회

② 정당한 사유 없이 연수교육을 받지 않은 개업공인중개사

③ 운영규정에 위반하여 정보망을 운영한 거래정보사업자

④ 확인·설명을 함에 있어서 설명의 근거자료를 제시하지 않은 소속공인중개사

⑤ 국토교통부장관의 요청에 따른 금융감독원장의 공제사업에 관한 조사 또는 검사에 불응한 한국공인중개사협회

32
100만원 이하 과태료 사유

공인중개사법령상 100만원 이하의 과태료 사유에 해당하지 않는 것은?

① 자격취소 후 거짓으로 공인중개사자격증을 반납할 수 없는 사유서를 제출한 자
② 보증의 설정을 증명할 수 있는 서류를 게시하지 아니한 자
③ 중개사무소의 이전신고를 하지 아니한 자
④ 개업공인중개사가 아닌 자로서 사무소의 명칭에 "공인중개사사무소", "부동산중개" 또는 이와 유사한 명칭을 사용한 자
⑤ 휴업기간의 변경신고를 하지 아니한 자

33
벌칙

「공인중개사법」상 벌칙에 관한 설명으로 틀린 것은?

① 공인중개사 자격이 취소되고 자격증을 반납하지 않은 자에 대하여는 자격증을 교부한 시·도지사가 과태료를 부과한다.
② 정당한 사유 없이 연수교육을 받지 않은 개업공인중개사에 대하여는 등록관청이 과태료를 부과한다.
③ 중개보조원이 현장안내를 할 때 중개보조원임을 알리지 아니한 경우 등록관청은 중개보조원과 그를 고용한 개업공인중개사 모두에게 과태료를 부과할 수 있다.
④ 거래정보사업자가 운영규정에 위반하여 정보망을 운영한 경우는 지정취소 사유와 500만원 이하의 과태료 사유에 모두 포함된다.
⑤ 처분권자가 과태료를 부과하는 경우 위반행위의 동기·결과 등을 참작하여 부과기준금액의 2분의 1 범위 안에서 늘리거나 줄일 수 있다.

Point 34
과태료 처분권자와 위반사유

공인중개사법령상 과태료처분사유와 그 처분권자의 연결이 틀린 것은?

① 정당한 사유 없이 표시·광고 모니터링의 관련 자료 제출요구에 따르지 아니하여 관련 자료를 제출하지 아니한 자 – 등록관청
② 중개대상물이 존재하지만 실제로 중개의 대상이 될 수 없는 중개대상물의 표시·광고를 한 자 – 등록관청
③ 중개대상물 확인·설명 시 설명의 근거자료를 제시하지 아니한 자 – 등록관청
④ 거래정보사업자로서 거짓으로 보고 또는 자료제출을 한 자 – 국토교통부장관
⑤ 한국공인중개사협회의 임원에 대한 징계·해임 요구를 이행하지 아니한 자 – 국토교통부장관

35 공인중개사법령상 벌금부과기준에 해당하는 자를 모두 고른 것은?

(상)
벌칙의 사례

> ㉠ 중개사무소 개설등록을 하지 아니하고 중개업을 한 공인중개사
> ㉡ 거짓으로 중개사무소의 개설등록을 한 자
> ㉢ 등록관청의 관할 구역 안에 두 개의 중개사무소를 개설등록한 개업공인중개사
> ㉣ 현장안내 등 중개업무를 보조함에 있어서 중개의뢰인에게 본인이 중개보조원임을 알리지 아니한 자
> ㉤ 중개대상물이 존재하지 않아서 거래할 수 없는 중개대상물을 광고한 개업공인중개사

① ㉠
② ㉠, ㉡
③ ㉡, ㉢, ㉤
④ ㉠, ㉡, ㉢
⑤ ㉠, ㉡, ㉢, ㉣, ㉤

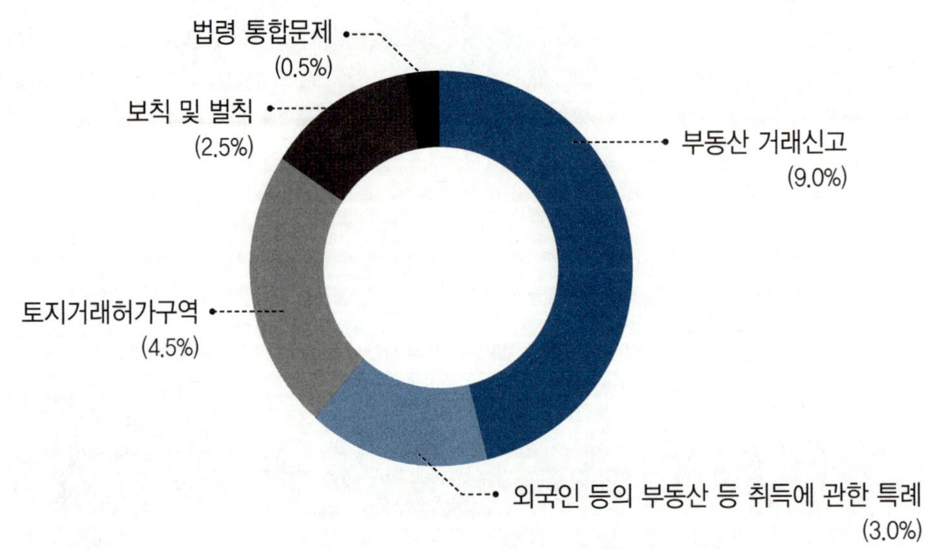

✐ 최근 5개년 출제경향 분석

부동산 거래신고 등에 관한 법령은 2~3년 전에는 4~5문제 출제되다가 최근에는 8문제 내외로 출제비중이 늘었다. 공인중개사법령보다는 양이 적지만 출제되는 문제 수에 비하면 학습량이 많아 수험생 대부분 버거워하는 부분이며 내용도 공인중개사법령보다 더 어렵다. 특히 기출문제가 많지 않아 충분한 이론 공부와 예상문제의 학습이 필요하다. 그리고 종합형 문제가 많아 전체적인 신고 또는 허가의 절차를 이해하고 세부적인 내용까지 암기해야 한다.

02

부동산 거래신고 등에 관한 법령

1 부동산 거래신고

대표유형

1. 부동산 거래신고 등에 관한 법령상 부동산 거래신고에 관한 설명으로 틀린 것은?

① 지방자치단체가 개업공인중개사의 중개 없이 토지를 매수하는 경우, 지방자치단체가 부동산거래계약 신고서에 단독으로 서명 또는 날인하여 신고관청에 제출해야 한다.

② 「산업입지 및 개발에 관한 법률」에 따른 토지에 대한 공급계약은 거래신고의 대상이다.

③ 매수인은 신고인이 거래신고를 하고 신고필증을 발급받은 때에 「부동산등기 특별조치법」에 따른 검인을 받은 것으로 본다.

④ 부동산 거래신고를 한 후 매수인이 매매계약을 해제한 경우, 매수인이 단독으로 해제를 신고해야 한다.

⑤ 매매계약에 기한이 있는 경우 그 기한도 신고해야 한다.

해설 ④ 거래당사자가 공동으로 해제를 신고해야 한다. ▶ 정답 ④

2. 부동산 거래신고 등에 관한 법령상 부동산거래계약 신고서 작성에 관한 설명으로 틀린 것은?

① 거래당사자가 외국인인 경우 거래당사자의 국적을 반드시 적어야 한다.

② '계약대상 면적'란에는 실제 거래면적을 계산하여 적되, 건축물 면적은 집합건축물 외의 건축물인 경우 연면적을 적는다.

③ '종전 부동산'란은 입주권 매매의 경우에만 작성한다.

④ '계약의 조건 및 참고사항'란은 부동산 거래계약 내용에 계약조건이나 기한을 붙인 경우, 거래와 관련한 참고내용이 있을 경우에 적는다.

⑤ 거래대상의 종류가 공급계약(분양)인 경우 물건별 거래가격 및 총 실제거래가격에 부가가치세를 제외한 금액을 적는다.

해설 ⑤ 거래대상의 종류가 공급계약(분양) 또는 전매계약(분양권, 입주권)인 경우 물건별 거래가격 및 총 실제거래가격에 부가가치세를 포함한 금액을 적고, 그 외의 거래대상의 경우 부가가치세를 제외한 금액을 적는다. ▶ 정답 ⑤

01 부동산 거래신고 등에 관한 법령상 부동산 거래신고에 관한 설명으로 옳은 것은?

부동산
거래신고

① 주택의 증여계약을 체결한 거래당사자는 공동으로 부동산 거래신고를 해야 한다.
② 개업공인중개사가 「공인중개사법」에 따라 거래계약서를 작성·교부한 때에는 개업공인중개사는 거래당사자와 공동으로 부동산 거래신고를 해야 한다.
③ 농지의 매매계약을 체결하고 「농지법」에 따라 농지취득자격증명을 발급받은 경우 부동산 거래신고를 한 것으로 본다.
④ 시장·군수 또는 구청장은 부동산거래가격 검증체계를 구축·운영해야 한다.
⑤ 매수인이 국내에 주소 또는 거소(잔금 지급일부터 60일을 초과하여 거주하는 장소)를 두지 않을 경우에는 위탁관리인의 인적사항을 신고해야 한다.

Point
02 부동산 거래신고 등에 관한 법령상 부동산 거래신고에 관한 설명으로 옳은 것은?

부동산
거래신고

① 「공공주택 특별법」에 따른 부동산의 공급계약은 신고대상이 아니다.
② 거래당사자는 토지의 임대차계약을 체결한 때에는 계약의 체결일부터 30일 이내에 실제 거래금액 등을 신고관청에 공동으로 신고해야 한다.
③ 개업공인중개사가 제출하는 부동산거래계약 신고서에는 개업공인중개사 및 거래당사자가 공동으로 서명 또는 날인을 해야 한다.
④ A광역시 甲구에 중개사무소를 둔 개업공인중개사가 A광역시 乙구에 소재하는 주택의 매매계약을 중개한 경우, 개업공인중개사는 乙구청장에게 부동산 거래신고를 해야 한다.
⑤ 외국인이 대한민국 내의 부동산에 대한 매매계약을 체결한 경우에는 부동산 거래신고를 하지 않아도 된다.

03 부동산 거래신고 등에 관한 법령상 부동산 거래신고에 관한 설명으로 옳은 것은 몇 개인가?

부동산
거래신고

> ㉠ 「도시개발법」에 따른 부동산에 대한 공급계약을 통해 부동산을 공급받는 자로 선정된 지위의 매매계약은 부동산 거래신고를 해야 한다.
> ㉡ 개업공인중개사의 중개로 매매계약이 체결된 경우에는 개업공인중개사 또는 거래당사자가 신고해야 한다.
> ㉢ 부동산 거래신고는 잔금지급일부터 30일 이내에 해야 한다.
> ㉣ 「도시개발법」에 따른 부동산에 대한 공급계약은 부동산 거래신고를 해야 한다.
> ㉤ 부동산 거래신고를 받은 신고관청은 신고내용을 확인한 후 신고필증을 신고인에게 지체 없이 발급해야 한다.

① 없음 ② 1개 ③ 2개
④ 3개 ⑤ 4개

04

거래당사자의
부동산 거래신고
절차

부동산 거래신고 등에 관한 법령상 거래당사자가 직거래를 하고 부동산 거래신고를 하는 경우를 설명한 것으로 옳은 것은?

① 거래당사자가 공동신고를 하는 경우, 거래당사자는 부동산거래계약 신고서에 공동으로 서명 또는 날인을 한 후 거래계약서의 사본을 첨부하여 신고관청에 제출해야 한다.

② 거래당사자 중 일방이 국가인 경우에는 부동산 거래신고를 하지 않아도 된다.

③ 매수인이 신고를 거부하여 매도인이 단독으로 신고하는 경우에는 부동산거래계약 신고서를 제출할 때 거래계약서 사본, 영수증·통장 사본 등 계약금의 지급을 확인할 수 있는 서류 및 단독신고 사유서를 첨부하여 제출해야 한다.

④ 「주택법」상 투기과열지구 내에 소재하는 주택의 매매계약을 체결한 경우에는 부동산거래계약 신고서를 제출할 때 매도인 및 매수인이 공동으로 서명 또는 날인한 주택취득자금 조달 및 입주계획서를 함께 제출해야 한다.

⑤ 부동산 거래신고의 공동신고를 거부한 자에 대하여는 3천만원 이하의 과태료를 부과한다.

05

개업공인중개사의
부동산 거래신고
절차

부동산 거래신고 등에 관한 법령상 개업공인중개사가 부동산 거래신고를 하는 경우에 관한 설명으로 옳은 것은?

① 부동산의 교환계약을 중개한 개업공인중개사는 부동산 거래신고를 해야 한다.

② 개업공인중개사가 거래계약서를 작성·교부한 경우에도 거래당사자가 부동산 거래신고를 할 수 있다.

③ 거래당사자는 부동산거래계약 신고서에 서명 또는 날인을 할 의무가 없다.

④ 개업공인중개사의 위임을 받은 중개보조원은 부동산거래계약 신고서의 제출을 대행할 수 있다.

⑤ 소속공인중개사가 부동산거래계약 신고서를 제출하는 경우 개업공인중개사와 소속공인중개사는 신고서에 함께 서명 또는 날인해야 한다.

06 
부동산
거래신고

부동산거래신고 등에 관한 법령상 부동산거래신고에 관한 설명으로 옳은 것은?

① 부동산거래의 신고를 하려는 개업공인중개사는 부동산거래계약 신고서에 서명 또는 날인을 하여 중개사무소의 소재지를 관할하는 등록관청에 제출해야 한다.

② 개업공인중개사에게 과태료를 부과한 신고관청은 부과일부터 10일 이내에 해당 중개사무소를 관할하는 시장·군수 또는 구청장에 과태료 부과 사실을 통보해야 한다.

③ 공인중개사법령상 중개대상물의 범위에 속하는 물건의 매매계약을 체결한 때에는 모두 부동산거래신고를 해야 한다.

④ 부동산거래계약 신고서의 방문 제출은 당해 거래계약을 중개한 개업공인중개사의 위임을 받은 소속공인중개사가 대행할 수 없다.

⑤ 외국인이 대한민국 안의 토지를 취득하는 계약을 체결하였을 때, 부동산 거래신고를 한 경우에도 외국인 등 부동산 취득신고를 해야 한다.

07 
부동산
거래신고

부동산 거래신고 등에 관한 법령상 부동산 거래신고에 관한 설명으로 틀린 것은?

① 부동산 등 소재지를 관할하는 특별자치시장은 부동산 거래의 신고관청이 된다.

② 매수인이 국내에 주소 또는 거소(잔금 지급일부터 60일을 초과하여 거주하는 장소)를 두지 않을 경우에는 위탁관리인의 인적사항을 신고해야 한다.

③ 「지방공기업법」에 따른 지방공단과 개인이 직접 토지의 매매계약을 체결한 경우, 지방공단이 단독으로 부동산 거래신고를 해야 한다.

④ 자연인이 수도권에 소재하는 토지의 지분을 1억원 미만으로 매수하는 경우에는 거래대상 토지의 취득에 필요한 자금의 조달계획 및 이용계획을 신고하지 않아도 된다.

⑤ 개업공인중개사가 작성한 부동산거래계약 신고서에는 「공인중개사법」에 따라 개설등록한 중개사무소의 상호·전화번호 및 소재지를 기재해야 한다.

08 
부동산
거래신고

부동산 거래신고 등에 관한 법령상 부동산 거래신고에 관한 설명으로 옳은 것은?

① 매수인이 신고를 거부하여 매도인이 단독으로 부동산 거래신고를 하는 경우, 매도인의 위임을 받은 자는 부동산거래계약 신고서의 제출을 대행할 수 없다.

② 「건축물의 분양에 관한 법률」에 따른 부동산의 공급계약은 부동산 거래신고 대상에 포함되지 않는다.

③ 개업공인중개사가 공동으로 중개한 거래계약에 관하여 공동신고를 거부한 자에게는 500만원 이하의 과태료를 부과한다.

④ 신고관청은 부동산 거래신고 내용의 조사 결과를 매월 1회 국토교통부장관에게 직접 보고해야 한다.

⑤ 개업공인중개사가 부동산 거래신고를 한 계약이 해제된 경우 개업공인중개사가 신고관청에 해제를 신고해야 한다.

Point 09 부동산 거래신고

부동산 거래신고 등에 관한 법령상 부동산 거래신고에 관한 설명으로 옳은 것은?

① 개업공인중개사가 「공장 및 광업재단 저당법」에 따른 공장재단의 매매계약서를 작성·교부한 경우에는 부동산 거래신고를 해야 한다.

② 「빈집 및 소규모주택 정비에 관한 특례법」에 따른 사업시행계획인가로 취득한 입주자로 선정된 지위의 매매계약은 부동산 거래신고를 해야 한다.

③ 국토교통부장관이 지정한 토지거래 허가구역 내에서 토지거래계약의 허가를 받은 경우에는 부동산거래계약 신고서를 제출한 것으로 본다.

④ 농지에 대한 매매계약을 체결하고 「농지법」에 따라 농지취득자격증명을 발급받은 경우에는 부동산 거래신고를 하지 않아도 된다.

⑤ 외국인 등이 대한민국 내의 부동산 등을 취득하는 매매계약을 체결하고 부동산 거래신고를 한 때에도 외국인 등의 부동산취득신고를 해야 한다.

10 부동산거래계약 신고서 작성방법

부동산 거래신고 등에 관한 법령상 부동산거래계약 신고서 작성을 설명한 내용으로 옳은 것은?

① 공급계약 또는 전매계약의 경우, 신고를 해야 하는 '물건별 거래가격'과 '총 실제 거래가격(전체)'란에는 부가가치세를 포함한 금액을 적는다.

② 계약대상 면적에는 실제 거래면적을 계산하여 적되, 건축물 면적은 집합건축물의 경우 연면적을 적는다.

③ 공급계약은 부동산을 취득할 수 있는 권리의 매매로서, '분양권' 또는 '입주권'에 표시를 한다.

④ 공급계약(전매)의 경우 발코니 확장 등 선택비용은 기재하지 않는다.

⑤ 종전 부동산란은 분양권 매매의 경우에만 작성한다.

11 부동산 거래신고의 대상

부동산 거래신고 등에 관한 법령상 부동산 거래신고의 대상인 것을 모두 고른 것은?

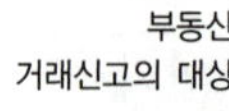

> ㉠ 「도시 및 주거환경정비법」에 따른 공급계약을 통하여 부동산을 공급받는 자로 선정된 지위의 매매계약
> ㉡ 「건축법」에 따른 부동산의 공급계약
> ㉢ 「택지개발촉진법」에 따라 공급된 토지의 임대차계약
> ㉣ 「민사집행법」에 따른 경매로 취득한 주택의 매매계약
> ㉤ 「입목에 관한 법률」에 따른 입목의 매매계약

① ㉠, ㉣   ② ㉢, ㉣   ③ ㉣, ㉤

④ ㉠, ㉡, ㉢   ⑤ ㉢, ㉣, ㉤

PART 02

12

중
부동산
거래신고 사항

甲이 「건축법 시행령」에 따른 아파트를 매수하는 계약을 체결하였을 때, 부동산 거래신고 등에 관한 법령에 따라 甲본인이 그 주택에 입주할지 여부를 신고해야 하는 경우를 모두 고른 것은? (甲, 乙, 丙은 자연인이고, 丁은 「지방공기업법」상 지방공단임)

㉠ 甲이 「주택법」상 투기과열지구에 소재하는 乙소유의 주택을 실제 거래가격 5억원으로 매수하는 경우
㉡ 甲이 「주택법」상 '투기과열지구, 조정대상지역 및 토지거래허가구역' 외의 장소에 소재하는 丙소유의 주택을 실제 거래가격 4억원으로 매수하는 경우
㉢ 甲이 토지거래허가구역에 소재하는 丁소유의 주택에 대하여 토지거래계약의 허가를 받아 10억원으로 매수하는 경우

① ㉠ ② ㉡ ③ ㉠, ㉡
④ ㉠, ㉢ ⑤ ㉡, ㉢

13

Point
상
부동산
거래신고 사항

부동산 거래신고 등에 관한 법령상 「주택법」상 조정대상지역에 소재하는 甲 소유 주택을 乙이 7억원에 매수하는 계약을 체결하고 甲과 乙이 부동산거래계약에 관하여 신고 또는 별지로 첨부해야 할 사항을 모두 고른 것은? (甲은 「지방공기업법」에 따른 지방공사이며 乙은 법인임)

㉠ 乙 법인의 등기 현황
㉡ 乙 법인의 거래대상인 주택의 이용계획
㉢ 乙 법인의 거래대상인 주택의 취득목적
㉣ 甲과 乙의 임원 간 같은 사람이 있는지 여부
㉤ 乙의 자금의 조달계획을 증명하는 서류

① ㉠, ㉡ ② ㉡, ㉢ ③ ㉠, ㉡, ㉢, ㉣
④ ㉡, ㉢, ㉤ ⑤ ㉢, ㉣, ㉤

14
⑤
부동산거래계약
신고서 작성방법

부동산 거래신고에 관한 법령상 '부동산거래계약 신고서'의 신고대상에 따른 기재사항으로 옳은 것은 모두 몇 개인가?

> ㉠ 거래당사자가 다수인 경우 매수인 또는 매도인의 주소란에 각자의 거래 지분 비율을 표시한다.
> ㉡ 거래당사자가 외국인인 경우 거래당사자의 국적을 반드시 기재해야 한다.
> ㉢ 계약대상 면적에는 실제 거래면적을 계산하여 적되, 건축물 면적은 집합건축물의 경우 전용면적 및 공용면적의 합계를 적는다.
> ㉣ 취득하는 부동산이 "건축물"인 경우에는 「건축법 시행령」 [별표 1]에 따른 용도별 건축물의 종류를 적는다.
> ㉤ 거래대상의 종류가 공급계약(전매계약) 외의 거래인 경우 물건별 거래가격 및 총 실제거래가격에 부가가치세를 포함한 금액을 적는다.

① 1개　　　　　　② 2개　　　　　　③ 3개
④ 4개　　　　　　⑤ 5개

15
⑤
해제등신고,
정정신청 및
변경신고

부동산 거래신고 등에 관한 법령상 甲이 토지의 취득에 필요한 자금의 조달계획을 신고관청에 신고해야 하는 경우를 모두 고른 것은? (단, 甲, 乙, 丙은 자연인이고 丁은 「지방공기업법」에 따른 지방공사이며 해당 토지는 토지거래허가구역 외의 지역에 소재하는 나대지임)

> ㉠ 甲이 대전광역시에 소재하는 乙 소유의 1필지 토지를 3억원에 매수하는 경우
> ㉡ 甲이 서울특별시에 소재하는 丙 소유 토지의 지분을 5천만원에 매수하는 경우
> ㉢ 甲이 강원도에 소재하는 丁 소유 토지를 5억원에 매수하는 경우

① ㉠　　　　　　② ㉠, ㉡　　　　　　③ ㉠, ㉢
④ ㉡, ㉢　　　　　　⑤ ㉠, ㉡, ㉢

16
⑤
부동산거래계약의
변경신고

부동산 거래신고 등에 관한 법령상 부동산 거래계약에 관한 변경신고서를 제출할 수 있는 경우를 모두 고른 것은?

> ㉠ 중도금 및 지급일이 변경된 경우
> ㉡ 부동산 등의 면적 변경이 없는 상태에서 거래가격이 변경된 경우
> ㉢ 거래 지분 비율이 변경된 경우
> ㉣ 계약의 기한이 변경된 경우
> ㉤ 다수 부동산의 거래에서 부동산이 추가된 경우

① ㉠　　　　　　② ㉠, ㉢, ㉣　　　　　　③ ㉡, ㉢, ㉤
④ ㉠, ㉡, ㉢, ㉣　　　　　　⑤ ㉠, ㉢, ㉣, ㉤

17
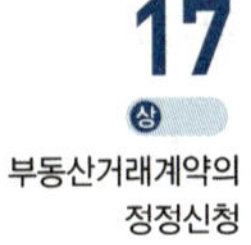
부동산거래계약의
정정신청

부동산 거래신고 등에 관한 법령상 부동산거래계약의 정정신청을 할 수 있는 사유를 모두 고른 것은?

> ㉠ 매도인의 성명 및 주민등록번호가 잘못 기재된 경우
> ㉡ 잔금 지급일이 잘못 기재된 경우
> ㉢ 부동산 등의 소재지·지번이 잘못 기재된 경우
> ㉣ 토지의 지목이 잘못 기재된 경우

① ㉠   ② ㉣   ③ ㉠, ㉡
④ ㉡, ㉣   ⑤ ㉢, ㉣

18
정정신청 및
변경신고

부동산 거래신고 등에 관한 법령상 부동산 거래신고에 대한 정정신청 및 변경신고가 공통으로 가능한 것을 모두 고른 것은?

> ㉠ 거래 지분 비율   ㉡ 거래당사자의 휴대전화번호
> ㉢ 거래가격   ㉣ 거래대상 부동산 등의 면적
> ㉤ 거래 지분

① ㉢   ② ㉢, ㉣   ③ ㉠, ㉢, ㉣
④ ㉠, ㉣, ㉤   ⑤ ㉡, ㉣, ㉤

19
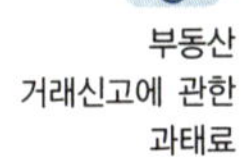
부동산
거래신고에 관한
과태료

부동산 거래신고 등에 관한 법령상 부동산 거래신고 등의 의무 위반에 따른 제재의 연결이 틀린 것은?

① 매매계약을 체결하지 아니하였음에도 불구하고 거짓으로 부동산 거래신고를 한 자 − 3,000만원 이하의 과태료
② 부동산 거래신고에 대한 공동신고를 거부한 자 − 500만원 이하의 과태료
③ 부동산 거래신고를 거짓으로 하도록 방조한 자 − 취득가액의 100분의 10 이하의 과태료
④ 거래대금지급을 증명할 수 있는 자료를 제출하지 아니한 자 − 3,000만원 이하의 과태료
⑤ 신고의무자가 아닌 자로서 거짓된 내용의 부동산 거래신고를 한 자 − 취득가액의 100분의 10 이하의 과태료

20 부동산 거래신고 등에 관한 법령상 500만원 이하의 과태료처분 대상에 해당하지 않는 것은?

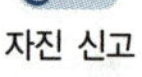

부동산
거래신고에 관한
과태료

① 부동산 거래의 해제등신고를 하지 아니한 자
② 거짓으로 부동산 거래계약 해제등신고를 하는 행위를 조장한 자
③ 부동산 거래신고를 하지 아니한 자
④ 부동산 거래신고 후 해당 계약이 해제 등이 되지 아니하였음에도 불구하고 거짓으로 해제 등의 신고를 한 자
⑤ 개업공인중개사로 하여금 부동산 거래신고를 하지 아니하게 하거나 거짓된 내용을 신고하도록 요구한 자

21 부동산 거래신고 등에 관한 법령상 부동산 매매계약의 거래신고에 관한 설명으로 틀린 것은?
(단, 거래당사자는 모두 자연인이고, 공동중개는 고려하지 않음)

부동산
거래신고

① 매수인이 국내에 주소를 두지 않은 경우에는 위탁관리인을 신고해야 한다.
② 거래당사자 간 직접거래의 경우에서 매수인이 신고를 거부하면 매도인이 단독으로 신고할 수 있다.
③ 매매계약을 신고한 후에 매도인이 매매계약을 해제하면 매도인이 단독으로 해제를 신고해야 한다.
④ 개업공인중개사가 공동으로 중개하여 매매계약의 거래계약서를 작성·교부한 경우에는 그 개업공인중개사가 공동으로 신고해야 한다.
⑤ 개업공인중개사가 매매계약을 신고한 경우에 그 매매계약이 무효가 되면 그 개업공인중개사가 무효를 신고할 수 있다.

22 부동산 거래신고 등에 관한 법령상 자진 신고에 대한 설명으로 틀린 것은?

자진 신고

① 신고관청은 개업공인중개사로 하여금 거짓된 내용의 부동산 거래내용을 신고하도록 요구한 사실을 자진 신고한 자에 대하여 과태료를 감면할 수 있다.
② 신고관청은 매매계약을 체결하지 아니하였음에도 불구하고 거짓으로 부동산 거래신고를 한 자 사실을 자진 신고한 자에 대하여 과태료를 감면할 수 없다.
③ 거래대금지급증명자료 외의 자료를 제출하지 아니하거나 거짓으로 제출한 사실을 자진 신고한 경우는 과태료를 감면받을 수 없다.
④ 신고관청의 조사가 시작되기 전에 부동산 거래신고를 거짓으로 한 사실을 자진 신고한 자는 과태료의 100분의 50을 감경 받을 수 있다.
⑤ 자진 신고한 날부터 과거 1년 이내에 자진 신고를 하여 3회 이상 과태료의 감경 또는 면제를 받은 경우에는 과태료를 감면하지 않는다.

23 
부동산
거래신고

개업공인중개사 甲이 고용한 소속공인중개사 乙이 X토지의 매매계약을 중개하고 거래계약서를 작성한 경우에 있어서 부동산 거래신고 등에 관한 법령상 부동산 거래신고에 관한 설명으로 옳은 것은?

① 거래당사자는 계약체결일부터 30일 이내에 부동산 거래신고를 해야 한다.

② 甲이 제출하는 부동산거래계약 신고서에는 거래계약서 사본을 첨부하지 않아도 된다.

③ 乙이 제출하는 부동산거래계약 신고서에는 甲과 乙이 함께 서명 또는 날인을 해야 한다.

④ 甲이 부동산 거래신고를 한 계약이 해제된 경우 甲은 해제가 확정된 날부터 30일 이내에 신고관청에 해제를 신고해야 한다.

⑤ 甲의 위임을 받은 乙이 부동산거래계약 신고서를 제출하는 경우 乙은 자신의 신분증명서를 신고관청에 보여줘야 한다.

2 주택 임대차 계약의 신고

대표유형

개업공인중개사 丙이 A광역시 B군에 소재하는 甲 소유의 X건물을 乙이 보증금 3천만원, 월 차임 50만원에 주거용으로 임차하는 계약을 중개하고 임대차 계약서를 작성한 후 부동산 거래신고 등에 관한 법령상 주택 임대차 계약의 신고에 관하여 甲과 乙에게 설명한 내용으로 옳은 것은? (단, 甲과 乙은 자연인임)

① X건물의 건축물대장상 용도가 주거용이 아닌 경우는 신고 의무가 없다.

② X건물이 주택을 취득할 수 있는 권리인 경우는 신고 의무가 없다.

③ 甲과 乙이 임대차 계약의 신고를 한 후 보증금 및 차임의 증감 없이 임대차 기간만 연장하는 계약을 한 경우는 신고 의무가 없다.

④ 甲과 乙이 주택 임대차 계약의 신고를 한 경우, 乙은 「주민등록법」에 따라 전입신고를 한 것으로 본다.

⑤ 丙은 계약체결일부터 30일 이내에 주택 임대차 계약을 신고해야 한다.

해설 ① 「주택임대차보호법」에 따른 주택은 모두 신고대상에 포함되므로 신고대상에 해당한다.
② 주택을 취득할 수 있는 권리를 포함하므로 신고대상에 해당한다.
④ 임차인이 「주민등록법」에 따라 전입신고를 하는 경우 이 법에 따른 주택임대차계약의 신고를 한 것으로 본다.
⑤ 임대차계약당사자는 주택(「주택임대차보호법」에 따른 주택을 말하며, 주택을 취득할 수 있는 권리를 포함한다)에 대하여 보증금이 6천만원을 초과하거나 월 차임이 30만원을 초과하는 임대차 계약을 체결한 경우 그 보증금 또는 차임 등을 임대차 계약의 체결일부터 30일 이내에 주택 소재지를 관할하는 신고관청에 공동으로 신고하여야 한다. 개업공인중개사는 임대차 계약의 신고의무가 없다.　　▶▶ 정답 ③

24

주택 임대차
계약의 신고

甲이 서울특별시에 있는 자기 소유의 주택에 대해 임차인 乙과 보증금 3억원의 임대차계약을 체결하는 경우, 「부동산 거래신고 등에 관한 법률」에 따른 신고에 관한 설명으로 옳은 것을 모두 고른 것은? (단, 甲과 乙은 자연인임)

> ㉠ 보증금을 2억원으로 감액한 경우 乙이 단독으로 감액을 신고해야 한다.
> ㉡ 乙이 「주민등록법」에 따라 전입신고를 하는 경우 주택 임대차 계약의 신고를 한 것으로 본다.
> ㉢ 임대차계약서를 제출하면서 신고를 하고 접수가 완료되면 「주택임대차보호법」에 따른 확정일자가 부여된 것으로 본다.

① ㉠ ② ㉡ ③ ㉠, ㉡
④ ㉡, ㉢ ⑤ ㉠, ㉡, ㉢

Point 25
주택임대차
계약의 신고

개업공인중개사 丙이 A시에 소재하는 甲 소유의 X주택을 乙이 보증금 1천만원, 월 차임 50만원에 임차하는 계약을 중개하고 임대차 계약서를 작성하였다. 부동산 거래신고 등에 관한 법령상 주택 임대차 계약의 신고에 관하여 丙이 甲과 乙에게 설명한 내용으로 옳은 것을 모두 고른 것은? (단, 甲은 지방자치단체이며 乙은 자연인임)

> ㉠ 甲과 乙은 계약 체결일부터 30일 이내에 A시장에게 공동으로 신고해야 한다.
> ㉡ 丙이 임대차 계약 체결일부터 30일 이내에 A시장에게 신고해야 한다.
> ㉢ 甲이 임대차 계약 체결일부터 30일 이내에 A시장에게 단독으로 신고해야 한다.
> ㉣ 임대차 계약을 신고한 후 甲과 乙의 임대차 계약이 해제된 경우, 甲은 단독으로 A시장에게 해제를 신고해야 한다.

① ㉠, ㉡ ② ㉡, ㉢ ③ ㉢, ㉣
④ ㉠, ㉡, ㉢ ⑤ ㉡, ㉢, ㉣

26 **상**
주택임대차
계약의 신고

개업공인중개사 丙이 A시에 소재하는 甲 소유의 X주택을 乙이 보증금 3천만원, 월 차임 50만원에 임차하는 계약을 중개하고 임대차 계약서를 작성하였다. 부동산 거래신고 등에 관한 법령상 주택 임대차 계약의 신고에 관하여 丙이 甲과 乙에게 설명한 내용으로 틀린 것은? (단, 甲과 乙은 자연인임)

① 임대차 계약을 신고한 후 차임을 10만원 증액한 경우 甲과 乙은 공동으로 증액을 신고해야 한다.

② 乙이 임대차 신고서에 단독으로 서명 또는 날인한 후 임대차 계약서를 첨부해 A시장에게 제출한 경우에는 甲과 乙이 공동으로 임대차 신고서를 제출한 것으로 본다.

③ 임대차 계약의 신고사항에는 丙의 사무소 명칭, 소재지 및 대표자의 성명이 포함되어야 한다.

④ 임대차계약을 신고한 후 乙이 계약을 해제한 경우 乙은 단독으로 해제를 신고해야 한다.

⑤ A시장은 주택임대차계약의 신고를 하지 아니한 甲과 乙에 대하여 100만원 이하의 과태료를 부과한다.

대표유형

개업공인중개사가 외국인에게 부동산 거래신고 등에 관한 법령의 내용을 설명한 것으로 틀린 것은?
제28회

① 외국인이 부동산 거래신고의 대상인 계약을 체결하여 부동산 거래신고를 한 때에도 부동산 취득신고를 해야 한다.

② 외국인이 경매로 대한민국 안의 부동산을 취득한 때에는 취득한 날부터 6개월 이내에 신고관청에 신고해야 한다.

③ 외국인이 취득하려는 토지가 「자연환경보전법」에 따른 생태·경관보전지역에 있으면, 「부동산 거래신고 등에 관한 법률」에 따라 토지거래계약에 관한 허가를 받은 경우를 제외하고는 토지취득계약을 체결하기 전에 신고관청으로부터 토지취득의 허가를 받아야 한다.

④ 대한민국 안의 부동산을 가지고 있는 대한민국 국민이 외국인으로 변경되었음에도 해당 부동산을 계속 보유하려는 경우, 외국인으로 변경된 날부터 6개월 이내에 신고관청에 계속보유에 관한 신고를 해야 한다.

⑤ 외국의 법령에 따라 설립된 법인이 자본금의 2분의 1 이상을 가지고 있는 법인은 "외국인 등"에 해당한다.

해설 ① 부동산 거래신고를 한 경우에는 외국인 등의 부동산 등 취득신고를 하지 않아도 된다.
③ 외국인 등의 토지취득허가와 토지거래계약의 허가 둘 중 하나를 받으면 된다.
▶ 정답 ①

01

외국인 등의
부동산 등 취득에
관한 특례

부동산 거래신고 등에 관한 법령상 외국인 등의 부동산 등 취득에 관한 특례에 대한 설명으로 옳은 것은? (단, 「헌법」과 법률에 따라 체결된 조약의 이행에 필요한 경우는 고려하지 않음)

㉠ 국제연합은 외국인 등에 포함된다.

㉡ 외국인이 대한민국 안의 부동산에 대한 매매 계약을 체결하였을 때에는 계약체결일부터 60일 이내에 신고관청에 신고하여야 한다.

㉢ 외국인이 상속으로 대한민국 안의 부동산을 취득한 때에는 부동산을 취득한 날부터 60일 이내에 신고관청에 신고하여야 한다.

㉣ 외국인이 「수도법」에 따른 상수원보호구역에 있는 토지를 취득하려는 경우 토지취득계약을 체결하기 전에 신고관청으로부터 토지취득의 허가를 받아야 한다.

① ㉠
② ㉠, ㉣
③ ㉡, ㉢
④ ㉠, ㉡, ㉣
⑤ ㉠, ㉡, ㉢, ㉣

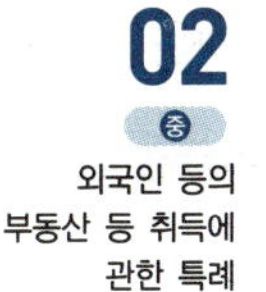

02 부동산 거래신고 등에 관한 법령상 개업공인중개사가 대한민국 내의 부동산 등을 취득하려는 외국인에게 설명한 내용으로 틀린 것은?

① 외국의 법령에 따라 설립된 법인이 「야생생물 보호 및 관리에 관한 법률」에 따른 야생생물 특별보호구역의 토지를 취득하고자 할 때에는 계약체결 전에 신고관청의 허가를 받아야 한다.

② 준정부 간 기구가 허가를 받지 않고 「자연유산의 보존 및 활용에 관한 법률」따라 지정된 천연기념물 등과 이를 위한 보호물 또는 보호구역 내의 토지를 취득하는 계약을 체결한 경우 그 계약은 효력이 발생하지 않는다.

③ 대한민국의 국적을 보유하고 있지 아니한 개인이 건축물의 교환계약을 체결한 경우에는 계약체결일로부터 60일 이내에 신고해야 한다.

④ 비정부 간 국제기구가 허가를 받지 않고 「군사기지 및 군사시설 보호법」에 따른 군사시설 보호구역 내의 토지취득계약을 체결한 경우에는 징역형 또는 벌금형의 대상이 된다.

⑤ 외국의 법령에 따라 설립된 단체가 증여로 부동산 등을 취득하고 이를 신고하지 아니한 경우에는 100만원 이하의 과태료를 부과한다.

03 부동산 거래신고 등에 관한 법령상 외국인 등의 부동산 등 취득에 관한 설명으로 옳은 것은?

① 외국인이 대한민국 내의 부동산에 대한 저당권을 취득하는 경우에도 신고의무가 있다.

② 대한민국 법령에 의하여 설립된 법인으로서 구성원의 2분의 1 이상이 대한민국 국적을 보유하고 있지 않은 자로 구성된 경우는 외국인 등에 포함된다.

③ 국제연합의 전문기구는 외국인 등에 포함되지 않는다.

④ 외국인 등이 증여로 대한민국 내의 부동산을 취득하는 경우에는 신고의무가 없다.

⑤ 외국인 등이 경매로 대한민국 내의 건축물을 취득하는 경우에는 신고관청의 허가를 받아야 한다.

04 부동산 거래신고 등에 관한 법령상 외국인 등의 부동산 등 취득을 설명한 내용으로 틀린 것은?

① 대한민국 안의 부동산을 가지고 있는 대한민국 국민이 외국인으로 변경된 후 해당 부동산을 계속 보유하려는 때에는 변경일부터 6개월 이내에 신고해야 한다.

② 외국인 등이 토지의 임대차 계약을 체결하는 경우에는 신고의무가 없다.

③ 외국인 등이 부동산 거래신고를 한 경우에는 외국인 등의 부동산 등 취득신고 의무는 없다.

④ 외국인 등이 상속으로 부동산 등을 취득하고 이를 신고하지 않은 경우 300만원 이하의 과태료를 부과한다.

⑤ 외국인 등이 「자연환경보전법」에 의한 생태·경관보전지역 내의 토지에 대하여 허가를 받지 않고 계약을 체결한 경우에는 2년 이하의 징역 또는 2천만원 이하의 벌금에 처한다.

05

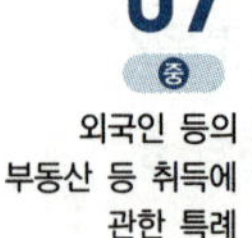

외국인 등의
부동산 등 취득에
관한 특례

부동산 거래신고 등에 관한 법령상 외국인 등의 부동산 등 취득에 관하여 설명한 것으로 틀린 것은?

① 대한민국 국적을 보유하지 아니한 자가 부동산의 교환계약을 체결하고 이를 거짓으로 신고한 경우 300만원 이하의 과태료를 부과한다.

② 외국인 등이 토지취득허가를 받고자 하는 경우 토지취득허가신청서에 토지취득계약 당사자 간의 합의서를 첨부해야 한다.

③ 외국인 등의 「문화유산의 보존 및 활용에 관한 법률」에 따른 지정문화유산 보호구역의 토지취득 허가신청을 받은 신고관청은 허가신청을 받은 날로부터 30일 이내에 허가 또는 불허가처분을 해야 한다.

④ 외국인 등이 허가대상 토지에 대하여 허가를 받지 않고 계약을 체결한 경우 그 계약은 효력이 발생하지 않는다.

⑤ 외국인 등의 토지취득 허가신청은 전자문서에 의하여도 할 수 있다.

06

외국인 등의
부동산 등 취득에
관한 특례

부동산 거래신고 등에 관한 법령상 외국인 등의 부동산 등 취득에 관하여 설명한 내용으로 틀린 것은?

① 외국인 등이 대한민국 내의 부동산 등을 증여받아 신고서를 제출하는 경우 증여계약서를 첨부해야 한다.

② 특별자치시장은 외국인 등의 부동산 등 취득신고 및 허가 내용을 매 분기 종료일부터 1개월 이내에 국토교통부장관에게 직접 제출해야 한다.

③ 외국인 등의 위임을 받은 사람은 외국인 부동산 등 취득·계속보유 신고서 또는 외국인 토지 취득 허가신청서의 작성 및 제출을 대행할 수 있다.

④ 외국인 등이 대한민국 내의 부동산을 상속받은 경우 취득한 날부터 60일 이내에 이를 신고관청에 신고해야 한다.

⑤ 신고관청은 부동산 등의 취득에 대하여 거짓으로 신고한 사실을 자진 신고한 외국인 등에 대하여 해당 과태료를 감경 또는 면제할 수 있다.

07

외국인 등의
부동산 등 취득에
관한 특례

개업공인중개사가 외국인 등에게 부동산 거래신고 등에 관한 법령상 외국인 등의 부동산 등 취득에 관하여 설명한 내용으로 틀린 것은?

① 외국인 등이 「자연환경보전법」에 따른 생태·경관보전지역 내의 토지를 취득하는 경우, 계약체결 전에 신고관청으로부터 허가를 받아야 한다.

② 비정부 간 국제기구는 '외국인 등'에 포함된다.

③ 국토교통부장관 또는 시·도지사가 지정한 토지거래 허가구역에서 토지거래계약에 관한 허가를 받은 경우에는 외국인 등의 토지거래 허가를 받지 않아도 된다.

④ 대한민국 국적을 보유하지 아니한 자가 건축물을 개축하여 부동산을 취득한 때에는 취득한 날부터 60일 이내에 신고관청에 신고해야 한다.

⑤ 외국의 법령에 따라 설립된 법인이 합병으로 부동산을 취득하고 이를 거짓으로 신고한 경우에는 100만원 이하의 과태료를 부과한다.

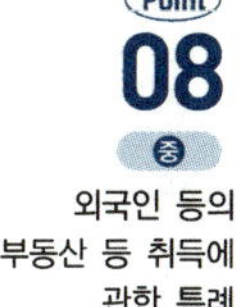

Point 08 중

외국인 등의 부동산 등 취득에 관한 특례

개업공인중개사가 외국인에게 부동산 거래신고 등에 관한 법령의 내용을 설명한 것으로 옳은 것을 모두 고른 것은?

> ㉠ 외국인 등의 「군사기지 및 군사시설 보호법」에 따른 군사시설 보호구역의 토지취득에 대하여 허가신청서를 받은 신고관청은 신청서를 받은 날부터 15일 이내에 허가 또는 불허가 처분을 하여야 한다.
> ㉡ 외국 정부는 "외국인 등"에 해당한다.
> ㉢ 외국인이 취득하려는 토지가 「자연환경보전법」에 따른 생태·경관보전지역 내의 토지인 경우 허가관청으로부터 토지거래계약에 관한 허가를 받은 경우를 제외하고는 토지취득계약을 체결하기 전에 신고관청으로부터 토지취득의 허가를 받아야 한다.
> ㉣ 외국인이 확정판결로 대한민국 안의 부동산을 취득한 때에는 취득한 날부터 60일 이내에 신고관청에 신고해야 한다.

① ㉠, ㉡
② ㉡, ㉢
③ ㉠, ㉡, ㉢
④ ㉠, ㉢, ㉣
⑤ ㉠, ㉡, ㉢, ㉣

대표유형

부동산 거래신고 등에 관한 법령상 토지거래허가구역을 설명한 내용으로 옳은 것은?

① 자기의 거주용 주택용지로 이용하려는 경우에는 토지거래계약의 허가를 받지 않아도 된다.

② 도시·군관리계획 등 토지이용계획이 새로이 수립되는 지역은 토지의 투기적 거래나 지가의 급격한 상승이 우려되지 않아도 토지거래허가구역으로 지정할 수 있다.

③ 국토교통부장관은 허가구역의 지정을 해제하려는 경우에는 중앙도시계획위원회의 심의를 거치지 않아도 된다.

④ 허가구역 안에서의 토지거래계약을 체결하고자 하는 당사자는 공동으로 시·도지사의 허가를 받아야 한다.

⑤ 국토교통부장관은 토지거래허가구역을 지정하기 전에 중앙도시계획위원회의 심의를 거쳐야 한다.

해설 ① 허가를 받아야 하는 사유이며 허가신청에 대해 허가관청은 허가해야 한다.
② 투기적인 거래가 성행하거나, 지가가 급격히 상승하거나 그러한 우려가 있는 지역으로서 도시·군관리계획 등 토지이용계획이 새로이 수립되는 지역은 허가구역으로 지정할 수 있다.
③ 지정을 해제하려는 경우에도 중앙도시계획위원회의 심의를 거쳐야 한다.
④ 시장·군수 또는 구청장으로부터 허가를 받아야 한다.　　　　　▶▶ 정답 ⑤

01

토지거래계약
허가신청서

부동산 거래신고 등에 관한 법령상 토지거래계약에 관한 허가구역 내에서 행하는 법인 아닌 사인(私人)간의 다음 거래 중 토지거래계약의 허가가 필요한 것은? (단, 국토교통부장관이 따로 정하여 공고하는 기준면적은 고려하지 않음)

① 주거지역에서 30m²의 토지를 매매하는 계약
② 상업지역에서 120m²의 토지를 매매하는 계약
③ 공업지역에서 140m²의 토지를 매매하는 계약
④ 녹지지역에서 220m²의 토지를 매매하는 계약
⑤ 도시지역 외에 지역에서 900m²의 임야를 매매하는 계약

02
선매제도

부동산 거래신고 등에 관한 법령상 2년 이하의 징역 또는 계약 체결 당시의 개별공시지가에 따른 해당 토지가격의 100분의 30에 해당하는 금액 이하의 벌금에 처해지는 자는?

① 매매계약을 체결하지 아니하였음에도 불구하고 거짓으로 부동산 거래신고를 한 자

② 토지거래허가구역 내에서 토지거래계약허가를 받은 사항을 변경하려는 경우 변경허가를 받지 아니하고 토지거래계약을 체결한 자

③ 외국인으로서 신고관청의 허가를 받지 않고 「군사기지 및 군사시설 보호법」에 따른 군사시설 보호구역의 내의 토지를 취득하는 계약을 체결한 자

④ 개업공인중개사에게 부동산 거래신고를 하지 아니하게 한 자

⑤ 부동산의 매매계약을 체결한 후 신고 의무자가 아닌 자가 거짓으로 부동산 거래신고를 하는 자

03
토지거래계약의
허가사유

부동산 거래신고 등에 관한 법령상 토지거래허가구역에서 기준면적을 초과하는 토지에 대하여 토지거래계약의 허가를 받아야 하는 경우를 모두 고른 것은?

> ㉠ 토지의 교환계약을 체결하는 경우
> ㉡ 토지의 임대차 계약을 체결하는 경우
> ㉢ 대가를 받고 지상권을 설정하는 계약을 체결하는 경우
> ㉣ 「민사집행법」에 따른 경매로 토지를 취득하는 경우
> ㉤ 토지를 무상으로 증여하는 계약을 체결하는 경우

① ㉠, ㉢ 　② ㉢, ㉣ 　③ ㉠, ㉡, ㉢
④ ㉢, ㉣, ㉤ 　⑤ ㉠, ㉢, ㉣, ㉤

04
토지거래
허가구역의 지정

부동산 거래신고 등에 관한 법령상 토지거래허가구역 지정에 대한 설명으로 옳은 것은?

① 허가구역이 둘 이상의 시·도의 관할 구역에 걸쳐 있는 경우에는 시·도지사가 공동으로 허가구역을 지정한다.

② 국가가 관련 법령에 따른 개발사업을 시행하고 해당 지역의 지가변동률이 인근지역에 비하여 급격히 상승하거나 상승할 우려가 있는 경우에는 허가구역이 동일한 시·도 안의 일부지역인 경우에도 국토교통부장관이 허가구역을 지정할 수 있다.

③ 허가구역의 지정기간은 5년 이상으로 한다.

④ 국토교통부장관이 허가구역을 지정하려면 중앙도시계획위원회의 심의를 거치기 전에 미리 시·도지사의 의견을 들어야 한다.

⑤ 허가구역의 지정은 지정을 통지받은 시장·군수 또는 구청장이 그 사실을 공고한 날부터 5일 후에 효력이 발생한다.

05 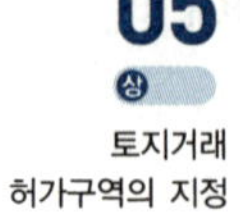
토지거래
허가구역의 지정

부동산 거래신고 등에 관한 법령상 토지거래허가구역의 지정과 관련된 내용으로 옳은 것은?

① 법령의 제정·개정 또는 폐지나 그에 따른 고시·공고로 인하여 토지이용에 대한 행위 제한이 강화되는 지역은 허가구역으로 지정할 수 있다.

② 시·도지사가 허가구역을 지정한 때에는 지체 없이 허가구역의 지정기간 등을 공고하고, 그 공고내용을 국토교통부장관 및 시장·군수 또는 구청장에게 통지해야 한다.

③ 허가구역 지정을 통지받은 시장·군수 또는 구청장은 지체 없이 그 사실을 7일 이상 일반이 열람할 수 있도록 해야 한다.

④ 국토교통부장관은 허가구역의 지정 사유가 없어졌다고 인정되는 경우 중앙도시계획위원회의 심의를 거치지 않고 허가구역의 지정을 해제할 수 있다.

⑤ 허가구역의 지정 사유가 없어졌다고 인정되어 허가구역의 지정을 해제하거나 축소하는 경우, 그 공고일로부터 5일 후에 효력이 발생한다.

06 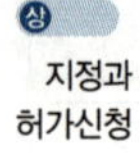
지정과
허가신청

부동산 거래신고 등에 관한 법령상 토지거래허가구역의 설명으로 옳은 것은?

① 국토교통부장관 또는 시·도지사는 허가대상자(외국인 등을 포함한다)를 특정하여 허가구역을 지정할 수 있다.

② 시·도지사는 허가구역을 지정·공고한 때에는 지체 없이 공고내용을 그 허가구역을 관할하는 등기소장에게 통지해야 한다.

③ 허가 신청서를 받은 허가관청은 지체 없이 필요한 조사를 하고 신청서를 받은 날부터 30일 이내에 허가 또는 불허가 처분을 해야 한다.

④ 「민원처리에 관한 법률」에 따른 처리기간에 허가증의 발급 또는 불허가처분사유의 통지가 없거나 선매협의사실의 통지가 없는 경우에는 그 기간이 끝난 날의 다음 날에 불허가가 있는 것으로 본다.

⑤ 시·도지사는 허가구역의 지정을 해제하려면 시·도도시계획위원회의 심의 전에 미리 시장·군수 또는 구청장의 의견을 들어야 한다.

07 부동산 거래신고 등에 관한 법령상 토지거래계약 허가구역의 지정에 관한 설명으로 틀린 것은?

제25회

① 허가구역이 둘 이상의 시·도의 관할 구역에 걸쳐 있는 경우, 국토교통부장관이 지정한다.

② 시·도지사는 지정기간이 끝나는 허가구역을 계속하여 다시 허가구역으로 지정하려면, 시·도 도시계획위원회의 심의 전에 미리 시장·군수 또는 구청장의 의견을 들어야 한다.

③ 허가구역 지정·공고 내용의 통지를 받은 시장·군수 또는 구청장은 지체 없이 그 공고 내용을 그 허가구역을 관할하는 등기소의 장에게 통지하여야 한다.

④ 허가구역의 지정은 허가구역의 지정을 공고한 날부터 5일 후에 그 효력이 발생한다.

⑤ 국토교통부장관은 허가구역의 지정 사유가 없어졌다고 인정되면 중앙도시계획위원회의 심의를 거치지 않고 허가구역의 지정을 해제할 수 있다.

08 부동산 거래신고 등에 관한 법령상 토지거래계약에 관한 허가구역에서 허가를 요하지 아니하는 토지거래계약의 토지면적 기준으로 옳은 것은? (국토교통부장관 또는 시·도지사가 따로 정하는 기준면적은 고려하지 않음)

① 주거지역 - 150m² 이하

② 상업지역 - 250m² 이하

③ 녹지지역 - 500m² 이하

④ 공업지역 - 150m² 이하

⑤ 도시지역 외의 지역에 위치한 농지 - 800m² 이하

09 甲은 A도 B군에 있는 토지 250m²를 소유한 자이며, 관할 A도지사는 甲의 토지 전부가 포함된 녹지지역 일대를 토지거래 허가구역으로 지정하였다. 부동산 거래신고 등에 관한 법령상 이와 관련된 설명으로 옳은 것은? (A도지사는 허가를 요하지 아니하는 토지의 면적을 따로 정하지 않았음)

① 甲이 자신의 토지의 전부에 대해 대가를 받고 乙에게 매도하려면 A도지사로부터 토지거래계약 허가를 받아야 한다.

② 甲의 토지가 농지이고 허가구역에 거주하는 농업인 乙이 그 허가구역에서 농업을 경영하기 위해 甲의 토지 전부를 매수하려는 경우에는 토지거래계약 허가를 받지 않아도 된다.

③ 甲의 토지가 농지인 경우, 甲의 토지 전부를 매수하는 토지거래계약 허가를 받은 乙은 「농지법」에 따른 농지취득자격증명을 발급받아야 한다.

④ 허가구역 지정 당시 B군에서 사업을 시행하는 丙이 그 허가구역에서 자기 사업에 이용하고자 甲 토지 전부를 매수하는 경우, 허가 신청에 대하여 허가관청은 허가해야 한다.

⑤ 토지거래계약 허가신청에 대해 불허가처분을 받은 甲은 그 처분을 받은 날부터 1개월 이내에 A도지사에게 이의를 신청할 수 있다.

10 부동산 거래신고 등에 관한 법령상 토지거래허가구역에 관한 설명으로 옳은 것을 모두 고른 것은?

중
허가기준면적

> ㉠ 시·도지사는 허가구역의 일부를 축소하려면 시·도도시계획위원회의 심의를 거쳐야 한다.
> ㉡ 허가구역의 지정 통지를 받은 시장·군수 또는 구청장은 지체 없이 7일 이상 일반이 열람할 수 있도록 해야 한다.
> ㉢ 선매자로 지정된 자는 지정 통지를 받은 날부터 1개월 이내에 매수가격 등 선매조건을 기재한 서면을 토지 소유자에게 통지하여 선매협의를 해야 한다.
> ㉣ 국토교통부장관, 시·도지사, 시장·군수 또는 구청장은 토지거래계약 허가의 취소 처분을 하려면 청문을 실시해야 한다.

① ㉠, ㉡ ② ㉠, ㉣ ③ ㉡, ㉢
④ ㉡, ㉣ ⑤ ㉢, ㉣

11 부동산 거래신고 등에 관한 법령상 토지거래허가구역(이하 '허가구역'이라 함)에 관한 설명으로 옳은 것은?

상
허가기준

제32회

① 시·도지사는 법령의 개정으로 인해 토지이용에 대한 행위제한이 강화되는 지역을 허가구역으로 지정할 수 있다.
② 토지의 투기적인 거래 성행으로 지가가 급격히 상승하는 등의 특별한 사유가 있으면 5년을 넘는 기간으로 허가구역을 지정할 수 있다.
③ 허가구역 지정의 공고에는 허가구역에 대한 축척 5만분의 1 또는 2만5천분의 1의 지형도가 포함되어야 한다.
④ 허가구역을 지정한 시·도지사는 지체 없이 허가구역 지정에 관한 공고내용을 관할 등기소의 장에게 통지해야 한다.
⑤ 허가구역 지정에 이의가 있는 자는 그 지정이 공고된 날부터 1개월 내에 시장·군수·구청장에게 이의를 신청할 수 있다.

12 부동산 거래신고 등에 관한 법령상 토지거래계약의 허가와 관련된 설명으로 옳은 것은?

중
토지거래계약의
허가

① 허가를 받으려는 매수인은 단독으로 허가신청서를 시장·군수 또는 구청장에게 제출해야 한다.
② 허가신청서 기재사항에 토지취득에 필요한 자금조달계획은 포함되지 않는다.
③ 허가신청서를 받은 허가관청은 지체 없이 필요한 조사를 하고 신청서를 받은 날부터 15일 이내에 허가·변경허가 또는 불허가 처분을 해야 한다.
④ 허가신청을 받은 토지가 선매협의 절차가 진행 중인 경우 허가관청은 허가신청서를 받은 날부터 1개월 이내에 그 사실을 신청인에게 알려야 한다.
⑤ 「민원처리에 관한 법률」에 따른 처리기간에 허가증의 발급 또는 불허가처분사유의 통지가 없거나 선매협의사실의 통지가 없는 경우에는 그 기간이 끝난 날에 허가가 있는 것으로 본다.

13

토지거래계약의
허가

부동산 거래신고 등에 관한 법령상 토지거래허가구역에 관한 설명으로 틀린 것은?

① 토지거래계약의 허가를 받으려는 자는 그 허가신청서에 계약내용과 그 토지의 이용계획, 취득자금 조달계획 등을 적어 시장·군수 또는 구청장에게 제출하여야 한다.

② 허가 또는 불허가 처분에 대하여 이의가 있는 자는 그 처분을 받은 날부터 1개월 이내에 시장·군수 또는 구청장에게 이의를 신청할 수 있다.

③ 매수청구에 의하여 매수할 자로 지정된 자는 예산의 범위에서 공시지가를 기준으로 하여 해당 토지를 매수할 수 있다.

④ 토지거래계약의 허가신청에 대해 불허가의 처분을 받은 자는 그 통지를 받은 날부터 1개월 이내에 국토교통부장관에게 해당 토지에 관한 권리의 매수를 청구할 수 있다.

⑤ 「주택법」에 따른 사업계획승인을 받아 조성한 대지를 공급하는 경우에는 토지거래허가의 규정을 적용하지 아니한다.

14

무허가 계약의
효력

甲은 토지거래 허가구역으로 지정된 A도의 B군에 소재하는 乙 소유 토지를 취득하려고 한다. 부동산 거래신고 등에 관한 법령상 이에 관한 설명으로 옳은 것은? (단, A도지사는 허가를 요하지 아니하는 토지의 면적을 따로 정하지 않았음)

- 용도지역 : 제2종 일반주거지역
- 거래면적 : $100m^2$
- 토지의 이용목적 : 자기의 거주용 주택용지로 이용

① 甲이 증여로 해당 토지를 취득하는 경우, 甲과 乙은 공동으로 B군수의 허가를 받아야 한다.

② 공인중개사법령에 따라 개업공인중개사가 甲과 乙의 매매계약서를 작성·교부한 경우 개업공인중개사가 토지거래계약의 허가를 신청해야 한다.

③ 甲은 허가받아 취득한 토지를 대통령령이 정하는 예외사유가 없는 한 취득일부터 2년 동안 허가받은 목적대로 이용해야 한다.

④ 甲이 허가받아 취득한 토지를 허가받은 목적대로 이용하지 않고 방치한 경우 B군수는 토지 취득가액의 100분의 7에 해당하는 이행강제금을 부과한다.

⑤ 허가신청에 대하여 불허가처분이 있는 경우, 乙은 그 통지를 받은 날부터 1개월 이내에 A도지사에게 해당 토지에 관한 권리의 매수를 청구할 수 있다.

15 부동산 거래신고 등에 관한 법령상 1년 이하의 징역 또는 1천만원 이하의 벌금에 처하는 자는?

중

토지거래계약의
허가 위반시
제재

① 토지거래계약의 허가를 받지 아니하고 토지거래계약을 체결한 자
② 토지거래계약에 관한 허가를 받은 자로서 그 토지를 허가받은 목적대로 이용하지 아니한 자
③ 시장·군수 또는 구청장의 허가 취소, 처분 또는 조치명령을 위반한 자
④ 매매계약을 체결하지 아니하였음에도 불구하고 거짓으로 부동산 거래신고를 한 자
⑤ 부동산 거래신고 후 해당 계약이 해제 등이 되지 아니하였음에도 불구하고 거짓으로 해제 등의 신고를 한 자

16 부동산 거래신고 등에 관한 법령상 토지거래허가구역에 관련된 설명으로 틀린 것은?

중

토지거래계약의
허가

① 시장·군수 또는 구청장은 토지의 이용 의무를 이행하지 아니한 자에 대하여 3개월 이내로 기간을 정하여 토지의 이용의무를 이행하도록 명할 수 있다.
② 토지의 이용의무를 이행하지 아니한 자라도 「농지법」상 이행강제금을 부과받은 경우에는 이용 의무의 이행을 명하지 아니할 수 있다.
③ 시장·군수 또는 구청장은 이행명령이 정하여진 기간에 이행되지 아니한 경우에는 토지 취득가액의 100분의 10 범위에서 이행강제금을 부과한다.
④ 시장·군수 또는 구청장은 최초의 이행명령이 있었던 날을 기준으로 하여 1년에 한 번씩 그 이행명령이 이행될 때까지 반복하여 이행강제금을 부과·징수할 수 있다.
⑤ 시장·군수 또는 구청장은 이행명령을 받은 자가 그 명령을 이행하는 경우에는 새로운 이행강제금의 부과를 즉시 중지하며 명령을 이행하기 전에 이미 부과된 이행강제금은 징수해서는 안 된다.

17 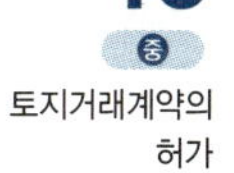
토지이용
의무기간

부동산 거래신고 등에 관한 법령상 토지거래계약을 허가받은 경우 그 토지를 허가받은 목적대로 이용하여야 하는 토지이용 의무기간으로 틀린 것은? (의무기간의 기산점은 토지의 취득시이고, 대통령령으로 정하는 예외 사유는 고려하지 않음)

① 농지 외의 토지를 공공사업용으로 협의양도하거나 수용된 자가 대체토지를 취득하기 위하여 허가를 받은 경우에는 2년

② 허가구역을 포함한 지역의 주민을 위한 편익시설의 설치에 이용하려는 목적으로 허가를 받은 경우에는 2년

③ 농업을 영위하기 위한 목적으로 허가를 받은 경우에는 2년

④ 허가구역 지정 당시에 사업을 시행하던 자가 그 사업에 이용할 목적으로 허가를 받은 경우에는 2년

⑤ 관계법령의 규정에 의하여 건축물이나 공작물의 설치행위가 금지된 토지에 대하여 현상보존의 목적으로 토지를 취득하기 위하여 허가를 받은 경우에는 5년

18
토지거래계약의
허가

부동산 거래신고 등에 관한 법령상 토지거래계약허가를 받아 취득한 토지를 허가받은 목적대로 이용하고 있지 않은 경우 시장·군수·구청장이 취할 수 있는 조치가 아닌 것은?

① 3개월 이내의 기간을 정하여 토지의 이용 의무를 이행하도록 문서로 명할 수 있다.

② 해당 토지를 허가관청의 승인을 얻지 아니하고 변경하여 이용하고 있다는 이유로 이행명령을 했음에도 정해진 기간에 이행되지 않은 경우, 토지 취득가액의 100분의 5에 상당하는 금액의 이행강제금을 부과한다.

③ 해당 토지에 관한 토지거래계약 허가신청이 있을 때 국가, 지방자치단체, 한국토지주택공사가 그 토지의 매수를 원하면 이들 중에서 매수할 자를 지정하여 협의 매수하게 할 수 있다.

④ 토지거래계약의 허가를 취소할 수 있다.

⑤ 벌금형에 처할 수 있다.

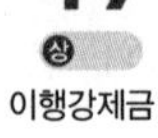

19 부동산 거래신고 등에 관한 법령상 이행강제금과 관련된 설명으로 옳은 것은?

① 허가받은 목적대로 이용하지 아니하고 방치한 경우는 토지 취득가액의 100분의 7에 상당하는 금액의 이행강제금을 부과한다.

② 허가받아 취득한 토지를 직접 이용하지 않고 임대한 경우는 토지 취득가액의 100분의 10에 상당하는 금액의 이행강제금을 부과한다.

③ 허가관청은 토지의 이용 의무기간이 지난 후에도 이용의무 위반에 대하여는 이행강제금을 부과할 수 있다.

④ 허가관청은 최초의 이행명령이 있었던 날을 기준으로 하여 1년에 두 번씩 그 이행명령이 이행될 때까지 반복하여 이행강제금을 부과·징수할 수 있다.

⑤ 이행강제금의 부과처분에 불복하는 자는 부과처분을 고지받은 날부터 30일 이내에 허가관청에 이의를 제기할 수 있다.

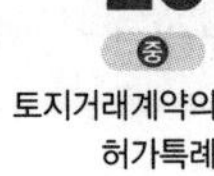

20 부동산 거래신고 등에 관한 법령상 토지거래계약의 허가와 관련된 내용으로 틀린 것은?

① 토지거래허가 신청 당사자의 한쪽 또는 양쪽이 국가 또는 지방자치단체인 경우에는 그 기관의 장이 시장·군수 또는 구청장과 협의할 수 있고, 그 협의가 성립된 때에는 그 토지거래계약에 관한 허가를 받은 것으로 본다.

② 외국인 등이 신고관청으로부터 토지취득의 허가를 받은 경우에는 토지거래계약의 허가에 대한 규정을 적용하지 아니한다.

③ 「국유재산법」에 따른 국유재산관리계획에 따라 국유재산을 일반경쟁입찰에 의하여 처분하는 경우에는 토지거래계약의 허가에 대한 규정을 적용하지 아니한다.

④ 토지거래계약 허가를 받은 매매계약의 경우에는 부동산거래계약 신고서를 제출한 것으로 본다.

⑤ 토지거래계약에 관한 허가증을 발급받은 경우에는 「부동산등기 특별조치법」에 따른 검인을 받은 것으로 본다.

21 
선매

부동산 거래신고 등에 관한 법령상 선매와 관련된 설명으로 옳은 것은?

① 허가를 받아 취득한 토지를 그 이용목적대로 이용하고 있는 토지에 대해 토지거래계약
의 허가신청이 된 경우는 선매대상이 될 수 있다.

② 공익사업용으로 이용될 토지는 토지거래계약 허가신청 여부에 관계없이 선매대상이 된다.

③ 선매자로 지정된 자는 지정통지를 받은 날부터 15일 이내에 그 토지 소유자와 선매협의
를 끝내야 한다.

④ 선매할 때의 매수가격은 허가신청서에 적힌 가격이 감정가격보다 낮은 경우가 아닌 한
감정가격을 기준으로 한다.

⑤ 선매자는 지정통지를 받은 날부터 15일 이내에 국토교통부령으로 정하는 바에 따라 선
매협의조서를 허가관청에 제출해야 한다.

22
선매

부동산 거래신고 등에 관한 법령상 선매와 관련된 설명으로 틀린 것은?

① 토지거래계약허가 신청이 있는 토지 중에서 토지거래계약 허가를 받아 취득한 토지를
그 이용목적대로 이용하고 있지 아니한 토지는 선매대상이 된다.

② 허가관청은 선매대상토지에 대하여 토지거래계약 허가신청이 있는 경우에는 그 신청이
있는 날부터 1개월 이내에 선매자를 지정하여 토지 소유자에게 알려야 한다.

③ 선매자로 지정된 자는 그 지정통지를 받은 날부터 15일 이내에 매수가격 등 선매조건을
기재한 서면을 토지 소유자에게 통지하여 선매협의를 해야 한다.

④ 선매자는 지정 통지를 받은 날부터 1개월 이내에 선매협의조서를 허가관청에 제출해야 한다.

⑤ 허가관청은 선매협의가 이루어지지 아니한 경우에는 허가처분을 하고 지체 없이 신청인
에게 허가증을 발급해야 한다.

23
토지거래계약의
허가

부동산 거래신고 등에 관한 법령상 '허가구역 내 토지거래에 대한 허가'의 규정이 적용되지 않는
경우를 모두 고른 것은?

> ㉠ 「택지개발촉진법」에 따라 택지를 공급하는 경우
> ㉡ 「농어촌정비법」에 따라 농지 교환계약을 체결하는 경우
> ㉢ 「공익사업을 위한 토지 등의 취득 및 보상에 관한 법률」에 따라 토지를 수용하는 경우

① ㉠   ② ㉡   ③ ㉠, ㉢

④ ㉡, ㉢   ⑤ ㉠, ㉡, ㉢

대표유형

부동산 거래신고 등에 관한 법령상 행정기관 또는 수사기관에 신고 또는 고발한 경우에 포상금을 지급받을 수 있는 사유가 아닌 것은?

① 토지거래계약의 허가를 받지 아니하고 토지거래계약을 체결한 자

② 부동산 매매계약에 관하여 개업공인중개사에게 거짓으로 신고할 것을 요구한 자

③ 부동산 등의 실제 거래가격을 거짓으로 신고한 자

④ 부동산 등의 매매계약을 체결하지 아니하였음에도 불구하고 거짓으로 부동산 거래신고를 한 자

⑤ 토지거래허가를 받아 취득한 토지에 대하여 허가받은 목적대로 이용하지 아니한 자

해설 ② 시장·군수 또는 구청장은 다음에 해당하는 자를 관계 행정기관이나 수사기관에 신고하거나 고발한 자에게 예산의 범위에서 포상금을 지급할 수 있다.

> 1. 부동산 등의 실제 거래가격을 거짓으로 신고한 자
> 2. 신고의무자가 아닌 자로서 부동산 등의 실제 거래가격을 거짓으로 신고한 자
> 3. 부동산 등의 매매계약을 체결하지 아니하였음에도 불구하고 거짓으로 부동산 거래신고를 한 자
> 4. 부동산 거래신고 후 해당 계약이 해제 등이 되지 아니하였음에도 불구하고 거짓으로 해제 등의 신고를 한 자
> 5. 주택 임대차 계약의 보증금·차임 등 계약금액을 거짓으로 신고한 자
> 6. 토지거래허가 또는 변경허가를 받지 아니하고 토지거래계약을 체결한 자 또는 거짓 그 밖의 부정한 방법으로 토지거래계약허가를 받은 자
> 7. 토지거래허가를 받아 취득한 토지에 대하여 허가받은 목적대로 이용하지 아니한 자

▶▶ 정답 ②

Point

01 부동산 거래신고 등에 관한 법령상 포상금 제도를 설명한 내용 중 틀린 것은?

상

포상금 지급방법 및 절차

① 부동산 등의 실제 거래가격을 거짓으로 신고한 자를 고발한 자에게 지급되는 포상금은 부과되는 과태료의 100분의 20에 해당하는 금액으로 하되, 지급한도액은 1천만원으로 한다.

② 해당 위반행위에 관여한 자가 신고하거나 고발한 경우에는 포상금을 지급하지 않을 수 있다.

③ 포상금의 지급에 드는 비용은 시·군이나 구의 재원으로 충당한다.

④ 신고관청 또는 허가관청은 포상금 지급신청서가 접수된 날부터 1개월 이내에 포상금을 지급해야 한다.

⑤ 허가관청은 하나의 위반행위에 대하여 2명 이상이 각각 신고 또는 고발한 경우에는 최초로 신고 또는 고발한 사람에게 포상금을 지급한다.

02

포상금의 계산

부동산 거래신고 등에 관한 법령상 신고포상금 지급대상에 해당하는 위반행위를 모두 고른 것은?

> ㉠ 부동산 매매계약의 거래당사자가 부동산의 실제 거래가격을 거짓으로 신고하는 행위
> ㉡ 외국인 등으로서 부동산을 증여받고도 이를 거짓으로 신고하는 행위
> ㉢ 토지거래계약허가를 받아 취득한 토지를 허가받은 목적대로 이용하지 않는 행위
> ㉣ 부동산 매매계약에 관하여 부동산의 실제 거래가격을 거짓으로 신고하도록 조장하는 행위

① ㉠, ㉢ ② ㉠, ㉣ ③ ㉡, ㉣
④ ㉠, ㉡, ㉢ ⑤ ㉡, ㉢, ㉣

03

과태료 종류

부동산 거래신고 등에 관한 법령에 규정된 과태료가 아닌 것은?

① 100만원 이하의 과태료
② 200만원 이하의 과태료
③ 300만원 이하의 과태료
④ 취득가액의 100분의 10 이하의 과태료
⑤ 3,000만원 이하의 과태료

04

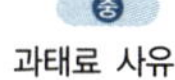
과태료 사유

부동산 거래신고 등에 관한 법령상 과태료 부과기준의 연결이 틀린 것은?

① 부동산 거래신고를 하지 아니한 자 − 500만원 이하
② 외국인 등으로서 계약 외의 원인으로 인한 부동산 등 취득신고를 하지 아니하거나 거짓으로 신고한 자 − 100만원 이하
③ 거짓으로 부동산 거래신고를 하는 행위를 조장하거나 방조한 자 − 500만원 이하
④ 신고의무자가 아닌 자로서 거짓된 내용의 부동산 거래신고를 한 자 − 3,000만원 이하
⑤ 개업공인중개사로 하여금 부동산 거래신고를 거짓으로 할 것을 요구한 자 − 500만원 이하

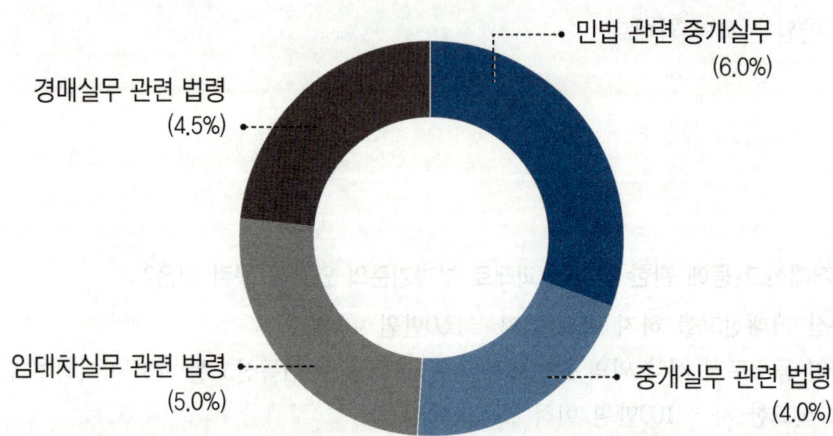

최근 5개년 출제경향 분석

최근 중개실무는 7문제 정도가 출제되고 있다. 제1장 민법 관련 중개실무에서는 타 과목(민법, 공시법 등)과 연계된 중개대상물 조사·확인 및 부동산 실권리자명의 등기법 등에서 1~2문제 가량 출제된다. 제2장 중개실무 관련 법령은 부동산 거래신고 및 전자계약 등 실무 관련 법령을 다루며 1~2문제가 출제된다. 제3장 임대차실무 관련 법령은 주택 및 상가건물 임대차보호법에서 골고루 2문제 가량 출제되고, 제4장 경매실무 관련 법령은 경매절차 및 권리분석, 경매 매수신청대리에서 2문제 가량 출제된다.

중개실무

대표유형

개업공인중개사가 토지를 중개하면서 분묘기지권에 관해 설명한 내용으로 틀린 것을 모두 고른 것은?
(다툼이 있으면 판례에 따름) 제25회

㉠ 장래의 묘소(가묘)는 분묘에 해당하지 않는다.
㉡ 분묘의 특성상, 타인의 승낙 없이 분묘를 설치한 경우에도 즉시 분묘기지권을 취득한다.
㉢ 평장되어 있어 객관적으로 인식할 수 있는 외형을 갖추고 있지 아니한 경우, 분묘기지권이 인정되지 아니한다.
㉣ 분묘기지권의 효력이 미치는 범위는 분묘의 기지 자체에 한정된다.

① ㉠, ㉢   ② ㉡, ㉣   ③ ㉢, ㉣
④ ㉠, ㉡, ㉢   ⑤ ㉠, ㉡, ㉣

해설 ㉡ 타인소유의 토지에 승낙 없이 분묘를 설치하고, 20년간 평온·공연하게 그 분묘의 기지를 점유한 때 분묘기지권을 취득한다.
㉣ 분묘기지권은 분묘의 기지 자체뿐만 아니라 그 분묘의 수호 및 봉제사에 필요한 범위 내에서 분묘의 기지 주위의 공지를 포함한 지역에까지 미치는 것이고 그 확실한 범위는 각 구체적인 경우에 개별적으로 정해야 할 것이다.
▶▶ 정답 ②

Point
01
중
중개대상물
조사·확인

개업공인중개사가 중개의뢰인에게 중개대상물에 대하여 설명한 내용으로 옳은 것을 모두 고른 것은? (다툼이 있으면 판례에 따름) 제27회

㉠ 토지의 소재지, 지목, 지형 및 경계는 토지대장을 통해 확인할 수 있다.
㉡ 분묘기지권은 등기사항증명서를 통해 확인할 수 없다.
㉢ 지적도상의 경계와 실제경계가 일치하지 않는 경우 특별한 사정이 없는 한 실제경계를 기준으로 한다.
㉣ 동일한 건물에 대하여 등기부상의 면적과 건축물대장의 면적이 다른 경우 건축물대장을 기준으로 한다.

① ㉠, ㉢   ② ㉡, ㉣   ③ ㉠, ㉡, ㉢
④ ㉠, ㉢, ㉣   ⑤ ㉡, ㉢, ㉣

02 개업공인중개사 甲이 丁소유의 X토지를 공유하고자 하는 乙과 丙에게 매매계약을 중개하였다. 다음 설명 중 옳은 것을 모두 고른 것은? (다툼이 있으면 판례에 따름) 제21회

중 / 민법 관련실무

> ㉠ 乙의 지분이 2분의 1이고 다른 특약이 없는 경우, 乙이 X토지 전부를 사용·수익하고 있다면 丙은 乙에게 부당이득반환청구를 할 수 있다.
> ㉡ 乙의 지분이 2분의 1이고 다른 특약이 없는 경우, 乙은 단독으로 공유물의 관리에 관한 사항을 결정할 수 없다.
> ㉢ 乙의 지분이 3분의 2인 경우, 乙은 X토지의 특정된 부분을 배타적으로 사용하는 결정을 할 수 있다.
> ㉣ 乙과 丙은 X토지를 5년 내에 분할하지 않을 것을 약정할 수 있다.

① ㉠, ㉡ 　② ㉡, ㉣ 　③ ㉠, ㉡, ㉣
④ ㉡, ㉢, ㉣ 　⑤ ㉠, ㉡, ㉢, ㉣

03 개업공인중개사 甲의 중개로 丙이 乙소유의 X토지를 매수한 후 乙에게 계약금과 중도금을 지급하였다. 그 후 甲은 乙이 X토지를 丁에게 다시 매각한 사실을 알게 되었다. 甲의 설명으로 옳은 것을 모두 고른 것은? (다툼이 있으면 판례에 따름) 제24회

중 / 민법 관련실무

> ㉠ 丁이 乙과 丙 사이의 매매계약이 있음을 미리 알았다는 사실만으로도 乙과 丁 사이의 매매계약은 무효가 된다.
> ㉡ 특별한 사정이 없는 한, 乙은 丙으로부터 받은 계약금의 배액과 중도금을 반환하고 丙과의 매매계약을 해제할 수 있다.
> ㉢ 특별한 사정이 없는 한, 丙과 丁 중에서 소유권이전등기를 먼저 하는 자가 X토지의 소유자가 된다.

① ㉠ 　② ㉡ 　③ ㉢
④ ㉠, ㉡ 　⑤ ㉡, ㉢

04
중
민법
관련실무

X대지에 Y건물이 있고, X대지와 Y건물은 동일인의 소유이다. 개업공인중개사가 Y건물에 대해서만 매매를 중개하면서 중개의뢰인에게 설명한 내용으로 옳은 것을 모두 고른 것은? (다툼이 있으면 판례에 따름)

제30회

> ㉠ Y건물에 대한 철거특약이 없는 경우, Y건물이 건물로서의 요건을 갖추었다면 무허가건물이라도 관습상의 법정지상권이 인정된다.
> ㉡ 관습상의 법정지상권이 성립한 후 Y건물을 증축하더라도 구 건물을 기준으로 관습상의 법정지상권은 인정된다.
> ㉢ Y건물 취득 시 Y건물을 위해 X대지에 대한 임대차계약을 체결하더라도 관습상의 법정지상권을 포기한 것은 아니다.
> ㉣ 대지 소유자가 Y건물만을 매도하여 관습상의 법정지상권이 인정되면 Y건물 매수인은 대지 소유자에게 지료를 지급할 의무가 없다.

① ㉠, ㉡　　　　② ㉡, ㉢　　　　③ ㉢, ㉣
④ ㉠, ㉡, ㉣　　　⑤ ㉠, ㉢, ㉣

05
하
민법
관련실무

개업공인중개사가 중개의뢰인에게 중개대상물에 관한 법률관계를 설명한 내용으로 틀린 것은? (다툼이 있으면 판례에 따름)

제25회

① 건물 없는 토지에 저당권이 설정된 후, 저당권설정자가 건물을 신축하고 저당권의 실행으로 인하여 그 토지와 지상건물이 소유자를 달리하게 된 경우에 법정지상권이 성립한다.

② 대지와 건물이 동일소유자에게 속한 경우, 건물에 전세권을 설정한 때에는 그 대지 소유권의 특별승계인은 전세권설정자에 대하여 지상권을 설정한 것으로 본다.

③ 지상권자가 약정된 지료를 2년 이상 지급하지 않은 경우, 지상권설정자는 지상권의 소멸을 청구할 수 있다.

④ 지상권자가 지상물의 소유자인 경우, 지상권자는 지상권을 유보한 채 지상물 소유권만을 양도할 수 있다.

⑤ 지상권의 존속기간은 당사자가 설정행위에서 자유롭게 정할 수 있으나, 다만 최단기간의 제한이 있다.

06
하
토지거래허가구역
유동적 무효

부동산 거래신고 등에 관한 법령상 토지거래허가구역 내의 토지매매에 관한 설명으로 옳은 것을 모두 고른 것은? (단, 법령상 특례는 고려하지 않으며, 다툼이 있으면 판례에 따름) 제34회

> ㉠ 허가를 받지 아니하고 체결한 매매계약은 그 효력이 발생하지 않는다.
> ㉡ 허가를 받기 전에 당사자는 매매계약상 채무불이행을 이유로 계약을 해제할 수 있다.
> ㉢ 매매계약의 확정적 무효에 일부 귀책사유가 있는 당사자도 그 계약의 무효를 주장할 수 있다.

① ㉠
② ㉡
③ ㉠, ㉢
④ ㉡, ㉢
⑤ ㉠, ㉡, ㉢

07
상
토지거래허가구역
유동적 무효

개업공인중개사가 토지거래계약허가구역 내의 허가대상 토지매매를 중개하면서 당사자에게 설명한 내용으로 틀린 것은? (다툼이 있으면 판례에 따름) 제22회

① 이 매매계약은 관할관청의 허가를 받기 전에는 효력이 발생하지 않는다.
② 관할관청의 허가가 있기 전에는 매수인은 그 계약내용에 따른 대금의 지급의무가 없다.
③ 허가신청에 이르기 전에 매매계약을 일방적으로 철회하는 경우 상대방에게 일정한 손해액을 배상하기로 하는 약정은 그 효력이 없다.
④ 매도인이 허가신청절차에 협력하지 않으면, 매수인은 매도인에게 협력의무의 이행을 소로써 구할 수 있다.
⑤ 이 매매계약은 당사자 쌍방이 허가신청을 하지 아니하기로 의사표시를 명백히 한 때에는 확정적으로 무효가 된다.

08
중
토지거래허가구역
유동적 무효

개업공인중개사가 토지거래계약허가구역 내의 허가대상 토지매매를 중개하면서 당사자에게 설명한 내용으로 틀린 것은? (다툼이 있으면 판례에 따름)

① 정상적으로는 토지거래허가를 받을 수 없는 계약을 허가를 받을 수 있도록 계약서를 허위로 작성한 경우에도 그 계약은 무효이다.
② 유동적 무효인 상태에서 허가구역 지정이 해제된 경우 토지거래계약은 확정적으로 유효가 된다.
③ 유동적 무효상태에 있는 매매계약에서 매도인은 계약금의 배액을 상환하고 계약을 해제할 수 없다.
④ 거래당사자 쌍방이 허가신청협력의무의 이행거절을 명백히 표시한 경우 토지거래계약은 확정적으로 무효이다.
⑤ 토지거래허가요건을 갖추지 못하였음에도 허가요건을 갖춘 타인 명의로 매매계약을 체결한 경우에도 '허가 없이 토지의 거래계약을 체결한 경우'에 해당하여 처벌대상이 된다.

09
중
토지거래허가구역
유동적 무효

토지거래허가제도에 관한 설명으로 틀린 것은? (다툼이 있으면 판례에 따름)

① 토지거래허가구역 내의 토지에 대하여 중간생략등기 합의로 전전매된 경우 각각의 매매
계약은 모두 확정적 무효이며, 각 매수인은 각 매도인에게 협력의무 이행청구권도 없다.

② 매매계약 체결 당시 일정한 기간 안에 토지거래허가를 받기로 약정하였고 그 약정기간
내에 허가를 받지 못한 경우라도 특별한 사정이 없는 한 곧바로 위 매매계약이 확정적으
로 무효가 된다고 할 수 없다.

③ 허가대상 토지 및 그 지상건물을 일체로서 매매한 경우 토지거래허가를 받지 못하더라
도 건물만의 소유권이전등기는 언제나 가능하다.

④ 유동적 무효 상태에서는 매수인은 지급한 계약금을 부당이득을 이유로 반환을 청구할
수 없다.

⑤ 허가구역의 지정해제로 계약이 유효가 되었다면 그 후 토지가 토지거래허가구역으로 재
지정되었더라도 다시 토지거래허가를 받을 필요는 없다.

10
중
공유

개업공인중개사가 X토지를 공유로 취득하고자 하는 甲, 乙에게 설명한 내용으로 옳은 것을 모
두 고른 것은? (다툼이 있으면 판례에 따름)　　제35회

> ㉠ 甲의 지분이 1/2, 乙의 지분이 1/2인 경우, 乙과 협의 없이 X토지 전체를 사용·수익하는
> 甲에 대하여 乙은 X토지의 인도를 청구할 수 있다.
> ㉡ 甲의 지분이 2/3, 乙의 지분이 1/3인 경우, 甲이 X토지를 임대하였다면 乙은 그 임대차의
> 무효를 주장할 수 없다.
> ㉢ 甲의 지분이 1/3, 乙의 지분이 2/3인 경우, 乙은 甲의 동의 없이 X토지를 타인에게 처분할
> 수 없다.

① ㉠　　　　　　② ㉡　　　　　　③ ㉠, ㉢

④ ㉡, ㉢　　　　　⑤ ㉠, ㉡, ㉢

11 분묘가 있는 토지를 중개하면서 설명한 내용 중 틀린 것은? (다툼이 있으면 판례에 따름)

중
분묘기지권

① 분묘기지권은 권리자가 의무자에 대하여 그 권리를 포기하는 의사표시를 하는 외에 점유까지도 포기해야만 그 권리가 소멸하는 것은 아니다.

② 분묘기지권을 시효로 취득한 경우, 분묘기지권자는 토지 소유자가 지료를 청구하면 그 청구한 날부터의 지료를 지급할 의무가 있다.

③ 분묘가 멸실된 경우라고 하더라도 유골이 존재하고 분묘의 원상회복이 가능하여 일시적인 멸실에 불과하다면 분묘기지권은 소멸하지 않고 존속한다.

④ 분묘기지권의 효력이 미치는 지역의 범위 내에서 기존의 분묘에 합장하여 단분형태의 분묘를 설치하는 것은 허용된다.

⑤ 토지 소유자가 자신 토지에 분묘를 설치한 후 그 분묘의 이장에 대한 특약 없이 토지를 처분한 경우 분묘기지권을 취득한다.

12 개업공인중개사가 토지를 매수하려는 중개의뢰인에게 분묘기지권에 관하여 설명한 내용으로 옳은 것을 모두 고른 것은? (다툼이 있으면 판례에 따름)

중
분묘기지권

> ㉠ 분묘기지권을 시효취득한 사람은 시효취득한 때부터 지료를 지급할 의무가 발생한다.
> ㉡ 분묘기지권에는 특별한 사정이 없는 한 그 효력이 미치는 지역의 범위 내에 기존의 분묘 외에 새로운 분묘를 신설할 권능도 포함된다.
> ㉢ 분묘기지권을 취득한 자는 그 분묘기지권의 등기 없이도 그 분묘가 설치된 토지의 매수인에게 대항할 수 있다.

① ㉡   ② ㉢   ③ ㉠, ㉢
④ ㉡, ㉢   ⑤ ㉠, ㉡, ㉢

13 개업공인중개사가 중개의뢰인에게 분묘가 있는 토지에 관하여 설명한 내용으로 틀린 것을 모두 고른 것은? (다툼이 있으면 판례에 따름)

중
분묘기지권

> ㉠ 토지 소유자의 승낙에 의하여 성립하는 분묘기지권의 경우 성립 당시 토지 소유자와 분묘의 수호·관리자가 지료 지급의무의 존부에 관하여 약정을 하였다면 그 약정의 효력은 분묘 기지의 승계인에게 미치지 않는다.
> ㉡ 분묘기지권은 지상권 유사의 관습상 물권이다.
> ㉢ 분묘기지권의 존속기간에 관하여는 「민법」의 지상권에 관한 규정에 따라야 한다.

① ㉠   ② ㉢   ③ ㉠, ㉢
④ ㉡, ㉢   ⑤ ㉠, ㉡, ㉢

1 부동산 실권리자명의 등기에 관한 법률

대표유형

甲과 친구 乙은 乙을 명의수탁자로 하는 계약명의신탁약정을 하였고, 이에 따라 乙은 2026. 6. 17. 丙 소유 X토지를 매수하여 乙 명의로 등기하였다. 이 사안에서 개업공인중개사가 「부동산 실권리자명의 등기에 관한 법률」의 적용과 관련하여 설명한 내용으로 옳은 것을 모두 고른 것은? (다툼이 있으면 판례에 따름)
제28회

㉠ 甲과 乙의 위 약정은 무효이다.
㉡ 甲과 乙의 위 약정을 丙이 알지 못한 경우라면 그 약정은 유효하다.
㉢ 甲과 乙의 위 약정을 丙이 알지 못한 경우, 甲은 X토지의 소유권을 취득한다.
㉣ 甲과 乙의 위 약정을 丙이 안 경우, 乙로부터 X토지를 매수하여 등기한 丁은 그 소유권을 취득하지 못한다.

① ㉠　　　　　② ㉣　　　　　③ ㉠, ㉡
④ ㉡, ㉢　　　　⑤ ㉡, ㉢, ㉣

해설 ㉠ 甲과 乙의 명의신탁약정은 무효이므로 옳은 지문이다.
㉡ 甲과 乙의 명의신탁약정을 丙이 알지 못한 경우라도 명의신탁약정은 무효이므로 틀린 지문이다.
㉢ 甲과 乙의 명의신탁약정을 丙이 알지 못한 경우, 甲이 아니라 乙이 X토지의 소유권을 취득하므로 틀린 지문이다.
㉣ 甲과 乙의 명의신탁약정을 丙이 안 경우, 乙 명의의 소유권이전등기는 무효이다. 그러나 乙로부터 X토지를 매수하여 등기한 제3자 丁은 선의·악의를 불문하고 소유권을 취득하므로 틀린 지문이다. ▶▶ **정답** ①

01

중
3자 간
등기명의신탁

甲은 乙과 乙 소유 부동산의 매매계약을 체결하면서 세금을 줄이기 위해 甲과 丙 간의 명의신탁약정에 따라 丙 명의로 소유권이전등기를 하기로 하였다. 丙에게 이전등기가 이루어질 경우에 대하여 개업공인중개사가 甲과 乙에게 설명한 내용으로 옳은 것은? (다툼이 있으면 판례에 따름)
제27회

① 계약명의신탁에 해당한다.
② 丙 명의의 등기는 유효하다.
③ 丙 명의로 등기가 이루어지면 소유권은 甲에게 귀속된다.
④ 甲은 매매계약에 기하여 乙에게 소유권이전등기를 청구할 수 있다.
⑤ 丙이 소유권을 취득하고 甲은 丙에게 대금 상당의 부당이득반환청구권을 행사할 수 있다.

02 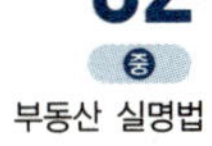
부동산 실명법

개업공인중개사가 중개의뢰인에게 「부동산 실권리자명의 등기에 관한 법률」의 내용에 관하여 설명한 것으로 옳은 것을 모두 고른 것은? (다툼이 있으면 판례에 따름) 제33회

> ㉠ 부동산의 위치와 면적을 특정하여 2인 이상이 구분소유하기로 하는 약정을 하고 그 구분소유자의 공유로 등기한 경우, 그 등기는 「부동산 실권리자명의 등기에 관한 법률」 위반으로 무효이다.
> ㉡ 배우자 명의로 부동산에 관한 물권을 등기한 경우 조세 포탈, 강제집행의 면탈 또는 법령상 제한의 회피를 목적으로 하지 아니하는 경우 그 등기는 유효하다.
> ㉢ 명의신탁자가 계약의 당사자가 되는 3자 간 등기명의신탁이 무효인 경우 명의신탁자는 매도인을 대위하여 명의수탁자 명의의 등기의 말소를 청구할 수 있다.

① ㉠ 　② ㉡ 　③ ㉠, ㉢
④ ㉡, ㉢ 　⑤ ㉠, ㉡, ㉢

03
부동산 실명법

「부동산 실권리자명의 등기에 관한 법률」에 관한 설명으로 옳은 것은? (다툼이 있으면 판례에 따름)

① 소유권 이외의 부동산 물권의 명의신탁은 동 법률의 적용을 받지 않는다.
② 채무변제를 담보하기 위해 채권자가 부동산 소유권을 이전받기로 하는 약정은 동 법률의 명의신탁약정에 해당한다.
③ 양자 간 등기명의신탁의 경우 신탁자는 수탁자에게 명의신탁약정의 해지를 원인으로 소유권이전등기를 청구할 수 없다.
④ 3자 간 등기명의신탁의 경우 수탁자가 자진하여 신탁자에게 소유권이전등기를 해주더라도, 그 등기는 무효이다.
⑤ 명의신탁약정의 무효는 악의의 제3자에게 대항할 수 있다.

04
유효한 명의신탁

종중 甲이 그 소유의 부동산을 조세포탈, 강제집행의 면탈 또는 법령상 제한의 회피를 하지 아니한 목적으로 종원 乙에게 명의신탁한 경우에 관한 설명으로 옳은 것을 모두 고른 것은? (다툼이 있으면 판례에 따름)

> ㉠ 甲과 乙의 명의신탁약정은 유효하다.
> ㉡ 丙이 명의신탁 사실을 알고 乙로부터 이 부동산을 매수하고 소유권이전등기를 한 경우라도 丙은 소유권을 취득한다.
> ㉢ 丙이 乙의 배임행위에 적극 가담하여 매수한 경우 甲 종중은 직접 丙을 상대로 소유권이전등기의 말소를 청구할 수 있다.

① ㉠ 　② ㉡ 　③ ㉠, ㉡
④ ㉡, ㉢ 　⑤ ㉠, ㉡, ㉢

05
●상
3자 간
등기명의신탁

甲은 2026. 6. 3. 친구 乙과 명의신탁약정을 하고 丙소유의 X부동산을 매수하면서 丙에게 부탁하여 乙명의로 소유권이전등기를 하였다. 다음 설명 중 옳은 것은?

① 乙이 X부동산의 소유자이다.
② 甲은 명의신탁해지를 원인으로 乙에게 소유권이전등기를 청구할 수 있다.
③ 甲은 부당이득반환을 원인으로 乙에게 소유권이전등기를 청구할 수 있다.
④ 丙은 진정명의회복을 원인으로 乙에게 소유권이전등기를 청구할 수 있다.
⑤ 乙이 명의신탁약정을 알고 있는 丁에게 X부동산을 매도한 경우 丁은 소유권을 취득할 수 없다.

06
●중
양자 간
등기명의신탁

甲은 법령상 제한을 회피할 목적으로 2026. 5. 1. 배우자 乙과 자신 소유의 X건물에 대해 명의신탁약정을 하고, 甲으로부터 乙 앞으로 소유권이전등기를 마쳤다. 다음 설명 중 틀린 것은? (다툼이 있으면 판례에 따름)

① 甲은 乙을 상대로 진정명의회복을 원인으로 한 소유권이전등기를 청구할 수 있다.
② 甲은 乙을 상대로 부당이득반환을 원인으로 한 소유권이전등기를 청구할 수 있다.
③ 甲은 乙을 상대로 명의신탁해지를 원인으로 한 소유권이전등기를 청구할 수 없다.
④ 乙이 丙에게 X건물을 매도하고 소유권이전등기를 해준 경우, 丙은 소유권을 취득한다.
⑤ 乙이 丙에게 X건물을 매도하고 소유권이전등기를 해준 경우, 乙은 甲에게 불법행위책임을 부담한다.

07
●상
3자 간
등기명의신탁

甲은 乙과 乙 소유의 X부동산의 매매계약을 체결하고, 친구 丙과의 명의신탁약정에 따라 乙로부터 바로 丙 명의로 소유권이전등기를 하였다. 이와 관련하여 개업공인중개사가 甲과 丙에게 설명한 내용으로 옳은 것을 모두 고른 것은? (다툼이 있으면 판례에 따름) 제30회

> ㉠ 甲과 丙 간의 약정이 조세포탈, 강제집행의 면탈 또는 법령상 제한의 회피를 목적으로 하지 않은 경우 명의신탁약정 및 그 등기는 유효하다.
> ㉡ 丙이 X부동산을 제3자에게 처분한 경우 丙은 甲과의 관계에서 횡령죄가 성립하지 않는다.
> ㉢ 甲과 乙 사이의 매매계약은 유효하므로 甲은 乙을 상대로 소유권이전등기를 청구할 수 있다.
> ㉢ 丙이 소유권을 취득하고 甲은 丙에게 대금 상당의 부당이득반환청구권을 행사할 수 있다.

① ㉠, ㉢   ② ㉠, ㉢   ③ ㉡, ㉢
④ ㉠, ㉡, ㉢   ⑤ ㉡, ㉢, ㉢

2 집합건물의 소유 및 관리에 관한 법률

대표유형

개업공인중개사가 구분소유권의 목적인 건물을 매수하려는 중개의뢰인에게 「집합건물의 소유 및 관리에 관한 법률」에 관하여 설명한 내용으로 옳은 것은?   제35회

① 일부의 구분소유자만이 공용하도록 제공되는 것임이 명백한 공용부분도 구분소유자 전원의 공유에 속한다.

② 대지의 공유자는 그 대지에 구분소유권의 목적인 1동의 건물이 있을 때에도 그 건물 사용에 필요한 범위의 대지에 대해 분할을 청구할 수 있다.

③ 구분소유자는 공용부분을 개량하기 위해서 필요한 범위에서 다른 구분소유자의 전유부분의 사용을 청구할 수 있다.

④ 전유부분이 속하는 1동의 건물의 설치 또는 보존의 흠으로 인하여 다른 자에게 손해를 입힌 경우에는 그 흠은 전유부분에 존재하는 것으로 추정한다.

⑤ 대지사용권이 없는 구분소유자는 대지사용권자에게 대지사용권을 시가(時價)로 매도할 것을 청구할 수 있다.

해설 ① 일부의 구분소유자만이 공용하도록 제공되는 것임이 명백한 공용부분은 그들 구분소유자의 공유에 속한다.
② 대지 위에 구분소유권의 목적인 건물이 속하는 1동의 건물이 있을 때에는 그 대지의 공유자는 그 건물 사용에 필요한 범위의 대지에 대하여는 분할을 청구하지 못한다.
④ 공용부분에 존재하는 것으로 추정한다.
⑤ 그 구분소유자에 대하여 구분소유권을 시가(時價)로 매도할 것을 청구할 수 있다.   ▶ 정답 ③

08

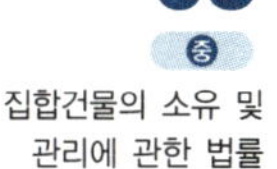

집합건물의 소유 및 관리에 관한 법률

개업공인중개사가 집합건물의 매매를 중개하면서 설명한 내용으로 틀린 것은? (다툼이 있으면 판례에 따름)   제32회

① 아파트 지하실은 특별한 사정이 없는 한 구분소유자 전원의 공용부분으로, 따로 구분소유의 목적이 될 수 없다.

② 전유부분이 주거 용도로 분양된 경우, 구분소유자는 정당한 사유 없이 그 부분을 주거 외의 용도로 사용해서는 안 된다.

③ 구분소유자는 구조상 구분소유자 전원의 공용에 제공된 건물 부분에 대한 공유지분을 그가 가지는 전유부분과 분리하여 처분할 수 없다.

④ 규약으로써 달리 정한 경우에도 구분소유자는 그가 가지는 전유부분과 분리하여 대지사용권을 처분할 수 없다.

⑤ 일부의 구분소유자만이 공용하도록 제공되는 것임이 명백한 공용부분은 그들 구분소유자의 공유에 속한다.

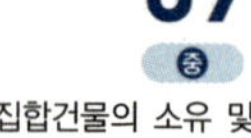

09 개업공인중개사가 아파트를 매수하려는 의뢰인에게 「집합건물의 소유 및 관리에 관한 법률」의 내용에 관하여 설명한 것으로 옳은 것은?　　　제33회

집합건물의 소유 및
관리에 관한 법률

① 전유부분이 속하는 1동의 건물의 설치 또는 보존의 흠으로 인하여 다른 자에게 손해를 입힌 경우, 그 흠은 공용부분에 존재하는 것으로 추정한다.

② 구분소유자는 그 전유부분을 개량하기 위하여 필요한 범위에서 다른 구분소유자의 전유부분의 사용을 청구할 수 없다.

③ 공용부분의 공유자가 공용부분에 관하여 다른 공유자에 대하여 가지는 채권은 그 특별승계인에 대하여 행사할 수 없다.

④ 대지 위에 구분소유권의 목적인 건물이 속하는 1동의 건물이 있을 때에는 그 대지의 공유자는 그 건물 사용에 필요한 범위의 대지에 대하여 분할을 청구할 수 있다.

⑤ 공용부분에 대한 공유자의 지분은 그가 가지는 전유부분의 처분에 따르지 않는다.

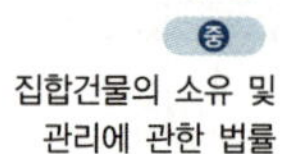

10 「집합건물의 소유 및 관리에 관한 법률」의 내용으로 틀린 것은?

집합건물의 소유 및
관리에 관한 법률

① 집합건축물대장에 등록되지 않더라도 구분소유가 성립할 수 있다.

② 집합건물의 공용부분은 시효취득의 대상이 될 수 없다.

③ 구분소유자가 아닌 자도 관리인이 될 수 있다.

④ 구분소유자가 10인 이상일 때에는 관리단을 대표하고 관리단의 사무를 집행할 관리인을 선임하여야 한다.

⑤ 건물의 시공자가 전유부분에 대하여 구분소유자에게 지는 담보책임의 존속기간은 사용승인일부터 기산한다.

3 장사 등에 관한 법률

대표유형

「장사 등에 관한 법률」과 관련된 설명으로 틀린 것은?

① 가족묘지를 설치한 자는 설치 후 30일 이내에 해당 묘지를 관할하는 시장 등에게 신고해야 한다.

② 법인묘지는 10만m² 이상으로 해야 하며 설치 전에 묘지를 관할하는 시장 등의 허가를 받아야 한다.

③ 개인자연장지를 조성한 자는 자연장지의 조성을 마친 후 30일 이내에 관할 시장 등에게 신고해야 한다.

④ 가족자연장지를 조성하려는 자는 관할 시장 등에게 신고해야 한다.

⑤ 문중자연장지를 조성하려는 자는 관할 시장 등에게 신고해야 한다.

해설 ① 개인묘지를 설치한 자는 설치 후 30일 이내에 시장 등에게 신고해야 하며, 가족묘지를 설치하려는 자는 설치 전에 시장 등의 허가를 받아야 한다. ▶ 정답 ①

---

11 개업공인중개사가 묘소가 설치되어 있는 임야를 중개하면서 중개의뢰인에게 설명한 내용으로 틀린 것은? (다툼이 있으면 판례에 따름) 제30회

분묘기지권

① 분묘가 1995년에 설치되었다 하더라도 「장사 등에 관한 법률」이 2001년에 시행되었기 때문에 분묘기지권을 시효 취득할 수 없다.

② 암장되어 있어 객관적으로 인식할 수 있는 외형을 갖추고 있지 않은 묘소에는 분묘기지권이 인정되지 않는다.

③ 아직 사망하지 않은 사람을 위한 장래의 묘소인 경우 분묘기지권이 인정되지 않는다.

④ 자기 소유 토지에 분묘를 설치한 자가 그 토지를 양도하면서 분묘를 이장하겠다는 특약을 하지 않음으로써 분묘기지권을 취득한 경우, 특별한 사정이 없는 한 분묘기지권자는 분묘기지권이 성립한 때부터 토지 소유자에게 지료를 지급할 의무가 있다.

⑤ 분묘기지권의 효력이 미치는 지역의 범위 내라고 할지라도 기존의 분묘 외에 새로운 분묘를 신설할 권능은 포함되지 않는다.

12 개업공인중개사가 임야를 중개하면서 중개의뢰인에게 분묘기지권과 「장사 등에 관한 법률」을 설명한 내용으로 옳은 것은? (다툼이 있으면 판례에 따름)

장사 등에 관한 법률

① 분묘기지권의 효력이 미치는 범위는 분묘의 기지 자체에 한정된다.

② 분묘기지권은 권리자가 토지 소유자에 대하여 분묘기지권을 포기하는 의사표시와 함께 점유까지 포기해야 소멸한다.

③ 가족묘지 내의 분묘 1기 및 그 시설물의 설치구역 면적은 합장의 경우 $10m^2$를 초과할 수 없다.

④ 가족묘지를 설치한 자는 묘지를 설치한 후 30일 이내에 해당 묘지를 관할하는 시장 등에게 신고해야 한다.

⑤ 가족자연장지를 조성하려는 자는 관할 시장 등에게 신고해야 한다.

13 개업공인중개사가 「장사 등에 관한 법률」에 대해 중개의뢰인에게 설명한 내용으로 틀린 것은?

장사 등에 관한 법률

① 개인묘지는 $30m^2$를 초과해서는 안 된다.

② 매장을 한 자는 매장 후 30일 이내에 매장지를 관할하는 시장 등에게 신고해야 한다.

③ 가족묘지란 「민법」에 따라 친족관계였던 자의 분묘를 같은 구역 안에 설치하는 묘지를 말한다.

④ 시장 등은 묘지의 설치·관리를 목적으로 「민법」에 따라 설립된 사단법인에 한정하여 법인묘지의 설치·관리를 허가할 수 있다.

⑤ 설치기간이 끝난 분묘의 연고자는 설치기간이 끝난 날부터 1년 이내에 해당 분묘에 설치된 시설물을 철거하고 매장된 유골을 화장하거나 봉안해야 한다.

14 「장사 등에 관한 법률」의 내용으로 틀린 것은?

장사 등에 관한 법률

① 개인묘지는 1기의 분묘 또는 해당 분묘에 매장된 자와 배우자관계였던 자의 분묘를 같은 구역 안에 설치하는 묘지를 말한다.

② 가족묘지를 설치하는 경우에 가족당 1개소에 한하며 면적은 $100m^2$를 초과할 수 없다.

③ 법인묘지 안의 분묘 1기 및 그 분묘의 상석·비석 등 시설물을 설치하는 구역의 면적은 단분의 경우 $10m^2$를 초과할 수 없다.

④ 토지 소유자 등은 승낙 없이 설치한 분묘에 대하여 그 분묘를 관할하는 시장 등에게 신고하고 분묘에 매장된 시신 또는 유골을 개장할 수 있다.

⑤ 토지 소유자의 승낙 없이 타인의 토지에 자연장을 한 자는 토지 소유자에 대하여 시효취득을 이유로 자연장의 보존을 위한 권리를 주장할 수 없다.

15 개업공인중개사가 「장사 등에 관한 법률」과 관련하여 중개의뢰인에게 한 설명 중 틀린 것은?

장사 등에
관한 법률

① 「장사 등에 관한 법률」 시행일(2001. 1. 13.) 이후 토지 소유자의 승낙 없이 설치한 분묘에 대해서는 분묘기지권의 시효취득을 주장할 수 없다.

② 공설묘지 및 사설묘지에 설치된 분묘의 설치기간은 30년으로 하며, 설치기간의 연장을 신청하는 경우에는 1회에 한하여 그 기간을 30년으로 하여 연장해야 한다.

③ 토지 소유자 등이 무연고분묘에 대하여 개장을 하고자 하는 때에는 미리 6개월 이상의 기간을 정하여 그 뜻을 그 분묘의 설치자 또는 연고자에게 통보하거나 공고해야 한다.

④ 개인·가족자연장지의 면적은 $100m^2$ 미만으로 해야 한다.

⑤ 법인묘지에는 폭 5미터 이상의 도로와 그 도로로부터 각 분묘로 통하는 충분한 진출입로를 설치하고, 주차장을 마련하여야 한다.

16 「장사 등에 관한 법률」의 내용을 설명한 것으로 옳은 것은?

장사 등에
관한 법률

① 「민법」에 따라 설립된 사단법인은 법인묘지의 설치 허가를 받을 수 있다.

② 설치기간이 끝난 분묘의 연고자는 설치기간이 끝난 날부터 2년 이내에 해당 분묘에 설치된 시설물을 철거하고 매장된 유골을 화장하거나 봉안해야 한다.

③ 매장을 한 자는 매장 후 30일 이내에 매장지를 관할하는 시장 등에게 신고해야 한다.

④ 가족자연장지를 조성한 자는 자연장지의 조성을 마친 후 30일 이내에 관할 시장 등에게 신고해야 한다.

⑤ 문중자연장지를 조성하려는 자는 관할 시장 등의 허가를 받아야 한다.

1 주택임대차보호법

대표유형

개업공인중개사가 주택임차 의뢰인에게 설명한 「주택임대차보호법」상 대항력의 내용으로 옳은 것은? (다툼이 있으면 판례에 따름)

① 임차인이 대항력을 갖추지 못한 경우에는 주택이 다른 사람에게 이전되었더라도 종전 임대인은 여전히 임차보증금 반환의무를 부담한다.

② 다가구 단독주택을 임차한 임차인이 전입신고를 할 때 지번만 기재하고 호수를 기재하지 않았다면 대항력을 취득하지 못한다.

③ 임차인이 전입신고를 올바르게 하고 입주했다면 공무원이 착오로 지번을 잘못 기재하였더라도 대항력은 인정된다.

④ 「중소기업기본법」에 따른 중소기업이 주택을 임차하면서 그 소속직원의 명의로 주민등록을 하고 확정일자를 구비한 경우 「주택임대차보호법」이 적용되지 않는다.

⑤ 임차인이 별도로 전세권설정등기를 마쳤다면 세대원 전원이 다른 곳으로 이사를 가더라도 이미 취득한 「주택임대차보호법」상의 대항력이 유지된다.

해설 ① 대항력을 갖추지 못한 임차인의 경우, 주택이 다른 사람에게 이전되었더라도 종전 임대인은 여전히 임차보증금 반환의무를 부담한다(2020다276914).

② 단독주택의 경우 지번까지만 전입신고를 하면 대항력을 취득한다.

④ 「중소기업기본법」에 따른 중소기업에 해당하는 법인이 소속 직원의 주거용으로 주택을 임차한 후 그 법인이 선정한 직원이 해당 주택을 인도받고 주민등록을 마쳤을 때에는 대항력을 취득한다.

⑤ 주택임차인이 그 지위를 강화하고자 별도로 전세권설정등기를 마친 경우, 주택임차인이 「주택임대차보호법」 제3조 제1항의 대항요건을 상실하면 이미 취득한 「주택임대차보호법」상의 대항력 및 우선변제권을 상실한다(2004다69741). ▶▶ 정답 ③

01
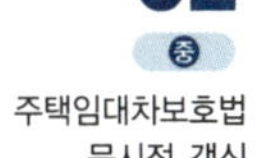
주택임대차보호법

개업공인중개사가 주택임대차계약을 중개하면서 주택임대차보호법령을 설명한 내용으로 틀린 것은?

① 임대인과 임차인의 합의로 임대차 기간을 1년으로 정한 경우, 임차인은 그 기간이 유효함을 주장할 수 있다.
② 주택의 미등기 전세계약에 관하여는 「주택임대차보호법」을 준용한다.
③ 임대차계약이 묵시적으로 갱신된 경우 임차인은 언제든지 임대인에게 계약해지를 통지할 수 있다.
④ 「주택임대차보호법」에 위반된 약정으로서 임차인에게 불리한 것은 그 효력이 없다.
⑤ 임차인이 대항력을 취득하려면 주민등록과 함께 임대차계약증서에 확정일자를 받아야 한다.

02
주택임대차보호법
묵시적 갱신

개업공인중개사가 임대인 甲과 임차인 乙 간에 주택임대차계약을 중개하면서 그 계약의 갱신에 관하여 설명하고 있다. 「주택임대차보호법」상 (   )에 들어갈 내용으로 옳은 것은?

> • 乙이 임대차기간 종료 (㉠) 전까지 갱신거절의 통지를 하지 않은 경우, 그 기간 만료시에 전 임대차와 동일한 조건으로 묵시적 갱신이 된다.
> • 乙이 (㉡)의 차임액을 연체한 경우에는 묵시적 갱신이 허용되지 않는다.
> • 甲이 임대차기간 종료 (㉢) 전부터 (㉣) 전까지의 기간에 갱신거절의 통지를 하지 않은 경우, 그 기간 만료시에 전 임대차와 동일한 조건으로 묵시적 갱신이 된다.
> • 묵시적 갱신이 된 후, 乙에 의한 계약해지의 통지는 甲이 그 통지를 받은 날로부터 (㉤)이 지나면 그 효력이 발생한다.

	㉠	㉡	㉢	㉣	㉤
①	1개월	2기	6개월	1개월	1개월
②	2개월	2기	6개월	2개월	3개월
③	1개월	3기	3개월	1개월	1개월
④	3개월	1기	3개월	1개월	3개월
⑤	3개월	2기	6개월	3개월	1개월

03

주택임대차보호법

개업공인중개사 丙이 서울특별시에 소재하는 甲 소유의 X주택을 乙이 보증금 1억 8천만원으로 임차하는 계약을 중개하면서 甲과 乙에게 주택임대차보호법령을 설명한 내용으로 옳은 것은? (다툼이 있으면 판례에 따름)

① 확정일자 없이 주택을 인도받고 주민등록을 마친 乙은 X주택의 경매 시 후순위저당권자보다 우선하여 보증금을 변제받을 수 있다.

② X주택이 경매로 매각된 경우, 대항력을 갖춘 乙은 보증금 중 일정액에 대하여 최우선변제권이 인정된다.

③ X주택이 다세대 주택인 경우, 乙은 전입신고 시 지번만 기재하고 동·호수는 기재하지 않더라도 대항력을 취득한다.

④ 대항력을 갖춘 乙은 X주택의 저당권설정등기 이후 증액된 보증금에 관하여는 저당권에 기해 주택을 경락받은 소유자에게 대항할 수 없다.

⑤ 乙의 주민등록의 신고는 행정청에 도달하기만 하면 신고로서의 효력이 발생한다.

Point
04

주택임대차보호법

甲은 2026. 5. 1. 자기소유의 X주택을 2년간 乙에게 임대하는 계약을 체결하였다. 개업공인중개사가 이 계약을 중개하면서 「주택임대차보호법」과 관련하여 설명한 내용으로 옳은 것은?

① 乙은 지방법원의 지원으로부터 확정일자를 받을 수 없다.

② 乙이 X주택의 일부를 주거 외 목적으로 사용하면 「주택임대차보호법」이 적용되지 않는다.

③ 임대차계약이 묵시적으로 갱신된 경우, 甲은 언제든지 乙에게 계약해지를 통지할 수 있다.

④ 임차주택의 유지·수선 의무에 관한 분쟁이 발생한 경우, 甲은 주택임대차분쟁조정위원회에 조정을 신청할 수 있다.

⑤ 경제사정의 변동으로 약정한 차임이 과도하게 되어 적절하지 않은 경우라도 임대차 기간 중 乙은 그 차임의 20분의 1의 금액을 초과하여 감액을 청구할 수 없다.

05

주택임대차보호법

「주택임대차보호법」에 관한 설명으로 틀린 것은? (다툼이 있으면 판례에 따름)

① 「주택임대차보호법」에 의하여 우선변제청구권이 인정되는 소액임차인의 소액보증금반환채권은 배당요구가 필요한 배당요구채권에 해당한다.

② 미등기 주택의 임차인도 임차주택 대지의 환가대금에 대하여 우선변제권을 행사할 수 있다.

③ 임대차 계약을 체결하려는 자는 임대인의 동의 없이 확정일자부여기관에 해당 주택 임차인의 확정일자 부여일이 기재된 서면의 교부를 요청할 수 있다.

④ 임차인이 대항력을 취득한 후 가족의 주민등록은 그대로 둔 채 임차인만 주민등록을 일시 다른 곳으로 옮긴 경우 이미 취득한 대항력은 상실되지 않는다.

⑤ 소액임차인이 보증금 중 일정액을 다른 권리자보다 우선하여 변제 받기 위해서는 주택에 대한 경매개시결정등기 전에 대항요건을 갖추어야 한다.

06 「주택임대차보호법」의 적용대상이 되는 경우를 모두 고른 것은?

주택임대차보호법

㉠ 임차주택이 무허가 건물인 경우
㉡ 임차주택이 일시사용을 위한 것임이 명백한 경우
㉢ 사무실로 사용되던 건물이었으나 주거용 건물로 용도 변경된 후 임차인이 해당 건물을 임차한 경우
㉣ 적법한 임대권한을 가진 자로부터 임차하였으나 임대인이 주택의 소유자가 아닌 경우

① ㉠, ㉢
② ㉡, ㉣
③ ㉠, ㉢, ㉣
④ ㉡, ㉢, ㉣
⑤ ㉠, ㉡, ㉢, ㉣

07 임대인 甲과 임차인 乙 간의 주택임대차계약을 개업공인중개사가 중개하고 설명한 것으로 옳은 것은? (다툼이 있으면 판례에 따름)

주택임대차보호법

① 임대차기간을 1년으로 약정한 경우 乙은 1년의 기간이 유효함을 주장할 수 없다.
② 乙의 선순위 저당권에 의해 경매가 실시된 경우, 乙의 임차권은 그 경락으로 소멸하지 않는다.
③ 주택의 소유자는 아니지만 적법한 임대권한을 가진 甲과 임대차계약을 체결한 乙은 「주택임대차보호법」의 보호를 받을 수 있다.
④ 乙이 다가구용 단독주택에 거주하고 전입신고를 하면서 지번을 정확히 기재했으나 호수를 잘못 기재한 경우 대항력은 인정되지 않는다.
⑤ 임차주택과 별도로 그 대지만이 경매되는 경우, 우선변제권을 가진 乙은 그 대지의 환가대금에 대하여 우선변제권을 행사할 수 없다.

08

주택임대차보호법

개업공인중개사가 주택의 임대차를 중개하면서 설명한 것으로 틀린 것은? (다툼이 있으면 판례에 따름)

① 대항력과 우선변제권을 모두 가지고 있는 임차인이 보증금반환청구 소송의 확정판결 등 집행권원을 얻어 임차주택에 대하여 강제경매를 신청한 경우에는 우선변제권을 인정받기 위하여 별도로 배당요구를 할 필요가 없다.

② 「주택임대차보호법」의 보호를 받는 주택에는 허가받지 않은 건물도 포함된다.

③ 보증금이 모두 변제되지 아니한 대항력이 있는 임차권은 임차주택의 경매가 행하여진 경우 경락으로 소멸하지 않는다.

④ 「중소기업기본법」에 따른 중소기업인 법인이 소속 직원의 주거용으로 주택을 임차한 후 그 법인이 선정한 직원이 해당 주택을 인도받고 주민등록을 마친 경우 그 다음날 중소기업은 대항력을 취득한다.

⑤ 임차인의 우선변제권을 승계한 금융기관은 임차인이 대항요건을 상실한 경우라도 우선변제권을 행사할 수 있다.

Point

09

주택임대차보호법
계약갱신요구권

주택임대차보호법령상 甲 소유 X주택을 乙이 임차하는 계약을 개업공인중개사 丙이 중개하고 계약갱신요구권에 관하여 甲과 乙에게 설명한 내용으로 틀린 것은?

① 甲은 임대차기간이 끝나기 6개월 전부터 2개월 전까지의 기간 이내에 乙에게 계약의 갱신을 요구할 수 없다.

② 서로 합의하여 甲이 乙에게 상당한 보상을 제공한 경우, 甲은 乙의 갱신요구를 거절할 수 있다.

③ 乙은 최초 임대차기간을 포함하여 전체 기간이 10년을 넘지 않는 범위에서 甲에게 계약갱신요구권을 행사할 수 있다.

④ 乙의 갱신요구에 따라 갱신되는 임대차의 존속기간은 2년으로 보며 乙은 甲에게 언제든지 계약의 해지를 통지할 수 있다.

⑤ 甲의 자녀가 목적 주택에 실제 거주하려는 사유가 있는 경우 甲은 乙의 갱신요구를 거절할 수 있다.

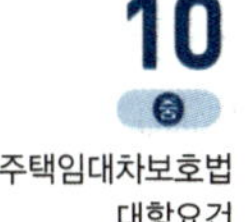

10

주택임대차보호법
대항요건

甲이 乙의 주택을 임차한 다음의 보기 가운데 「주택임대차보호법」에 따라 대항요건을 적법하게 갖춘 경우를 모두 고른 것은? (다툼이 있으면 판례에 따름)

> ㉠ 甲이 다가구용 단독주택에 거주하면서 지번까지 전입신고를 하였으나 추후 이 주택이 다세대 주택으로 변경된 경우
> ㉡ 乙이 위 주택을 담보로 더 많은 대출을 받기 위하여 甲의 주민등록을 甲 몰래 다른 곳으로 이전한 경우
> ㉢ 乙의 다세대 주택을 임차한 甲이 건물의 지번은 올바르게 기재하였으나 동·호수를 틀리게 전입신고를 한 경우
> ㉣ 甲이 올바르게 전입신고서를 제출하였으나 공무원의 착오로 수정을 요구하여 잘못된 지번으로 수정하고 다시 전입신고서를 제출하여 주민등록이 된 경우

① ㉠, ㉡ 　　② ㉠, ㉢, ㉣ 　　③ ㉠, ㉡, ㉢
④ ㉠, ㉡, ㉢, ㉣ 　　⑤ ㉡, ㉢

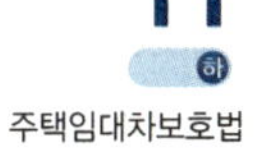

11

주택임대차보호법

「주택임대차보호법」에 관한 설명 중 틀린 것은?

① 확정일자 없이 대항요건만을 갖춘 임차인은 임차권등기명령에 의해 임차권 등기가 되면 우선변제권을 취득한다.

② 임차권등기명령에 의해 임차권등기가 된 후 점유를 상실하면 대항력은 소멸한다.

③ 임차인은 법령이 정한 증액비율을 초과하여 지급한 차임에 대하여 그 반환을 청구할 수 있다.

④ 임차인의 사망 당시 상속권자가 그 주택에서 가정공동생활을 하고 있지 아니한 때에는 그 주택에서 가정공동생활을 하던 사실상의 혼인관계에 있는 자와 2촌 이내의 친족은 공동으로 임차인의 권리와 의무를 승계한다.

⑤ 임차주택의 상속인은 임차인이 사망한 후 1개월 이내에 임대인에 대하여 반대의사를 표시함으로써 임차권의 승계를 거부할 수 있다.

12 중
주택임대차보호법

甲소유의 X주택에 대하여 甲과 乙은 보증금 5억원으로 하는 임대차계약을 체결하였고 乙은 대항요건을 갖추고 확정일자를 받아 현재 거주하고 있다. 주택임대차보호법령에 관한 설명으로 옳은 것은?

① 임대차기간을 1년으로 약정한 경우, 乙은 그 기간이 유효함을 주장할 수 없다.

② 임대차계약이 묵시적으로 갱신된 경우, 甲은 언제든지 乙에게 계약해지를 통지할 수 있다.

③ 묵시적 갱신으로 인한 임대차계약의 존속기간은 2년이다.

④ 乙은 임대차가 끝나기 전에 X주택의 소재지를 관할하는 법원에 임차권등기명령을 신청할 수 있다.

⑤ 임대차기간이 만료하기 전에 甲이 丙에게 X주택을 매도하고 소유권이전등기를 마친 경우, 乙은 丙에게 임차권을 주장할 수 없다.

13 중
주택임대차보호법

개업공인중개사 丙이 선순위 근저당권이 설정된 서울특별시에 소재하는 甲 소유의 X주택에 대하여 2026년 5월 1일 乙이 보증금 1억원, 월 차임 100만원, 계약기간 1년으로 임차하는 계약을 중개하면서 주택임대차보호법령에 관하여 설명한 내용으로 옳은 것은?

① 乙은 대항요건을 갖춘 경우, X주택의 경매 시 보증금 중 일정액을 선순위 저당권자보다 우선하여 변제를 받을 권리가 없다.

② 2026년 6월 1일 주택의 인도와 주민등록을 마치고 동년 6월 10일 확정일자를 갖춘 乙은 6월 11일에 우선변제권을 취득한다.

③ 乙의 계약갱신요구에 의하여 갱신된 경우, 甲은 乙에게 보증금 또는 차임의 증액을 청구할 수 없다.

④ 甲은 乙에게 1년으로 정한 임대차기간의 유효함을 주장할 수 있다.

⑤ 乙은 임차권등기명령의 신청과 그에 따른 임차권등기와 관련하여 든 비용을 甲에게 청구할 수 있다.

14 상
주택임대차보호법

甲 소유의 X주택에 대하여 임차인 乙과 존속기간 1년의 임대차계약을 체결한 경우에 관한 「주택임대차보호법」의 설명으로 틀린 것은?

① 乙은 2년의 임대차 존속기간을 주장할 수 있다.

② 乙은 1년의 존속기간이 유효함을 주장할 수 있다.

③ 乙이 2기의 차임액에 달하도록 차임을 연체한 경우, 甲은 乙의 계약갱신요구를 거절할 수 있다.

④ 甲은 乙에게 계약의 갱신을 요구할 수 없다.

⑤ 乙이 X주택의 경매로 인한 환가대금에서 보증금을 우선변제받기 위해서 X주택을 양수인에게 인도해야 할 의무는 없다.

2 상가건물 임대차보호법

대표유형

개업공인중개사가 보증금 5천만원, 월 차임 1백만원으로 하여 「상가건물 임대차보호법」이 적용되는 상가건물의 임대차를 중개하면서 임차인에게 설명한 내용으로 옳은 것은?

① 임차인은 최초의 임대차기간을 포함한 전체 임대차기간이 10년을 초과한 경우에도 계약 갱신을 요구할 권리가 있다.

② 임대인의 차임증액청구가 인정되더라도 10만원까지만 인정된다.

③ 임차인의 차임연체액이 2백만원에 이르는 경우 임대인은 계약을 해지할 수 있다.

④ 상가건물이 서울특별시에 있을 경우 그 건물의 경매 시 임차인은 2천2백만원을 다른 담보권자보다 우선하여 변제받을 수 있다.

⑤ 임차인이 임대인의 동의 없이 건물의 전부를 전대한 경우 임대인은 임차인의 계약갱신요구를 거절할 수 있다.

> **해설** ① 계약갱신요구권은 최초 계약기간을 포함하여 전체 10년을 초과하지 않는 범위 내에서 인정된다.
> ② 환산보증금액이 5,000 + (100 × 100) = 1억 5천만원이므로 「상가건물 임대차보호법」 전부를 적용받게 된다. 증액청구는 100분의 5 이내에서만 가능하므로 5만원까지만 인정된다.
> ③ 연체차임액이 3기(300만원)에 달했을 때 임대인은 계약을 해지할 수 있다.
> ④ 서울특별시에서 환산보증금 액수가 6,500만원 이하인 경우 소액임차인에 해당하며, 위 임차인의 환산보증금은 1억 5천만원이므로 소액임차인이 아니다.　　　　　▶▶ **정답 ⑤**

15

상가건물
임대차보호법

개업공인중개사가 서울특별시에 소재하는 甲 소유 상가건물을 乙이 보증금 3억원, 월 차임 700만원, 계약기간 10개월로 임차하는 계약을 중개하면서 甲과 乙에게 설명한 내용으로 옳은 것은? (다툼이 있으면 판례에 따름)

① 乙은 임대차 기간이 끝나기 6개월 전부터 1개월 전까지 甲에게 계약의 갱신을 요구할 수 없다.

② 甲은 乙에게 10개월로 정한 기간이 유효함을 주장할 수 없다.

③ 임대차기간이 종료되고 보증금을 반환받지 못한 乙은 법원에 임차권등기명령을 신청할 수 있다.

④ 甲과 乙의 계약이 묵시적으로 갱신된 경우, 甲은 언제든지 乙에게 계약의 해지를 통고할 수 있다.

⑤ 2기의 차임액을 연체한 乙에 대해 甲은 이를 이유로 계약갱신의 요구를 거절할 수 있다.

16
상가건물
임대차보호법

개업공인중개사가 서울특별시에 소재하는 상가건물에 대해 보증금 5천만원, 월 차임 2백만원으로 하는 임대차 계약을 중개하면서 임차의뢰인에게 「상가건물 임대차보호법」을 설명한 내용으로 옳은 것은?

① 임차인은 임대차를 등기하지 않더라도 「부가가치세법」에 따른 사업자등록을 신청하면 그날부터 제3자에 대하여 효력이 생긴다.

② 임차인은 대항력과 확정일자를 갖춘 경우, 경매에 의해 매각된 임차건물을 양수인에게 인도하지 않더라도 우선변제권 행사에 따른 보증금을 받을 수 있다.

③ 임대차 기간을 9개월로 정한 경우, 임대인은 그 유효함을 주장할 수 있다.

④ 임대차가 묵시적으로 갱신된 경우, 그 존속기간은 2년으로 본다.

⑤ 임대인의 동의를 받고 전대차계약을 체결한 전차인은 임차인의 계약갱신요구권 행사기간 이내에 임차인을 대위하여 임대인에게 계약갱신요구권을 행사할 수 있다.

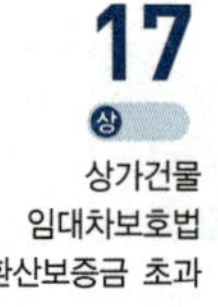

Point 17
상가건물
임대차보호법
환산보증금 초과

2026. 5. 25. 서울특별시 소재 甲소유 X상가건물에 대하여 보증금 5억원, 월 차임 500만원으로 10개월간 乙이 임차하는 계약을 체결한 후, 乙은 X건물을 인도받고 사업자등록을 신청하였다. 이 사안에서 개업공인중개사가 「상가건물 임대차보호법」의 적용과 관련하여 설명한 내용으로 틀린 것을 모두 고른 것은? (일시사용을 위한 임대차계약은 고려하지 않음)

> ㉠ 甲과 乙의 계약기간은 1년으로 본다.
> ㉡ 甲과 乙의 계약이 묵시적으로 갱신된 경우, 갱신된 임대차는 기간의 정함이 없는 것으로 본다.
> ㉢ 乙의 갱신요구에 따라 계약이 갱신된 경우 甲은 乙에게 차임의 100분의 5를 초과하여 증액을 요청할 수 없다.
> ㉣ 乙은 사업자등록 신청 후 X건물에 대하여 저당권을 취득한 丁보다 경매절차에서 우선하여 보증금을 변제받을 권리가 있다.

① ㉢　　　　　　② ㉠, ㉣　　　　　　③ ㉡, ㉢
④ ㉠, ㉢, ㉣　　　⑤ ㉡, ㉢, ㉣

18
상가건물
임대차보호법

개업공인중개사가 서울특별시에 소재하는 甲 소유의 X상가건물을 乙이 보증금 1억원, 월 차임 500만원, 계약기간 1년으로 하여 임차하는 계약을 중개하면서 甲과 乙에게 설명한 내용으로 틀린 것은? (다툼이 있으면 판례에 따름)

① 乙이 계약갱신요구권을 행사할 당시 3기분에 이르는 차임을 연체하지 않았더라도 임대차기간 중 어느 때라도 3기분에 달하도록 연체된 사실이 있는 경우, 甲은 乙의 계약갱신요구를 거부할 수 있다.

② 乙은 대항요건을 갖추고 임대차계약서에 확정일자를 받으면 우선변제권을 취득한다.

③ 乙의 계약갱신요구에 따른 甲의 월 차임 증액청구는 100분의 5를 초과할 수 없다.

④ 乙의 계약갱신요구권 행사에 따라 계약이 갱신된 후 乙은 언제든지 甲에게 계약의 해지를 통고할 수 있다.

⑤ 서로 합의하여 甲이 乙에게 상당한 금액을 보상했다면 甲은 乙의 계약갱신요구를 거절할 수 있다.

19
상가건물
임대차보호법
계약갱신요구권

「상가건물 임대차보호법」상 임대인이 임차인의 계약갱신요구를 거절할 수 있는 사유에 속하지 않는 것은?

① 임차인이 임대인의 동의 없이 건물의 일부를 전대한 경우

② 임차한 건물의 일부가 멸실되어 임대차의 목적을 달성하지 못할 경우

③ 임대차계약 체결 당시 공사시기 및 소요기간 등을 포함한 재건축계획을 임차인에게 구체적으로 고지하고 그 계획에 따르기 위해 임대인이 목적건물의 전부 또는 대부분을 재건축하려는 경우

④ 임차인이 3기의 차임액에 이르도록 차임을 연체한 사실이 있는 경우

⑤ 임차인이 임차한 건물의 일부를 경미한 과실로 파손한 경우

20
상가건물
임대차보호법

개업공인중개사가 서울에 소재하는 甲 소유 X상가건물을 乙이 보증금 1억원, 월 차임 350만원, 계약기간 8개월로 임차하는 계약을 중개하면서 甲과 乙에게 설명한 내용으로 틀린 것은?

① 乙은 건물을 인도받고 사업자등록을 신청하면 그 다음날 대항력을 취득한다.

② 甲과 乙의 임대차 기간은 1년으로 본다.

③ 乙의 차임연체액이 3기의 차임액에 달하는 때에는 甲은 임대차계약을 해지할 수 있다.

④ 甲의 동의를 얻어 상가건물을 전차한 전차인은 乙의 계약갱신요구권 행사기간 내에서 乙을 대위하여 甲에게 계약의 갱신을 요구할 수 있다.

⑤ 법무부장관은 국토교통부장관과 협의를 거쳐 乙과 신규임차인이 되려는 자의 권리금 계약 체결을 위한 표준권리금계약서를 정하여 그 사용을 권장할 수 있다.

21
상(上)
상가건물
임대차보호법
환산보증금 초과

甲과 乙은 2025. 7. 25. 서울특별시 소재 甲소유 X상가건물에 대하여 보증금 5억원, 월 차임 500만원, 계약기간 10개월로 하는 임대차계약을 체결한 후, 乙은 X건물을 인도받고 사업자등록을 신청하였다. 이 사안에서 개업공인중개사가 「상가건물 임대차보호법」의 적용과 관련하여 설명한 내용으로 틀린 것을 모두 고른 것은?

> ⊙ 임대차종료 후 보증금이 반환되지 않은 경우, 乙은 건물 소재지 관할법원에 임차권등기명령을 신청할 수 있다.
> ⓒ 甲은 10개월로 정한 기간이 유효함을 주장할 수 없다.
> ⓒ 乙이 甲의 동의 없이 건물의 일부를 전대한 경우 甲은 乙이 신규임차인으로부터 권리금을 지급받지 못하게 할 수 있다.
> ⓒ 乙의 계약갱신요구권에 따라 갱신되는 임대차는 전 임대차와 동일한 조건으로 다시 계약된 것으로 본다.

① ⓒ   ② ⊙, ⓒ   ③ ⓒ, ⓒ
④ ⊙, ⓒ   ⑤ ⊙, ⓒ, ⓒ, ⓒ

22
중(中)
상가건물
임대차보호법

개업공인중개사가 甲 소유 X건물을 乙이 보증금 5천만원, 월 차임 100만원으로 임차하는 계약을 중개하였고 乙은 사업자등록을 하고 확정일자도 받았다. 개업공인중개사가 상가건물 임대차보호법령을 설명한 내용으로 옳은 것은? (다툼이 있으면 판례에 따름)

① 甲과 乙이 8개월로 임대차기간을 정한 경우 甲은 그 기간이 유효함을 주장할 수 있다.
② 乙은 임대차가 종료되기 전이라도 임차권등기명령을 신청할 수 있다.
③ 甲과 乙의 계약이 묵시적으로 갱신되는 경우에도 전체 임대차기간은 10년을 초과할 수 없다.
④ X건물의 경매 시 乙이 X건물 환가대금에서 후순위권리자보다 보증금을 우선변제 받기 위해서는 사업자등록을 경매개시결정등기가 될 때까지 존속하면 된다.
⑤ X건물에 임대차계약을 체결하려는 乙은 甲의 동의를 받아 관할 세무서장에게 해당 상가건물의 확정일자 부여일, 차임 및 보증금이 기재된 서면의 교부를 요청할 수 있다.

23 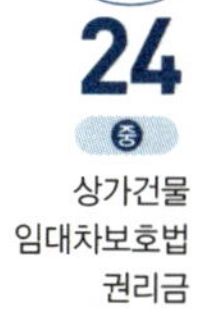
중
상가건물
임대차보호법
권리금

「상가건물 임대차보호법」의 내용으로 옳은 것은?

① 임차인이 우선변제권을 갖추기 위해서는 대항요건을 갖추고 관할 주민센터에서 임대차 계약서에 확정일자를 받아야 한다.

② 국토교통부장관은 권리금 계약을 체결하기 위한 표준권리금계약서를 정하여 그 사용을 권장할 수 있다.

③ 법무부장관은 권리금에 대한 감정평가의 절차와 방법 등에 관한 기준을 고시할 수 있다.

④ 보증금이 전액 변제되지 아니한 대항력이 있는 임차권은 임차건물에 대하여 「민사집행법」에 따른 경매가 실시된 경우에 그 임차건물이 매각되면 소멸한다.

⑤ 권리금 회수의 방해로 인한 임차인의 임대인에 대한 손해배상청구권은 그 방해가 있은 날로부터 3년 이내에 행사하지 않으면 시효의 완성으로 소멸한다.

Point 24
중
상가건물
임대차보호법
권리금

개업공인중개사 A가 甲 소유 X건물을 乙이 보증금 10억원에 임차하는 계약을 중개하면서 甲과 乙에게 「상가건물 임대차보호법」상 권리금 보호규정에 대해 설명한 내용으로 틀린 것은? (乙이 주선한 신규임차인은 丙으로 함)

① 乙이 甲의 동의 없이 상가건물의 일부를 전대한 경우 甲은 乙이 丙으로부터 권리금을 지급받지 못하게 할 수 있다.

② 임차건물을 1년 6개월 이상 영리목적으로 사용하지 아니한 경우 甲은 丙과 임대차계약을 체결하는 것을 거절할 수 있다.

③ X건물이 「공유재산 및 물품 관리법」에 따른 공유재산인 경우에는 권리금 보호규정을 적용하지 않는다.

④ 甲의 권리금 지급방해로 손해를 입은 乙은 丙이 乙에게 지급하기로 한 권리금과 임대차 종료 당시의 권리금 중 높은 금액에 대하여 甲에게 손해배상을 청구할 수 있다.

⑤ 乙이 甲에게 손해배상을 청구할 권리는 임대차가 종료한 날부터 3년 이내에 행사하지 않으면 소멸한다.

25

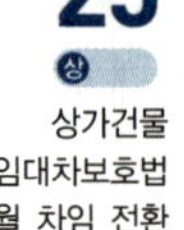

상가건물
임대차보호법
월 차임 전환

甲이 2024. 2. 10 乙 소유의 X상가건물을 乙로부터 보증금 10억원에 임차하여 「상가건물 임대차보호법」상의 대항요건을 갖추고 영업하고 있다. 다음 설명 중 틀린 것은?　　민법 제28회

① 甲의 계약갱신요구권은 최초의 임대차기간을 포함한 전체 임대차기간이 10년을 초과하지 아니하는 범위에서만 행사할 수 있다.

② 甲과 乙 사이에 임대차기간을 6개월로 정한 경우, 乙은 그 기간이 유효함을 주장할 수 있다.

③ 甲의 계약갱신요구권에 따라 갱신되는 임대차는 전 임대차와 동일한 조건으로 다시 계약된 것으로 본다.

④ 임대차종료 후 보증금이 반환되지 않은 경우, 甲은 X건물의 소재지 관할법원에 임차권등기명령을 신청할 수 없다.

⑤ X건물이 경매로 매각된 경우, 甲은 특별한 사정이 없는 한 보증금에 대해 일반 채권자보다 우선하여 변제받을 수 있다.

1 경매절차

대표유형

매수신청대리인으로 등록한 개업공인중개사가 매수신청대리 위임인에게 「민사집행법」의 내용에 관하여 설명한 것으로 틀린 것은? (다툼이 있으면 판례에 따름) 제33회

① 후순위 저당권자가 경매신청을 하면 매각부동산 위의 모든 저당권은 매각으로 소멸된다.

② 전세권 및 등기된 임차권은 저당권·압류채권·가압류채권에 대항할 수 없는 경우에는 매각으로 소멸된다.

③ 유치권자는 유치권이 성립된 목적물을 경매로 매수한 자에 대하여 그 피담보채권의 변제를 청구할 수 있다.

④ 최선순위 전세권은 그 전세권자가 배당요구를 하면 매각으로 소멸된다.

⑤ 매수인은 매각대금을 다 낸 때에 매각의 목적인 권리를 취득한다.

해설 ③ '매수인은 유치권자에게 그 유치권으로 담보하는 채권을 변제할 책임이 있다'의 의미는 부동산상의 부담을 승계한다는 취지로서 인적 채무까지 인수한다는 취지는 아니므로, 유치권자는 경락인에 대하여 그 피담보채권의 변제가 있을 때까지 유치목적물인 부동산의 인도를 거절할 수 있을 뿐이고 그 피담보채권의 변제를 청구할 수는 없다(95다8713). ▶▶ 정답 ③

---

01 개업공인중개사가 경매에 대해 의뢰인에게 설명한 내용으로 옳은 것은? 제26회

③
경매절차

① 기일입찰에서 매수신청인은 보증으로 매수가격의 10분의 1에 해당하는 금액을 집행관에게 제공해야 한다.

② 매각허가결정이 확정되면 법원은 대금지급기일을 정하여 매수인에게 통지해야 하고 매수인은 그 대금지급기일에 매각대금을 지급해야 한다.

③ 「민법」·「상법」 그 밖의 법률에 의하여 우선변제청구권이 있는 채권자는 매각결정기일까지 배당요구를 할 수 있다.

④ 매수인은 매각부동산 위의 유치권자에게 그 유치권으로 담보하는 채권을 변제할 책임이 없다.

⑤ 매각부동산 위의 전세권은 저당권에 대항할 수 있는 경우라도 전세권자가 배당요구를 하면 매각으로 소멸된다.

02 
경매절차

「민사집행법」상 법원경매에 관한 설명으로 틀린 것은?

① 배당요구에 따라 매수인이 인수해야 할 부담이 바뀌는 경우, 배당요구한 채권자는 배당요구의 종기가 지난 후에 이를 철회할 수 없다.

② 부동산의 매각은 호가경매, 기일입찰 또는 기간입찰 중 집행법원이 정한 매각방법에 따른다.

③ 소유권보존등기가 되지 않은 건물에 대해서도 강제경매를 신청할 수 있다.

④ 매각허가결정에 대하여 항고를 하는 이해관계인은 최저매각가격의 10분의 1에 해당하는 금전 또는 법원이 인정한 유가증권을 공탁해야 한다.

⑤ 매수신고가 있은 뒤 경매신청을 취하하는 경우에는 최고가매수신고인 또는 매수인과 차순위매수신고인의 동의를 받아야 그 효력이 생긴다.

Point
03 
경매절차

「민사집행법」상의 법원경매에 관한 설명으로 옳은 것은? (다툼이 있으면 판례에 따름)

① 경매대상부동산에 대한 압류는 채무자에 대한 경매개시결정의 송달 및 경매개시결정등기가 모두 된 때 효력이 생긴다.

② 「민법」·「상법」 그 밖의 법률에 의하여 우선변제청구권이 있는 채권자는 매각결정기일까지 배당요구를 할 수 있다.

③ 등기를 하지 아니한 「주택임대차보호법」에 따라 대항요건 및 확정일자를 갖춘 임차인은 주택의 경매 시 별도의 배당요구를 하지 않아도 배당받을 수 있다.

④ 매수인이 대금을 모두 지급하면 차순위매수신고인은 매수신청의 보증을 돌려줄 것을 요구할 수 없다.

⑤ 매수신고가 있은 후에도 경매신청이 취하되면 압류의 효력은 소멸된다.

04 
경매절차

「민사집행법」상 법원경매에 관한 설명 중 틀린 것은?

① 집행관은 법원의 허가를 얻어 법원 외의 장소에서 매각기일을 진행할 수 있다.

② 부동산의 매각은 집행법원이 정한 매각방법에 따르며 기일입찰 또는 기간입찰 두 가지의 방법으로 한다.

③ 매각결정절차는 법원 안에서 진행해야 한다.

④ 매각결정기일은 매각기일부터 1주일 내로 정해야 한다.

⑤ 매수신청인은 대법원규칙이 정하는 바에 따라 집행법원이 정하는 금액과 방법에 맞는 보증을 집행관에게 제공하여야 한다.

05

경매절차

「민사집행법」상 법원경매와 관련된 설명으로 틀린 것은?

① 차순위매수신고는 그 신고액이 최고가매수신고액에서 그 보증을 뺀 금액을 넘는 때에만 할 수 있다.

② 차순위매수신고를 한 사람이 둘 이상이고 신고한 매수가격이 같은 때에는 그 사람들에게만 다시 입찰하게 하여 차순위매수신고인을 정한다.

③ 차순위매수신고인이 있는 경우에 매수인이 대금지급기한까지 그 의무를 이행하지 않으면 법원은 차순위매수신고인에게 매각의 허가 여부를 결정해야 한다.

④ 매각기일이 종결되면 최고가매수신고인과 차순위매수신고인을 제외한 매수신고인은 즉시 매수신청의 보증을 돌려줄 것을 신청할 수 있다.

⑤ 허가할 매수신고 없이 매각기일이 최종적으로 마감된 때에는 법원은 최저매각가격을 상당히 낮추고 새 매각기일을 정해야 한다.

06

경매절차

「민사집행법」상 법원경매에 관한 설명으로 옳은 것은?

① 매각허가결정이 확정되면 매수인은 법원이 정한 대금지급기일에 대각대금을 지급해야 한다.

② 차순위매수신고인에 대한 매각허가결정이 있는 때에는 매수인은 매수신청의 보증을 돌려줄 것을 요구할 수 있다.

③ 기일입찰에서 매수신청인은 매수가격의 10분의 1에 해당하는 보증을 집행관에게 제공해야 한다.

④ 농지에 대한 경매가 진행되는 경우 매수신청인은 매수신고를 하는 때에 농지취득자격증명을 제출해야 한다.

⑤ 재매각을 실시하는 경우 전의 매수인은 매수신청을 할 수 없으며 매수신청의 보증을 돌려줄 것을 요구하지 못한다.

07 

경매절차

「민사집행법」상 법원경매에 관한 설명으로 틀린 것은? (다툼이 있으면 판례에 따름)

① 저당권 및 담보가등기는 그 순위에 관계없이 매각으로 소멸한다.

② 임차권등기가 첫 경매개시결정등기 전에 등기된 경우, 임차인이 별도의 배당요구를 하지 않아도 배당받을 채권자에 속한다.

③ 공유자는 매각결정기일까지 매수신청의 보증을 제공하고 최고매수신고가격과 같은 가격으로 채무자의 지분을 우선매수하겠다는 신고를 할 수 있다.

④ 공유자가 우선매수신고를 한 경우 법원은 최고가매수신고가 있더라도 그 공유자에게 매각을 허가해야 한다.

⑤ 공유자가 우선매수신고를 한 경우에는 최고가매수신고인을 차순위매수신고인으로 본다.

08

차순위매수신고

다음 (   ) 안에 들어갈 금액으로 옳은 것은?

> 법원에 매수신청대리인으로 등록된 개업공인중개사 甲은 乙로부터 매수신청대리의 위임을 받았다. 甲은 법원에서 정한 최저매각가격 3억원의 부동산입찰(보증금액은 최저매각가격의 10분의 1)에 참여하였다. 최고가매수신고인의 신고액이 4억원인 경우, 甲이 乙의 차순위매수 신고를 대리하려면 그 신고액이 (   )원을 넘어야 한다.

① 3천만   ② 4천만   ③ 3억

④ 3억 7천만   ⑤ 3억 9천만

Point
09 

경매절차

법원은 X부동산에 대하여 담보권 실행을 위한 경매 절차를 개시하는 결정을 내렸고, 최저매각가격을 1억원으로 정하였다. 기일입찰로 진행되는 이 경매에서 매수신청을 하고자 하는 중개의뢰인 甲에게 개업공인중개사가 설명한 내용으로 옳은 것은? 제30회

① 甲이 1억 2천만원에 매수신청을 하려는 경우, 법원에서 달리 정함이 없으면 1천 2백만원을 보증금액으로 제공하여야 한다.

② 최고가매수신고를 한 사람이 2명인 때에는 법원은 그 2명뿐만 아니라 모든 사람에게 다시 입찰하게 하여야 한다.

③ 甲이 다른 사람과 동일한 금액으로 최고가매수신고를 하여 다시 입찰하는 경우, 전의 입찰가격에 못 미치는 가격으로 입찰하여 매수할 수 있다.

④ 1억 5천만원의 최고가매수신고인이 있는 경우, 법원에서 보증금액을 달리 정하지 않았다면 甲이 차순위 매수신고를 하기 위해서는 신고액이 1억 4천만원을 넘어야 한다.

⑤ 甲이 차순위매수신고인인 경우 매각기일이 종결되면 즉시 매수신청의 보증을 돌려줄 것을 신청할 수 있다.

10
경매 권리분석

「민사집행법」에 따른 경매에 관한 설명으로 틀린 것은?

① 담보목적이 아닌 최선순위 소유권이전등기 청구권 보전가등기는 매각으로 소멸한다.
② 매각부동산 위의 모든 저당권은 매각으로 소멸된다.
③ 등기된 임차권은 저당권·압류채권·가압류채권에 대항할 수 없는 경우 매각으로 소멸된다.
④ 저당권·압류채권·가압류채권에 대항할 수 있는 전세권이라도 전세권자가 배당요구를 하면 매각으로 소멸된다.
⑤ 매수인은 유치권자에게 그 유치권으로 담보하는 채권을 변제할 책임이 있다.

11
경매 권리분석

개업공인중개사가 「민사집행법」에 따른 강제경매에 관하여 중개의뢰인에게 설명한 내용으로 틀린 것은? 제35회

① 법원이 경매절차를 개시하는 결정을 할 때에는 동시에 그 부동산의 압류를 명하여야 한다.
② 압류는 부동산에 대한 채무자의 관리·이용에 영향을 미치지 아니한다.
③ 제3자는 권리를 취득할 때에 경매신청 또는 압류가 있다는 것을 알았을 경우에도 압류에 대항할 수 있다.
④ 경매개시결정이 등기된 뒤에 가압류를 한 채권자는 배당요구를 할 수 있다.
⑤ 이해관계인은 매각대금이 모두 지급될 때까지 법원에 경매개시결정에 대한 이의신청을 할 수 있다.

2 공인중개사의 매수신청대리인 등록 등에 관한 규칙

대표유형

「공인중개사의 매수신청대리인 등록 등에 관한 규칙」에 대한 설명으로 틀린 것은?

① 개업공인중개사는 위임계약을 체결한 경우 확인·설명서를 작성하여 위임인에게 교부하고, 그 사본을 사건카드에 철하여 5년간 보존해야 한다.
② 개업공인중개사는 예규에서 정한 보수 이외의 명목으로 보수를 받거나 예규에서 정한 보수 이상을 받아서는 안 된다.
③ 개업공인중개사가 중개사무소를 폐업한 때에는 10일 이내에 그 사실을 지방법원장에게 신고해야 한다.
④ 매수신청대리인으로 등록 후 매수신청대리 결격사유에 해당된 경우 지방법원장은 매수신청대리인 등록을 취소해야 한다.
⑤ 소속공인중개사는 매수신청대리인으로 등록할 수 없다.

해설 ④ 매수신청대리인으로 등록 당시 매수신청대리 결격사유에 해당된 경우 지방법원장은 그 등록을 취소해야 하며, 매수신청대리인으로 등록 후 매수신청대리 결격사유에 해당된 경우 지방법원장은 매수신청대리인 등록을 취소할 수 있다. ▶ 정답 ④

12 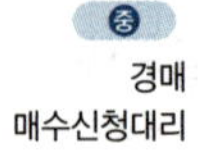
경매
매수신청대리

개업공인중개사 甲은 「공인중개사의 매수신청대리인 등록 등에 관한 규칙」에 따라 매수신청대리인으로 등록하였다. 이에 관한 설명으로 옳은 것을 모두 고른 것은? 제33회

> ㉠ 甲은 「공장 및 광업재단 저당법」에 따른 광업재단에 대한 매수신청대리를 할 수 있다.
> ㉡ 甲의 중개사무소 개설등록이 취소된 경우 시·도지사는 매수신청대리인 등록을 취소해야 한다.
> ㉢ 중개사무소 폐업신고로 甲의 매수신청대리인 등록이 취소된 경우 3년이 지나지 아니하면 甲은 다시 매수신청대리인 등록을 할 수 없다.

① ㉠ ② ㉡ ③ ㉠, ㉢
④ ㉡, ㉢ ⑤ ㉠, ㉡, ㉢

13
경매
매수신청대리

「공인중개사의 매수신청대리인 등록 등에 관한 규칙」에 대한 설명으로 틀린 것은?

① 공인중개사는 중개사무소 개설등록을 하지 않고 매수신청대리인으로 등록을 할 수 없다.
② 중개업의 폐업을 이유로 매수신청대리인 등록이 취소된 후 3년이 지나지 아니한 자는 결격사유에 해당하지 않는다.
③ 개업공인중개사는 매수신청의 위임을 받아 매수신청의 보증을 제공할 수 있다.
④ 매수신청대리인 등록을 하고자 하는 공인중개사인 개업공인중개사는 등록신청일 전 1년 이내에 지방법원장이 지정하는 교육기관에서 부동산경매에 관한 실무교육을 받아야 한다.
⑤ 개업공인중개사는 자신이 매수신청대리인이 된 사건에 대해서 직접 매수신청인으로서 매수신청을 해서는 안 된다.

14
매수신청대리권의
범위

법원에 매수신청대리인으로 등록된 개업공인중개사가 매수신청대리의 위임을 받아 할 수 있는 행위가 아닌 것은 모두 몇 개인가?

> ㉠ 공유자의 우선매수신고
> ㉡ 매각불허가결정에 대한 즉시항고
> ㉢ 매수신청의 보증을 돌려줄 것을 신청하는 행위
> ㉣ 인도명령을 신청하는 행위
> ㉤ 공유자의 우선매수신고에 따라 차순위매수신고인으로 보게 되는 경우 그 차순위매수신고인의 지위를 포기하는 행위

① 1개 ② 2개 ③ 3개
④ 4개 ⑤ 5개

15

매수신청대리
등록기준

매수신청대리인으로 등록하기 위한 요건으로 틀린 것은?

① 소속공인중개사는 매수신청대리인 등록을 신청할 수 있다.

② 폐업신고 후 1년 이내에 다시 매수신청대리인으로 등록하고자 하는 경우에는 경매에 관한 실무교육을 받을 필요가 없다.

③ 공인중개사인 개업공인중개사는 매수신청대리 등록을 신청하기 전에 손해배상책임을 보장하기 위한 보증을 설정해야 한다.

④ 매수신청대리 업무정지처분을 받은 법인인 개업공인중개사의 업무정지 사유가 발생한 당시의 임원이었던 자는 업무정지기간이 경과할 때까지 매수신청대리인으로 등록을 할 수 없다.

⑤ 사원 또는 임원 중 매수신청대리의 결격사유에 해당하는 자가 있는 법인은 매수신청대리인으로 등록을 할 수 없다.

16

매수신청대리
확인 · 설명사항

개업공인중개사가 매수신청대리를 위임 받은 경우 위임인에게 확인 · 설명해야 할 사항이 아닌 것은 모두 몇 개인가?

㉠ 권리관계	㉡ 내부 · 외부 시설물의 상태
㉢ 경제적 가치	㉣ 매수인이 부담해야 할 사항
㉤ 입지조건	

① 1개   ② 2개   ③ 3개

④ 4개   ⑤ 5개

17

경매
매수신청대리

「공인중개사의 매수신청대리인 등록 등에 관한 규칙」에 대한 설명으로 틀린 것은?

① 협회가 매수신청대리의 공제사업을 하고자 하는 때에는 공제규정을 제정하여 법원행정처장의 승인을 얻어야 한다.

② 매수신청대리인으로 등록한 개업공인중개사는 업무를 개시하기 전에 보증보험 또는 협회의 공제에 가입하거나 공탁을 해야 한다.

③ 공탁한 공탁금은 매수신청대리인이 된 개업공인중개사가 폐업, 사망 또는 해산한 날부터 3년 이내에는 회수할 수 없다.

④ 매수신청대리인은 3개월을 초과하여 매수신청대리업을 휴업하고자 하는 때에는 감독법원에 그 사실을 미리 신고해야 한다.

⑤ 법인인 개업공인중개사가 분사무소를 두는 경우에는 분사무소마다 2억원 이상의 보증을 추가로 설정해야 한다.

18 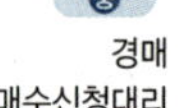
경매
매수신청대리

「공인중개사의 매수신청대리인 등록 등에 관한 규칙」에 대한 설명으로 틀린 것은?

① 개업공인중개사는 위 규칙에 의한 대리행위를 할 경우에는 매각장소 또는 집행법원에 직접 출석해야 한다.

② 구 「임대주택법」 규정에 따른 임차인의 임대주택 우선매수신고를 할 수 있다.

③ 공인중개사법령상 실무교육을 이수하고 1년이 지나지 않은 경우 별도의 매수신청대리에 대한 실무교육은 면제된다.

④ 「민사집행법」 규정에 따른 차순위매수신고를 대리할 수 있다.

⑤ 「입목에 관한 법률」에 따른 입목을 매수신청대리할 수 있다.

19
경매
매수신청대리

「공인중개사의 매수신청대리인 등록 등에 관한 규칙」에 대한 설명으로 틀린 것은?

① 매수신청대리의 실무교육에는 평가가 포함되어야 한다.

② 매수신청대리업무에 관한 업무정지기간은 1개월 이상 2년 이하로 한다.

③ 개업공인중개사는 매수신청대리의 보수표와 보수에 관하여 위임인에게 위임계약 전에 설명해야 한다.

④ 매수신청대리 보수의 지급시기는 별도의 약정이 없는 한 매각결정기일로 한다.

⑤ 개업공인중개사는 매수신청대리의 업무정지처분을 받은 때에는 그 사실을 해당 중개사무소의 출입문에 표시해야 한다.

20 
경매
매수신청대리

「공인중개사의 매수신청대리인 등록 등에 관한 규칙」에 대한 설명으로 틀린 것은?

① 손해배상책임을 보장하기 위한 보증은 매수신청대리인 등록요건이다.

② 개업공인중개사가 대리행위를 하는 경우에는 본인의 인감증명서가 첨부된 위임장과 대리인등록증사본을 제출해야 한다.

③ 개업공인중개사가 작성한 사건카드에는 「공인중개사법」에 따라 중개행위를 위해 등록관청에 등록한 인장을 날인해야 한다.

④ 법원행정처장은 매수신청대리업무에 관하여 관할 안에 있는 협회의 시·도 지부와 매수신청대리인 등록을 한 개업공인중개사를 감독한다.

⑤ 개업공인중개사는 보수를 받은 경우 예규에서 정한 양식에 의한 영수증을 작성하여 서명날인을 한 후 위임인에게 교부해야 한다.

21

경매
매수신청대리

「공인중개사의 매수신청대리인 등록 등에 관한 규칙」에 대한 설명으로 틀린 것은?

① 중개업과 경매부동산의 매수신청대리를 하는 공인중개사인 개업공인중개사가 손해배상 책임을 보장하기 위해 각각 설정해야 하는 보증설정금액은 같다.

② 공인중개사인 개업공인중개사는 매수신청대리인으로 등록하지 않더라도 경매대상 부동 산에 대한 권리분석 및 알선을 할 수도 있다.

③ 「공장 및 광업재단 저당법」에 따른 공장재단은 매수신청대리의 대상물이 될 수 있다.

④ 매수신청대리인 등록을 한 개업공인중개사는 법원행정처장이 인정하는 특별한 경우 그 사무소의 간판에 "법원"의 휘장 등을 표시할 수 있다.

⑤ 개업공인중개사는 매수신청대리 보수에 대하여 이를 위임인에게 위임계약이 체결된 때 설명해야 한다.

Point 22
매수신청대리
절대적 등록취소

공인중개사의 매수신청대리인 등록 등에 관한 규칙상 지방법원장이 매수신청대리인 등록을 취소해야 하는 사유를 모두 고른 것은?

> ㉠ 매수신청대리업의 폐업신고를 한 경우
> ㉡ 최근 1년 이내에 이 규칙에 따라 2회 이상 업무정지처분을 받고 다시 업무정지처분에 해 당하는 행위를 한 경우
> ㉢ 등록 후 매수신청대리 등록요건을 갖추지 않게 된 경우
> ㉣ 「공인중개사법」에 따라 업무의 정지를 당한 경우
> ㉤ 「공인중개사법」에 따라 공인중개사 자격이 취소된 경우

① ㉠, ㉡　　　　　　② ㉠, ㉤　　　　　　③ ㉠, ㉡, ㉣
④ ㉡, ㉢, ㉤　　　　　⑤ ㉢, ㉣, ㉤

23
매수신청대리
절대적 업무정지

「공인중개사의 매수신청대리인 등록 등에 관한 규칙」상 지방법원장이 매수신청대리업무를 정지 하는 처분을 해야 하는 사유에 해당하지 않는 것은?

① 매수신청대리 확인·설명서에 등록한 인장을 사용하지 아니한 경우

② 「공인중개사법」에 따라 중개사무소를 휴업하였을 경우

③ 「공인중개사법」에 따라 공인중개사 자격을 정지당한 경우

④ 매수신청대리업을 휴업하였을 경우

⑤ 「공인중개사법」에 따라 업무를 정지당한 경우

박문각 공인중개사

부 록

제36회 기출문제

*제36회 공인중개사 문제와 정답 원안입니다(출제 당시 법령 기준).

01 공인중개사법령상 용어의 정의로 **틀린** 것은?

① 중개라 함은 이 법 제3조에 따른 중개대상물에 대하여 거래당사자 간의 매매·교환·임대차 그 밖의 권리의 득실변경에 관한 행위를 알선하는 것을 말한다.
② 공인중개사라 함은 이 법에 의한 공인중개사자격을 취득한 자를 말한다.
③ 중개업이라 함은 다른 사람의 의뢰에 의하여 일정한 보수를 받고 중개를 업으로 행하는 것을 말한다.
④ 개업공인중개사라 함은 이 법에 의하여 중개사무소의 개설등록을 한 자를 말한다.
⑤ 소속공인중개사라 함은 개업공인중개사에 소속된 공인중개사로서 중개업무를 수행하는 자를 말하며, 개업공인중개사인 법인의 사원으로서 공인중개사인 자는 제외된다.

02 공인중개사법령상 공인중개사자격증에 관한 설명으로 옳은 것을 모두 고른 것은?

> ㉠ 공인중개사는 다른 사람에게 자기의 공인중개사자격증을 양도하여서는 아니된다.
> ㉡ 누구든지 다른 사람의 공인중개사자격증을 양수하여 이를 사용하여서는 아니된다.
> ㉢ 공인중개사는 다른 공인중개사가 공인중개사자격증을 대여하는 것을 알선할 수 있다.

① ㉠   ② ㉠, ㉡   ③ ㉠, ㉢
④ ㉡, ㉢   ⑤ ㉠, ㉡, ㉢

03 공인중개사법령상 중개사무소의 개설등록 및 등록의 결격사유 등에 관한 설명으로 **틀린** 것은?

① 개업공인중개사는 다른 개업공인중개사의 중개보조원이 될 수 있다.
② 피성년후견인은 중개사무소의 개설등록을 할 수 없다.
③ 공인중개사(소속공인중개사는 제외) 또는 법인이 아닌 자는 중개사무소의 개설등록을 신청할 수 없다.
④ 자본금이 3천만원인 「상법」상 회사는 다른 법률의 규정이 있는 경우를 제외하고, 중개사무소의 개설등록을 할 수 없다.
⑤ 금고 이상의 형의 집행유예를 받고 그 유예기간이 만료된 날부터 2년이 지나지 아니한 자는 소속공인중개사가 될 수 없다.

04 공인중개사법령상 인장의 등록에 관한 설명으로 틀린 것은?

① 개업공인중개사는 중개사무소 개설등록신청을 하면서 동시에 인장을 등록하여야 한다.

② 소속공인중개사는 업무를 개시하기 전에 중개행위에 사용할 인장을 등록관청에 등록하여야 한다.

③ 분사무소가 없는 법인인 개업공인중개사는 「상업등기규칙」에 따라 신고한 법인의 인장을 등록관청에 등록하여야 한다.

④ 법인인 개업공인중개사의 분사무소에서 사용할 인장의 경우에는 「상업등기규칙」에 따라 법인의 대표자가 보증하는 인장을 등록할 수 있다.

⑤ 등록관청에 등록한 인장을 변경한 개업공인중개사는 변경일부터 7일 이내에 그 변경된 인장을 등록관청에 등록하여야 한다.

05 공인중개사법령상 인터넷 표시·광고 모니터링 등에 관한 설명으로 옳은 것을 모두 고른 것은?

> ㉠ 국토교통부장관은 「공공기관의 운영에 관한 법률」 제4조에 따른 공공기관에 모니터링 업무를 위탁할 수 있다.
> ㉡ 모니터링 기관은 기본 모니터링 업무에 관한 결과보고서를 해당 모니터링 업무를 완료한 날부터 15일 이내에 국토교통부장관에게 제출해야 한다.
> ㉢ 국토교통부장관은 모니터링 기관으로부터 모니터링 업무에 관하여 제출받은 결과보고서를 시·도지사 및 등록관청 등에 통보하고 필요한 조사 및 조치를 요구할 수 있다.

① ㉡ ② ㉢ ③ ㉠, ㉡
④ ㉠, ㉢ ⑤ ㉠, ㉡, ㉢

06 공인중개사법령상 중개사무소의 설치기준에 관한 설명으로 옳은 것을 모두 고른 것은? (단, 다른 법률의 규정은 고려하지 않음)

> ㉠ 법인이 아닌 개업공인중개사는 그 등록관청의 관할 구역 안에 중개사무소를 두되, 1개의 중개사무소만을 둘 수 있다.
> ㉡ 개업공인중개사는 천막 그 밖에 이동이 용이한 임시 중개시설물을 설치하여서는 아니 된다.
> ㉢ 분사무소를 설치하려는 개업공인중개사는 분사무소설치신고서를 분사무소의 소재지를 관할하는 등록관청에 제출하여야 한다.

① ㉠ ② ㉢ ③ ㉠, ㉡
④ ㉡, ㉢ ⑤ ㉠, ㉡, ㉢

07 공인중개사법령상 명칭 및 중개대상물의 표시·광고 등에 관한 설명으로 **틀린** 것은?

① 개업공인중개사가 아닌 자는 "부동산중개"라는 명칭을 사용하여서는 아니된다.

② 개업공인중개사가 아닌 자는 중개대상물에 대한 표시·광고를 하여서는 아니된다.

③ 개업공인중개사는 중개대상물이 존재하지만 실제로 중개의 대상이 될 수 없는 중개대상물에 대한 표시·광고를 하여서는 아니된다.

④ 등록관청은 개업공인중개사의 성명의 표기방법을 위반한 중개사무소의 벽면 이용간판에 대하여 철거를 명할 수 있다.

⑤ 개업공인중개사가 의뢰받은 중개대상물에 대하여 표시·광고를 하려면 개업공인중개사 및 중개보조원에 관한 사항을 명시하여야 한다.

08 공인중개사법령상 법인인 개업공인중개사가 겸업할 수 있는 업무에 해당하는 것을 모두 고른 것은? (단, 다른 법률의 규정은 고려하지 않음)

> ㉠ 상업용 건축물의 분양대행
> ㉡ 부동산의 개발에 관한 상담
> ㉢ 상업용 건축물의 관리대행

① ㉡   ② ㉠, ㉡   ③ ㉠, ㉢
④ ㉡, ㉢   ⑤ ㉠, ㉡, ㉢

09 공인중개사법령상 중개사무소의 이전신고 및 휴업 또는 폐업의 신고 등에 관한 설명으로 옳은 것은?

① 개업공인중개사가 출산하는 경우에는 6개월을 초과하여 휴업할 수 있다.

② 개업공인중개사는 등록관청의 관할 지역 외의 지역으로 중개사무소를 이전한 때에는 이전한 날부터 10일 이내에 이전하기 전의 등록관청에 이전사실을 신고해야 한다.

③ 법인인 개업공인중개사는 분사무소를 두었더라도 폐업신고는 분사무소별로 하여서는 아니된다.

④ 개업공인중개사가 3개월을 초과하여 휴업한 부동산중개업을 재개하려는 경우 신고서에 중개사무소등록증을 첨부하여 등록관청에 미리 신고해야 한다.

⑤ 관할 세무서장이 「부가가치세법 시행령」에 따라 중개업폐업신고서를 받아 해당 등록관청에 송부하였더라도 등록관청에 그 폐업신고서가 제출된 것으로 보지 않는다.

10 공인중개사법령상 중개대상물의 확인·설명에 관한 설명으로 **틀린** 것은? (다툼이 있으면 판례에 따름)

① 개업공인중개사는 중개를 의뢰받은 경우 중개가 완성되기 전에 중개대상물에 관한 확인·설명을 해야 한다.

② 개업공인중개사는 중개가 완성되어 거래계약서를 작성하는 때에는 중개대상물 확인·설명서를 작성해야 한다.

③ 개업공인중개사는 자기가 조사·확인하여 설명할 의무가 없는 사항이라도 중개의뢰인이 계약을 맺을지를 결정하는 데 중요한 것이라면 그에 관해 그릇된 정보를 제공해서는 아니된다.

④ 아파트인 공동주택 임대차 중개의 경우 관리비 금액과 그 산출내역은 개업공인중개사가 확인·설명해야 하는 사항이 아니다.

⑤ 중개의뢰인이 개업공인중개사에게 소정의 보수를 지급하지 아니하였다고 해서 개업공인중개사의 확인·설명의무와 이에 위반한 경우의 손해배상의무가 당연히 소멸되는 것이 아니다.

11 공인중개사법령상 거래계약서의 작성 등에 관한 설명으로 옳은 것을 모두 고른 것은?

> ㉠ 국토교통부장관은 개업공인중개사가 작성하는 거래계약서의 표준이 되는 서식을 정하여 그 사용을 권장할 수 있다.
> ㉡ 계약일과 중개대상물확인·설명서 교부일자는 거래계약서에 기재하여야 하는 사항이다.
> ㉢ 개업공인중개사가 거래계약서를 작성한 경우 그 원본, 사본 또는 전자문서를 보존하여야 하는 기간은 3년이다.

① ㉠   ② ㉢   ③ ㉠, ㉡

④ ㉡, ㉢   ⑤ ㉠, ㉡, ㉢

12 공인중개사법령상 중개계약에 관한 설명으로 옳은 것은?

① 전속중개계약의 유효기간은 당사자 간에 다른 약정이 있더라도 3개월을 초과할 수 없다.

② 개업공인중개사는 전속중개계약을 체결한 때에는 해당 계약서를 5년 동안 보존하여야 한다.

③ 중개의뢰인은 개업공인중개사에게 중개대상물의 규모를 기재한 일반중개계약서의 작성을 요청할 수 있다.

④ 임대차에 관한 전속중개계약을 체결한 개업공인중개사는 중개대상물에 관한 정보 중 공시지가를 공개하여야 한다.

⑤ 개업공인중개사가 전속중개계약을 체결한 경우 해당 중개대상물의 도배상태에 대하여 중개의뢰인이 비공개를 요청하더라도 그 정보를 공개해야 한다.

13 공인중개사법령상 개업공인중개사의 중개보수에 관한 설명으로 **틀린** 것은? (다툼이 있으면 판례에 따름)

① 주택(부속토지 포함)의 중개에 대한 보수는 국토교통부령으로 정하는 범위 안에서 시·도의 조례로 정한다.

② 중개대상물인 건축물 중 주택의 면적이 2분의 1 미만인 경우에는 주택 외의 중개대상물에 대한 중개보수 규정을 적용한다.

③ 주택 외의 중개대상물의 소재지와 중개사무소의 소재지가 다른 경우 중개사무소의 소재지를 관할하는 시·도의 조례에서 정한 기준에 따라 중개보수를 받아야 한다.

④ 거래금액의 계산에 있어 동일한 중개대상물에 대하여 동일 당사자 간에 매매를 포함한 둘 이상의 거래가 동일 기회에 이루어지는 경우 매매계약에 관한 거래금액만을 적용한다.

⑤ 아파트 분양권의 매매를 중개한 경우 당사자가 거래 당시 수수하게 되는 총 대금을 거래금액으로 보아야 한다.

14 공인중개사법령상 부동산거래정보망의 지정 및 이용에 관한 설명으로 옳은 것을 모두 고른 것은?

> ㉠ 부동산거래정보망을 설치·운영할 자로 지정받으려는 자는 정보처리기사 2명 이상을 확보하여야 한다.
> ㉡ 국토교통부장관은 거래정보사업자가 정당한 사유 없이 지정받은 날부터 1년 이내에 부동산거래정보망을 설치·운영하지 아니한 경우에는 그 지정을 취소할 수 있다.
> ㉢ 부동산거래정보망을 설치·운영할 자로 지정받으려는 자가 국토교통부장관에게 제출하여야 할 서류에는 공인중개사 자격증 사본이 포함된다.

① ㉠ 　　② ㉡ 　　③ ㉠, ㉢
④ ㉡, ㉢ 　　⑤ ㉠, ㉡, ㉢

15 공인중개사법령상 개업공인중개사 등의 금지행위에 해당하는 것을 모두 고른 것은?

> ㉠ 중개대상물의 매매를 업으로 하는 행위
> ㉡ 무등록 중개업을 영위하는 자인 사실을 알면서 그를 통하여 중개를 의뢰받는 행위
> ㉢ 제3자에게 부당한 이익을 얻게 할 목적으로 거짓으로 거래가 완료된 것처럼 꾸미는 등 중개대상물의 시세에 부당한 영향을 주는 행위

① ㉡ 　　② ㉠, ㉡ 　　③ ㉠, ㉢
④ ㉡, ㉢ 　　⑤ ㉠, ㉡, ㉢

16 공인중개사법령상 공인중개사의 자격을 취소하여야 하는 경우가 <u>아닌</u> 것은?

① 공인중개사 자격정지처분을 받은 자가 그 자격정지기간 중에 중개업무를 행한 경우
② 공인중개사 자격정지처분을 받은 자가 그 자격정지기간 중에 다른 개업공인중개사의 소속공인중개사가 되는 경우
③ 공인중개사 자격정지처분을 받은 자가 그 자격정지기간 중에 법인인 개업공인중개사의 임원이 되는 경우
④ 공인중개사가 직무와 관련하여 벌금형을 선고받은 경우
⑤ 공인중개사가 다른 사람에게 자기의 성명을 사용하여 중개업무를 하게 한 경우

17 공인중개사법령상 시·도지사가 소속공인중개사의 공인중개사 자격을 정지할 수 있는 경우를 모두 고른 것은?

> ㉠ 중개의뢰인과 직접 거래를 하는 행위를 한 경우
> ㉡ 해당 중개대상물의 거래상의 중요사항에 관하여 거짓된 언행으로 중개의뢰인의 판단을 그르치게 하는 행위를 한 경우
> ㉢ 하나의 거래계약에 대하여 서로 다른 둘 이상의 거래계약서를 작성한 경우

① ㉡
② ㉠, ㉡
③ ㉠, ㉢
④ ㉡, ㉢
⑤ ㉠, ㉡, ㉢

18 공인중개사법령상 개업공인중개사의 행위로서 중개사무소 개설등록 취소사유에 해당하는 것을 모두 고른 것은?

> ㉠ 다른 사람에게 자기의 중개사무소등록증을 대여한 경우
> ㉡ 최근 1년 이내에 이 법에 의하여 2회 이상 업무정지처분을 받고 다시 업무정지처분에 해당하는 행위를 한 경우
> ㉢ 국토교통부령으로 정하는 전속중개계약서에 의하지 아니하고 전속중개계약을 체결한 경우

① ㉠
② ㉠, ㉡
③ ㉠, ㉢
④ ㉡, ㉢
⑤ ㉠, ㉡, ㉢

19 공인중개사법령상 한국공인중개사협회(이하 "협회"라 함)의 공제규정에 관한 설명으로 **틀린** 것은?

① 협회는 개업공인중개사의 손해배상책임을 보장하기 위하여 공제사업을 하고자 하는 때에는 공제규정을 제정하여야 한다.
② 협회가 공제규정을 제정 또는 변경하는 경우에는 국토교통부장관의 승인을 얻어야 한다.
③ 공제사업의 부대업무로서 공제규정으로 정하는 사업도 협회의 공제사업에 해당한다.
④ 공제사업의 범위, 공제계약의 내용, 공제금, 공제료, 회계기준 등 공제사업의 운용에 관하여 필요한 사항은 공제규정으로 정한다.
⑤ 책임준비금의 적립비율은 공제규정으로 정하되, 공제료 수입액의 100분의 20 이상이 되도록 하여야 한다.

20 공인중개사법령상 수수료를 납부하여야 하는 자에 해당하지 <u>않는</u> 것은? (단, 조례의 내용은 고려하지 않음)

① 중개사무소의 개설등록을 신청하는 자
② 중개사무소등록증의 재교부를 신청하는 자
③ 분사무소설치의 신고를 하는 자
④ 개업공인중개사의 등록인장을 변경 신고하는 자
⑤ 분사무소설치신고확인서의 재교부를 신청하는 자

21 공인중개사법령상 포상금에 관한 설명으로 옳은 것을 모두 고른 것은?

> ㉠ 포상금을 지급받으려는 자는 포상금지급신청서를 국토교통부장관에게 제출하여야 한다.
> ㉡ 포상금은 수사기관에 고발한 자에게 그 사건에 대해 검사가 공소제기의 결정을 한 경우에 한하여 지급한다.
> ㉢ 포상금은 1건당 50만원으로 한다.

① ㉠　　　　　　　　② ㉢　　　　　　　　③ ㉠, ㉡
④ ㉡, ㉢　　　　　　⑤ ㉠, ㉡, ㉢

22 공인중개사법령상 부동산거래질서교란행위 신고센터(이하 "신고센터"라 함)에 관한 설명으로 옳은 것을 모두 고른 것은?

> ㉠ 국토교통부장관은 부동산 시장의 건전한 거래질서를 조성하기 위하여 신고센터를 설치·운영할 수 있다.
> ㉡ 국토교통부장관은 신고센터의 업무를 「한국산업인력공단법」에 따른 한국산업인력공단에 위탁한다.
> ㉢ 누구든지 부동산거래질서교란행위를 발견하는 경우 그 사실을 신고센터에 신고할 수 있다.

① ㉠　　　　　　　　② ㉡　　　　　　　　③ ㉠, ㉢
④ ㉡, ㉢　　　　　　⑤ ㉠, ㉡, ㉢

23 공인중개사법령상 과태료 부과 대상자에 해당하는 것은?

① 다른 사람의 공인중개사자격증을 대여받은 자

② 중개사무소의 개설등록을 하지 아니하고 중개업을 한 자

③ 공인중개사가 아닌 자로서 공인중개사 또는 이와 유사한 명칭을 사용한 자

④ 개업공인중개사가 아닌 자로서 중개업을 하기 위하여 중개대상물에 대한 표시·광고를 한 자

⑤ 개업공인중개사로서 중개대상물의 확인·설명의 의무를 이행하면서 설명의 근거자료를 제시하지 아니한 자

24 부동산 거래신고 등에 관한 법령상 부동산 거래의 신고에 관한 설명으로 옳은 것은?

① 「산업입지 및 개발에 관한 법률」에 따른 토지에 대한 공급계약은 거래신고의 대상이다.

② 자연인과 지방자치단체가 건축물의 매매계약을 체결한 경우 자연인이 거래신고를 하여야 한다.

③ 개업공인중개사가 거래계약서를 작성·교부한 경우에는 거래당사자 또는 해당 개업공인중개사가 거래신고를 할 수 있다.

④ 부동산의 매수인은 신고인이 부동산거래계약 신고서를 제출한 때에 「부동산등기 특별조치법」에 따른 검인을 받은 것으로 본다.

⑤ 거래당사자 중 일방이 신고를 거부하여 단독으로 거래신고를 하는 경우 신고기간은 거래계약의 체결일부터 60일이다.

25 부동산 거래신고 등에 관한 법령상 법인이 「주택법」에 따라 5억원인 주택의 공급계약을 체결한 경우의 부동산 거래 신고사항에 해당하지 <u>않는</u> 것은?

① 실제 거래가격

② 계약 체결일

③ 법인의 등기 현황

④ 계약의 조건이 있는 경우 그 조건

⑤ 중도금 지급일 및 잔금 지급일

26 부동산 거래신고 등에 관한 법령상 징역 또는 벌금에 처해질 수 있는 자가 <u>아닌</u> 것은?

① 부당하게 재물이나 재산상 이득을 취할 목적으로 거짓으로 부동산 거래신고를 하는 행위를 조장한 자

② 토지취득의 허가를 받아야 함에도 허가를 받지 아니하고 토지취득계약을 체결한 대한민국의 국적을 보유하고 있지 아니한 개인

③ 토지거래허가구역에서 허가를 받아야 함에도 허가를 받지 아니하고 토지거래계약을 체결한 자

④ 토지거래허가구역에서 속임수나 그 밖의 부정한 방법으로 토지거래계약 허가를 받은 자

⑤ 토지거래계약 허가를 받은 자가 그 토지를 허가받은 목적대로 이용하지 않음을 이유로 관할 행정청이 한 조치명령을 위반한 자

27 부동산 거래신고 등에 관한 법령상 부동산 거래의 신고 내용에 대한 검증 및 조사에 관한 설명으로 <u>틀린</u> 것은?

① 신고관청으로부터 신고 내용의 검증 결과를 통보받은 세무서장은 해당 신고 내용을 국세 또는 지방세 부과를 위한 과세자료로 활용할 수 있다.

② 신고관청은 신고내용조사를 위하여 「공인중개사법」에 따른 공인중개사의 자격취소, 자격정지, 등록취소 및 업무정지에 관한 자료를 관계 행정기관의 장에게 요청할 수 있다.

③ 국토교통부장관은 신고 받은 내용의 확인을 위하여 필요한 때에는 신고내용조사를 직접 또는 신고관청과 공동으로 실시할 수 있다.

④ 군수 또는 구청장이 신고 내용을 조사한 경우 그 조사결과를 국토교통부장관에게 보고하여야 한다.

⑤ 신고관청은 신고 내용을 조사하기 위하여 거래당사자 또는 개업공인중개사에게 거래대금의 지급을 확인할 수 있는 입금표 또는 통장사본의 제출을 요구할 수 있다.

28 부동산 거래신고 등에 관한 법령상 토지거래계약을 허가받은 자에게 부과되는 토지의 이용 의무에 관한 설명으로 옳은 것을 모두 고른 것은?

> ㉠ 자기의 거주용 주택용지로 이용하려는 목적으로 토지거래계약의 허가를 받은 경우 토지취득일부터 4년간 토지의 이용 의무가 있다.
> ㉡ 이행강제금은 이행명령이 이행될 때까지 반복하여 부과할 수 있으며, 토지의 이용 의무기간이 지난 후에도 부과할 수 있다.
> ㉢ 시장·군수 또는 구청장은 토지의 이용 의무불이행에 따른 이행명령을 받은 자가 그 명령을 이행하는 경우에도 명령을 이행하기 전에 이미 부과된 이행강제금은 징수하여야 한다.

① ㉠

② ㉢

③ ㉠, ㉡

④ ㉡, ㉢

⑤ ㉠, ㉡, ㉢

29 부동산 거래신고 등에 관한 법령상 A광역시 B구에 소재한 X토지에 대한 내국인 간의 부동산 거래의 신고에 관한 설명으로 **틀린** 것은?

① X토지에 대한 임대차계약을 체결하는 경우에는 부동산 거래신고를 하지 않아도 된다.

② X토지에 대한 부동산 거래계약의 신고를 하는 경우 신고관청은 B구의 구청장이 된다.

③ 부동산거래계약시스템을 통하여 X토지에 대한 매매계약을 체결한 경우에는 매매계약이 체결된 때에 부동산 거래신고를 위한 부동산거래계약 신고서를 제출한 것으로 본다.

④ X토지에 대한 부동산 거래계약 신고 내용 중 계약의 조건이 변경된 경우에는 「부동산등기법」에 따른 부동산에 관한 등기신청 후에 신고관청에 신고 내용의 변경을 신고하여야 한다.

⑤ X토지에 대한 매매계약서를 개업공인중개사가 작성·교부한 경우 개업공인중개사의 인적사항은 부동산 거래신고사항에 해당한다.

30 임대인 甲과 임차인 乙은 「주택임대차보호법」에 따른 X주택에 대해 보증금 1억원의 임대차 계약을 체결하였다. 부동산 거래신고 등에 관한 법령상 주택 임대차 계약의 신고에 관한 설명으로 **옳은** 것은? (단, 甲과 乙은 자연인임)

① X주택이 경상북도의 관할구역에 있는 군에 소재한 경우에는 주택 임대차 계약의 신고를 하여야 한다.

② 甲과 乙의 임대차 계약이 종전의 보증금을 그대로 유지하면서 임대차 기간만 연장하는 갱신계약인 경우에도 주택 임대차 계약의 신고를 하여야 한다.

③ 甲이 주택 임대차 계약의 신고를 거부하여 乙이 단독으로 신고하는 경우 乙은 신분증명서를 신고관청에 보여줘야 한다.

④ 甲과 乙이 공동으로 주택 임대차 계약의 신고를 한 후 해당 계약의 보증금이 8천만원으로 감액된 경우에는 변경신고를 하지 않아도 된다.

⑤ 甲이 「부동산 거래신고 등에 관한 법률」에 따른 주택 임대차 계약의 신고를 한 경우 「주민등록법」에 따라 전입신고를 한 것으로 본다.

31 부동산 거래신고 등에 관한 법령상 외국인 등이 대한민국 안의 부동산을 취득한 경우 "부동산 등을 취득한 날부터 6개월 이내에" 취득 신고를 하여야 하는 것으로 규정된 취득원인이 <u>아닌</u> 것은?

① 상속　　　　　　　　　　　　　② 증여

③ 법원의 확정판결　　　　　　　　④ 건축물의 증축

⑤ 법률에 따른 환매권의 행사

32 개업공인중개사가 분묘기지권의 제한을 받는 토지를 매수하려는 중개의뢰인에게 분묘기지권에 관하여 설명한 내용으로 **틀린** 것은? (다툼이 있으면 판례에 따름)

① 분묘기지권에는 특별한 사정이 없는 한 그 효력이 미치는 지역의 범위 내에 기존의 분묘 외에 새로운 분묘를 신설할 권능도 포함된다.

② 분묘기지권을 이미 시효로 취득한 경우 그 분묘기지권자는 이를 등기하지 않더라도 제3자에게 대항할 수 있다.

③ 분묘가 멸실되었다고 하더라도 유골이 존재하여 분묘의 원상회복이 가능하고 일시적인 멸실에 불과하다면, 분묘기지권은 소멸하지 않고 존속한다.

④ 분묘기지권은 특별한 사정이 없는 한 분묘의 기지 자체뿐만 아니라 분묘의 설치 목적인 분묘의 수호와 제사에 필요한 범위 내에서 분묘 기지 주위의 공지를 포함한 지역에까지 미친다.

⑤ 토지 소유자의 승낙에 의하여 성립하는 분묘기지권의 경우 성립 당시 그 소유자와 분묘의 수호·관리자가 지료 지급의무의 존부나 범위 등에 관하여 약정을 하였다면 그 약정의 효력은 분묘 기지의 승계인에 대하여도 미친다.

33 공인중개사법령상 중개대상물 확인·설명서[I](주거용 건축물) 서식의 기재내용으로 개업공인중개사 기본 확인사항 중 임대차 확인사항에 해당하는 것을 모두 고른 것은?

> ㉠ 국세 및 지방세 체납정보
> ㉡ 민간임대등록 여부
> ㉢ 현장안내 중개보조원 신분 고지 여부
> ㉣ 계약갱신 요구권 행사 여부

① ㉠, ㉢　　　　　　② ㉡, ㉣　　　　　　③ ㉠, ㉡, ㉣
④ ㉡, ㉢, ㉣　　　　⑤ ㉠, ㉡, ㉢, ㉣

34 공인중개사법령상 중개보수의 한도에 관하여 (   )에 들어갈 내용으로 옳은 것은?

> 전용면적이 85제곱미터 이하이고, 상·하수도 시설이 갖추어진 전용입식 부엌, 전용수세식 화장실 및 목욕시설(전용수세식 화장실에 목욕시설을 갖춘 경우 포함)을 갖춘 「건축법 시행령」에 따른 오피스텔의 중개보수는 중개의뢰인 쌍방으로부터 각각 받되, 매매·교환은 거래금액의 (㉠), 임대차 등은 거래금액의 (㉡) 범위에서 결정한다.

① ㉠: 1천분의 4, ㉡: 1천분의 3
② ㉠: 1천분의 5, ㉡: 1천분의 4
③ ㉠: 1천분의 6, ㉡: 1천분의 5
④ ㉠: 1천분의 9, ㉡: 1천분의 8
⑤ ㉠: 1천분의 9, ㉡: 1천분의 9

35 「공인중개사의 매수신청대리인 등록 등에 관한 규칙」상 매수신청대리에 관한 설명으로 **틀린** 것은?

① 매수신청대리인으로 등록된 개업공인중개사가 매수신청대리의 위임을 받은 경우 「민사집행법」에 따른 공유자의 우선매수신고를 할 수 있다.
② 소속공인중개사는 매수신청대리인으로 등록할 수 없다.
③ 개업공인중개사는 매수신청대리 위임계약을 체결한 경우 확인·설명 사항을 서면으로 작성하여 서명날인한 후 위임인에게 교부하고, 그 사본을 3년간 보존하여야 한다.
④ 개업공인중개사는 매수신청대리에 관하여 위임인으로부터 보수를 받은 경우 예규에서 정한 양식에 의한 영수증을 작성하여 서명날인한 후 위임인에게 교부하여야 한다.
⑤ 부동산중개업의 폐업신고로 매수신청대리인 등록이 취소된 자는 등록이 취소된 후 3년이 지나지 아니하더라도 매수신청대리인 등록을 할 수 있다.

36 개업공인중개사가 「민사집행법」에 의한 경매에 관하여 중개의뢰인에게 설명한 내용으로 **틀린** 것은?

① 등기된 임차권은 저당권·압류채권·가압류채권에 대항할 수 없는 경우에도 매각으로 소멸되지 않는다.

② 공인중개사인 개업공인중개사는 매수신청대리인으로 등록하지 않더라도 「민사집행법」에 의한 경매대상 부동산에 대한 권리분석 및 취득의 알선을 할 수 있다.

③ 차순위매수신고는 그 신고액이 최고가매수신고액에서 그 보증액을 뺀 금액을 넘는 때에만 할 수 있다.

④ 매각 부동산에 대한 인도명령의 신청은 매수인이 대금을 낸 뒤 6개월 이내에 하여야 한다.

⑤ 재매각절차에서는 전(前)의 매수인은 매수신청을 할 수 없으며 매수신청의 보증을 돌려 줄 것을 요구하지 못한다.

37 개업공인중개사가 부동산을 매수하려는 중개의뢰인에게 부동산 실권리자명의 등기에 관한 법령에 관하여 설명한 내용으로 옳은 것을 모두 고른 것은?

> ㉠ 3천만원의 이행강제금을 부과받은 자는 3천만원 전부에 대해 물납(物納)할 수 있다.
> ㉡ 명의수탁자는 과징금 부과대상자가 되며, 과징금을 부과받으면 지체 없이 해당 부동산에 관한 물권을 명의신탁자의 명의로 등기하여야 한다.
> ㉢ 3천만원의 과징금 납부의무자가 과징금 납부기한을 연장받고자 하는 경우에는 과징금 납부를 통지받은 날부터 30일 이내에 해당 특별자치도지사·특별자치시장·시장·군수 또는 구청장에게 연장신청을 하여야 한다.

① ㉠   ② ㉢   ③ ㉠, ㉡

④ ㉡, ㉢   ⑤ ㉠, ㉡, ㉢

38 개업공인중개사가 중개의뢰인에게 「상가건물 임대차보호법」에 관하여 설명한 내용으로 옳은 것은? (단, 다른 사정은 고려하지 않음)

① 경제사정의 변동을 이유로 인정되는 차임증액에 관한 청구는 약정한 차임의 증액이 있은 후 1년 이내에도 할 수 있다.

② 임차인이 임차건물에 대하여 보증금반환청구소송의 확정판결에 의하여 경매를 신청하는 경우 반대의무의 이행을 집행개시의 요건으로 한다.

③ 임차인의 계약갱신요구권은 최초의 임대차기간을 포함한 전체 임대차기간이 5년을 초과하지 아니하는 범위에서만 행사할 수 있다.

④ 임대인의 변경이 없는 경우 임차인의 차임연체액이 3기의 차임액에 달하는 때에는 임대인은 계약을 해지할 수 있다.

⑤ 경제사정의 중대한 변동으로 인한 폐업으로 임차인에게 해지권이 인정되는 경우 그 해지는 임대인이 계약해지의 통고를 받은 날부터 효력이 발생한다.

39 개업공인중개사가 토지를 매수하려는 중개의뢰인에게 장사 등에 관한 법령에 관하여 설명한 내용으로 **틀린** 것은?

① 개인묘지는 30제곱미터를 초과하여 새로 설치할 수 없다.

② 「상법」상 회사는 법인묘지의 설치·관리의 허가를 받을 수 있다.

③ 가족묘지에 매장을 한 자는 매장 후 30일 이내에 매장지를 관할하는 시장 등에게 신고하여야 한다.

④ 문중묘지를 설치·관리하려는 자는 해당 묘지를 관할하는 시장 등의 허가를 받아야 한다.

⑤ 사설묘지를 설치·관리하는 자는 70세 이상인 자가 사망하기 전에 자신의 묘지로 사용하기 위해 그 사설묘지에 대한 매매를 요청한 경우에는 그 매매를 할 수 있다.

40 개업공인중개사가 중개의뢰인에게 「주택임대차보호법」의 내용에 관하여 설명한 것으로 옳은 것을 모두 고른 것은? (단, 임차인은 자연인이며 다른 사정은 고려하지 않음)

> ㉠ 임대인은 거짓이나 그 밖의 부정한 방법으로 임차한 임차인의 계약갱신 요구를 거절할 수 없다.
> ㉡ 임차인에게 인정되는 계약갱신요구권은 2회까지 행사할 수 있다.
> ㉢ 대항력이 없는 임차권은 「민사집행법」에 따른 경매로 그 임차주택이 경락되면 소멸한다.

① ㉠　　　　　　② ㉢　　　　　　③ ㉠, ㉡
④ ㉡, ㉢　　　　⑤ ㉠, ㉡, ㉢

■ TV방송 편성표

기본이론 방송 [1강 30분, 총 75강]

순서	날짜	요일	과목	순서	날짜	요일	과목
1	1. 12	월	부동산학개론 1강	39	4. 8	수	부동산공시법령 7강
2	1. 13	화	민법·민사특별법 1강	40	4. 13	월	부동산세법 5강
3	1. 14	수	공인중개사법·중개실무 1강	41	4. 14	화	부동산학개론 8강
4	1. 19	월	부동산공법 1강	42	4. 15	수	민법·민사특별법 8강
5	1. 20	화	부동산공시법령 1강	43	4. 20	월	공인중개사법·중개실무 8강
6	1. 21	수	부동산학개론 2강	44	4. 21	화	부동산공법 8강
7	1. 26	월	민법·민사특별법 2강	45	4. 22	수	부동산공시법령 8강
8	1. 27	화	공인중개사법·중개실무 2강	46	4. 27	월	부동산세법 6강
9	1. 28	수	부동산공법 2강	47	4. 28	화	부동산학개론 9강
10	2. 2	월	부동산공시법령 2강	48	4. 29	수	민법·민사특별법 9강
11	2. 3	화	부동산학개론 3강	49	5. 4	월	공인중개사법·중개실무 9강
12	2. 4	수	민법·민사특별법 3강	50	5. 5	화	부동산공법 9강
13	2. 9	월	공인중개사법·중개실무 3강	51	5. 6	수	부동산공시법령 9강
14	2. 10	화	부동산공법 3강	52	5. 11	월	부동산세법 7강
15	2. 11	수	부동산공시법령 3강	53	5. 12	화	부동산학개론 10강
16	2. 16	월	부동산세법 1강	54	5. 13	수	민법·민사특별법 10강
17	2. 17	화	부동산학개론 4강	55	5. 18	월	공인중개사법·중개실무 10강
18	2. 18	수	민법·민사특별법 4강	56	5. 19	화	부동산공법 10강
19	2. 23	월	공인중개사법·중개실무 4강	57	5. 20	수	부동산공시법령 10강
20	2. 24	화	부동산공법 4강	58	5. 25	월	부동산세법 8강
21	2. 25	수	부동산공시법령 4강	59	5. 26	화	부동산학개론 11강
22	3. 2	월	부동산세법 2강	60	5. 27	수	민법·민사특별법 11강
23	3. 3	화	부동산학개론 5강	61	6. 1	월	부동산공법 11강
24	3. 4	수	민법·민사특별법 5강	62	6. 2	화	부동산세법 9강
25	3. 9	월	공인중개사법·중개실무 5강	63	6. 3	수	부동산학개론 12강
26	3. 10	화	부동산공법 5강	64	6. 8	월	민법·민사특별법 12강
27	3. 11	수	부동산공시법령 5강	65	6. 9	화	부동산공법 12강
28	3. 16	월	부동산세법 3강	66	6. 10	수	부동산세법 10강
29	3. 17	화	부동산학개론 6강	67	6. 15	월	부동산학개론 13강
30	3. 18	수	민법·민사특별법 6강	68	6. 16	화	민법·민사특별법 13강
31	3. 23	월	공인중개사법·중개실무 6강	69	6. 17	수	부동산공법 13강
32	3. 24	화	부동산공법 6강	70	6. 22	월	부동산학개론 14강
33	3. 25	수	부동산공시법령 6강	71	6. 23	화	민법·민사특별법 14강
34	3. 30	월	부동산세법 4강	72	6. 24	수	부동산공법 14강
35	3. 31	화	부동산학개론 7강	73	6. 29	월	부동산학개론 15강
36	4. 1	수	민법·민사특별법 7강	74	6. 30	화	민법·민사특별법 15강
37	4. 6	월	공인중개사법·중개실무 7강	75	7. 1	수	부동산공법 15강
38	4. 7	화	부동산공법 7강				

과목별 강의 수 부동산학개론: 15강 / 민법·민사특별법: 15강
공인중개사법·중개실무: 10강 / 부동산공법: 15강 / 부동산공시법령: 10강 / 부동산세법: 10강

TV방송 편성표

문제풀이 방송(1강 30분, 총 21강)

순서	날짜	요일	과목	순서	날짜	요일	과목
1	7. 6	월	부동산학개론 1강	12	7. 29	수	부동산세법 2강
2	7. 7	화	민법·민사특별법 1강	13	8. 3	월	부동산학개론 3강
3	7. 8	수	공인중개사법·중개실무 1강	14	8. 4	화	민법·민사특별법 3강
4	7. 13	월	부동산공법 1강	15	8. 5	수	공인중개사법·중개실무 3강
5	7. 14	화	부동산공시법령 1강	16	8. 10	월	부동산공법 3강
6	7. 15	수	부동산세법 1강	17	8. 11	화	부동산공시법령 3강
7	7. 20	월	부동산학개론 2강	18	8. 12	수	부동산세법 3강
8	7. 21	화	민법·민사특별법 2강	19	8. 17	월	부동산학개론 4강
9	7. 22	수	공인중개사법·중개실무 2강	20	8. 18	화	민법·민사특별법 4강
10	7. 27	월	부동산공법 2강	21	8. 19	수	부동산공법 4강
11	7. 28	화	부동산공시법령 2강				

과목별 강의 수
부동산학개론: 4강 / 민법·민사특별법: 4강
공인중개사법·중개실무: 3강 / 부동산공법: 4강 / 부동산공시법령: 3강 / 부동산세법: 3강

모의고사 방송(1강 30분, 총 18강)

순서	날짜	요일	과목	순서	날짜	요일	과목
1	8. 24	월	부동산학개론 1강	10	9. 14	월	부동산공법 2강
2	8. 25	화	민법·민사특별법 1강	11	9. 15	화	부동산공시법령 2강
3	8. 26	수	공인중개사법·중개실무 1강	12	9. 16	수	부동산세법 2강
4	8. 31	월	부동산공법 1강	13	9. 21	월	부동산학개론 3강
5	9. 1	화	부동산공시법령 1강	14	9. 22	화	민법·민사특별법 3강
6	9. 2	수	부동산세법 1강	15	9. 23	수	공인중개사법·중개실무 3강
7	9. 7	월	부동산학개론 2강	16	9. 28	월	부동산공법 3강
8	9. 8	화	민법·민사특별법 2강	17	9. 29	화	부동산공시법령 3강
9	9. 9	수	공인중개사법·중개실무 2강	18	9. 30	수	부동산세법 3강

과목별 강의 수
부동산학개론: 3강 / 민법·민사특별법: 3강
공인중개사법·중개실무: 3강 / 부동산공법: 3강 / 부동산공시법령: 3강 / 부동산세법: 3강

연구 집필위원

정지웅	최상준	김상진	윤영기
송성호	신정환	고형석	홍덕기

제37회 공인중개사 시험대비 **전면개정**

2026 박문각 공인중개사

합격예상문제 **2차** 공인중개사법·중개실무

초판인쇄 | 2026. 4. 5.　**초판발행** | 2026. 4. 10.　**편저** | 박문각 공인중개사연구소

발행인 | 박 용　**발행처** | (주)박문각출판　**등록** | 2015년 4월 29일 제2019-000137호

주소 | 06654 서울시 서초구 효령로 283 서경 B/D 4층　**팩스** | (02)584-2927

전화 | 교재 주문 (02)6466-7202, 동영상문의 (02)6466-7201

판 권
본 사
소 유

정가 32,000원
ISBN 979-11-7519-981-1 | ISBN 979-11-7519-980-4(2차 세트)

박문각 출판 홈페이지에서
공인중개사 정오표를 활용하세요!

보다 빠르고, 편리하게 법령의 제·개정 내용을 확인하실 수 있습니다.

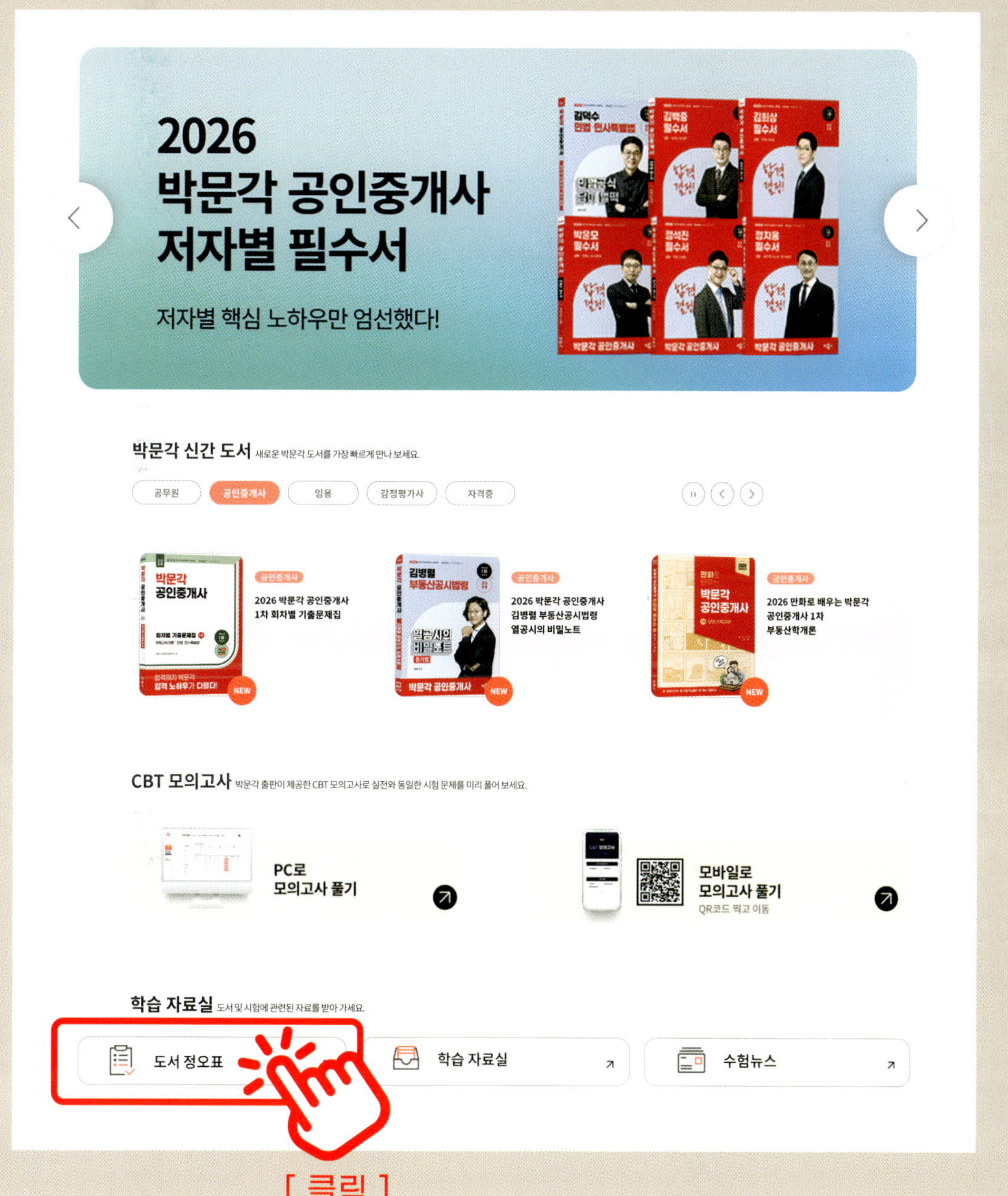

박문각 공인중개사
2026 합격 로드맵

합격을 향한 가장 확실한 선택

박문각 공인중개사 수험서 시리즈는 공인중개사 합격을 위한 가장 확실한 선택입니다.

01 기초입문

합격을 향해
기초부터 차근차근!

—

기초입문서 총 2권

합격설명서 | 민법 판례 | 핵심용어집 | 기출문제해설

02 기본이론

기본 개념을
체계적으로 탄탄하게!

—

기본서 총 6권

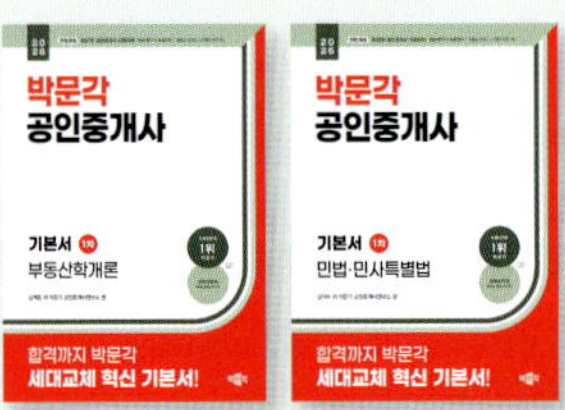

03 필수이론

합격을 향해
저자직강
필수 이론 과정!

—

저자필수서

2026
전면개정 제37회 공인중개사 시험대비 방송대학TV 무료강의 | 첫방송 2026.7.6(월) 오전 7시

박문각 공인중개사

합격예상문제 2차
공인중개사법·중개실무

정답해설집

박문각 공인중개사연구소 편

합격까지 박문각
합격 노하우가 다르다!

박문각 공인중개사

성공을 위한 가장 확실한 선택

박문각은 1972년부터의 노하우와 교육에 대한 끊임없는 열정으로 공인중개사 합격의 기준을 제시하며
경매 및 중개실무 연계교육과 합격자 네트워크를 통해 공인중개사 합격자들의 성공을 보장합니다.

01

공인중개사의 시작 박문각

공인중개사 시험이 도입된 제1회부터
제36회 시험까지 수험생들의 합격을
이끌어 온 대한민국 유일의 교육기업입니다.

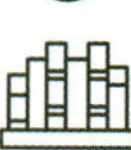

02

오랜시간 축적된 데이터

1회부터 지금까지 축적된 방대한 데이터로
박문각 공인중개사는 빠른 합격 & 최다
합격률을 자랑합니다.

03

업계 최고&최다 교수진 보유

공인중개사 업계 최다 교수진이
최고의 강의로 수험생 여러분의
합격을 위해 끊임없이 연구하고 있습니다.

04

전국 학원 수 규모 1위

전국 20여 개 학원을 보유하고 있는
박문각 공인중개사는 업계 최대 규모로서
전국 학원 수 규모 1위 입니다.

2026

박문각 공인중개사

합격예상문제 2차
공인중개사법·중개실무

정답해설집

박문각 공인중개사연구소 편

합격까지 박문각
합격 노하우가 다르다!

이 책의 **차례**

PART
01

공인중개사
법령

PART
02

부동산 거래신고
등에 관한 법령

PART
03

중개실무

제1장 총 칙

01 ① 이 법에 의하여 중개사무소의 개설등록을 한 자를 말한다.

② 공인중개사 자격을 취득한 자를 말한다.

④ "중개보조원"이라 함은 공인중개사가 아닌 자로서 개업공인중개사에 소속되어 중개대상물에 대한 현장안내 및 일반서무 등 개업공인중개사의 중개업무와 관련된 단순한 업무를 보조하는 자를 말한다.

⑤ '중개업'이란 다른 사람의 의뢰에 의하여 일정한 보수를 받고 중개를 업으로 행하는 것을 말한다.

02 ① 중개: 중개대상물에 대하여 매매·교환·임대차 등 권리의 득실변경에 관한 행위를 알선하는 것을 말한다. 중개업: 다른 사람의 의뢰에 의하여 일정한 보수를 받고 중개를 업으로 행하는 것을 말한다. 맨 앞 단어를 바꿔치기 한 것으로 주의할 지문입니다.

② 중개보조원: 공인중개사가 아닌 자로서 개업공인중개사에 소속되어 현장안내 및 일반서무 등 개업공인중개사의 중개업무와 관련된 단순한 업무를 보조하는 자를 말한다.

③ 우연한 기회에 중개를 한 것은 보수를 받았더라도 중개업에 해당하지 않는다.

④ 개업공인중개사이든 개설등록을 하지 아니한 자이든 다른 사람의 의뢰에 의하여 일정한 보수를 받고 중개를 업으로 행하였다면 이는 중개업에 해당한다. 다만, 개설등록을 하지 않은 자가 중개업을 한 경우에는 무등록중개업(3-3)으로 처벌된다.

03 ⑤ 유치권의 성립은 중개할 수 없으나, 유치권이 성립된 건물은 중개대상물이 된다.

① 공인중개사 취득자격 후 중개사무소 개설등록을 하지 않은 자는 개업공인중개사가 아니다.

② 개업공인중개사인 법인의 사원 또는 임원으로서 공인중개사인 자는 소속공인중개사에 해당한다.

③ 소속공인중개사는 그 개업공인중개사의 중개업무를 보조할 수 있다.

④ 거래당사자가 무등록중개업자에게 중개를 의뢰한 행위는 「공인중개사법」 위반으로 처벌할 수 없으며, 공동정범 행위로 처벌할 수도 없다(판례).

04 ③ ㉠㉣이 옳다.

> • 「공인중개사법」의 목적: 공인중개사의 업무 등에 관한 사항을 정하여 그 전문성을 제고하고, 부동산중개업을 건전하게 육성하여 국민경제에 이바지함을 목적으로 한다(법 제1조).
> • 「부동산 거래신고 등에 관한 법률」의 목적: 이 법은 부동산 거래 등의 신고 및 허가에 관한 사항을 정하여 건전하고 투명한 부동산 거래질서를 확립하고 국민경제에 이바지함을 목적으로 한다.

05 ② 옳은 것은 ㉢이다.
㉠ 중개라 함은 제3조의 규정에 의한 중개대상물에 대하여 거래당사자 간의 매매ㆍ교환ㆍ임대차 그 밖의 권리의 득실변경에 관한 행위를 알선하는 것을 말한다.
㉡ 중개보조원이라 함은 공인중개사가 아닌 자로서 개업공인중개사에 소속되어 중개대상물에 대한 현장안내 및 일반서무 등 개업공인중개사의 중개업무와 관련된 단순한 업무를 보조하는 자를 말한다.
㉣ 공인중개사라 함은 이 법에 의한 공인중개사자격을 취득한 자를 말한다.
㉤ 소속공인중개사라 함은 개업공인중개사에 소속된 공인중개사(개업공인중개사인 법인의 사원 또는 임원으로서 공인중개사인 자를 포함한다)로서 중개업무를 수행하거나 개업공인중개사의 중개업무를 보조하는 자를 말한다.

06 ③ '공인중개사'란 <u>이 법에 의한</u> 공인중개사 자격을 취득한 자를 말한다.
④ '소속공인중개사'에는 법인의 사원 또는 임원으로서 공인중개사인 자를 포함하는 것이다. 법인이 아닌 개업공인중개사에 소속된 공인중개사도 소속공인중개사에 해당한다.
⑤ '중개보조원': 공인중개사가 아닌 자로서, 현장안내 및 일반서무, 중개업무와 관련된 단순한 업무를 보조하는 자. 확인ㆍ설명, 확인ㆍ설명서 작성, 거래계약서 작성을 할 수 있다고 하면 모두 틀리다.

07 ① 부동산의 이용, 개발 및 거래에 관한 상담은 중개행위가 아니며, 중개업 외에 개업공인중개사가 할 수 있는 겸업에 속한다.
② 부동산의 환매계약을 알선하는 행위는 중개에 해당한다.
③ "공인중개사"라 함은 이 법에 의한 공인중개사자격을 취득한 자를 말한다.
⑤ 타인의 의뢰에 의하여 일정한 보수를 받고 저당권 설정에 관한 행위의 알선을 업으로 하는 경우에는 중개업에 해당한다고 할 것이고, 그 행위가 금전소비대차의 알선에 부수하여 이루어졌다고 하여 달리 볼 것도 아니다(96도1641).

08 ③ 유치권의 성립을 중개할 수는 없으나 유치권의 양도를 알선하는 행위는 중개행위에 해당한다.

09 ④ 중개사무소 개설등록에 관한 규정들은 공인중개사 자격이 없는 자가 중개사무소 개설등록을 하지 아니한 채 부동산중개업을 하면서 체결한 중개보수 지급약정의 효력을 제한하는 이른바 강행법규에 해당한다(2008다75119). 따라서 중개사무소 개설등록을 하지 않은 자가 중개업을 하면서 거래당사자와 체결한 중개보수 지급약정의 효력은 무효이다.
⑤ 법정지상권의 성립은 중개할 수 없으나, 법정지상권이 성립된 토지는 중개대상물이 된다.

10 ④ 어떠한 행위가 중개행위에 해당하는지 여부는 거래당사자의 보호에 목적을 둔 법 규정의 취지에 비추어 볼 때 개업공인중개사가 진정으로 거래당사자를 위하여 거래를 알선·중개하려는 의사를 갖고 있었느냐고 하는 개업공인중개사의 주관적 의사에 의하여 결정할 것이 아니라 개업공인중개사의 행위를 객관적으로 보아 사회통념상 거래의 알선·중개를 위한 행위라고 인정되는지 여부에 의하여 결정해야 한다(2005다32197).

① 저당권은 중개대상권리에 포함된다. 따라서 토지의 저당권설정에 관한 행위를 알선하는 것은 '중개'에 해당하며, 이를 타인의 의뢰에 의하여 보수를 받고 업으로 행하였다면 '중개업'에 해당한다.

② 부동산 매매계약 체결을 중개하고 계약체결 후 계약금 및 중도금 지급에도 관여한 부동산 개업공인중개사가 잔금 중 일부를 횡령한 경우, 「공인중개사법」 제30조 제1항이 정한 "개업공인중개사가 중개행위를 함에 있어서 거래당사자에게 재산상의 손해를 발생하게 한 경우"에 해당한다(2005다32197).

⑤ 중개행위의 범위에는 개업공인중개사가 거래당사자 쌍방으로부터 중개의뢰를 받는 경우뿐만 아니라 일방당사자의 의뢰에 의하여 중개대상물의 매매·교환·임대차 그 밖의 권리의 득실변경에 관한 행위를 알선·중개하는 경우도 포함된다(94다47261).

11 ㉡ 개업공인중개사인 법인의 사원으로서 중개업무를 수행하는 공인중개사는 소속공인중개사에 해당한다.

㉢ 우연한 기회에 한 중개행위는 보수를 받은 경우라도 사회통념상 중개업으로 볼 수 없다.

㉣ 개업공인중개사에게 소속된 공인중개사로서 중개업무를 수행하는 자 또는 중개업무를 보조하는 자 모두 소속공인중개사에 해당한다.

12 ① 교환하는 행위를 '알선'하는 행위가 중개이다.

② 보수를 받지 않으면 중개업에 해당하지 않는다.

③④ 소속공인중개사에 해당한다.

13 ② 옳은 지문은 ㉡이다.

㉠ 중개대상물의 거래당사자들로부터 보수를 현실적으로 받지 아니하고 단지 보수를 받을 것을 약속하거나 거래당사자들에게 보수를 요구하는 데 그친 경우에는 「공인중개사법」 제2조 제2호 소정의 '중개업'에 해당한다고 할 수 없다(2006도4842).

㉢ 대토권은 이 사건 주택이 철거될 경우 일정한 요건하에 택지개발지구 내에 이주자택지를 공급받을 지위에 불과하고 특정한 토지나 건물에 해당한다고 볼 수 없으므로 법 제3조에서 정한 중개대상물에 해당하지 않는다고 볼 것이다. 따라서 이 사건 대토권의 매매 등을 알선한 행위가 공제사업자를 상대로 개업공인중개사의 손해배상책임을 물을 수 있는 중개행위에 해당한다고 할 수 없다(2011다23682).

14 ① 중개업 이외의 겸업에 속한다.

② 금전은 중개대상물이 아니므로 금전소비대차 계약의 알선은 중개행위가 아니다.

③ 중개계약에 따른 개업공인중개사의 확인·설명의무와 이에 위반한 경우의 손해배상의무는 이와 성질이 유사한 「민법」상 위임계약에 있어서 무상위임의 경우에도 수임인이 수임사무의 처리에 관하여 선량한 관리자의 주의를 기울일 의무가 면제되지 않는 점과 「공인중개사법」이 위 조항의 적용 범위를 특별히 제한하지 않고 있는 점 등에 비추어 볼 때, 중개의뢰인이 개업공인중개사에게 소정의 보수를 지급하지 아니하였다고 해서 당연히 소멸되는 것이 아니다(2001다71484).

⑤ 거래당사자가 무등록중개업자에게 중개를 의뢰하거나 미등기 부동산의 전매에 대하여 중개를 의뢰한 행위를 「공인중개사법」 위반으로 처벌할 수 없으며, 공동정범 행위로 처벌할 수도 없다(2013도3246).

15 ① 법인인 개업공인중개사는 「상법」상 회사 또는 「협동조합 기본법」에 따른 협동조합이어야 한다. 사회적 협동조합은 중개사무소 개설등록을 할 수 없다.

② 소속공인중개사는 중개업무를 수행하거나 보조하는 자를 말한다.

④ 이중소속 금지에 따라 소속공인중개사는 중개사무소 개설등록을 신청할 수 없다.

⑤ '중개보조원'은 공인중개사가 아닌 자로서 개업공인중개사에 소속되어 중개대상물에 대한 현장 안내 및 일반서무 등 개업공인중개사의 중개업무와 관련된 단순한 업무를 보조하는 자를 말한다.

16 ⑤ '중개'라는 용어의 정의에서 말하는 '그 밖의 권리'에는 저당권 등 담보물권도 포함된다. 따라서 타인의 의뢰에 의하여 일정한 보수를 받고 저당권 설정에 관한 행위의 알선을 업으로 하는 경우에는 '중개업'에 해당하고, 그 행위가 금전소비대차에 부수하여 이루어졌다 하여도 달리 볼 것도 아니다(96도1641).

① 중개대상물로 규정한 "건물"에는 기존의 건축물뿐만 아니라 장래에 건축될 건물도 포함되어 있는 것이므로, 아파트의 특정 동·호수에 대한 피분양자로 선정되거나 분양계약이 체결된 후에 특정 아파트에 대한 매매를 중개하는 것은 건물을 중개한 것으로 볼 것이다(89도1885).

② 행정재산은 중개대상물이 되지 못하지만 공용폐지가 된 일반재산은 중개대상물이 된다.

17 ㉠ 대토권은 이 사건 주택이 철거될 경우 일정한 요건하에 택지개발지구 내에 <u>이주자택지를 공급받을 지위에 불과하고 특정한 토지나 건물에 해당한다고 볼 수 없으므로 중개대상물에 해당하지 않는다.</u> 따라서 이 사건 <u>대토권의 매매 등을 알선한 행위는 공제사업자를 상대로 개공의 손해배상책임을 물을 수 있는 중개행위에 해당한다고 할 수 없다</u>(2011다23682).

㉢ 특정한 아파트에 입주할 수 있는 권리가 아니라 아파트에 대한 추첨기일에 신청을 하여 당첨이 되면 아파트의 분양예정자로 선정될 수 있는 지위를 가리키는 데에 불과한 입주권은 「공인중개사법」 소정의 중개대상물인 건물에 해당한다고 보기 어렵다(90도1287).

③ 따라서 중개대상물인 것은 ㉡㉣㉤이다.

18 ⑤ 중개대상물에 포함되지 않는 것은 ㉡㉢㉣이다.

㉡ 영업용 건물의 비품 : 권리금을 의미하므로 중개대상물이 아니다.

㉢ 거래처, 신용 또는 점포 위치에 따른 영업상의 이점 등 무형물 : 역시 권리금을 의미하므로 중개대상물이 아니다.

㉣ 대토권은 주택이 철거될 경우 일정한 요건하에 택지개발지구 내에 이주자택지를 공급받을 지위에 불과하고 특정한 토지에 해당한다고 볼 수 없으므로 중개대상물이 아니다(2011다23682).

㉠ 피분양자가 선정된 장차 건축될 특정의 건물 : 분양계약이 체결된 분양권을 의미하므로 중개대상물에 해당한다.

19 ③ 공장재단의 구성물은 공장재단과 분리하여 양도하거나 소유권 외의 권리, 압류, 가압류 또는 가처분의 목적으로 하지 못한다.

20 ㉡ 법정저당권의 성립은 중개대상이 아니다.
㉢ 권리금은 중개대상물이 아니며, 질권은 동산에 대한 담보물권이므로 중개대상권리가 아니다.
㉥ 특허권은 중개대상권리가 아니다.

21 ① 중개대상물인 건축물은 <u>「민법」상의 부동산인 건축물에 한정된다</u>(판례). 중개대상물인 건축물이 되려면 기둥과 지붕, 그리고 주벽을 모두 갖추어야 한다. 따라서 신축 중인 건물이라도 기둥과 지붕, 그리고 주벽을 모두 갖추었다면 독립된 부동산인 건축물로 볼 수 있다.
③ 「입목에 관한 법률」에 따라 소유권보존등기가 된 수목의 집단인 입목을 말한다.
④ 아파트의 특정 동·호수에 대한 피분양자로 선정되거나 분양계약이 체결된 후에 특정 아파트에 대한 매매를 중개하는 행위 등은 중개대상물인 건물을 중개한 것으로 본다.

22 ② 임대차계약을 알선한 개업공인중개사가 계약 체결 후에도 보증금의 지급, 목적물의 인도, 확정일자의 취득 등과 같은 거래당사자의 계약상 의무의 실현에 관여함으로써 계약상 의무가 원만하게 이행되도록 주선할 것이 예정되어 있는 때에는 그러한 개업공인중개사의 행위는 객관적으로 보아 사회통념상 거래의 알선·중개를 위한 행위로서 중개행위의 범주에 포함된다(2005다55008).
③ 질권은 중개대상권리가 아니다.
④ 중개대상권리가 된다.
⑤ 타인의 의뢰에 의하여 일정한 보수를 받고 저당권 설정에 관한 행위의 알선을 업으로 하는 경우에는 '중개업'에 해당하고, 그 행위가 금전소비대차에 부수하여 이루어졌다 하여도 달리 볼 것도 아니다(96도1641).

23
- 중개대상인 것 : ㉡ 「공장 및 광업재단 저당법」에 따른 공장재단, ㉢ 유치권이 행사 중인 건물, ㉥ 「자연환경보전법」에 따른 생태·경관보전지역 내의 토지
- 중개대상물이 아닌 것 : ㉠ 「입목에 관한 법률」에 따라 등기되지 않았으며 명인방법도 갖추지 않은 수목의 집단, ㉣ 사권이 소멸된 포락지

24
- 중개대상물이 아닌 것 : ㉡ 20톤 미만의 선박 ㉢ 채굴되지 않은 광물
- 중개대상인 것 : ㉠ 1필 토지의 일부에 대한 전세권, ㉣ 「도로법」상의 접도구역에 포함되어 있는 사유지, ㉥ 법정지상권이 성립된 토지

25

> 「입목에 관한 법률」 제4조【저당권의 효력】① 입목을 목적으로 하는 저당권의 효력은 입목을 베어낸 경우에 그 토지로부터 분리된 수목에 대하여도 미친다.
> ② 저당권자는 채권의 기한이 되기 전이라도 전항의 분리된 수목을 경매할 수 있다. 다만, 그 매각대금을 공탁해야 한다.
>
> 제16조【소유권보존등기】① 소유권보존의 등기는 다음 각 호의 어느 하나에 해당하는 자의 신청에 의하여 한다.
> 1. 입목이 부착된 토지의 소유자 또는 지상권자로서 등기부에 등기된 자
> 2. 제1호에 해당하는 자의 증명서에 의하여 자기의 소유권을 증명하는 자
> 3. 판결에 의하여 자기의 소유권을 증명하는 자

26 ① 공장재단의 구성물은 동시에 다른 공장재단에 속하게 할 수 없다.

제2장 공인중개사 제도 및 교육

Answer

01 ④	02 ④	03 ③	04 ③	05 ①	06 ②	07 ⑤	08 ②	09 ①	10 ④
11 ⑤	12 ⑤	13 ②							

01 ㉢ 해당 안건의 당사자는 위원에게 공정한 심의·의결을 기대하기 어려운 사정이 있는 경우에는 심의위원회에 기피 신청을 할 수 있고, 심의위원회는 의결로 이를 결정한다.

㉣ 국토교통부장관이 직접 시험문제를 출제하거나 시험을 시행하려는 경우에는 심의위원회의 의결을 미리 거쳐야 한다.

㉠ 심의사항: 공인중개사의 시험 등 공인중개사의 자격취득에 관한 사항, 부동산 중개업의 육성에 관한 사항, 중개보수 변경에 관한 사항, 손해배상책임의 보장 등에 관한 사항

02 ④ 공인중개사가 다른 사람에게 자기의 성명을 사용하여 중개업무를 하게 한 경우는 자격취소 사유에 해당한다.

03 ① 국토교통부에 공인중개사 정책심의위원회를 둘 수 있다.

② 심의위원회는 위원장 1명을 포함하여 7명 이상 11명 이내의 위원으로 구성한다.

④ 심의위원회에서 공인중개사 시험 등 자격취득에 관한 사항을 심의한 경우, 시·도지사는 이에 따라야 한다.

⑤ 위원장이 부득이한 사유로 직무를 수행할 수 없을 때에는 위원장이 미리 지명한 위원이 그 직무를 대행한다.

04 ③ 「공인중개사법」을 위반하여 징역형을 선고받은 경우 자격취소사유에 해당한다. 다른 법률을 위반하여 징역형을 선고받은 경우 자격취소는 되지 않으며 결격사유에만 해당한다.

05
- 심의위원회는 위원장 1인을 포함한 (7)명 이상 (11)명 이내의 위원으로 구성하며, 위원장은 국토교통부 제1차관이 된다.
- (국토교통부장관)은 위원이 제척 사유에 해당하는 데도 불구하고 회피하지 아니한 경우에는 해당 위원을 해촉(解囑)할 수 있다.
- 위원장은 심의위원회의 회의를 소집하려면 긴급하거나 부득이한 사유가 없는 한 회의 개최 (7)일 전까지 회의의 일시, 장소 및 안건을 각 위원에게 통보해야 한다.

06 ① 위원은 국토교통부장관이 임명하거나 위촉한다.

③ 위원이 해당 안건에 대하여 증언, 진술, 자문, 조사, 연구, 용역 또는 감정을 한 경우는 제척사유에 해당한다.

④ 국토교통부장관은 위원이 제척사유에 해당하는 데에도 불구하고 스스로 회피하지 않는 경우에는 해당 위원을 해촉(解囑)할 수 있다.

⑤ 회의 개최 7일 전까지 회의의 일시, 장소 및 안건을 각 위원에게 통보해야 한다.

07 ②③④⑤ 등록의 결격사유에 해당되며 공인중개사는 될 수 있다.

① 「변호사법」에서 규정한 법률사무는 거래당사자의 행위를 사실상 보조하는 업무를 수행하는 데 그치는 「공인중개사법」의 중개행위와는 구별되는 것이고, 일반의 법률사무에 중개행위가 당연히 포함되는 것이라고 해석할 수 없다. 따라서 변호사의 직무에 부동산중개행위가 당연히 포함된다고 해석할 수도 없고, 변호사는 「공인중개사법」에 규정된 중개사무소개설 등록기준을 적용 받지 않는다고 할 수는 없다(2003두14888).

08 ② 부정행위로 적발되어 시험의 무효처분을 받은 자는 5년간 공인중개사가 될 수 없으나, 개업공인중개사 등의 결격사유에는 해당되지 않으므로 중개보조원은 될 수 있다.

⑤ 무자격자가 공인중개사의 업무를 수행하였는지 여부는 외관상 공인중개사가 직접 업무를 수행하는 형식을 취하였는지 여부에 구애됨이 없이 실질적으로 무자격자가 공인중개사의 명의를 사용하여 업무를 수행하였는지 여부에 따라 판단해야 한다(2006도9334).

09 ① 시·도지사는 합격자 공고일로부터 1개월 이내에 자격증교부대장에 기재한 후 자격증을 교부해야 한다.

10 다음의 사항을 심의하기 위하여 국토교통부에 정책심의위원회를 둘 수 있다.

1. 공인중개사의 시험 등 공인중개사의 자격취득에 관한 사항
2. 부동산 중개업의 육성에 관한 사항
3. 중개보수 변경에 관한 사항
4. 손해배상책임의 보장 등에 관한 사항

ⓛ 부득이한 사유로 해당 연도의 시험을 시행하지 아니할 것인지에 관한 사항은 심의위원회 의결사항이다.

11 ① 소속공인중개사로서 고용관계 종료신고 후 1년 이내에 등록을 신청하거나, 소속공인중개사로 다시 고용신고를 하려는 자는 실무교육이 면제된다.
② 연수교육은 시·도지사가 실시하며, 직무교육은 시·도지사 또는 등록관청이 실시한다.
③ 실무교육: 45시간, 직무교육: 3시간 이상 4시간 이하, 연수교육: 12시간 이상 16시간 이하
④ 국토교통부장관은 시·도지사가 실시하는 실무교육, 연수교육 및 직무교육의 전국적인 균형유지를 위하여 필요하다고 인정하면 해당 교육의 지침을 마련하여 시행할 수 있다.

12 ① 등록관청 ⇨ 시·도지사
② 2년이 되기 2개월 전까지
③④ 국토교통부장관, 시·도지사 및 등록관청은 필요하다고 인정하면 개업공인중개사 등의 부동산거래사고 예방을 위한 교육을 실시할 수 있다.

13 ③ 옳은 것은 ㉠㉢이다.
ⓛ 중개보조원은 연수교육을 받지 않는다. 개업공인중개사와 소속공인중개사는 실무교육을 받은 후 2년마다 연수교육을 받아야 한다.
ⓒ 국토교통부장관, 시·도지사 및 등록관청은 개업공인중개사 등이 부동산거래사고 예방 등을 위하여 교육을 받는 경우에는 필요한 비용을 지원할 수 있다.
ⓡ 국토교통부장관, 시·도지사 및 등록관청은 예방교육을 실시하려는 경우에는 교육일 10일 전까지 일시·장소 및 내용 등을 공고하거나 교육대상자에게 통지해야 한다.

제3장 중개사무소 개설등록

Answer

01 ①	02 ③	03 ⑤	04 ⑤	05 ②	06 ③	07 ③	08 ②	09 ⑤	10 ③
11 ⑤	12 ①	13 ④	14 ⑤	15 ③	16 ⑤	17 ③	18 ④	19 ①	20 ③
21 ①	22 ③	23 ④	24 ⑤	25 ④	26 ③	27 ③	28 ②		

01 ① 실무교육을 받아야 한다.
② 사회적 협동조합은 개설등록을 할 수 없다.
③ 대표자는 공인중개사이어야 하며, 대표자를 제외한 임원 또는 사원의 3분의 1 이상이 공인중개사이어야 한다.

④ 법 제14조에 규정된 업무만 영위할 목적인 법인이어야 개설등록을 할 수 있으며 임대업은 겸업할 수 없다.

⑤ 중개사무소는 등록신청인이 소유·전세·임대차 또는 사용대차 등의 방법에 의하여 사용권을 확보해야 한다.

02 ③ 법인인 개업공인중개사는 토지의 분양대행을 할 수 없으므로 옳은 지문이다.

① 등록신청을 받은 등록관청은 개업공인중개사의 종별에 따라 구분하여 개설등록을 하고, 등록신청을 받은 날부터 7일 이내에 등록신청인에게 서면으로 통지해야 한다.

② 중개사무소등록증은 등록관청이 교부한다.

④ 소속공인중개사는 중개사무소의 개설등록을 신청할 수 없다.

⑤ A광역시 甲구(區)를 제외한 시·군·구에 분사무소를 둘 수 있으므로 A광역시 乙구(區)에 분사무소를 둘 수 있다.

03 ⑤ 법인등기사항증명서와 건축물대장은 담당 공무원의 확인사항이다.

04 ① 시·도지사는 등록관청이 아니다. 중개사무소 소재지를 관할하는 시장(구가 설치되지 않은 시의 시장 및 특별자치도의 행정시장)·군수 또는 구청장이 등록관청이다.

② 지방자치단체 조례가 정하는 바에 따라 수수료를 납부해야 한다.

③ 자본금 5천만원 이상의 「상법」상 회사 또는 「협동조합 기본법」에 따른 협동조합은 중개사무소 개설등록을 할 수 있으나, 비영리 목적인 사회적 협동조합은 개설등록을 할 수 없다.

④ 중개사무소 개설등록 후 3개월을 초과하여 업무를 개시하지 않고자 하는 경우 이를 등록관청에 신고해야 한다. 즉 휴업신고를 해야 한다.

05 ① 대표자는 공인중개사이어야 하며, 대표자를 제외한 임원 또는 합자·합명회사의 무한책임사원의 3분의 1 이상은 공인중개사이어야 한다. 대표자를 제외하고 10명이면 그중 4명 이상이 공인중개사이어야 한다.

③ 자본금 5천만원 이상의 「상법」상 회사 또는 「협동조합 기본법」에 따른 협동조합이어야 한다. 사회적 협동조합은 비영리 협동조합으로서 개설등록을 할 수 없다.

④ 대표자 및 임원 또는 무한책임사원의 전원이 실무교육을 받아야 한다.

⑤ 사용승인을 받은 경우 건축물대장에 기재되지 않은 건물에 중개사무소 개설등록을 할 수 있다.

06 ① 실무교육은 시·도지사가 실시한다.

② 등록관청은 중개사무소 개설등록을 한 자에 대하여 국토교통부령으로 정하는 중개사무소등록증을 교부해야 한다.

④ 지역농업협동조합은 업무를 개시하기 전에 2천만원 이상의 보증을 설정하고 등록관청에 신고해야 한다.

⑤ 다른 법률의 규정에 따라 중개업을 할 수 있는 법인은 법인인 개업공인중개사의 등록기준을 모두 적용하지 않는다.

07 ③ 중개사무소 개설등록의 신청을 받은 등록관청은 개업공인중개사의 종별에 따라 구분하여 개설등록을 하고, 개설등록 신청을 받은 날부터 7일 이내에 등록신청인에게 서면으로 통지하여야 한다.

> - 개업공인중개사는 중개사무소 개설등록을 한 때에는 업무를 시작하기 전에 손해배상책임을 보장하기 위한 조치를 한 후 그 증명서류를 갖추어 등록관청에 신고해야 한다.
> - 등록관청은 중개사무소의 개설등록을 한 자가 보증을 설정하였는지 여부를 확인한 후 중개사무소등록증을 지체 없이 교부하여야 한다.

08 ㉠ 대표자는 공인중개사이어야 한다.
ⓛ 「건축법」에 따른 가설건축물대장에 기재된 건물에 중개사무소 개설등록을 할 수 없다.

09 ⑤ 등록관청은 영 제14조의 규정에 따라 매월 중개사무소의 등록·행정처분 및 신고 등에 관한 사항을 별지 제8호 서식의 중개사무소등록·행정처분등통지서에 기재하여 다음 달 10일까지 한국공인중개사협회에 통보해야 한다.

> 1. 중개사무소등록증을 교부한 때
> 2. 중개사무소 이전신고, 분사무소 설치신고를 받은 때
> 3. 소속공인중개사 또는 중개보조원의 고용이나 고용관계 종료신고를 받은 때
> 4. 휴업·폐업·휴업기간 변경·휴업한 중개업의 재개신고를 받은 때
> 5. 등록취소 또는 업무정지처분을 한 때

10 ③ 법인인 개업공인중개사의 등록기준은 아래와 같다. 다만, 다른 법률의 규정에 따라 부동산중개업을 할 수 있는 경우에는 다음의 기준을 적용하지 아니한다.

> 1. 「상법」상 회사 또는 「협동조합 기본법」에 따른 협동조합(사회적 협동조합은 제외)으로서 자본금이 5천만원 이상일 것
> 2. 법 제14조에 규정된 업무(중개업 + 5개 + 경공매)만을 영위할 목적으로 설립된 법인일 것
> 3. 대표자는 공인중개사이어야 하며, 대표자를 제외한 임원 또는 사원의 3분의 1 이상이 공인중개사일 것
> 4. 임원 또는 사원 전원 및 분사무소의 책임자(분사무소를 설치하고자 하는 경우에 한한다)가 실무교육을 받았을 것
> 5. 건축물대장에 기재된 건물에 중개사무소를 확보(소유·전세·임대차 또는 사용대차 등의 방법에 의하여 사용권을 확보해야 한다)할 것(다만, 준공검사, 준공인가, 사용승인, 사용검사 등을 받은 건물로서 건축물대장에 기재되기 전의 건물을 포함한다)

11 ⑤ 준공검사, 준공인가, 사용승인, 사용검사 등을 받은 건물로서 건축물대장에 기재되기 전의 건물에 확보한 경우에도 개설등록이 가능하다.
① 이사업체의 운영은 법인인 개업공인중개사의 겸업에 속하지 않는다. 법인인 개업공인중개사는 법 제14조의 업무만 영위할 목적이어야 개설등록이 가능하다.
② 법인인 개업공인중개사의 대표자는 공인중개사이어야 하며, 대표자를 제외한 임원 또는 사원의 3분의 1 이상이 공인중개사이어야 한다.
③ 대표자를 포함한 사원·임원의 전원이 실무교육을 이수해야 한다.
④ 외국인은 중개사무소 개설등록 신청서에 결격사유에 해당하지 아니함을 증명하는 서류를 첨부해야 한다.

12 ① 대표자, 임원 또는 사원 전원은 등록신청일 전 1년 이내에 실무교육을 받아야 하며, 분사무소를 함께 설치하려는 경우에는 책임자가 설치신고일 전 1년 이내에 실무교육을 받아야 한다.
④ 법인인 개업공인중개사는 공인중개사법령에 따라 겸업의 제한을 받는데, 법 제14조에 규정된 업무만 영위할 목적으로 법인을 설립하여야 중개사무소 개설등록을 할 수 있다.

13 ④ 인장등록은 업무를 개시하기 전에 해야 하는 것이 원칙이다. 다만, 중개사무소 개설등록 신청 시 인장등록신고를 같이 할 수 있다.
① 소속공인중개사는 등록을 신청할 수 없다.
② 중개사무소를 두려는 지역을 관할하는 시장(구가 설치되지 아니한 시의 시장 및 특별자치도의 행정시장) · 군수 또는 구청장이 등록관청이다. 구가 설치된 시의 시장은 등록관청이 아니다.
③ 개업공인중개사는 중개사무소의 소유, 전세, 임대차, 사용대차 등으로 사용권을 확보해야 한다.
⑤ 다른 법률에 따라 중개업을 할 수 있는 법인은 공인중개사법령상 등록기준이 적용되지 않는다.

14 ① 등록관청은 공인중개사 자격증을 발급한 시 · 도지사에게 개설등록을 하려는 자(법인의 경우에는 대표자를 포함한 공인중개사인 임원 또는 사원을 말한다)의 공인중개사 자격 확인을 요청하여야 한다.
②③ 등록관청은 「전자정부법」에 따라 행정정보의 공동이용을 통하여 법인등기사항증명서(신청인이 법인인 경우에만 해당한다)와 건축물대장을 확인하여야 한다.
④ 보증설정증명서류는 등록신청 시 제출서류가 아니며, 등록 후 업무개시 전에 보증설정신고를 하는 때에 제출하는 서류이다.

15 ③ 다른 사람에게 자신의 성명 또는 상호를 사용하여 중개업무를 하게 하거나 등록증을 양도 또는 대여한 경우는 절대적 등록취소 사유이다.
⑤ 중개사무소 개설등록에 관한 규정들은 무등록중개업자가 체결한 보수지급약정의 효력을 제한하는 강행법규에 해당한다. 따라서 <u>중개사무소 개설등록을 하지 않은 자가 중개업을 하면서 거래당사자와 체결한 중개보수 지급약정은 무효</u>이다(2008다75119).

16 ① 모든 개업공인중개사에게 이중등록은 허용되지 않는다.
② 이중등록에 해당한다.
③ 이중소속은 금지된다.
④ 개업공인중개사가 이중등록을 하면 절대적 등록취소 사유에 해당하며 1년 이하의 징역 또는 1천만원 이하의 벌금에 처한다. 소속공인중개사의 경우 자격정지 & 1년 이하의 징역 또는 1천만원 이하의 벌금에 처한다.

17 ③ 다른 법률의 규정에 의하여 중개업을 할 수 있는 법인은 그 책임자가 공인중개사가 아니어도 되지만 문제 질문에서 다른 법률의 규정은 고려하지 않는다고 하였으니 분사무소 책임자는 공인중개사이어야 한다.

18 ④ 거짓 그 밖의 부정한 방법으로 개설등록을 한 경우 개설등록을 취소해야 하며, 3년 이하의 징역 또는 3천만원 이하의 벌금에 처한다.

② 부동산 중개행위가 부동산 컨설팅행위에 부수하여 이루어졌다고 하여 이를 중개업에 해당하지 않는다고 볼 것은 아니라고 할 것이다(2006도7594).

⑤ 공인중개사가 개설등록을 하지 않은 채 부동산중개업을 하는 경우뿐만 아니라 공인중개사가 아니어서 애초에 중개사무소 개설등록을 할 수 없는 사람이 부동산중개업을 영위하는 경우에도 「공인중개사법」상 형사처벌(3년 이하의 징역 또는 3천만원 이하의 벌금)의 대상이 된다(2017도18292).

19 ① 「공인중개사법」이 아닌 다른 법률을 위반하여 300만원 이상의 벌금형을 선고받은 경우는 결격사유에 해당하지 않는다.

20 ③ 피특정후견인은 결격사유에 해당하지 않으므로 피특정후견인이 임원으로 있는 법인도 결격사유에 해당하지 않는다.

21 ① 거래당사자 쌍방을 대리한 것을 이유로 중개사무소 개설등록이 취소되고 3년이 지나지 아니한 자는 결격사유에 해당한다.
② 등록기준 미달로 등록이 취소되면 결격사유에 해당하지 않고, 등록기준을 다시 갖추어 등록이 가능하다. 그러므로 등록기준에 미달하여 중개사무소 개설등록이 취소된 자는 결격사유에 해당하지 않는다.
③ 피한정후견인은 결격사유에 해당하나 한정후견종료의 심판을 받은 자는 결격사유에 해당하지 않는다.
④ 금고나 징역형의 선고유예를 받은 자는 결격사유에 해당하지 않는다.
⑤ 업무정지기간은 최대 6개월이므로 결격사유에 해당하지 않는다.

22 ① 과태료처분을 받은 경우는 결격사유가 아니다. 「공인중개사법」을 위반하여 300만원 이상의 벌금형을 선고받은 자는 3년간 결격사유이다.
② 자격이 취소된 자는 3년간 공인중개사가 될 수 없고, 중개보조원도 될 수 없다.
④ 금고나 징역형 선고에 대한 집행유예를 선고받고 그 유예기간이 만료된 날부터 2년이 지나지 아니한 자는 개업공인중개사 등이 될 수 없다.
⑤ 업무정지의 사유가 발생한 당시의 사원 또는 임원이었던 자가 결격사유에 해당하며, 사유가 발생한 후에 새롭게 선임된 임원은 결격사유가 아니다.

23 ④ 등록취소 후 3년 이내에 결격사유에 해당하는 경우이다. 따라서 2027년 10월 31일까지 결격사유에 해당한다.
① 형의 선고유예를 받은 자는 결격사유가 아니다.
② 2026년 8월 31일까지 업무정지기간이므로 9월 1일부터는 결격사유에 해당하지 않는다.
③ 「공인중개사법」이 아닌 다른 법률을 위반하여 벌금형을 선고받은 자는 결격사유가 아니다.
⑤ 자격정지의 경우 6개월을 초과할 수 없으므로 최대 2026년 7월 31일까지 결격사유이다.

24 ㉠ 피한정후견인 및 피성년후견인은 결격사유에 해당하나 피특정후견인은 결격사유가 아니다.
㉡ 금고 또는 징역형의 선고유예를 받은 자는 결격사유가 아니다.

25 ④ 등록을 할 수 있는 자: ㉢㉤

㉢ 복권되면 곧바로 결격사유에서 벗어난다.

㉤ 「공인중개사법」 외의 다른 법에 따라 벌금형을 받은 자는 결격사유가 아니다.

㉠ 미성년자는 혼인을 하였더라도 예외 없이 개업공인중개사 등이 될 수 없다.

㉡ 성년후견개시의 심판을 받은 자(피성년후견인)는 개업공인중개사 등이 될 수 없다.

㉣ 「공인중개사법」 위반으로 300만원 이상의 벌금형을 선고받은 자는 3년이 경과해야 개업공인중
개사 등이 될 수 있다.

26 ③ 「공인중개사법」을 위반하여 300만원 이상의 <u>벌금형</u>을 선고받은 자는 3년간 결격사유에 해당하며,
<u>과태료</u>처분을 받은 경우는 결격사유가 아니다.

27 결격사유에 해당되지 않는 자를 찾는 문제이다.

③ 업무정지처분을 받은 법인인 개업공인중개사의 업무정지 사유가 발생한 당시의 사원 또는 임원
이었던 자는 그 업무정지기간 중 결격사유이다. 따라서 업무정지사유 발생 이후에 선임된 사원 또는
임원은 결격사유가 아니므로 공인중개사인 자라면 사원 또는 임원직을 사임하고 중개사무소 개설등
록을 할 수 있다.

28 ㉣ 개업공인중개사인 법인의 해산으로 중개사무소 개설등록이 취소된 경우는 등록취소 후 3년이
지나지 않았더라도 그 법인의 대표자 및 사원·임원이었던 자는 결격사유에 해당하지 않는다.

제4장 중개사무소의 설치 및 업무

Answer

01 ④	02 ③	03 ③	04 ③	05 ③	06 ⑤	07 ②	08 ③	09 ①	10 ③
11 ③	12 ②	13 ⑤	14 ①	15 ④	16 ⑤	17 ②	18 ②	19 ①	20 ③
21 ③	22 ①	23 ④	24 ④	25 ②	26 ④	27 ③	28 ⑤	29 ④	30 ④
31 ③	32 ①	33 ③	34 ①	35 ④	36 ④	37 ④	38 ④	39 ④	40 ⑤
41 ④	42 ④	43 ⑤	44 ②	45 ②	46 ⑤	47 ③	48 ④	49 ②	50 ②
51 ⑤	52 ②	53 ③							

01 ㉡ 휴업신고를 했거나 업무정지처분을 받은 경우에는 사무소의 간판을 철거해야 할 의무가 없다.

02 ① 1년 이하의 징역 또는 1천만원 이하의 벌금 사유이다.

② 책임자의 성명을 표기하여야 한다.

④ 중개사무소의 명칭, 소재지, 연락처, 등록번호 및 개업공인중개사의 성명을 명시해야 한다.

⑤ 중개사무소 개설등록이 취소된 때에는 지체 없이 중개사무소의 간판을 철거해야 한다.

03 ③ 주된 사무소의 소재지를 관할하는 등록관청에 신고해야 한다.
① 법인인 개업공인중개사만 분사무소를 둘 수 있다.

04 ③ 개업공인중개사가 자신의 중개사무소 외에 다른 중개사무소를 설치하는 것은 금지되는데, 여기에서 설치가 금지되는 다른 중개사무소는 중개사무소 개설등록의 기준을 갖춘 중개사무소에 국한되는 것이 아니며 그러한 기준을 갖추지 못한 중개사무소도 포함된다고 할 것이므로, 1개의 중개사무소를 개설·등록한 개업공인중개사가 다른 중개사무소를 두는 경우 그 중개사무소가 「건축법」상 사무실로 사용하기에 적합한 건물이 아니라고 하더라도 중개업을 영위하는 사무소에 해당하는 한 이중사무소 설치금지 위반죄가 성립한다(2003도7508).
① 임의적 등록취소 사유에 해당한다.
② 양자 모두 임의적 등록취소 사유이며, 1년 이하의 징역 또는 1천만원 이하의 벌금 사유이다.
④ 업무정지기간 중인 개업공인중개사는 다른 개업공인중개사의 중개사무소를 공동으로 사용하기 위해 중개사무소 이전신고를 할 수 없다.
⑤ 그 등록관청 관할 구역 외의 지역에 분사무소를 둘 수 있다.

05 ③ 1년 이하의 징역 또는 1천만원 이하의 벌금에 처한다.

06 ① 개업공인중개사가 의뢰받은 중개대상물에 대하여 표시·광고를 하려면 중개사무소 및 개업공인중개사에 관한 사항인 중개사무소의 명칭, 소재지, 연락처 및 등록번호, 개업공인중개사의 성명(법인인 경우에는 대표자의 성명)을 명시해야 한다.
② 개업공인중개사가 인터넷을 이용하지 않는 중개대상물의 표시·광고를 하는 때에는 중개사무소 및 개업공인중개사에 관한 사항인 중개사무소의 명칭, 소재지, 연락처 및 등록번호, 개업공인중개사의 성명(법인인 경우에는 대표자의 성명)만 명시하면 된다. 중개대상물의 종류, 소재지, 면적, 가격은 인터넷을 이용하여 표시·광고를 하는 때에 명시해야 할 사항이다.
③ 중개대상물이 존재하지 않아서 실제로 거래할 수 없는 중개대상물에 대한 표시·광고를 하는 경우는 중개대상물에 대하여 부당한 표시·광고를 하는 경우로서 등록관청이 500만원 이하의 과태료를 부과하는 사유이다.
④ 국토교통부장관은 인터넷을 이용한 중개대상물에 대한 표시·광고가 부당한 표시·광고 금지의 규정을 준수하는지 여부를 모니터링 할 수 있다.

07 ㉡ 자격증 원본을 게시해야 한다.
㉣ 실무교육 수료증은 게시의무가 없다.

08 ③ 분사무소 이전신고서에는 분사무소설치신고확인서 및 분사무소 확보 증명서류를 첨부해야 한다.

09 ① 개업공인중개사가 의뢰받은 중개대상물에 대하여 표시·광고를 하려면 중개사무소 및 개업공인중개사에 관한 다음의 사항을 명시해야 한다.

> 1. 중개사무소의 명칭, 소재지, 연락처 및 등록번호
> 2. 개업공인중개사의 성명(법인인 경우에는 대표자의 성명)

ⓒ 건축물의 총 층수, ⓜ 거래형태는 인터넷을 이용한 중개대상물의 표시 · 광고를 할 때 명시해야
할 사항이다.

10 ③ 정당한 사유 없이 개업공인중개사 등의 중개대상물에 대한 정당한 표시 · 광고 행위를 방해하는
행위는 업무방해행위에 해당하며 3년 이하의 징역 또는 3천만원 이하의 벌금에 처한다.

11 ① 부당한 표시 · 광고를 한 경우로서 등록관청이 500만원 이하의 과태료를 부과하는 사유이다.
② 국토교통부장관이 모니터링 할 수 있다.
④ 모니터링 기본계획서에 따라 분기별로 실시하는 모니터링은 기본 모니터링 업무에 해당한다.
⑤ 모니터링의 기준, 절차 및 방법 등에 관한 세부적인 사항은 국토교통부장관이 정하여 고시한다.

12
> • (ⓐ 수시) 모니터링 업무는 중개대상물의 표시 · 광고 내용을 위반한 사실이 의심되는 경우 등 국토교통
> 부장관이 필요하다고 판단하여 실시하는 모니터링을 말한다.
> • 모니터링 기관은 수시 모니터링 업무를 수행한 경우 해당 업무에 따른 결과보고서를 업무를 완료한 날부
> 터 (ⓑ 15)일 이내에 국토교통부장관에게 제출해야 한다.
> • 모니터링 기관은 기본 모니터링 업무를 수행한 경우 해당 업무에 따른 결과보고서를 매 분기의 마지막
> 날부터 (ⓒ 30)일 이내에 국토교통부장관에게 제출해야 한다.
> • 시 · 도지사 및 등록관청은 조사 및 조치의 요구를 받으면 신속하게 조사 및 조치를 완료하고, 완료한 날
> 부터 (ⓓ 10)일 이내에 그 결과를 국토교통부장관에게 통보해야 한다.

13 ① 옥외광고물에는 성명을 표기해야 하며 연락처를 표기할 의무가 없다.
③④ 개업공인중개사는 다음에 해당하는 경우에는 지체 없이 사무소의 간판을 철거해야 한다.

> 1. 등록관청에 중개사무소의 이전사실을 신고한 경우
> 2. 등록관청에 폐업사실을 신고한 경우
> 3. 중개사무소의 개설등록 취소처분을 받은 경우
> 4. 휴업신고를 한 경우는 간판을 철거할 의무가 없다.

14 ⓐ 개업공인중개사가 옥외광고물에 개업공인중개사(법인의 경우 대표자, 분사무소의 경우 책임자)
의 성명을 인식할 수 있는 정도의 크기로 표기해야 하며 등록관청은 이를 위반한 사무소의 간판 등
에 대하여 철거를 명할 수 있다.

15 ④ 주된 중개사무소를 이전한 경우이므로 이전 후의 등록관청에 신고해야 한다.

16 ⑤ 중개사무소이전신고서를 제출할 때 중개사무소등록증 및 중개사무소를 확보하였음을 증명하는
서류를 첨부해야 한다.

17 ② 등록관청의 관할지역 내로 이전한 경우 이전신고를 받은 등록관청은 중개사무소등록증을 재교
부하거나 중개사무소등록증에 변경사항을 기재하여 이를 교부해야 한다. 문제의 질문이 관할지역
외의 지역으로 이전한 경우이므로 등록증의 변경사항을 기재하여 교부할 수 없고 재교부해야 한다.

18 ① 주된 사무소 관할 등록관청(A구)에 신고해야 한다.
③ 등록관청은 자격증을 발급한 시ㆍ도지사에게 자격확인을 요청해야 한다. 자격증 사본 제출(×)
④ 업무정지기간 중인 개업공인중개사의 중개사무소는 공동으로 사용할 수 없다.
⑤ A구를 제외한 시ㆍ군ㆍ구에 각각 1개소씩 설치할 수 있다. 즉 A구를 제외한 서울특별시 내의
다른 구에 분사무소를 둘 수 있다.

19 ② 포함한 ⇨ 제외한
③ 주된 사무소 소재지를 관할하는 시ㆍ군ㆍ구에 설치신고를 해야 한다.
④ 지방자치단체의 조례로 정하는 수수료를 납부해야 한다.
⑤ 실무교육을 받아야 한다.

20 ③ 등록신청서에는 보증설정증명서류를 첨부하지 않는다. 등록 후 업무개시 전에 보증을 설정하여
등록관청에 신고하기 때문이다. 분사무소 설치신고서에는 보증설정증명서류를 첨부해야 한다.

21 ③ 주된 사무소가 속한 시ㆍ군ㆍ구를 제외한 시ㆍ군ㆍ구에 설치하되 시ㆍ군ㆍ구별로 1개소씩 둘 수 있다.

22 ② 주된 사무소 소재지가 소재한 시ㆍ군ㆍ구를 제외한 시ㆍ군ㆍ구별로 설치할 수 있다.
③ 주된 사무소 소재지를 관할하는 시ㆍ군ㆍ구에 설치신고를 하여야 한다.
④ 다른 법률에 따라 중개업을 할 수 있는 법인의 분사무소 책임자는 공인중개사가 아니어도 된다.
⑤ 법인등기사항증명서와 건축물대장은 담당 공무원의 확인사항으로서 제출서류가 아니다.

23 ① 공인중개사인 개업공인중개사는 분사무소를 설치할 수 없다.
② 임시중개시설물을 설치한 경우 등록이 취소될 수 있으며, 1년 이하의 징역 또는 1천만원 이하의
벌금에 처하게 된다.
③ 분사무소를 설치하고자 하는 때에는 그 관련서류를 주된 사무소 관할 등록관청인 A군(郡)에 제
출하여야 한다.
⑤ 설치신고일 전 1년 이내에 실무교육을 받아야 한다.

24 ④ 업무정지기간 중에 있는 개업공인중개사는 다음에 해당하는 방법으로 다른 개업공인중개사와
중개사무소를 공동으로 사용할 수 없다.

> 1. 업무정지개업공인중개사가 다른 개업공인중개사에게 중개사무소의 공동사용을 위하여 승낙서를 주는 방법
> 2. 업무정지개업공인중개사가 다른 개업공인중개사의 중개사무소를 공동으로 사용하기 위하여 중개사무소의
>   이전신고를 하는 방법

다만, 업무정지 개업공인중개사가 영업정지 처분을 받기 전부터 중개사무소를 공동사용 중인 다른 개업공인중개사는 계속 중개사무소를 사용할 수 있다.

25 ② 중개업의 경영기법 제공은 중개사무소 개설등록을 한 개업공인중개사를 대상으로 할 수 있는 업무이다.

26 ① 상업용 건축물 및 주택의 임대관리 등 부동산의 관리대행
② 상업용 건축물 및 주택의 분양대행
③ 개업공인중개사를 대상으로 한 중개업의 경영기법 및 경영정보의 제공
⑤ 경매 및 공매 부동산에 대한 권리분석 및 취득의 알선과 매수신청 또는 입찰신청의 대리

27 ③ 공제업무의 대행은 법인인 개업공인중개사의 겸업에 속하지 않는다.

28 ⑤ 보기에 열거된 업무를 모두 겸업할 수 있다.

29 ① 임대업은 법인인 개업공인중개사의 업무가 아니다. 임대관리를 수행할 수 있다.
② 중개대상물의 매매업은 법 제33조의 금지행위에 속한다.
③ 개업공인중개사를 대상으로 한 중개업의 경영기법 및 경영정보의 제공
⑤ 중개의뢰인의 의뢰에 따른 도배·이사업체의 소개 등 주거이전에 부수되는 용역의 알선

30 ① 상업용 건축물 및 주택의 임대관리 등 부동산의 관리대행
② 토지의 개발에 관한 상담
③ 경매 부동산에 대한 권리분석 및 취득의 알선, 경매 매수신청(입찰신청)의 대리
⑤ 중개의뢰인의 의뢰에 따른 주거이전에 부수되는 용역의 알선

31 ㉠ 부동산의 개발에 관한 상담을 할 수 있다. 부동산개발업은 할 수 없다.
㉢ 주택 및 상가에 대하여 분양대행을 할 수 있고 택지의 분양대행은 할 수 없다.
㉱ 건설업은 겸업할 수 없다.

32 법인인 개업공인중개사 다음의 업무를 겸업할 수 없다. ㉡ 상업용 건축물의 임대업 ㉢ 토지의 개발 대행 ㉣ 토지의 분양대행

33 ②③ 이사업체 운영, 도배업체 운영 등 법 제14조(7가지) 외의 업무는 법인이 아닌 개업공인중개사는 겸업할 수 있으며, 법인인 개업공인중개사는 할 수 없다.
① 공인중개사인 개업공인중개사는 겸업의 제한이 없다.

34 ① 공인중개사인 개업공인중개사는 공인중개사법령상 겸업의 제한이 없다.
② 국토교통부령 ⇨ 대법원규칙

③ 공인중개사인 개업공인중개사는 5개 업무를 모두 겸업할 수 있다.

④ 법인인 개업공인중개사는 할 수 없다.

⑤ 공인중개사인 개업공인중개사는 공인중개사법령상 겸업의 제한이 없으므로 행정처분이 없고, 법인인 개업공인중개사가 겸업제한을 위반한 경우 등록을 취소할 수 있다.

35 소속공인중개사가 법 제33조 금지행위 가운데 거래상 중요사항에 관하여 거짓된 언행 그 밖의 방법으로 중개의뢰인의 판단을 그르치게 한 행위를 한 경우이다.

④ 양벌규정에는 면책규정이 있다. 개업공인중개사가 고용인의 위반행위를 방지하기 위하여 해당 업무에 관하여 상당한 주의와 감독을 게을리 하지 아니한 경우에는 벌금형을 받지 않는다.

① 소속공인중개사의 금지행위 위반은 자격정지 사유이다.

② 판단을 그르치게 한 행위는 1년 이하의 징역 또는 1천만원 이하의 벌금 사유이다.

③ 행정상 책임: 소속공인중개사의 업무상 행위는 그를 고용한 개업공인중개사가 한 행위로 본다는 규정에 따라 개업공인중개사가 금지행위를 한 것으로 보아 등록관청은 甲의 중개사무소 개설등록을 취소할 수 있다(임의적 등록취소).

⑤ 민사책임: 개업공인중개사가 손해를 끼친 것으로 보므로 개업공인중개사는 자신의 고의 또는 과실에 관계없이 손해배상책임을 진다.

36 ④ 개업공인중개사는 중개사무소 안의 보기 쉬운 곳에 개업공인중개사 및 소속공인중개사의 공인중개사자격증 원본을 게시해야 한다.

37 ④ 고용신고를 받은 등록관청은 실무교육 또는 직무교육의 수료 여부를 확인하여야 한다.

① 외국인을 고용하는 경우에는 결격사유에 해당하지 아니함을 증명하는 서류를 첨부해야 한다. 내·외국인을 따지지 않고 공인중개사 자격증 사본은 첨부하지 않는다.

② 고용신고는 전자문서로 할 수 있다.

③ 중개보조원이 중개업무를 보조하는 때에 중개의뢰인에게 본인이 중개보조원이라는 사실을 미리 알리지 아니한 경우 <u>등록관청은 중개보조원에게 500만원 이하의 과태료</u>를 부과한다.

⑤ 중개보조원의 <u>업무상</u> 행위는 그를 고용한 개업공인중개사의 행위로 본다.

38 ④ ㉠ 인장등록의무, ㉢ 실무교육 이수의무, ㉫ 비밀누설 금지의무, ㉭ 이중소속 금지의무는 고용인인 소속공인중개사의 의무에 포함된다.

㉡ 거래계약서 작성 및 교부의무, ㉣ 보증설정의무, ㉺ 중개대상물 확인·설명서의 보존의무는 개업공인중개사의 의무이다.

39 ④ 법 제50조(양벌규정) 소속공인중개사·중개보조원 또는 개업공인중개사인 법인의 사원·임원이 중개업무에 관하여 제48조(3-3) 또는 제49조(1-1)의 규정에 해당하는 위반행위를 한 때에는 그 행위자를 벌하는 외에 그 <u>개업공인중개사에 대하여도 해당 조에 규정된 벌금형을 과한다.</u> 다만, 그 개업공인중개사가 그 위반행위를 방지하기 위하여 해당 업무에 관하여 상당한 주의와 감독을 게을리하지 아니한 경우에는 그러하지 아니하다.

40 ⑤ 乙이 법 제33조 금지행위를 위반한 경우이다. 乙은 6개월 범위 내에서의 자격정지처분과 1년 이하의 징역 또는 1천만원 이하의 벌금에 처할 수 있으며, 그를 고용한 甲은 행정상 책임에 따라 임의적 등록취소와 양벌규정에 따른 1천만원 이하의 벌금에 처할 수 있다.

다만, 개업공인중개사가 그 위반행위를 방지하기 위하여 乙의 업무에 관하여 상당한 주의와 감독을 게을리하지 아니한 경우에는 벌금형을 받지 않는다. 乙(소속공인중개사)이 징역형을 받는다면 공인중개사 자격이 취소되며, 300만원 이상의 벌금형을 받으면 결격사유에 해당한다. 다만, 甲(개업공인중개사)은 양벌규정에 따라 300만원 이상의 벌금형을 받더라도 결격사유에 해당하지 않으므로 등록취소가 되지 않는다.

41 ① 중개보조원의 업무상 행위가 법령을 위반하더라도 중개보조원에게 업무정지처분을 할 수 없고 개업공인중개사에게만 업무정지처분을 할 수 있다.

② 개업공인중개사가 고용할 수 있는 중개보조원의 수는 개업공인중개사와 소속공인중개사를 합한 수의 5배를 초과하여서는 아니 된다. 이를 위반한 개업공인중개사에 대하여는 중개사무소 개설등록을 취소해야 하며, 1년 이하의 징역 또는 1천만원 이하의 벌금에 처한다.

③ 이중소속은 금지된다.

⑤ 업무정지사유이다.

42 ④ 고용인의 업무상 행위를 그를 고용한 개업공인중개사의 행위로 본다. 고용인의 고의나 과실로 의뢰인에게 재산상 손해를 끼친 경우 개업공인중개사는 무과실로 손해배상책임을 진다. 이 경우 개업공인중개사와 고용인은 부진정연대채무관계로 본다. 따라서 의뢰인은 개업공인중개사와 고용인에게 선택적 또는 공동으로 손해배상책임을 물을 수 있으며 개업공인중개사가 의뢰인에게 손해배상을 한 경우 그 손해에 대하여 고용인에게 구상권을 행사할 수 있다.

① 모든 ⇨ 업무상

② 소속공인중개사가 거래계약서를 작성하고 이에 서명 및 날인을 하지 않은 경우 자격정지대상이며, 그를 고용한 개업공인중개사도 업무정지를 받을 수 있다. 중개보조원인 경우 자격증 대여에 해당한다.

③ 중개보조원은 고용신고일 전 1년 이내에 직무교육을 받아야 한다.

⑤ 개업공인중개사의 행위로 보기 때문에 손해를 입은 중개의뢰인은 개업공인중개사가 가입한 한국공인중개사협회의 공제사업자에게 손해배상을 청구할 수 있다.

43 ① 실무교육을 받아야 한다.

② 추정한다. ⇨ 본다.

③ 개업공인중개사가 고용할 수 있는 중개보조원의 수는 개업공인중개사와 소속공인중개사를 합한 수의 5배를 초과하여서는 아니 된다. 소속공인중개사의 고용인원수의 제한은 없다.

④ 중개보조원은 현장안내 등 중개업무를 보조하는 경우 중개의뢰인에게 본인이 중개보조원이라는 사실을 미리 알려야 한다. 소속공인중개사는 이러한 의무가 없다.

44 ① 중개보조원은 인장등록의무가 없다.

③ 업무개시 전에 인장을 등록해야 하며, 고용신고와 함께 할 수 있다.

④ 법인인 개업공인중개사의 인장등록은 「상업등기규칙」에 따른 인감증명서의 제출로 갈음한다.

⑤ 6개월의 범위 안에서 업무정지처분을 할 수 있다.

45 ① 업무를 개시하기 전에 중개행위에 사용할 인장을 등록관청에 등록해야 한다.

③ 주된 사무소에서 사용할 인장은 「상업등기규칙」에 따라 신고한 법인의 인장이어야 한다.

④ 법인의 인장등록은 「상업등기규칙」에 따른 인감증명서 제출로 갈음한다.

⑤ 업무개시 전에 해야 하며, 중개사무소 개설등록신청과 같이 할 수 있다.

46 ⑤ 인장등록은 등록관청에 해야 하므로 분사무소의 인장도 주된 사무소 소재지를 관할하는 등록관청에 등록해야 한다.

47 ㉢ 휴업신고를 한 경우에는 간판의 철거의무가 없다.

> 개업공인중개사는 다음의 경우 지체 없이 사무소의 간판을 철거해야 한다.
> 1. 등록관청에 중개사무소의 이전사실을 신고한 경우
> 2. 등록관청에 폐업사실을 신고한 경우
> 3. 중개사무소의 개설등록 취소처분을 받은 경우
>
> ▷ 등록관청은 간판의 철거를 개업공인중개사가 이행하지 아니하는 경우에는 「행정대집행법」에 따라 대집행을 할 수 있다.

48 ① 3개월을 초과하는 휴업을 하고자 할 때 이를 등록관청에 신고해야 한다.

② 등록관청은 매월 휴업, 폐업신고를 받은 사항을 다음 달 10일까지 한국공인중개사협회에 통보해야 한다.

③ 폐업을 하고자 하는 때에는 이를 등록관청에 미리 신고해야 한다.

⑤ 100만원 이하의 과태료 사유이다.

49 ㉢ 분사무소의 휴업·폐업신고도 등록관청에 해야 한다.

㉣ 휴업·폐업신고를 하는 때에 등록증을 첨부하며, 휴업기간변경신고의 경우 등록증을 첨부하지 않는다.

50 ② 개업공인중개사는 3개월을 초과하는 휴업(중개사무소의 개설등록 후 업무를 개시하지 아니하는 경우를 포함)을 하고자 하는 때에는 국토교통부령이 정하는 신고서에 등록증을 첨부하여 등록관청에 미리 신고해야 한다.

① 등록을 취소할 수 있다.

③ 폐업신고를 한 경우 지체 없이 간판을 철거해야 한다.

④ 휴업 및 폐업신고는 전자문서로 할 수 없다.

⑤ 휴업 중이라도 이중소속을 할 수 없다.

51 ⑤ 공인중개사법령에서 전자문서로 신고할 수 있는 것은 고용신고, 인장등록 및 등록인장 변경신고, 휴업기간 변경신고, 휴업한 중개업의 재개신고이다.

52 ② 부동산중개업 휴업·폐업·재개·휴업기간 변경 신고서는 동일 서식이며 휴업신고서에는 휴업기간을 기재하고 폐업신고서에는 폐업일을 기재한다.

53 ③ 분사무소 설치신고시에는 중개사무소등록증을 첨부하지 않는다.
① 중개사무소의 이전신고를 하고자 하는 자는 별지 제12호 서식의 중개사무소이전신고서에 중개사무소등록증 및 중개사무소를 확보하였음을 증명하는 서류를 첨부하여 등록관청에 제출하여야 한다.
②⑤ 개업공인중개사는 3개월 초과하는 휴업 또는 폐업을 하고자 하는 경우에는 국토교통부령이 정하는 신고서에 중개사무소등록증을 첨부하여 등록관청에 미리 신고하여야 한다.
④ 인장등록 및 등록인장 변경신고서에는 중개사무소등록증을 첨부해야 한다.

<table>
<tr><td>제5장</td><td colspan="9">개업공인중개사의 의무와 책임</td></tr>
</table>

Answer

01 ④	02 ③	03 ②	04 ④	05 ①	06 ②	07 ③	08 ③	09 ④	10 ③
11 ④	12 ⑤	13 ④	14 ③	15 ②	16 ②	17 ④	18 ④	19 ④	20 ④
21 ②	22 ②	23 ②	24 ⑤	25 ④	26 ②	27 ③	28 ①	29 ⑤	30 ②
31 ④	32 ③	33 ④	34 ③	35 ④	36 ②	37 ③	38 ③	39 ③	40 ④
41 ③	42 ④	43 ③	44 ②	45 ④	46 ⑤	47 ③	48 ③	49 ②	50 ③
51 ①	52 ③	53 ④	54 ②	55 ③	56 ④	57 ③	58 ②	59 ②	60 ⑤
61 ③	62 ④	63 ④	64 ⑤	65 ②	66 ②	67 ④	68 ④	69 ④	70 ⑤
71 ⑤	72 ⑤	73 ②	74 ③						

01 ④ 일반중개계약서를 작성한 경우라도 이를 보존할 의무는 법령에 규정이 없다.

02 ① 중개의뢰인은 중개의뢰내용을 명확하게 하기 위하여 필요한 경우에는 개업공인중개사에게 일반중개계약서의 작성을 요청할 수 있다. 그리고 요청이 있더라도 일반중개계약서의 작성의무는 없다.
② 일반중개계약서의 작성의무는 없으므로 그에 따른 제재도 없다.
④ 일반중개계약서에는 개업공인중개사가 서명 또는 날인을 하면 되며, 서명 및 날인의 의무는 없다.
⑤ 일반중개계약의 경우 정보공개의무가 없다.

03 ② 중개의뢰인은 중개의뢰내용을 명확하게 하기 위하여 필요한 경우에는 개업공인중개사에게 다음의 사항을 기재한 일반중개계약서의 작성을 요청할 수 있다.

> 1. 중개대상물의 위치 및 규모
> 2. 거래예정가격
> 3. 거래예정가격에 대하여 법 제32조의 규정에 의하여 정한 중개보수
> 4. 그 밖에 개업공인중개사와 중개의뢰인이 준수해야 할 사항

04 ④ 일반(전속)중개계약서 법정서식의 뒤쪽 내용을 묻고 있다.

① 스스로 발견한 상대방과 거래하는 것을 금지하는 규정은 없으며, 전속개업공인중개사에게 중개보수의 50%에 해당하는 금액의 범위에서 개업공인중개사가 중개행위를 함에 있어서 소요한 비용을 지불해야 한다.

② 공법상의 이용제한 및 거래규제에 관한 사항은 필수 공개사항이다.

③ 일반(전속)중개계약서에는 개업공인중개사 및 중개의뢰인이 서명 또는 날인을 하도록 하고 있다. 소속공인중개사가 중개의뢰를 받았을지라도 일반(전속)중개계약서에는 소속공인중개사의 서명 또는 날인란이 없으므로 소속공인중개사는 서명 또는 날인을 할 의무가 없다. 한편, 개업공인중개사 및 해당 중개행위를 한 소속공인중개사는 거래계약서 및 확인·설명서에 서명 및 날인을 할 의무가 있다.

⑤ 업무정지처분사유이다.

05 ① 임대차의 경우에는 공시지가를 공개하지 아니할 수 있다.

③ 일반중개계약서와 전속중개계약서에는 개업공인중개사와 중개의뢰인이 서명 또는 날인하도록 하고 있다.

06 ② 개업공인중개사는 일반중개계약서를 작성할 의무 및 법정 서식을 사용할 의무가 없으며 보존의무도 없다.

07 ③ 甲이 매도의뢰인이므로 전속중개계약서의 권리이전용을 작성해야 한다. 희망물건의 종류, 취득희망가격 및 희망지역은 권리취득용(매수, 임차)이다.

08 ③ 권리를 취득함에 따라 부담해야 할 조세의 종류 및 세율은 공개사항이 아니며, 확인·설명사항에 속한다.

09 ④ 의뢰인이 스스로 발견한 상대방과 직접 거래를 성사시킨 경우 중개보수의 50%에 해당하는 금액의 범위에서 개업공인중개사의 소요된 비용을 지불하되 사회통념에 비추어 상당하다고 인정되는 범위에 한한다. 약정한 중개보수가 있는 경우에는 약정한 중개보수(100만원)를 기준으로 하므로 50%는 50만원이다. 그리고 50만원 범위에서 소요비용을 지불하므로 30만원을 받을 수 있다.

10 ③ 전속중개계약서는 3년간, 중개대상물 확인·설명서는 3년간, 거래계약서는 5년간 보존해야 한다.

⑤ 일반중개계약서 및 전속중개계약서의 표준서식에 명시된 내용이다.

11 ① 업무정지 처분만 사유이다.

② 비공개요청이 없는 한 전속중개계약 체결 후 7일 이내에 중개대상물에 관한 정보를 공개해야 한다.

③ 임대차의 경우 공시지가를 공개하지 아니할 수 있다.

⑤ 전속중개계약의 유효기간 내에 의뢰인이 다른 개업공인중개사에게 중개를 의뢰하여 거래한 경우 의뢰인은 개업공인중개사에게 중개보수에 해당하는 금액을 위약금으로 지불하여야 한다.

12 ⑤ 전속중개계약을 체결한 개업공인중개사가 중개대상물에 관한 정보를 공개하지 아니하거나, 중개의뢰인의 비공개 요청에도 불구하고 정보를 공개한 경우 개설등록을 취소할 수 있다.

13 ㉢㉣ 확인·설명사항 및 확인·설명서 기재사항이다.

14 ③ 일반중개계약서에만 규정되어 있는 내용이다.

15 ② 일반중개계약서는 별지 제14호 서식, 전속중개계약서는 별지 제15호 서식으로 규정되어 있다. 개업공인중개사는 일반중개계약서를 작성할 의무 및 법정 서식을 사용할 의무가 없으며 보존의무도 없다. 양 서식은 '개업공인중개사의 의무' 및 '중개의뢰인의 권리·의무'를 제외하고 나머지 부분은 모두 동일하다.

16 ② 확인·설명서 및 거래계약서의 작성, 교부 및 보존의무는 개업공인중개사의 의무이다. 소속공인중개사는 중개행위를 한 경우 확인·설명서 및 거래계약서에 서명 및 날인할 의무가 있다.

17 ④ 개업공인중개사 등은 이 법 및 다른 법률에 특별한 규정이 있는 경우를 제외하고는 그 업무상 알게 된 비밀을 누설하여서는 아니 된다. 이에 위반한 경우 1년 이하의 징역 또는 1천만원 이하의 벌금에 처하나 피해자의 명시한 의사에 반하여 벌하지 않는다.

18 ④ 주거용 건축물에서 개업공인중개사 세부 확인사항에 속하는 것은 1. 실제권리관계 및 공시되지 않은 물건의 권리사항, 2. 내부·외부 시설물의 상태, 3. 벽면·바닥면 및 도배의 상태, 4. 환경조건 (일조량, 소음, 진동), 5. 현장안내이다.

19 ④ 거래예정금액을 기준으로 계산하고 부가가치세는 별도로 부과될 수 있다.

20 ① 중개가 완성되기 전에 권리취득의뢰인에게 확인·설명의무를 진다.
② 자료요구에 불응한 경우 매수의뢰인에게 설명하고 확인·설명서에 기재해야 한다.
③ 책임자가 서명 및 날인해야 한다.
⑤ 입목·광업재단·공장재단용 확인·설명서를 작성하여 교부해야 한다.

21 ② 아파트를 제외한 주거용 건축물의 경우 '내부·외부 시설물의 상태'의 '소방'에 '단독경보형 감지기 설치 유무'를 기재하는데, 이는 개업공인중개사 세부 확인사항이므로 매도·임대의뢰인에게 자료를 요구하여 기재할 항목이다.

22 ② 성실·정확하게 중개대상물의 확인·설명을 하지 않거나, 설명의 근거자료를 제시하지 않은 경우, 개업공인중개사에게는 500만원 이하의 과태료를 부과하며, 소속공인중개사에게는 6개월의 범위 안에서 자격정지처분을 할 수 있다.

23 ② 관리비 금액과 그 산출내역은 주택의 임대차를 중개하는 경우에만 설명해야 할 사항이다.

24 ⑤ 비선호시설은 개업공인중개사 기본 확인사항에 해당하므로 개업공인중개사가 직접 확인하여 기재해야 한다.

25 ④ 개업공인중개사는 근저당이 설정된 경우에는 그 채권최고액을 조사·확인하여 의뢰인에게 설명하면 족하고, 실제의 피담보채무액까지 조사·확인하여 설명할 의무까지는 없다(98다30667).
① 소속공인중개사도 함께 서명 및 날인해야 한다.
② 벽면·바닥면 및 도배의 상태는 중개대상물 확인·설명사항에 포함된다.
③ 환경조건은 주거용 건축물 확인·설명서에만 기재할 사항이다.
⑤ 토지용 확인·설명서에는 입지조건(도로, 대중교통)을 적어야 한다.

26 ② '실제 권리관계 또는 공시되지 않은 물건의 권리사항'은 4가지 확인·설명서에 공통으로 속하는 '개업공인중개사 세부 확인사항'에 속한다.

27 ③ 관리비는 '임대차 확인사항'이 아니며 '관리에 관한 사항'에 기재할 내용이다.

28 ① 건폐율 상한 및 용적률 상한은 시·군 조례에 따라 기재한다.

29 ⑤ 환경조건(일조량, 소음, 진동)은 개업공인중개사 세부 확인사항에 기재한다.

30 ② 주거용의 세부 확인사항은 1. 실제권리관계 및 공시되지 않은 물건의 권리, 2. 내부·외부 시설물의 상태, 3. 벽면·바닥면 및 도배의 상태, 4. 환경조건이다.
① 입지조건, ③ 거래예정금액 등, ④⑤ 권리관계에 속하는 것으로 모두 기본 확인사항이다.

31 ① '거래예정금액'은 중개가 완성되기 전 거래예정금액을 기재한다.
② 비주거용 건축물 확인·설명서에도 '민간임대 등록 여부'를 '권리관계'란에 적는다.
③ '계약갱신요구권 행사 여부'는 개업공인중개사 기본 확인사항에 적는다.
⑤ 비주거용 건축물 확인·설명서의 입지조건란에는 도로, 대중교통, 주차장만을 기재하며, 교육시설은 기재항목이 아니다.

32 ③ 위반건축물 여부 및 위반내용은 건축물대장을 확인하여 적는다.

33 ④ 관리비 금액과 그 산출내역은 개업공인중개사가 주택의 임대차를 중개하는 경우에만 확인·설명해야 하는 사항에 해당한다.

34 ③ 주차장은 '입지조건'에 속하며, '입지조건'은 개업공인중개사 기본 확인사항이다.

35 ④ 입목·광업재단·공장재단용 확인·설명서에는 아래의 항목은 없다.

> – 토지이용계획, 공법상 이용제한 및 거래규제
> – 입지조건
> – 관리에 관한 사항
> – 비선호시설
> – 내부·외부 시설물의 상태
> – 벽면 및 도배의 상태
> – 환경조건

36 ② 소음은 환경조건에 속하는 것으로 주거용 건축물 확인·설명서에만 기재할 항목이다.

37 ③ 대상물건의 표시, 권리관계, 거래예정금액 등, 취득시 부담할 조세의 종류 및 세율, 실제권리관계 또는 공시되지 않은 물건의 권리 사항, 중개보수 및 실비의 금액과 산출내역은 모든 확인·설명서의 공통 기재사항이다. ㉢ 토지이용계획, 공법상의 이용제한 및 거래규제에 관한 사항은 입목·광업재단·공장재단용에는 없다. ㉤ 환경조건(일조량, 소음, 진동)은 주거용에만 있다. 따라서 공통사항은 ㉠㉡㉣이다.

38 ㉡ 거래예정금액, ㉢ 권리취득에 따른 조세의 종류 및 세율은 확인·설명사항 및 확인·설명서 기재사항이다.

39 ③ 일반(전속)중개계약서에는 개업공인중개사와 중개의뢰인이 서명 또는 날인한다.
①② 서명 및 날인해야 하는 경우는 중개대상물 확인·설명서와 거래계약서뿐이다.

40 ④ 서명 및 날인의무를 위반한 경우를 업무정지사유로 규정하고 있으므로 이는 서명과 날인 모두를 하지 아니한 경우뿐만 아니라 서명과 날인 중 어느 한 가지를 하지 않은 경우도 포함한다(2008두16698).
① 소속공인중개사가 거래계약서를 작성한 경우 개업공인중개사와 소속공인중개사가 함께 서명 및 날인을 해야 한다.
② 분사무소의 책임자와 해당 중개업무를 수행한 소속공인중개사가 함께 서명 및 날인해야 한다. 분사무소에서 거래계약서를 작성한 경우 법인의 대표자는 서명 및 날인의무가 없다.
③ 필수적 기재사항이다.
⑤ 거래계약서의 법정서식은 없다.

41 ③ 거래금액·계약금액 및 그 지급일자 등 지급에 관한 사항을 기재해야 하므로 옳은 지문이다.
① 거래계약서의 보존기간은 5년이다.
② 자격정지사유이다.
④ 비밀준수의무는 개업공인중개사 등이 지켜야 할 의무이며, 업무를 떠난 후에도 마찬가지이다.
⑤ 1년 이하의 징역 또는 1천만원 이하의 벌금에 처한다.

42 ㉠ 개업공인중개사는 중개가 완성되어 거래계약서를 작성하는 때에는 확인·설명서를 작성하여 거래당사자에게 교부하고 3년 동안 그 사본을 보존해야 한다.

㉡ 개업공인중개사는 중개대상물에 관하여 중개가 완성된 때에는 거래계약서를 작성하여 거래당사자에게 교부하고 5년 동안 그 사본을 보존해야 한다.

㉣ 개업공인중개사는 중개가 완성된 때에는 거래당사자에게 손해배상책임의 보장에 관한 다음의 사항을 설명하고 관계증서의 사본을 교부하거나 관계증서에 관한 전자문서를 제공해야 한다.

> 1. 보장금액
> 2. 보증보험회사, 공제사업을 행하는 자, 공탁기관 및 그 소재지
> 3. 보장기간

㉢ 중개보수 및 실비의 영수증을 교부할 의무는 없다.

43 ㉢ 공인전자문서센터에 보관된 경우가 아니라면 개업공인중개사는 거래계약서의 원본, 사본 또는 전자문서를 5년 동안 보존하여야 한다.

44 ② 공법상 이용제한 및 거래규제에 관한 사항은 중개대상물 확인·설명서에 기재할 사항이다.

① 거래금액·계약금액 및 그 지급일자 등 지급에 관한 사항

⑤ 그 밖의 약정내용

45 ① 국토교통부장관은 개업공인중개사가 작성하는 거래계약서의 표준서식을 정하여 이의 사용을 권장할 수 있다.

② 중개보수 및 실비의 금액과 그 산출내역은 확인·설명 및 확인·설명서 기재사항이다.

③ 거래계약서는 국토교통부령에 정해진 법정서식이 없다.

⑤ 분사무소의 경우 책임자와 해당 중개행위를 한 소속공인중개사가 함께 서명 및 날인해야 한다.

46 ① 매수인이 요구하더라도 개업공인중개사는 계약금 등을 금융기관 등에 예치해야 할 의무가 없다.

② 예치대상이 되는 계약금 등은 계약금·중도금 또는 잔금이다.

③ 개업공인중개사는 계약금 등의 예치명의자가 될 수 있다.

④ 계약금 등을 예치한 경우 매도인·임대인 등 계약금 등을 수령할 수 있는 권리가 있는 자는 해당 계약을 해제한 때에 계약금 등의 반환을 보장하는 내용의 금융기관 또는 보증보험회사가 발행하는 보증서를 계약금 등의 예치명의자에게 교부하고 계약금 등을 미리 수령할 수 있다

🏠 **계약금 등의 예치명의자**

> 1. 개업공인중개사
> 2. 공제사업을 하는 자
> 3. 「은행법」에 따른 은행
> 4. 「보험업법」에 따른 보험회사
> 5. 「자본시장과 금융투자업에 관한 법률」상 신탁업자
> 6. 「우체국·예금보험에 관한 법률」상 체신관서
> 7. 계약금·중도금 또는 잔금 및 계약 관련서류를 관리하는 업무를 수행하는 전문회사
>
> ▽ 개업공인중개사는 거래의 안전을 보장하기 위하여 필요하다고 인정하는 경우에는 거래계약의 이행이
> 완료될 때까지 계약금·중도금 또는 잔금을 예치명의자의 명의로 공제사업을 하는 자, 금융기관 또는
> 신탁업자 등에 예치하도록 거래당사자에게 권고할 수 있다.

47 ① 계약금 등의 예치를 권고할 수 있다.

② 개업공인중개사는 자기 소유 예치금과 분리해서 관리해야 한다.

④ 보증서를 예치명의자에게 교부하고 계약금 등을 미리 수령할 수 있다.

⑤ 공제사업을 하는 자인 한국공인중개사협회는 예치명의자 및 예치기관이 될 수 있다.

48 ③ 개업공인중개사는 계약금 등을 자기 명의로 금융기관 등에 예치하는 경우에는 그 계약금 등을
거래당사자에게 지급할 것을 보장하기 위하여 <u>예치대상이 되는 계약금 등에 해당하는 금액을 보장
하는</u> 보증보험 또는 공제에 가입하거나 공탁을 해야 한다. 즉 계약금 및 중도금에 해당하는 금액만
큼 보증설정을 하면 된다.

49 ② 계약금 등의 반환채무이행의 보장에 소요되는 실비는 매수·임차의뢰인에게 청구할 수 있다.

50 ③ ㉠㉢㉤은 예치명의자가 될 수 없다.

예치명의자	예치기관
1. 「은행법」에 따른 은행 2. 「보험업법」에 따른 보험회사 3. 「자본시장과 금융투자업에 관한 법률」에 따른 신탁업자 4. 「우체국예금·보험에 관한 법률」에 따른 체신관서 5. 법 제42조의 규정에 따라 공제사업을 하는 자 6. 부동산 거래계약의 이행을 보장하기 위하여 계약금·중도금 또는 　잔금 및 계약 관련서류를 관리하는 업무를 수행하는 전문회사	1. 공제사업을 하는 자 2. 금융기관 3. 신탁업자 등

51 ① 「공인중개사법」 제30조 제1항에 기하여 손해배상책임을 부담하는 자는 개업공인중개사에 한정
되므로, 개업공인중개사나 그 보조원이 아닌 자에게 공인중개사법령에 의한 손해배상책임을 물을
수는 없다(2007다44156). 즉 개업공인중개사 등이 아닌 제3자의 중개행위로 발생한 손해에 대하여는
공인중개사법령을 적용하여 보증기관에 청구할 수 없고 「민법」상 손해배상책임을 적용할 수 있을
뿐이다.

52 ③ '중개'에는 중개업자가 거래의 쌍방 당사자로부터 중개의뢰를 받은 경우뿐만 아니라 일방 당사자의 의뢰로 중개대상물의 매매 등을 알선하는 경우도 포함된다(2023다252162).
④ 개업공인중개사가 중개행위를 함에 있어서 고의 또는 과실로 인하여 거래당사자에게 재산상의 손해를 발생하게 한 때에는 그 손해를 배상할 책임이 있다고 규정하고 있어 그에 기하여 손해배상책임을 부담하는 자는 '개업공인중개사'에 한정되므로, 개업공인중개사나 그 보조원이 아닌 자에게 법 제30조 제1항에 의한 손해배상책임을 물을 수는 없다고 할 것이다(2007다44156).

53 ④ 보증보험회사는 개업공인중개사가 가입한 보장금액의 한도 내에서만 책임을 진다. 그러나 개업공인중개사는 거래당사자에게 발생한 모든 손해에 대한 배상책임을 진다.

54 ① 2억원 이상
③ 개업공인중개사는 중개가 완성된 때에는 거래당사자에게 손해배상책임의 보장에 관한 사항을 설명하고 관계증서의 사본을 교부하거나 관계증서에 관한 전자문서를 제공해야 한다.
④ 개업공인중개사는 중개사무소 개설등록을 한 때에는 업무를 시작하기 전에 손해배상책임을 보장하기 위한 조치(보증)를 한 후 그 증명서류를 갖추어 등록관청에 신고하여야 한다.
⑤ 폐업 또는 사망한 날부터 3년 이내에 회수할 수 없다.

55 ① 등록을 한 때에는 업무를 개시하기 전
② 중개가 완성된 때
④ 보증기관은 개업공인중개사에게 구상권을 행사하게 되므로 개업공인중개사는 의뢰인의 손해액 전부에 대하여 책임을 지게 된다.
⑤ 해당 보증기간의 만료일까지 다시 보증을 설정하여 신고해야 한다.

56 ④ 중개행위에 따른 손해배상책임을 보장하기 위하여 법인인 개업공인중개사는 4억원 이상, 분사무소를 두는 경우 분사무소마다 2억원 이상의 보증을 설정해야 한다. 따라서 주된 사무소 4억원, 분사무소 4개 각각 2억원, 합계 12억원이다.

57 ① 다른 법률의 규정에 따라 중개업을 할 수 있는 법인이 부동산중개업을 하는 때에는 중개업무를 개시하기 전에 보장금액 2천만원 이상의 보증을 보증기관에 설정하고 그 증명서류를 갖추어 등록관청에 신고해야 한다.
② 사무소 제공으로 인한 책임은 무과실 책임을 진다.
④ 15일
⑤ 중개의뢰인이 손해배상금으로 보증보험금·공제금 또는 공탁금을 지급받고자 하는 경우에는 다음의 서류 중 하나를 첨부하여 보증기관에 손해배상금의 지급을 청구해야 한다.

> 1. 중개의뢰인과 개업공인중개사 간의 손해배상합의서
> 2. 확정된 법원의 판결문 사본
> 3. 화해조서 그 밖에 이에 준하는 효력이 있는 서류

58 ① 중개행위에 해당하는지 여부는 개업공인중개사가 진정으로 거래당사자를 위하여 거래를 알선·중개하려는 의사를 갖고 있었느냐고 하는 개업공인중개사의 주관적 의사에 의하여 결정할 것이 아니라 객관적으로 보아 사회통념상 거래의 알선·중개를 위한 행위라고 인정되는지 여부에 의하여 결정해야 한다(2005다32197).
③ 이중소속 금지에 따라 소속공인중개사는 중개사무소 개설등록을 신청할 수 없다.
④ 개업공인중개사는 거래계약서에 서명 및 날인해야 한다.
⑤ 대통령령에는 국토교통부장관이 거래계약서의 표준서식을 정해 그 사용을 권장할 수 있다고 되어 있으나, 현재 국토교통부령에는 국토교통부장관이 정한 거래계약서의 표준서식이 없다.

59 ㉢ 중개의뢰인과 직접거래인 금지행위이다.
㉣ 중개대상물의 매매업은 금지행위이다.
㉠ 일방대리이므로 금지행위 아니다.
㉡ 분양대행은 중개행위가 아니므로 금지행위 아니다.

60 ⑤ 甲이 乙의 중개로 부동산을 매수하여 丙의 중개로 매도했다는 말이다. 다른 개업공인중개사의 중개로 매수 또는 매도하는 행위는 '중개의뢰인과 직접거래'에 해당하지 않는다.
① 중개대상물의 매매를 업으로 하는 행위
② 탈세를 목적으로 한 미등기 전매를 중개하는 부동산투기를 조장하는 행위
③ 해당 중개대상물의 거래상의 중요사항에 관하여 거짓된 언행 그 밖의 방법으로 중개의뢰인의 판단을 그르치게 하는 행위
④ 중개의뢰인의 대리인과 직접 계약을 한 경우도 중개의뢰인과 직접거래에 해당한다.

61 ③ 금지행위인 것은 ㉠㉣이다.
㉠ 중개의뢰인과 직접거래인 금지행위이다.
㉣ 전매가 제한된 부동산의 매매를 중개하는 등 투기조장행위인 금지행위이다.
㉡ 다른 개업공인중개사의 중개로 매도 또는 매수하는 경우는 '중개의뢰인과 직접거래'에 해당하지 않으므로 금지행위가 아니다.
㉢ 상업용 건축물의 임대관리는 개업공인중개사가 겸업이 가능한 업무이다.

62 ④ 매도의뢰인으로부터 위임을 받아 매수의뢰인과 매매계약을 체결하는 행위는 일방을 대리하는 행위로서 금지행위에 해당하지 않는다.

63 ④ 일방대리
① 중개의뢰인과 직접거래
② 중개보수 초과
③ 판단을 그르치게 한 행위
⑤ 미등기전매를 중개하는 투기를 조장하는 행위

64 ㉠ 중개보조원은 중개대상물의 표시 · 광고를 해서는 아니된다.
㉡㉢ 개업공인중개사 등의 금지행위이다.
㉢ 누구든지 해서는 아니되는 행위이다.

65 ② 금지행위인 것은 ㉣㉤이다.
㉣ 중개의뢰인의 대리인으로부터 상가를 매수한 행위도 중개의뢰인과 직접거래인 금지행위에 해당한다.
㉤ 중개대상물의 매매업
㉠㉡ 분양대행은 중개와 구별되는 업무이며, 권리금은 중개대상물이 아니므로 중개보수를 적용하지 않는다. 금지행위가 아니다.
㉢ 일방대리

66 ② 금지행위인 것은 ㉠㉢㉤이다.
㉠ 금지행위
㉢ 중개의뢰인과 직접거래
㉤ 관계법령에서 양도 · 알선 등을 금지한 부동산의 분양과 관련 있는 증서를 중개하거나 매매를 업으로 한 행위
㉡ 공인중개사인 개업공인중개사는 임대업을 겸업할 수 있다.

67 ④ 직접거래 금지규정에 위반하여 한 거래행위가 사법상의 효력까지도 부인하지 않으면 안 될 정도로 현저히 반사회성, 반도덕성을 지닌 것이라고 할 수 없을 뿐만 아니라 행위의 사법상의 효력을 부인해야만 비로소 입법 목적을 달성할 수 있다고 볼 수 없고, 위 규정을 효력규정으로 보아 이에 위반한 거래행위를 일률적으로 무효라고 할 경우 중개의뢰인이 직접 거래임을 알면서도 자신의 이익을 위해 한 거래도 단지 직접 거래라는 이유로 효력이 부인되어 거래의 안전을 해칠 우려가 있다. 따라서 개업공인중개사 등이 중개의뢰인과 직접 거래를 하는 행위를 금지하는 규정은 강행규정(효력규정)이 아니라 단속규정이다(2016다259677).

68 ④ 중개대상물의 매매를 업으로 하는 행위는 금지행위이나, 중개대상물 외의 물건에 대한 매매를 업으로 하는 행위는 금지행위가 아니다. 그리고 법인이 아닌 개업공인중개사는 건축자재의 매매업을 겸업할 수 있다.

69 ④ 초과 부분에 대한 재산상의 손해는 甲과 乙이 함께 책임을 지며, 甲은 무과실 책임을 진다. 금지행위를 위반한 소속공인중개사는 자격정지에 처하며, 행정상의 책임에 따라 개업공인중개사도 임의적 등록취소사유에 해당하여 업무정지를 받을 수 있다. 乙은 1년 이하의 징역 또는 1천만원 이하의 벌금형에 처하며, 甲은 양벌규정으로 1천만원 이하의 벌금형에 처한다. 다만, 甲이 乙의 위반행위를 방지하기 위하여 상당한 주의와 감독을 게을리하지 않은 경우 벌금형을 받지 않는다. 다만, 양벌규정으로 개업공인중개사가 벌금형을 받게 되더라도 결격사유에 해당하지 않는다.

70 ⑤ 중개보수 등의 명목으로 소정의 한도를 초과하는 액면금액의 유효한 당좌수표를 교부받은 경우에는 당좌수표를 교부받는 단계에서 곧바로 위 죄의 기수(범죄의 성립)가 되는 것이므로 그 후 그 당좌수표가 부도처리되었거나 또는 의뢰인에게 그대로 반환되었더라도 위 죄의 성립에는 아무런 영향이 없다(2004도4136). 즉 초과부분을 반환했더라도 금지행위에 해당한다.
① 중개보수 초과행위는 법 제33조 금지행위로서 개업공인중개사의 임의적 등록취소 사유이다. 임의적 등록취소 사유인 경우에는 업무정지처분도 가능하므로 옳다.

71 ⑤ 개업공인중개사가 아파트 분양권의 매매를 중개하면서 중개보수 산정에 관한 지방자치단체의 조례를 잘못 해석하여 법에서 허용하는 금액을 초과한 중개보수를 수수한 경우는 정당한 법률의 착오에 해당하지 않으므로 처벌대상이 된다(2004도62).
① 중개보수 초과금지 규정은 강행법규에 해당하고, 법령에서 정한 한도를 초과하는 중개보수 약정은 그 한도를 초과하는 범위 내에서 무효이다(2005다32159).
④ 중개대상물의 거래당사자들로부터 보수를 현실적으로 받지 아니하고 단지 보수를 받을 것을 약속하거나 거래당사자들에게 보수를 요구하는 데 그친 경우에는 「공인중개사법」 소정의 '중개업'에 해당하지 않으므로 중개사무소 개설등록을 하지 아니하고 부동산 거래를 중개하면서 그에 대한 보수를 약속·요구하는 행위를 「공인중개사법」 위반죄로 처벌할 수는 없다(2006도4842).

72 ⑤ 법 제33조 제2항 누구든지 개업공인중개사 등의 업무를 방해해서는 아니되는 사유

> 1. 안내문, 온라인 커뮤니티 이용하여 특정 개업공인중개사에 대한 중개의뢰를 제한하는 행위
> 2. 안내문, 온라인 커뮤니티 이용하여 현저하게 높게 표시·광고 또는 중개하는 특정 개업공인중개사에게만 중개의뢰를 하도록 유도하는 행위
> 3. 안내문, 온라인 커뮤니티 이용하여 특정 가격 이하로 중개를 의뢰하지 아니하도록 유도하는 행위
> 4. 개업공인중개사의 정당한 표시·광고 행위를 방해하는 행위
> 5. 개업공인중개사에게 시세보다 현저하게 높게 표시·광고하도록 강요하거나 현저하게 높게 표시·광고하도록 유도하는 행위

73 ② ㉡㉣은 중개대상물에 대한 부당한 표시·광고에 해당하며 등록관청이 개업공인중개사에게 500만원 이하의 과태료를 부과하는 사유이다. 부동산거래질서교란행위에 포함되지 않는다.
㉡ 중개대상물이 존재하지 않아서 실제로 거래할 수 없는 중개대상물에 대한 표시·광고를 하는 행위
㉣ 중개대상물의 가격 등 내용을 사실과 다르게 거짓으로 표시·광고하거나 사실을 과장되게 하는 표시·광고를 하는 행위

74 ① 국토교통부장관은 부동산거래질서교란행위 신고센터의 업무를 한국부동산원에 위탁한다.
② 한국부동산원은 신고센터의 업무 처리 방법, 절차 등에 관한 운영규정을 정하여 국토교통부장관의 승인을 받아야 한다. 이를 변경하려는 경우에도 승인을 받아야 한다.
④ 신고센터는 매월 10일까지 직전 달의 신고사항 접수 및 처리 결과 등을 국토교통부장관에게 제출해야 한다.
⑤ 신고내용이 이미 수사기관에서 수사 중이거나 재판이 계속 중이거나 법원의 판결에 의해 확정된 경우에도 국토교통부장관의 승인을 받아 접수된 신고사항의 처리를 종결할 수 있다.

제6장 개업공인중개사의 보수

01 ⑤ 사례·증여 기타 어떤 명목으로든 법에서 정한 보수를 초과하여 금품을 받는 행위는 임의적 등록취소 사유이므로 '개설등록을 취소할 수 있다'가 옳다.

① 공인중개사 자격이 없는 자가 우연한 기회에 단 1회 타인 간의 거래행위를 중개한 경우 등과 같이 '중개를 업으로 한' 것이 아니라면 그에 따른 중개보수 지급약정이 강행법규에 위배되어 무효라고 할 것은 아니다(2010다86525). 다만, 과다한 경우 감액을 청구할 수 있다.

③ 주택의 중개에 대한 보수는 중개의뢰인 쌍방으로부터 각각 받되, 그 일방으로부터 받을 수 있는 한도는 [별표 1]과 같으며, 그 금액은 시·도의 조례로 정하는 요율한도 이내에서 중개의뢰인과 개업공인중개사가 서로 협의하여 결정한다. 주택 외의 중개대상물의 중개에 대한 보수는 국토교통부령으로 정한다.

02 ④ 등록을 취소할 수 있는 임의적 등록취소 사유이므로 업무정지처분을 할 수도 있다.

① 중개대상물 확인·설명서에 중개보수의 지급시기를 기재해야 한다.

② 부가가치세는 별도로 부과될 수 있다.

③ 한도를 초과하는 범위 내에서 무효이다.

⑤ 개업공인중개사의 고의·과실로 인한 것이면 청구권이 소멸하고 개업공인중개사의 고의·과실이 없다면 소멸하지 않는다.

03 ① 개업공인중개사의 고의·과실로 거래당사자 간의 거래계약이 무효·취소·해제된 경우 중개보수를 받을 수 없다.

②③ 중개대상물의 권리관계 등의 확인에 소요되는 비용은 영수증 등을 첨부하여 매도·임대 그 밖의 권리를 이전하고자 하는 중개의뢰인에게 청구할 수 있고, 계약금 등의 반환채무이행 보장에 소요되는 비용은 매수·임차 그 밖의 권리를 취득하고자 하는 중개의뢰인에게 청구할 수 있다.

⑤ 주택(부속토지 포함)에 대한 중개보수와 실비는 국토교통부령으로 정하는 범위 안에서 시·도 조례로 정하며, 주택 외의 중개대상물의 중개보수는 국토교통부령으로 정한다.

04 ⑤ 전용면적이 85제곱미터 이하이고, 상·하수도 시설이 갖추어진 전용입식 부엌, 전용수세식 화장실 및 목욕시설을 갖춘 오피스텔의 중개보수 요율은 거래당사자 일방으로부터 받을 수 있는 한도는 매매·교환의 경우 거래금액의 1천분의 5 이내, 임대차 등의 경우 거래금액의 1천분의 4 이내로 한다.

05 ⑤ 중개대상물의 소재지와 개업공인중개사의 사무소의 소재지가 다른 경우에는 사무소의 소재지를 관할하는 시·도의 조례로 정한 기준에 따라 중개보수를 받아야 한다.

06 ① 중개보수의 지급시기는 개업공인중개사와 중개의뢰인 간의 약정에 따르되, 약정이 없을 때에는 중개대상물의 <u>거래대금 지급이 완료된</u> 날로 한다.

② 개업공인중개사의 고의·과실로 거래당사자 간의 거래계약이 무효·취소·해제된 경우 중개보수를 받을 수 없으며, 이미 수령한 것은 반환해야 한다.

③ 주택의 중개대상물의 중개에 대한 수수료는 국토교통부령이 정하는 범위 안에서 시·도 조례로 정하며, 주택 외의 중개대상물의 중개에 대한 수수료는 국토교통부령으로 정한다.

⑤ 교환계약의 경우에는 거래금액이 큰 중개대상물의 가액을 거래금액으로 한다.

07 ㉠ 실비의 한도 등에 관하여 필요한 사항은 국토교통부령이 정하는 범위 안에서 시·도 조례로 정한다. 중개대상물의 소재지와 개업공인중개사의 사무소의 소재지가 다른 경우에는 사무소의 소재지를 관할하는 시·도의 조례로 정한 기준에 따라 중개보수 및 실비를 받아야 한다.

㉣ 오피스텔은 주택 외의 중개대상물에 관한 중개보수 규정을 적용한다.

08 ④ 「건축법 시행령」 [별표 1] 제14호 나목 2에 따른 오피스텔로서, 전용면적이 85m^2 이하이고 상·하수도 시설이 갖추어진 전용입식 부엌, 전용수세식 화장실 및 목욕시설(전용수세식 화장실에 목욕시설을 갖춘 경우를 포함한다)을 갖춘 것은 매매·교환의 경우 거래금액의 1천분의 5 이내, 임대차 등의 경우 거래금액의 1천분의 4 이내로 한다. 그러나 85m^2 초과인 오피스텔은 매매와 임대차 모두 1천분의 9 이내에서 협의로 결정한다.

문제에 제시된 오피스텔은 90m^{2}이고 임대차인 경우이므로 거래금액의 1천분의 9를 적용하여 계산한다.

거래금액 = 5천만원 + (150 × 100) = 2억원

중개보수 = 2억원 × 0.9% = 180만원

09 ③ 동일한 중개대상물에 대하여 매매계약은 甲과 乙이, 임대차 계약은 乙과 丙이 한 경우이다. 따라서 乙로부터는 매매와 임대차에 관한 중개보수를 모두 받을 수 있다.

매매에 관한 중개보수 = 3억원 × 0.4% = 120만원

임대차에 관한 중개보수 = 1,000 + (40 × 100) = 5,000만원, 5,000 × 0.4% = 20만원

따라서 乙로부터 140만원을 받을 수 있다.

10 ④ 교환계약인 경우 거래금액이 큰 것을 거래금액으로 한다.

따라서 2억 2천만원 × 0.4% = 88만원

∴ 쌍방으로부터 받을 수 있는 총액 = 176만원

11 ② 프리미엄은 거래가액에 포함된다.

따라서 1억 9천만원 × 0.5% = 950,000원

그러나 한도액이 800,000원이므로 개업공인중개사가 일방으로부터 받을 수 있는 중개보수는 800,000원이다.

12 ③ 동일한 중개대상물에 대하여 동일 당사자 간에 매매와 임대차 계약이 동일한 기회에 이루어진 경우이므로 매매계약에 관한 중개보수만 받을 수 있다. 그리고 상가의 면적이 3분의 2이므로 건물은 상가로 보고 보수를 계산한다. 따라서 매매에 대한 보수는 3억 × 0.9% = 270만원이므로 총 540만원이다.

13 (1) 85m² 이하 오피스텔
거래금액 = 보증금 + (월 차임 × 100)
= 3,000 + (50 × 100) = 8,000
임대차의 요율은 거래금액의 1천분의 4이므로
중개보수 = 8천만원 × 0.4% = 32만원
(2) 일반주택
주택의 중개보수 요율은 시 · 도 조례를 보고 계산한다.
중개보수 = 8천만원 × 0.4% = 32만원
단, 한도액이 30만원이므로 30만원이다.
그러므로 합산액은 62만원이다.

14 ① 오피스텔로서, 전용면적이 85제곱미터 이하인 경우는 매매 · 교환의 경우 거래금액의 1천분의 5 이내, 임대차 등의 경우 거래금액의 1천분의 4 이내로 한다.
거래금액 = 3,000 + (70 × 100) = 1억원
중개보수 = 1억원 × 0.4% = 40만원

15 ③ 거래금액 = 보증금 + (월 차임 × 100) = 5,000 + (30 × 100) = 8,000
중개보수 = 8,000만원 × 0.4% = 320,000원
그러나 한도액이 30만원이므로 중개보수는 30만원이다. 한편, 임대의뢰인에게 청구할 수 있는 실비는 권리관계 확인에 소요된 실비이므로 개업공인중개사가 받을 수 있는 총 보수는 30만원 + 10만원 = 40만원이다.

제7장 부동산거래정보망 및 협회

Answer

| 01 ⑤ | 02 ③ | 03 ② | 04 ④ | 05 ② | 06 ① | 07 ② | 08 ⑤ | 09 ② | 10 ④ |
| 11 ② | 12 ⑤ | 13 ① | 14 ① | 15 ③ | 16 ③ | 17 ③ | | | |

01 ⑤ 개업공인중개사로부터 의뢰받은 내용과 다르게 정보를 공개하거나, 어떠한 방법으로든지 개업공인중개사에 따라 정보가 차별적으로 공개되도록 하여서는 아니된다. 이를 위반한 경우 지정을 취소할 수 있으며 1년 이하 징역 또는 1천만원 이하 벌금에 처한다.

02 ③ 국토교통부장관은 사업자 지정을 취소할 수 있다. '취소해야 한다'는 틀리다.

03 ① 개업공인중개사와 중개의뢰인 상호 간에 ⇨ 개업공인중개사 상호 간에
③ 지정을 취소할 수 있으며, 1년 이하의 징역 또는 1천만원 이하의 벌금형에 처한다.
④ 업무정지처분 사유이다.
⑤ 정보망에 공개한 중개대상물의 거래가 완성된 때에는 지체 없이 이를 거래정보사업자에게 통보해야 한다.

04 ⓒ 정당한 사유 없이 지정받은 날부터 1년 이내에 부동산거래정보망을 설치·운영하지 아니한 경우 지정을 취소할 수 있다.

05 ② 옳은 것은 ⓛⓒ이다.
㉠ 사업자 지정을 취소할 수 있다.
㉣ 거래정보사업자로 지정받으려는 자가 보유한 컴퓨터의 용량 및 성능을 알 수 있는 서류를 제출해야 한다.
㉤ 3개월 ⇨ 30일

06 ⓛ 100인 ⇨ 30인
ⓒ 정보처리기능사 ⇨ 정보처리기사
㉣ 공인중개사 1인 이상

07 ② 개업공인중개사의 자격증 사본이 아니라 등록증 사본이다.
🏠 **거래정보망 지정신청서류**

담당 공무원은 「전자정부법」에 따라 행정정보의 공동이용을 통하여 법인등기사항증명서(신청인이 법인인 경우에 한한다)를 확인해야 한다.
1. 개업공인중개사로부터 받은 부동산거래정보망가입·이용신청서 및 그 개업공인중개사의 중개사무소등록증 사본
2. 정보처리기사 1인 이상의 자격증 사본
3. 공인중개사 1인 이상의 자격증 사본
4. 주된 컴퓨터의 용량 및 성능 등을 확인할 수 있는 서류
5. 「전기통신사업법」에 따라 부가통신사업신고서를 제출하였음을 확인할 수 있는 서류

08 ⑤ 국토교통부장관은 협회의 공제사업 운영이 적정하지 아니하거나 자산상황이 불량하여 중개사고 피해자 및 공제 가입자 등의 권익을 해칠 우려가 있다고 인정하면 다음의 조치(개선명령)를 명할 수 있다.

1. 업무집행방법의 변경
2. 자산예탁기관의 변경
3. 자산의 장부가격의 변경
4. 불건전한 자산에 대한 적립금의 보유
5. 가치가 없다고 인정되는 자산의 손실 처리

09 ② 협회는 정관으로 정하는 바에 따라 주사무소에 두는 중앙회를 설치하고, 시·도에 시·도회를, 시(구가 설치되지 아니한 시와 특별자치도의 행정시를 말한다)·군·구에 지회를 둘 수 있다.

10 ④ 시·도회를 설치한 때에는 시·도지사에게 신고해야 한다.

11 ⓒ 협회는 공제사업 운용실적을 매 회계연도 종료 후 3개월 이내에 일간신문 또는 협회보에 공시해야 한다.
ⓒ 국토교통부장관은 협회의 공제사업 운영이 적정하지 아니하거나 자산상황이 불량하여 중개사고 피해자 및 공제 가입자 등의 권익을 해칠 우려가 있다고 인정하면 개선명령을 할 수 있다.

12 ① 협회에 운영위원회를 둔다.
② 운영위원회의 위원은 19명 이내로 한다.
③ 운영위원회 위원 중 협회의 회장 및 협회 이사회가 협회의 임원 중에서 선임하는 사람의 수는 전체 위원 수의 3분의 1 미만으로 한다.
④ 운영위원회에는 위원장과 부위원장 각각 1명을 두되, 위원장 및 부위원장은 위원 중에서 각각 호선(互選)한다.

13 ① 협회는 재무건전성 기준이 되는 지급여력비율을 100분의 100 이상으로 유지해야 한다.

14 ① 국토교통부장관은 협회의 임원이 다음의 어느 하나에 해당하여 공제사업을 건전하게 운영하지 못할 우려가 있는 경우 그 임원에 대한 징계·해임을 요구하거나 해당 위반행위를 시정하도록 명할 수 있다.

> 1. 국토교통부장관의 개선명령을 이행하지 아니한 경우
> 2. 공제규정을 위반하여 업무를 처리한 경우
> 3. 재무건전성 기준을 지키지 아니한 경우

15 ① 협회는 부동산중개제도의 연구·개선에 관한 업무를 수행할 수 있다.
② 공제료 수입액의 100분의 10 이상으로 적립해야 한다.
④ 협회는 공인중개사 자격시험 시행에 관한 업무를 위탁받아 수행할 수 있다.
⑤ 협회는 공제규정을 변경하고자 하는 경우에도 국토교통부장관의 승인을 얻어야 한다.

16 ③ 운영위원회에는 위원장과 부위원장 각각 1명을 두되, 위원장 및 부위원장은 위원 중에서 각각 호선(互選)한다.

17 ③ 협회에 관하여 이 법에 규정된 것 이외에는 「민법」 중 사단법인에 관한 규정을 적용한다.

제8장 보 칙

01 ③ 직무교육의 실시권자는 시·도지사 또는 등록관청이나, 직무교육의 위탁은 시·도지사가 행한다.

02 ③ 한국공인중개사협회는 실무교육, 직무교육, 연수교육에 관한 업무와 공인중개사 시험의 시행에 관한 업무를 위탁받아 업무를 수행할 수 있다.

03 ④ 다음의 경우에는 지방자치단체 조례로 정하는 바에 따라 수수료를 납부해야 한다.

> 1. 공인중개사자격시험에 응시하는 자
> 2. 공인중개사자격증의 재교부를 신청하는 자
> 3. 중개사무소의 개설등록을 신청하는 자
> 4. 중개사무소등록증의 재교부를 신청하는 자
> 5. 분사무소 설치신고를 하는 자
> 6. 분사무소설치신고확인서의 재교부를 신청하는 자

ⓒ 국토교통부장관이 시행하는 자격시험에 응시하는 자는 국토교통부장관이 결정·공고하는 수수료를 납부해야 하며, 시·도지사가 시행하는 자격시험에 응시하는 자는 지방자치단체 조례로 정하는 바에 따라 수수료를 납부해야 한다.

04 ② ㉠과 ㉢은 개업공인중개사 등의 금지행위에 해당하지만 포상금 지급받을 수 있는 신고 또는 고발 대상에 해당하지 않는다.

05 ② 포상금 지급대상은 ㉠㉣이다.

06 ① 개업공인중개사가 아닌 자로서 중개대상물에 대한 표시·광고를 한 자를 신고 또는 고발한 경우에 포상금을 지급한다.
② 포상금은 등록관청이 지급한다.
③ 포상금지급신청서는 등록관청에 제출해야 한다.
⑤ 1개월 이내

07 ① 공소제기 또는 기소유예의 결정을 한 경우에 한하여 지급한다.
② 하나의 사건에 대하여 2인 이상이 공동으로 신고 또는 고발한 경우에는 포상금을 균등하게 배분하여 지급하는 것이 원칙이다. 다만, 포상금을 지급받을 자가 배분방법에 관하여 미리 합의하여 포상금의 지급을 신청한 경우에는 그 합의된 방법에 따라 지급한다. 따라서 수령할 자가 합의한 경우 합의한 배분방법이 우선하여 적용된다.

④ 일부를 국고에서 보조할 수 있고, 보조비율은 1건당 100분의 50 이내로 한다.

⑤ 최초로 신고 또는 고발한 자에게만 지급한다.

08 ② 검사가 공소제기 또는 기소유예의 결정을 하면 지급한다. 재판결과는 무관하다.

④⑤ 별지 제28호 서식인 포상금지급신청서의 내용이다.

09 ㉠ A는 무등록중개업자이며 기소유예 처분을 받았으므로, 甲은 50만원의 포상금을 받는다.

㉡ 거짓 부정 등록을 한 B는 공소제기 처분을 받았으므로 甲은 50만원의 포상금을 받는다.

㉢ 공인중개사자격증을 다른 사람에게 대여한 C는 무죄판결을 받았더라도 공소제기가 되었기 때문에 포상금을 지급한다. 甲과 乙은 각각 25만원의 포상금을 받는다.

㉣ 공소제기 처분을 받은 E를 신고한 것에 대해서만 乙은 50만원의 포상금을 받는다.

그러므로 甲 : 125만원, 乙 : 75만원

10 ㉠ 부당한 이익을 얻거나 제3자에게 부당한 이익을 얻게 할 목적으로 거짓으로 거래가 완료된 것처럼 꾸미는 등 중개대상물의 시세에 부당한 영향을 주거나 줄 우려가 있는 행위를 한 자를 신고 또는 고발한 경우에도 포상금을 지급받을 수 있으며 A는 공소제기 되었으므로, 甲은 50만원의 포상금을 받는다.

㉡ 거짓 부정한 방법으로 중개사무소 개설등록을 한 B는 무죄판결을 받았더라도 이미 공소제기가 된 경우이므로 乙은 50만원의 포상금을 받는다.

㉢ 공인중개사자격증을 다른 사람에게 대여한 C는 기소유예 처분을 받았으므로 甲과 乙은 각각 25만원의 포상금을 받는다.

㉣ 공소제기된 후 유죄판결을 받은 E를 신고한 것에 대해서만 乙은 50만원의 포상금을 받는다.

그러므로 甲 : 75만원, 乙 : 125만원

제9장 감독상 명령, 행정처분 및 벌칙

Answer

01 ①	02 ⑤	03 ③	04 ④	05 ④	06 ③	07 ③	08 ③	09 ②	10 ③
11 ①	12 ②	13 ③	14 ③	15 ②	16 ④	17 ③	18 ①	19 ④	20 ④
21 ⑤	22 ②	23 ①	24 ③	25 ⑤	26 ④	27 ①	28 ②	29 ④	30 ①
31 ④	32 ④	33 ②	34 ①	35 ④					

01 ① 개업공인중개사에 대한 감독상 명령은 국토교통부장관, 시 · 도지사 및 등록관청이 모두 할 수 있다.

02 ⑤ 형벌을 받아 자격취소가 되는 경우 : 「공인중개사법」을 위반하여 징역형을 선고(집행유예 포함)
받은 경우 및 공인중개사의 직무와 관련하여 「형법」을 위반(범죄단체 조직 등)하여 금고 또는 징역
형을 선고(집행유예 포함)받은 경우

03 ③ ㉠㉢㉤이 옳고 나머지는 틀리다. ㉡ 3개월, ㉣ 6개월

04 ② 표준서식인 전속중개계약서를 사용하지 않거나 보존하지 않은 경우
⇨ 개업공인중개사의 업무정지(○), 소속공인중개사의 자격정지(×)

05 ④ 최근 1년 이내에 「공인중개사법」에 의하여 2회 이상 과태료 처분을 받고 다시 과태료 처분에
해당하는 행위를 한 경우가 업무정지처분 사유이다. 최근 1년 이내에 1회의 과태료 처분을 받고 다
시 과태료 처분에 해당하는 행위를 한 경우는 과태료 처분을 하게 된다.
② 법인인 개업공인중개사가 겸업금지 규정을 위반한 경우는 임의적 등록취소 사유이므로 업무정
지사유에도 포함된다.

06 🏠 **국토교통부령 [별표 2]의 업무정지의 기준**

> 1. 임의적 등록취소사유에 해당하는 경우 − 6개월
> 2. 최근 1년 이내 2회 업무정지 또는 과태료 처분을 받고 다시 과태료 사유를 위반한 경우 − 6개월
> 3. 결격사유에 해당하는 자를 소속공인중개사 또는 중개보조원으로 둔 경우 − 6개월
> 4. 중개대상물에 관한 정보를 거짓으로 공개한 경우 − 6개월
>   정보망에 공개한 물건의 거래가 완성된 사실을 거래정보사업자에게 통보하지 않은 경우 − 3개월
> 5. 전속중개계약서를 사용×, 보존× − 3개월
> 6. 확인·설명서를 교부·보존×, 서명 및 날인× − 3개월
> 7. 거래계약서를 작성·교부·보존×, 서명 및 날인× − 3개월
> 8. 조사 또는 검사를 거부·방해 또는 기피하거나 그 밖의 명령을 이행하지 않은 경우 − 3개월
> 9. 인장등록×, 등록하지 아니한 인장을 사용한 경우 − 3개월

- 중개대상물의 거래가 완성된 사실을 거래정보사업자에게 통보하지 아니한 경우 − 3개월
- 최근 1년 이내에 이 법에 의하여 2회의 과태료 처분을 받고 다시 과태료 처분사유에 해당하는 위
  반행위를 한 경우 − 6개월

07 ③ 자격취소사유는 ㉡㉢㉤이다.
㉠㉣ 자격정지사유

08 ③ 자격정지 사유는 ㉠㉢㉣이다.
㉡ 자격취소사유이다.
㉤ 개업공인중개사의 업무정지처분사유이다.

🏠 **자격정지 사유**

> 1. 법 제33조 제1항 금지행위를 한 경우
> 2. 둘 이상의 중개사무소에 소속된 경우
> 3. 거래계약서에 거래금액 등 거래내용을 거짓으로 기재하거나 서로 다른 둘 이상의 거래계약서를 작성한 경우
> 4. 확인·설명서 서명 및 날인 ×
> 5. 거래계약서 서명 및 날인 ×
> 6. 성실·정확하게 확인·설명 ×, 근거자료 제시 ×
> 7. 인장등록을 하지 않거나, 등록하지 않은 인장을 사용한 경우

09 ② 절대적 등록취소 사유는 ㉠㉡이다.

ⓒ 임의적 등록취소 사유

㉣ 최근 1년 이내에 업무정지처분을 2회 이상 받고 다시 업무정지 사유를 위반한 경우가 절대적 등록취소 사유이며, 최근 1년 이내에 1회의 과태료처분과 2회의 업무정지처분을 받고 다시 과태료처분 사유에 해당하는 행위를 한 경우는 임의적 등록취소사유이다.

㉤ 임의적 등록취소 사유

🏠 **절대적 등록취소 사유**

> 1. 개인인 개업공인중개사 사망, 법인의 해산
> 2. 결격사유가 된 경우
> 3. 거짓, 그 밖의 부정한 방법으로 등록을 한 경우
> 4. 타인에게 자기의 성명·상호·등록증을 양도 또는 대여한 경우
> 5. 이중등록·이중소속을 한 경우
> 6. 업무정지기간 중에 중개업무를 하거나 자격정지처분을 받은 소속공인중개사로 하여금 자격정지기간 중에 중개업무를 하게 한 경우
> 7. 최근 1년 이내 2회 이상 업무정지 ㅣ 업무정지처분에 해당한 경우
> 8. 개공과 소공을 합한 수의 5배를 초과하여 중개보조원을 고용한 경우

10 ③ 임의적 등록취소 사유는 ㉡㉣㉤이다.

㉠ⓒ 절대적 등록취소 사유이다.

🏠 **임의적 등록취소 사유**

> 1. 등록기준에 미달한 경우
> 2. 거래계약서에 거래금액 등 거래내용을 거짓으로 기재하거나 서로 다른 둘 이상의 거래계약서를 작성한 경우
> 3. 법 제33조 제1항 금지행위를 한 경우
> 4. 전속중개계약 체결 후 정보 미공개 또는 비공개 요청에도 불구하고 정보를 공개한 경우
> 5. 손해배상책임을 보장하기 위한 조치를 이행하지 아니하고 업무를 개시한 경우
> 6. 부득이한 사유 없이 계속하여 6개월을 초과하여 휴업한 경우
> 7. 둘 이상의 중개사무소를 두거나 임시 중개시설물을 설치한 경우
> 8. 법인인 개업공인중개사가 규정된 업무 이외의 겸업을 한 경우
> 9. 최근 1년 이내에 이 법에 의하여 3회 이상 업무정지 또는 과태료의 처분을 받고 다시 업무정지 또는 과태료의 처분에 해당하는 행위를 한 경우(절대적 등록취소의 경우 제외)
> 10. 개업공인중개사가 조직한 사업자단체 또는 그 구성원인 개업공인중개사가 「독점규제 및 공정거래에 관한 법률」을 위반하여 시정조치 또는 과징금을 최근 2년 이내에 2회 이상 받은 경우

11 ① 절대적 등록취소 사유, ③④ 임의적 등록취소 사유이면서 업무정지 사유이다.

12 ② 업무정지와 자격정지에 공통으로 속하는 사유는 ⓛⓒ이다.
ㄱ 표준서식인 전속중개계약서에 의하지 아니하고 전속중개계약을 체결한 경우
⇨ 개업공인중개사의 업무정지(○), 소속공인중개사의 자격정지(×)
ㄹ 중개대상물 확인·설명서 및 거래계약서를 교부하지 않거나 보존하지 않은 경우
⇨ 개업공인중개사의 업무정지(○), 소속공인중개사의 자격정지(×)

13 ① 개업공인중개사에 대하여는 업무정지처분을 할 수 있고, 자격정지는 소속공인중개사에 대한 행정처분이다.
② 공인중개사의 자격취소처분 및 자격정지처분은 그 자격증을 교부한 시·도지사가 행한다.
④ 자격취소처분을 하는 경우 사전에 청문을 실시해야 한다.
⑤ 자격취소 사유에 해당한다.

14 ③ 자격증을 교부한 시·도지사와 공인중개사 사무소의 소재지를 관할하는 시·도지사가 서로 다른 경우에는 공인중개사 사무소의 소재지를 관할하는 시·도지사가 자격취소처분에 필요한 절차를 모두 이행한 후 자격증을 교부한 시·도지사에게 통보해야 한다.

15 ② 등록관청은 공인중개사가 자격정지처분 사유에 해당하는 사실을 알게 된 때에는 지체 없이 그 사실을 시·도지사에게 통보해야 한다. 등록관청이 자격정지처분을 할 수 없다.
③ 시·도지사가 자격취소처분을 한 때에는 5일 이내에 국토교통부장관과 다른 시·도지사에게 통보해야 하는 규정이 있으나, 자격정지에는 이러한 규정이 없다.
⑤ 자격이 취소된 경우 자격증을 반납해야 하며, 자격정지처분을 받은 경우에는 반납할 의무가 없다.

16 ① 결격사유에 해당하는 자를 소속공인중개사 또는 중개보조원으로 둔 경우 업무정지처분사유에 해당한다. 다만, 2개월 이내에 그 사유를 해소한 경우에는 그러하지 아니하다.
② 등록관청은 다음의 어느 하나에 해당하는 경우에는 업무정지기간의 2분의 1 범위에서 그 기간을 늘릴 수 있다. 다만, 6개월을 넘을 수 없다. ㄱ 위반행위의 내용·정도가 중대하여 소비자 등에게 미치는 피해가 크다고 인정되는 경우 ㄴ 그 밖에 위반행위의 동기와 결과, 위반정도 등을 고려하여 업무정지기간을 늘릴 필요가 있다고 인정되는 경우
③ 업무정지사유가 발생하고 3년이 경과하면 등록관청은 업무정지처분을 할 수 없다.
⑤ 법인인 개업공인중개사의 해산을 이유로 등록취소를 하는 경우 청문을 실시하지 않는다.

17 ③ 자격정지는 최대 6개월까지이므로 옳은 지문이다.
① 자격정지에는 없는 규정이다. 시·도지사는 자격취소처분을 한 때에는 5일 이내에 이를 국토교통부장관에게 통보해야 한다.
② 업무정지 및 자격정지에 관한 기준은 국토교통부령으로 정하고, 과태료의 부과기준은 대통령령으로 정한다.

④ 자격정지처분은 시효제도가 없으며 업무정지처분에만 있다.
⑤ 중개사무소등록증을 대여한 경우는 개업공인중개사의 절대적 등록취소 사유이며, 폐업기간이 3년 이내인 경우 등록관청은 폐업 전의 위반사유로 등록취소처분을 할 수 있다.

18 ① 업무정지처분의 기준기간이 3개월이다.
②③⑤ 업무정지처분의 기준기간이 6개월이다.
④ 임의적 등록취소사유를 위반한 경우는 업무정지처분의 기준기간이 6개월이다.

19 ㉢ 거래계약서에 거래금액 등 거래내용을 거짓으로 기재한 경우 − 6개월

20 ④ 표준서식인 전속중개계약서에 의하지 아니하고 전속중개계약을 체결한 경우는 업무정지처분만 할 수 있는 사유이다.
①② 법 제33조 제1항의 금지행위로서 임의적 등록취소 사유이다.

21 ⑤ 최근 1년 이내에 「공인중개사법」에 의하여 2회 업무정지처분을 받고 다시 과태료처분에 해당하는 행위를 한 경우는 업무정지처분만 할 수 있는 사유이다. 나머지는 모두 등록을 취소할 수 있는 임의적 등록취소 사유이다.

22 ② 성실·정확하게 확인·설명을 하지 않거나, 설명의 근거자료를 제시하지 않은 사유는 500만원 이하의 과태료 사유이다.
④ 임의적 등록취소사유를 최근 1년 이내에 1회 위반한 경우 업무정지처분 사유에 해당한다.

23 ㉠ 폐업신고 전의 개업공인중개사에 대하여 행한 과태료처분의 효과는 그 처분일부터 1년간 다시 중개사무소의 개설등록을 한 자에게 승계된다. 과태료처분을 받은 날부터 1년 이내에 재등록하였으니 폐업 전에 받은 과태료처분의 효과는 승계된다.
㉡ 1년을 초과하여 폐업한 후 재등록한 개업공인중개사에 대하여는 폐업 전의 사유로 업무정지처분을 할 수 없다.
㉢ 3년을 초과하여 폐업한 후 재등록한 개업공인중개사에 대하여는 폐업 전의 사유로 중개사무소 개설등록취소처분을 할 수 없다.

24 ③ 등록관청은 3년을 초과하여 재등록한 개업공인중개사에게 폐업신고 전의 위반사유로 등록취소처분을 할 수 없다. 폐업기간이 2년 6개월이므로 폐업 전의 위반사유로 등록취소처분을 할 수 있다.
② 처분일부터 1년간 재등록한 개업공인중개사에게 승계되므로 옳은 지문이다.
④ 개업공인중개사가 폐업신고 후 다시 중개사무소의 개설등록을 한 때에는 폐업신고 전의 개업공인중개사의 지위를 승계한다. 개업공인중개사인 법인의 대표자에 관하여 이 내용을 준용하며, 이 경우 "개업공인중개사"는 "법인의 대표자"로 본다.

25 ⑤ 폐업기간이 1년을 초과한 경우 폐업 전의 사유로 업무정지처분을 할 수 없다.
① 폐업신고일 ⇨ 처분일
② 업무정지처분 사유가 발생하고 3년이 경과하면 업무정지처분을 하지 않는다.
③ 등록취소 + 3년에서 폐업기간을 공제하므로 2년 이내에 개업공인중개사가 될 수 없다.
④ 처분일로부터 1년간 재등록한 개공에게 승계된다.

26 ④ 관계 법령에서 양도·알선 등이 금지된 부동산의 분양·임대 등과 관련 있는 증서 등의 매매·
교환 등을 중개한 개업공인중개사 : 3년 이하의 징역 또는 3천만원 이하의 벌금 사유이다.

27 ㉠㉡ 1년 이하의 징역 또는 1천만원 이하의 벌금
㉢㉣ 3년 이하의 징역 또는 3천만원 이하의 벌금

28 ① 100만원 이하의 과태료
③ 1년 이하의 징역 또는 1천만원 이하의 벌금
④ 1년 이하의 징역 또는 1천만원 이하의 벌금
⑤ 3년 이하의 징역 또는 3천만원 이하의 벌금

29 ① 중개대상물이 존재하지 않아서 실제로 거래할 수 없는 중개대상물에 대한 표시·광고를 한 개업
공인중개사에 대하여는 등록관청이 500만원 이하의 과태료를 부과한다.
② 중개대상물에 대한 표시·광고에 중개보조원을 명시한 개업공인중개사에 대하여는 등록관청이
100만원 이하의 과태료를 부과한다.
③ 자격정지 및 업무정지에 대한 처분기준은 국토교통부령으로 정하며, 과태료의 부과기준은 대통
령령으로 정한다.
⑤ 개업공인중개사가 고용인의 위반행위를 방지하기 위하여 해당 업무에 관하여 상당한 주의와 감
독을 게을리하지 아니한 경우에는 양벌규정으로 벌금형을 받지 않는다.

30 ① 1년 이하의 징역 또는 1천만원 이하의 벌금
② 100만원 이하의 과태료
③ 500만원 이하의 과태료
④ 100만원 이하의 과태료
⑤ 500만원 이하의 과태료

31 ④ 성실·정확하게 확인·설명을 하지 아니하거나 설명의 근거자료를 제시하지 아니한 경우 개업
공인중개사는 500만원 이하의 과태료, 소속공인중개사는 자격정지 사유에 해당한다.

32 ④ 개업공인중개사가 아닌 자이므로 1년 이하의 징역 또는 1천만원 이하의 벌금 사유이다.

33 ② 연수교육은 시·도지사가 실시하므로 시·도지사가 과태료처분을 한다.

34 ① 정당한 사유 없이 표시·광고 모니터링의 관련 자료 제출요구에 따르지 아니하여 관련 자료를 제출하지 아니한 자에 대하여는 국토교통부장관이 500만원 이하의 과태료를 부과한다.

35 ㉠ 3년 이하의 징역 또는 3천만원 이하의 벌금
　㉡ 3년 이하의 징역 또는 3천만원 이하의 벌금
　㉢ 1년 이하의 징역 또는 1천만원 이하의 벌금
　㉣ 500만원 이하의 과태료
　㉤ 500만원 이하의 과태료

제**1**장 **부동산 거래신고**

Answer

01 ⑤	02 ④	03 ④	04 ③	05 ③	06 ②	07 ④	08 ③	09 ②	10 ①
11 ①	12 ④	13 ②	14 ③	15 ②	16 ④	17 ②	18 ④	19 ③	20 ④
21 ③	22 ④	23 ⑤	24 ④	25 ③	26 ④				

01 ① 부동산 거래신고는 <u>부동산 또는 부동산을 취득할 수 있는 권리에 대한 매매계약</u>을 체결한 경우로 한정된다. 교환 또는 증여계약은 「부동산등기 특별조치법」에 따른 검인신청대상이다. 다만 <u>외국인 등은 부동산 등의 교환계약이나 증여계약을 체결한 경우</u> 부동산 거래신고 등에 관한 법령에 따라 계약체결일부터 60일 이내에 신고관청에 신고해야 한다(제2장 외국인 등의 부동산 등 취득에 관한 특례).

② 중개거래인 경우 개업공인중개사가 신고해야 하며, 거래당사자는 신고의무가 없다.

③ 토지거래허가를 받거나 농지취득자격증명을 받은 경우라도 부동산 거래신고를 해야 한다.

④ <u>국토교통부장관</u>은 부동산거래가격 <u>검증체계를 구축·운영</u>해야 하며, 부동산 거래신고를 받은 신고관청(시장·군수 또는 구청장)은 부동산거래가격 검증체계를 통해 신고내용의 적정성을 검증해야 한다.

02 ④ 부동산 소재지 관할 신고관청에 거래신고를 해야 한다.

① 「주택법」, 「도시 및 주거환경정비법」, 「건축물의 분양에 관한 법률」, 「택지개발촉진법」, 「도시개발법」, 「공공주택 특별법」, 「산업입지 및 개발에 관한 법률」, 「빈집 및 소규모주택 정비에 관한 특례법」에 따른 부동산의 공급계약은 모두 신고대상이다.

② 토지의 임대차 계약은 부동산 거래신고 대상이 아니며 매매계약의 경우에만 부동산 거래신고 대상이다.

③ 개업공인중개사가 신고를 하는 경우 신고서에 개업공인중개사만 서명 또는 날인을 하면 된다.

⑤ 외국인도 부동산 등의 매매계약을 한 경우에는 부동산 거래신고(법 제3조)를 해야 한다.

03 ④ ㉠㉣㉤이 옳다.

㉡ 개업공인중개사가 신고해야 하고, 거래당사자는 신고의무가 없다.

㉢ 계약체결일부터 30일 이내에 해야 한다.

04 ① 공동신고의 경우 부동산거래계약 신고서만 제출하면 된다.

② 국가 등이 부동산 거래신고를 해야 한다.

④ 매수인이 단독으로 서명 또는 날인한 자금조달·입주계획서를 신고서와 함께 제출해야 한다.

⑤ 500만원 이하의 과태료를 부과한다.

05 ① 교환계약의 경우 부동산 거래신고 의무가 없다.

② 개업공인중개사가 부동산 거래신고를 해야 한다.

④⑤ 소속공인중개사는 신고서에 서명 또는 날인을 하지 않으며 소속공인중개사가 신고서의 제출을 대행하는 경우 자신의 신분증명서를 신고관청에 보여줘야 한다.

06 ① 부동산 등 소재지 관할 신고관청에 제출해야 한다.

③ 중개대상물 중 입목, 광업재단 및 공장재단은 신고대상이 아니다.

④ 개업공인중개사가 신고하는 건에 대해서는 소속공인중개사가 신고서의 제출을 대행할 수 있다.

⑤ 부동산 거래신고를 한 경우에는 외국인 등 부동산 취득신고를 할 의무가 없다.

07 ④ 실제 거래가격이 다음의 금액 이상인 토지를 매수하는 경우 신고할 사항

> − 수도권 등(수도권, 광역시, 세종특별자치시)에 소재하는 토지의 경우 : 1억원, 단 지분으로 매수하는 경우에는 모든 가격의 토지
> − 수도권 등 외의 지역에 소재하는 토지의 경우 : 6억원, 지분으로 매수하는 경우에도 6억원
> 1. 거래대상 토지의 취득에 필요한 자금의 조달계획
> 2. 거래대상 토지의 이용계획

08 ① 당사자 중 일방이 신고를 거부하여 상대방이 단독으로 신고하는 경우에도 대리인이 신고서 제출을 대행할 수 있다.

② 「주택법」, 「도시 및 주거환경정비법」, 「건축물의 분양에 관한 법률」, 「택지개발촉진법」, 「도시개발법」, 「공공주택 특별법」, 「산업입지 및 개발에 관한 법률」, 「빈집 및 소규모주택 정비에 관한 특례법」에 따른 부동산의 공급계약 및 부동산을 공급받는 자로 선정된 지위의 매매계약은 모두 신고대상이다.

④ 신고관청은 조사 결과를 특별시장, 광역시장, 도지사, 특별자치도지사(시·도지사)에게 보고하여야 하며, 시·도지사는 이를 국토교통부령으로 정하는 바에 따라(매월 1회) 국토교통부장관에게 보고하여야 한다.

⑤ 해제등신고의 의무자는 거래당사자이며 개업공인중개사는 의무가 없다. 거래당사자가 해제 등이 확정된 날부터 30일 이내에 신고관청에 공동으로 해제등신고를 해야 한다.

09 ① 중개대상물 가운데 입목·광업재단·공장재단에 대하여는 부동산 거래신고를 하지 않는다.

③④ 부동산 거래신고를 해야 한다.

⑤ 외국인이 매매로 부동산 등을 취득하는 경우에는 부동산 거래신고(법 제3조)를 해야 하고 외국인 등의 부동산취득신고(법 제8조)는 하지 않아도 된다.

10 ② 집합건축물은 '전용면적', 그 밖의 건축물은 '연면적'을 적는다.

③ 공급계약은 시행사 또는 건축주 등이 최초로 부동산을 공급(분양)하는 계약을 말하며, 준공 전과 준공 후 계약 여부에 따라 ✓표시하고, 전매는 부동산을 취득할 수 있는 권리의 매매로서, "분양권" 또는 "입주권"에 ✓표시를 합니다.

④ 공급계약 또는 전매의 경우에는 분양가격과 발코니 확장 등 선택비용 및 추가지급액을 각각 적는다.

⑤ 종전 부동산란은 입주권 매매의 경우에만 작성한다.

11 ① 신고대상은 ㉠㉣이다.

㉣ 주택의 매매계약이므로 신고대상이다.

㉡ 「건축법」에 따른 부동산의 공급계약은 신고대상이 아니다.

㉢ 토지의 임대차 계약은 부동산 거래신고 대상이 아니다.

㉤ 입목은 신고대상이 아니다.

12 ④ 법인 외의 자가 비규제지역에서 실제 거래가격이 6억원 이상인 주택을 매수하거나 투기과열지구 또는 조정대상지역에 소재하는 주택을 매수하는 경우 및 토지거래허가구역에 소재하는 주택에 대하여 토지거래계약의 허가를 받아 취득하는 경우에는 아래의 내용을 추가로 신고해야 한다.

> 1. 거래대상 주택의 취득에 필요한 자금의 조달계획 및 지급방식. 이 경우 투기과열지구에 소재하는 주택의 거래계약을 체결한 경우 매수자는 자금의 조달계획을 증명하는 서류로서 국토교통부령으로 정하는 서류를 첨부해야 한다.
> 2. 거래대상 주택에 매수자 본인이 입주할지 여부, 입주 예정 시기 등 거래대상 주택의 이용계획

㉠ 투기과열지구에 소재하는 주택의 경우 가격에 관계없이 거래대상 주택에 매수자 본인이 입주할지 여부를 신고해야 한다.

㉢ 매수인이 토지거래허가구역에 소재하는 주택에 대하여 토지거래계약의 허가를 받아 취득하는 경우 거래대상 주택에 매수자 본인이 입주할지 여부는 신고사항에 포함된다.

㉡ 비규제지역에서 6억원 미만인 주택을 취득하는 경우 거래대상 주택에 매수자 본인이 입주할지 여부는 신고사항에 포함되지 않는다.

13 ㉠ 乙 법인의 등기 현황 및 ㉣ 甲과 乙의 임원 간 같은 사람이 있는지 여부는 거래당사자 중 일방이 국가 등인 경우에는 신고하지 않아도 된다.

㉤ 자금의 조달계획을 증명하는 서류는 투기과열지구에 소재하는 주택을 취득하는 경우에만 첨부할 서류이다.

🏠 **법인의 주택거래계약 체결 시 신고사항**

> 1. 법인의 현황에 관한 다음의 사항 － 매도법인, 매수법인 모두 신고해야 할 사항, 단 일방이 국가 등인 경우는 제외한다.
>   ① 법인의 등기 현황
>   ② 법인과 거래상대방 간의 관계가 다음의 어느 하나에 해당하는지 여부
>   • 거래상대방이 개인인 경우: 그 개인이 해당 법인의 임원이거나 법인의 임원과 친족관계가 있는 경우
>   • 거래상대방이 법인인 경우: 매도법인과 매수법인의 임원 중 같은 사람이 있거나 매도법인과 매수법인의 임원 간 친족관계가 있는 경우

> 2. 법인이 주택의 매수자인 경우 신고해야 할 사항
>   ① 거래대상인 주택의 취득목적
>   ② 임대 등 거래대상 주택의 이용계획
>   ③ 거래대상 주택의 취득에 필요한 자금의 조달계획 및 지급방식. 이 경우 투기과열지구에 소재하는 주택의 거래계약을 체결한 경우에는 자금의 조달계획을 증명하는 서류로서 국토교통부령으로 정하는 서류를 첨부해야 한다.

14 ③ 별지 제1호 서식인 부동산거래계약 신고서의 내용을 묻는 문제이다. 옳은 것은 ㉠㉡㉣이다.
㉢ 건축물 면적은 집합건축물의 경우 전용면적을 적고, 그 밖의 건축물의 경우 연면적을 적는다.
㉤ 거래대상의 종류가 공급계약(분양) 또는 전매계약(분양권, 입주권)인 경우 물건별 거래가격 및 총 실제거래가격에 부가가치세를 포함한 금액을 적고, 그 외의 거래대상의 경우 부가가치세를 제외한 금액을 적는다.

15 ㉠ 광역시에서 1억원 이상인 토지를 취득하는 경우는 신고대상이다.
㉡ 서울특별시에서 모든 가격의 토지 지분을 취득하는 경우는 신고대상이다.
㉢ 수도권 등 외의 지역에서 6억원 이상의 토지를 취득하는 경우가 신고대상이다.

16 ④ 부동산 거래신고에 대한 변경신고가 가능한 것은 다음과 같다.

> 1. 거래 지분 비율
> 2. 거래 지분
> 3. 거래대상 부동산 등의 면적
> 4. 계약의 조건 또는 기한
> 5. 거래가격
> 6. 중도금·잔금 및 지급일
> 7. 공동매수의 경우 일부 매수인의 변경(매수인 중 일부가 제외되는 경우만 해당한다)
> 8. 거래대상 부동산 등이 다수인 경우 일부 부동산 등의 변경(거래대상 부동산 등 중 일부가 제외되는 경우만 해당한다)

㉡ 부동산 등의 면적 변경이 없는 상태에서 거래가격이 변경된 경우에는 변경 신고서에 거래계약서 사본 등 그 사실을 증명할 수 있는 서류를 첨부해야 하므로 이 경우도 변경신고가 가능하다.
㉤ 공동매수의 경우에서 매수인이 추가된 경우는 변경신고대상이 아니다. 일부가 제외되는 경우만 가능하다.
따라서 변경신고가 가능한 것은 ㉠㉡㉢㉣이다.

17 ② 부동산 거래신고에 대한 정정신청이 가능한 것은 다음과 같다.

> 1. 거래당사자의 주소·전화번호 또는 휴대전화번호
> 2. 개업공인중개사의 전화번호·상호 또는 사무소 소재지
> 3. 거래 지분 비율, 부동산 등의 대지권비율
> 4. 거래대상 건축물의 종류
> 5. 거래대상 부동산 등의 지목, 면적, 거래 지분

㉠ 매수인의 성명 및 주민등록번호, ㉢ 부동산 등의 소재지·지번은 정정신청이 되지 않는다.
㉡ 잔금 지급일이 변경된 경우는 변경신고대상이며 정정신청 대상이 아니다.
따라서 부동산 거래신고에 대하여 정정신청 대상이 될 수 있는 것은 ㉣이다.

18 ③ ㉠ 거래 지분 비율, ㉤ 거래 지분 및 ㉣ 거래대상 부동산 등의 면적은 정정신청 및 변경신고 대상에 모두 포함된다.
㉡ 정정신청 ㉢ 변경신고

19 ③ 부동산 거래신고를 거짓으로 하도록 조장하거나 방조한 자는 500만원 이하의 과태료를 부과한다.

20 ④ 부동산 거래신고 후 해당 계약이 해제 등이 되지 아니하였음에도 불구하고 거짓으로 해제 등의 신고를 한 자는 3,000만원 이하의 과태료를 부과한다.

21 ③ 거래당사자는 부동산 거래신고를 한 후 해당 거래계약이 해제, 무효 또는 취소된 경우 해제 등이 확정된 날부터 30일 이내에 해당 신고관청에 공동으로 신고하여야 한다.

22 ④ 신고관청의 <u>조사가 시작되기 전</u>에 자진 신고한 경우는 과태료를 면제하며, <u>조사가 시작된 후</u> 자진 신고한 경우는 과태료의 100분의 50 감경받을 수 있다.

23 ⑤ 소속공인중개사가 신고서 제출을 대행하는 경우 자신의 신분증을 내보이면 된다.
① 중개거래이므로 거래당사자는 신고의무가 없고, 개업공인중개사가 신고해야 한다.
② 개업공인중개사가 중개하여 제출하는 부동산거래계약 신고서에는 거래계약서 사본 및 영수증·통장 사본 등 계약금의 지급을 확인할 수 있는 서류를 첨부해야 한다.
③ 중개거래인 경우 부동산거래계약 신고서에는 개업공인중개사가 서명 또는 날인을 하여 제출해야 한다. 소속공인중개사가 신고서 제출을 대행하는 경우 소속공인중개사는 신고서에 서명 또는 날인을 하지 않는다.
④ 해제등신고의 의무자는 거래당사자이며 개업공인중개사는 해제등신고를 할 수 있다.

24 ㉠ <u>임대차계약당사자는</u> 주택 임대차 계약을 신고한 후 해당 임대차 계약의 보증금, 차임 등 임대차 가격이 변경되거나 임대차 계약이 해제된 때에는 변경 또는 해제가 확정된 날부터 30일 이내에 해당 <u>신고관청에 공동으로 신고하여야 한다</u>.

25 ③ 일방이 국가 등인 경우에는 국가 등이 주택 임대차 계약 신고, 변경신고 및 해제신고를 해야 할 의무가 있다.

26 ④ 임대차 계약당사자는 주택 임대차 계약을 신고한 후 해당 임대차 계약의 보증금, 차임 등 임대차 가격이 변경되거나 임대차 계약이 해제된 때에는 변경 또는 해제가 확정된 날부터 30일 이내에 해당 신고관청에 공동으로 신고하여야 한다.

제2장 외국인 등의 부동산 등 취득에 관한 특례

01 ⓛ 외국인 등이 대한민국 안의 부동산에 대한 매매 계약을 체결하였을 때에는 계약체결일부터 30일 이내에 신고관청에 부동산 거래신고를 하여야 한다.
ⓒ 외국인이 상속으로 대한민국 안의 부동산을 취득한 때에는 부동산을 취득한 날부터 6개월 이내에 신고관청에 신고하여야 한다.
ⓔ 「수도법」에 따른 상수원보호구역에 있는 토지는 허가대상이 아니다.

02 ⑤ 교환이나 증여계약으로 인한 부동산 등의 취득신고를 하지 아니한 경우는 300만원 이하의 과태료를 부과한다.

03 ① 외국인 등이 대한민국 내의 부동산 등의 소유권(계약, 계약 외, 계속 보유)을 취득하는 경우에 적용되므로 저당권을 취득하는 경우에는 신고의무가 없다.
③ 외국인 등에 포함된다.
④ 계약(교환, 증여)으로 대한민국 내의 부동산 등을 취득하는 경우 계약체결일부터 60일 이내에 신고해야 한다.
⑤ 경매로 취득한 경우는 취득한 날부터 6개월 이내에 신고해야 한다.

04 ④ 외국인도 상속·경매·공매·확정판결·환매권행사 등 계약 외의 원인으로 토지를 취득한 경우 토지를 취득한 날부터 6개월 이내에 신고해야 하며, 신고하지 않거나 거짓으로 신고한 경우 100만원 이하 과태료를 부과한다.

05 ③ 「문화유산의 보존 및 활용에 관한 법률」에 따른 지정문화유산 보호구역의 토지취득에 대한 허가 신청을 받은 신고관청은 허가신청을 받은 날로부터 15일 이내에 허가 또는 불허가처분을 해야 한다.

06 ④ 상속, 경매, 확정판결, 「공익사업을 위한 토지 등의 취득 및 보상에 관한 법률」 및 그 밖의 법률에 따른 환매권의 행사, 법인의 합병, 건축물의 신축·증축·개축·재축 등 외국인 등이 계약 외의 원인으로 대한민국 안의 부동산 등을 취득한 때에는 부동산 등을 취득한 날부터 6개월 이내에 신고관청에 신고해야 한다.

07 ④ 상속, 경매, 확정판결, 「공익사업을 위한 토지 등의 취득 및 보상에 관한 법률」 및 그 밖의 법률에 따른 환매권의 행사, 법인의 합병, 건축물의 신축·증축·개축·재축 등 외국인 등이 계약 외의 원인으로 대한민국 안의 부동산 등을 취득한 때에는 부동산 등을 취득한 날부터 6개월 이내에 신고관청에 신고해야 한다.

08 ㉠ 신고관청은 허가신청서를 받은 날부터 다음의 구분에 따른 기간 안에 허가 또는 불허가 처분을 해야 한다. 다만, 군사시설 보호구역 내의 토지에 대하여 부득이한 사유로 해당 기간 안에 허가 또는 불허가 처분을 할 수 없는 경우에는 30일의 범위에서 그 기간을 연장할 수 있으며, 기간을 연장하는 경우에는 연장 사유와 처리예정일을 지체 없이 신청인에게 알려야 한다.

> 1. 군사시설 보호구역: 30일
> 2. 「문화유산의 보존 및 활용에 관한 법률」에 따른 지정문화유산과 이를 위한 보호물 또는 보호구역, 「자연유산의 보존 및 활용에 관한 법률」따라 지정된 천연기념물 등과 이를 위한 보호물 또는 보호구역, 「자연환경보전법」에 따른 생태·경관보전지역, 「야생생물 보호 및 관리에 관한 법률」에 따른 야생생물 특별보호구역: 15일

㉣ 외국인이 확정판결로 대한민국 안의 부동산을 취득한 때에는 취득한 날부터 6개월 이내에 신고관청에 신고해야 한다.

제3장 토지거래허가구역

Answer

01 ④	02 ②	03 ①	04 ②	05 ②	06 ①	07 ⑤	08 ④	09 ④	10 ②
11 ③	12 ③	13 ④	14 ③	15 ③	16 ⑤	17 ④	18 ⑤	19 ⑤	20 ④
21 ④	22 ⑤	23 ⑤							

01 다음의 면적 이하의 토지를 허가가 필요하지 않다.
①②③④ 주거(60), 상업(150), 공업(150), 녹지(200), 미지정지역(60)
⑤ 도시지역 외의 지역에서 농지(500), 임야(1,000)

02 ② 허가 또는 변경허가를 받지 아니하고 토지거래계약을 체결한 자 또는 거짓이나 그 밖의 부정한 방법으로 토지거래계약허가를 받은 자: 2년 이하 징역 또는 30% 이하 벌금
① 매매계약을 체결하지 아니하였음에도 불구하고 거짓으로 부동산 거래신고를 한 자: 3년 이하 징역 또는 3천만원 이하 벌금 / 3천만원 이하의 과태료
③ 외국인으로서 신고관청의 허가를 받지 않고 「군사기지 및 군사시설 보호법」에 따른 군사시설 보호구역의 내의 토지를 취득하는 계약을 체결한 자: 2년 이하 징역 또는 2천만원 이하 벌금
④ 개업공인중개사로 하여금 부동산 거래신고를 하지 아니하게 하거나 거짓된 내용을 신고하도록 요구한 자: 500만원 이하의 과태료
⑤ 부동산의 매매계약을 체결한 후 신고 의무자가 아닌 자가 거짓으로 부동산 거래신고를 하는 자: 취득가액의 100분의 10 이하의 과태료

03 ① 토지에 관한 소유권·지상권을 이전하거나 설정(대가를 받고 이전하거나 설정하는 경우만 해당한다)하는 계약(예약을 포함한다)에 대해 허가를 받아야 한다. ⓒ 토지의 임대차 계약, ② 경매, ⑩ 무상 증여는 허가대상이 아니다.

04 ② 허가구역이 동일한 시·도 안의 일부지역인 경우에도 다음의 요건을 모두 충족하는 경우에는 국토교통부장관이 지정할 수 있다.
① 허가구역이 둘 이상의 시·도의 관할 구역에 걸쳐 있는 경우 국토교통부장관이 지정한다.

> 1. 국가 또는 「공공기관의 운영에 관한 법률」에 따른 공공기관이 관련 법령에 따른 개발 사업을 시행하는 경우일 것
> 2. 해당 지역의 지가변동률 등이 인근지역 또는 전국 평균에 비하여 급격히 상승하거나 상승할 우려가 있는 경우일 것

③ 5년 이내로 지정한다.
④ 국토교통부장관 또는 시·도지사가 허가구역을 지정하려면 중앙도시계획위원회 또는 시·도도시계획위원회의 심의를 거쳐야 한다. 다만, 재지정하는 경우에는 시·도지사 및 시장·군수·구청장의 의견청취 절차가 있다.
⑤ 국토교통부장관 또는 시·도지사가 허가구역을 지정하고 이를 공고한 날부터 5일 후에 그 효력이 발생한다. 시장·군수 또는 구청장이 공고한 날부터 5일 후가 아니다.

05 ① 법령의 제정·개정 또는 폐지나 그에 따른 고시·공고로 인하여 토지이용에 대한 행위제한이 "완화"되거나 해제되는 지역에 지정할 수 있다.
③ 공고내용을 통지받은 시장·군수 또는 구청장은 지체 없이 그 사실을 "7일 이상 공고"하고 "15일간 일반이 열람"할 수 있도록 하여야 한다.
④ 지정해제 및 축소의 절차는 지정절차와 같다. 국토교통부장관 또는 시·도지사는 지정해제 또는 축소를 하는 경우에도 도시계획위원회의 심의를 거쳐야 한다.
⑤ 재지정, 축소지정, 해제의 경우 그 공고일부터 즉시 효력이 발생한다.

06 ② 허가구역의 지정에 대한 공고내용을 통지받은 시장·군수 또는 구청장은 지체 없이 그 공고내용을 그 허가구역을 관할하는 등기소장에게 통지해야 한다.
③ 15일
④ 그 기간이 끝난 날의 다음날에 허가가 있는 것으로 본다.
⑤ 시·도지사가 허가구역의 지정을 해제하는 경우 시·도도시계획위원회의 심의만 거치면 되고 시장·군수 또는 구청장의 의견을 들을 필요는 없다.

07 ⑤ 국토교통부장관은 허가구역의 지정 사유가 없어졌다고 인정되면 중앙도시계획위원회의 심의를 거쳐 허가구역의 지정을 해제할 수 있다. 허가구역의 지정절차와 해제절차는 동일하다.

08

구 분	용도지역	기준면적
도시지역	주거지역	60m²
	상업지역	150m²
	공업지역	150m²
	녹지지역	200m²
	도시지역 안에서 용도지역의 지정이 없는 구역 (주거지역 · 상업지역 · 공업지역 · 녹지지역으로 세분되지 아니한 도시지역)	60m²
도시지역 외의 지역	그 밖의 토지	250m²
	농 지	500m²
	임 야	1,000m²

09 ④ 녹지지역은 200m²를 초과하는 경우 허가대상이며 허가관청은 B군수이다.
① 허가관청은 B군수이다. B군수로부터 허가를 받아야 한다.
② 해당 지역은 녹지지역이므로 200m²를 초과하는 토지는 허가대상이다. 따라서 허가를 받아야 한다.
③ 허가를 받으면 농지취득자격증명을 받은 것으로 본다.
⑤ 이의신청은 허가관청(B군수)에게 해야 한다.

10 ㉡ 허가구역의 지정 · 공고내용의 통지를 받은 시장 · 군수 또는 구청장은 지체 없이 그 공고내용을 그 허가구역을 관할하는 등기소의 장에게 통지해야 하며, 지체 없이 그 사실을 7일 이상 공고하고 15일간 일반이 열람할 수 있도록 해야 한다.
㉢ 선매자로 지정된 자는 지정 통지를 받은 날부터 15일 이내에 매수가격 등 선매조건을 기재한 서면을 토지 소유자에게 통지하여 선매협의를 해야 한다.

11 ③ 국토교통부장관 또는 시 · 도지사는 허가구역을 지정한 때에는 지체 없이 다음의 사항을 공고하여야 한다. ㉠ 지정기간 ㉡ 허가대상자, 허가대상 용도 및 지목 ㉢ 토지의 소재지 · 지번 · 지목 · 면적 및 용도지역 ㉣ 축척 5만분의 1 또는 2만 5천분의 1의 지형도 ㉤ 허가 면제대상 토지면적
① 토지이용에 대한 행위제한이 완화되거나 해제되는 지역을 허가구역으로 지정할 수 있다.
② 허가구역의 지정기간은 5년 이내로 한다.
④ 허가구역 지정 · 공고내용의 통지를 받은 시장 · 군수 또는 구청장은 지체 없이 그 공고내용을 그 허가구역을 관할하는 등기소의 장에게 통지하여야 하며, 지체 없이 그 사실을 7일 이상 공고하고 15일간 일반이 열람할 수 있도록 하여야 한다.
⑤ 허가구역 지정에 이의가 있더라도 이에 대해 이의를 신청할 수 있는 규정은 없다. 토지거래계약의 허가신청에 대해 허가처분 또는 불허가처분에 대하여는 이의를 제기할 수 있다. 허가 또는 불허가처분에 대하여 이의가 있는 자는 그 처분을 받은 날부터 1개월 이내에 시장 · 군수 또는 구청장에게 이의를 신청할 수 있다.

12 ③④ 시장·군수 또는 구청장은 허가신청서를 받으면 「민원 처리에 관한 법률」에 따른 처리기간에 허가 또는 불허가의 처분을 하고, 그 신청인에게 허가증을 발급하거나 불허가처분 사유를 서면으로 알려야 한다. 다만, 선매협의(先買協議) 절차가 진행 중인 경우에는 위의 기간 내에 그 사실을 신청인에게 알려야 한다(법 제11조 제4항). 허가신청서를 받은 허가관청은 지체 없이 필요한 조사를 하고 신청서를 받은 날부터 15일 이내에 허가·변경허가 또는 불허가 처분을 하여야 한다(대통령령 제8조 제3항).
① 허가를 받으려는 자는 거래당사자가 "공동"으로 허가신청서를 시장·군수 또는 구청장에게 제출하여야 한다.
② 허가신청서에는 계약예정금액, 토지의 이용에 관한 계획, 토지취득에 필요한 자금조달계획 등이 포함된다.
⑤ 처리기간에 허가증의 발급 또는 불허가처분사유의 통지가 없거나 선매협의사실의 통지가 없는 경우에는 그 기간이 끝난 날의 다음날에 허가가 있는 것으로 본다.

13 ④ 허가신청에 대하여 불허가의 처분을 받은 자는 그 통지를 받은 날부터 1개월 이내에 시장·군수 또는 구청장에게 해당 토지에 관한 권리의 매수를 청구할 수 있다.
③ 매수할 자로 하여금 예산의 범위에서 공시지가를 기준으로 하여 해당 토지를 매수하게 하여야 한다. 다만, 토지거래계약 허가신청서에 적힌 가격이 공시지가보다 낮은 경우에는 허가신청서에 적힌 가격으로 매수할 수 있다.

14 ① 증여 등 무상인 경우는 허가대상이 아니다.
② 토지거래계약의 허가신청은 거래당사자가 공동으로 해야 하며 개업공인중개사가 허가를 신청할 의무는 없다.
④ 3개월 이내의 기간을 정하여 토지의 이용 의무를 행하도록 명할 수 있으며, 이행명령이 정하여진 기간에 이행되지 아니하고 방치한 경우에는 토지 취득가액의 100분의 10에 해당하는 이행강제금을 부과한다.
⑤ 허가신청에 대하여 불허가의 처분을 받은 자는 그 통지를 받은 날부터 1개월 이내에 시장·군수 또는 구청장에게 해당 토지에 관한 권리의 매수를 청구할 수 있다. 즉 B군수에게 매수청구를 해야 한다.

15 ③ 허가 취소, 처분 또는 조치명령을 위반한 자에게는 1년 이하의 징역 또는 1천만원 이하의 벌금에 처한다.
① 허가 또는 변경허가를 받지 아니하고 토지거래계약을 체결하거나, 속임수나 그 밖의 부정한 방법으로 토지거래계약 허가를 받은 자는 2년 이하의 징역 또는 계약 체결 당시의 개별공시지가에 따른 해당 토지가격의 100분의 30에 해당하는 금액 이하의 벌금에 처한다.
② 토지거래계약에 관한 허가를 받은 자가 그 토지를 허가받은 목적대로 이용하지 아니한 자에 대하여는 이행강제금을 부과한다.
④⑤ 3년 이하의 징역 또는 3천만원 이하의 벌금 사유이다.

16 ⑤ 시장·군수 또는 구청장은 이행명령을 받은 자가 그 명령을 이행하는 경우에는 새로운 이행강제금의 부과를 즉시 중지하되, 명령을 이행하기 전에 이미 부과된 이행강제금은 징수해야 한다.

17 ④ 허가구역 지정 당시에 사업을 시행하던 자가 그 사업에 이용할 목적으로 허가를 받은 경우의 토지이용의무기간은 4년이다.

18 🏠 **허가를 받아 취득한 토지를 허가받은 목적대로 이용하고 있지 않은 경우 취하는 조치**

> 1. 국토교통부장관, 시·도지사, 시장·군수 또는 구청장은 허가 취소 또는 그 밖에 필요한 처분을 하거나 조치를 명할 수 있다.
> 2. 이행명령(이행기간은 3개월 이내)
> 3. 이행강제금(취득가액의 100분의 10 이내)
> 4. 시장·군수 또는 구청장은 토지거래계약에 관한 허가신청이 있는 경우 다음의 어느 하나에 해당하는 토지에 대하여 국가, 지방자치단체, 한국토지주택공사, 공공기관 또는 공공단체가 그 매수를 원하는 경우에는 이들 중에서 해당 토지를 매수할 자[선매자(先買者)]를 지정하여 그 토지를 협의 매수하게 할 수 있다.
> 5. 신고 또는 고발 시 포상금 지급

19 ① 방치한 경우에는 토지 취득가액의 100분의 10
② 임대한 경우는 100분의 7
③ 허가관청은 이용 의무기간이 지난 후에는 이행강제금을 부과할 수 없다.
④ 1년에 한 번씩

20 ④ 농지에 대하여 토지거래계약 허가를 받은 경우에는 「농지법」에 따른 농지취득자격증명을 받은 것으로 본다. 토지거래계약에 관한 허가증을 발급받은 경우에는 「부동산등기 특별조치법」에 따른 검인을 받은 것으로 본다. 다만, 토지거래허가제도와 실거래가 신고제도는 별개이므로 부동산 거래신고는 해야 한다.

21 ① 허가받은 목적대로 이용하고 있지 아니한 토지에 대해 토지거래계약의 허가신청이 된 토지는 선매대상이 될 수 있다.
② 공익사업용 토지 또는 토지거래계약 허가를 받아 취득한 토지를 그 이용목적대로 이용하고 있지 아니한 토지에 대해 토지거래계약허가 신청이 있는 경우 선매대상이 된다.
③ 선매자는 지정통지를 받은 날부터 1개월 이내에 그 토지 소유자와 선매협의를 끝내야 한다.
⑤ 지정 통지를 받은 날부터 1개월 이내에 국토교통부령으로 정하는 바에 따라 선매협의조서를 허가관청에 제출하여야 한다.

22 ⑤ 허가관청은 선매협의가 이루어지지 아니한 경우에는 지체 없이 허가 또는 불허가의 여부를 결정하여 통보하여야 한다.

23 ⑤ 토지거래허가의 면제사유를 고르는 문제이며 보기 모두 허가 면제사유이다.

제4장 보칙 및 벌칙

01 ④ 위반행위 신고서를 제출받거나 수사기관의 통보를 받은 신고관청 또는 허가관청은 포상금 지급 여부를 결정하고 이를 신고인 또는 고발인에게 알려야 한다. 포상금 지급 결정을 통보받은 신고인 또는 고발인은 국토교통부령으로 정하는 포상금 지급신청서를 작성하여 신고관청 또는 허가관청에 제출해야 한다. 신고관청 또는 허가관청은 포상금 <u>지급신청서가 접수된 날부터 2개월 이내에</u> 포상 금을 지급해야 한다.

02 ㄴㄹ은 500만원 이하의 과태료 사유로서 신고 또는 고발 시 포상금을 지급받을 수 있는 사유에 해당 하지 않는다.

🏠 **포상금을 지급 사유**

> 1. 부동산 등의 실제 거래가격을 거짓으로 신고한 자 − 10% 이하의 과태료
> 2. 신고의무자가 아닌 자로서 실제 거래가격을 거짓으로 신고한 자 − 10% 이하의 과태료
> 3. 부동산 등의 매매계약을 체결하지 아니하였음에도 불구하고 거짓으로 부동산 거래신고를 한 자 − 3천만원 이하의 과태료
> 4. 부동산 거래신고 후 해당 계약이 해제 등이 되지 아니하였음에도 불구하고 거짓으로 해제 등의 신고를 한 자 − 3천만원 이하의 과태료
> 5. 주택 임대차 계약의 보증금·차임 등 계약금액을 거짓으로 신고한 자 − 1백만원 이하의 과태료
> 6. 토지거래허가 또는 변경허가를 받지 아니하고 계약을 체결한 자 또는 부정한 방법으로 허가를 받은 자 − 2년 이하의 징역 또는 공시지가 100분의 30 이하의 벌금
> 7. 토지거래허가를 받아 취득한 토지에 대하여 허가받은 목적대로 이용하지 아니한 자 − 이행명령 및 이행 강제금

03 ② 부동산 거래신고 등에 관한 법령에 규정된 과태료는 아래와 같다.

> 1. 100만원 이하의 과태료
> 2. 300만원 이하의 과태료
> 3. 500만원 이하의 과태료
> 4. 3,000만원 이하의 과태료
> 5. 취득가액의 100분의 10 이하의 과태료

04 ④ 신고의무자가 아닌 자로서 거짓된 내용의 부동산 거래신고를 한 자 − 취득가액의 100분의 10 이하의 과태료 사유이다.

제1장 민법 관련 중개실무

Answer

01 ②	02 ⑤	03 ③	04 ①	05 ①	06 ③	07 ③	08 ③	09 ③	10 ④
11 ④	12 ②	13 ③							

01 ㉠ 경계는 토지대장을 통해 확인할 수 없고, 지적도나 임야도를 봐야 한다.

㉡ 어떤 토지가 「지적법」에 의하여 1필지의 토지로 지적공부에 등록되면 그 토지는 특별한 사정이 없는 한 그 등록으로써 특정되고 그 소유권의 범위는 현실의 경계와 관계없이 공부상의 경계에 의하여 확정되는 것이다.

지적도상의 경계표시가 분할측량의 잘못 등으로 사실상의 경계와 다르게 표시되었다 하더라도 그 토지에 대한 매매는 특별한 사정이 없는 한 현실의 경계와 관계없이 지적공부상의 경계와 지적에 의하여 소유권의 범위가 확정된 토지를 매매 대상으로 하는 것으로 보아야 하고, 다만 지적도를 작성함에 있어서 기술적인 착오로 인하여 지적도상의 경계선이 진실한 경계선과 다르게 작성되었기 때문에 경계와 지적이 실제의 것과 일치하지 않게 되었고, 그 토지들이 전전매도되면서도 당사자들이 사실상의 경계대로 토지를 매매할 의사를 가지고 거래한 경우 등과 같이 특별한 사정이 있는 경우에 한하여 그 토지의 경계는 실제의 경계에 의하여야 한다(95다55597).

02 ㉠ 토지의 공유자는 각자의 지분 비율에 따라 토지 전체를 사용·수익할 수 있지만, 그 구체적인 사용·수익 방법에 관하여 공유자들 사이에 지분 과반수의 합의가 없는 이상, 1인이 특정 부분을 배타적으로 점유·사용할 수 없는 것이므로, 공유자 중의 일부가 특정 부분을 배타적으로 점유·사용하고 있다면, 그들은 비록 그 특정 부분의 면적이 자신들의 지분 비율에 상당하는 면적 범위 내라고 할지라도, 다른 공유자들 중 지분은 있으나 사용·수익은 전혀 하지 않고 있는 자에 대하여는 그 자의 지분에 상응하는 부당이득을 하고 있다고 보아야 할 것인바, 이는 모든 공유자는 공유물 전부를 지분의 비율로 사용·수익할 권리가 있기 때문이다(2000다13948).

㉡ 공유물의 관리에 관한 사항은 지분 과반수로 결정한다.

㉢ 과반수 지분의 공유자는 공유자와 사이에 미리 공유물의 관리방법에 관하여 협의가 없었다 하더라도 공유물의 관리에 관한 사항을 단독으로 결정할 수 있으므로 과반수 지분의 공유자는 그 공유물의 관리방법으로서 그 공유토지의 특정된 한 부분을 배타적으로 사용·수익할 수 있으나, 그로 말미암아 지분은 있으되 그 특정 부분의 사용·수익을 전혀 하지 못하여 손해를 입고 있는 소수지분권자에 대하여 그 지분에 상응하는 임료 상당의 부당이득을 하고 있다 할 것이므로 이를 반환할 의무가 있다(2002다9738).

㉣ 공유자는 공유물의 분할을 청구할 수 있다. 그러나 5년 내의 기간으로 분할하지 아니할 것을 약정할 수 있다. 계약을 갱신한 때에는 그 기간은 갱신한 날로부터 5년을 넘지 못한다(「민법」 제268조).

03 ㉠ 부동산의 이중매매가 반사회적 법률행위로서 무효가 되기 위해서는 매도인의 배임행위와 매수인이 매도인의 배임행위에 적극 가담한 행위로 이루어진 매매로서, 그 적극 가담하는 행위는 매수인이 다른 사람에게 매매목적물이 매도된 것을 안다는 것만으로는 부족하고, 적어도 그 매도사실을 알고도 매도를 요청하여 매매계약에 이르는 정도가 되어야 한다(93다55289).
㉡ 중도금이 지급된 후에는 특별한 사정이 없는 한 계약을 해제할 수 없다.

04 ① 옳은 것은 ㉠㉡이다.
㉡ 「민법」 제366조 소정의 법정지상권이나 관습상의 법정지상권이 성립한 후에 건물을 개축 또는 증축하는 경우는 물론 건물이 멸실되거나 철거된 후에 신축하는 경우에도 법정지상권은 성립한다. 다만 그 법정지상권의 범위는 구 건물을 기준으로 하여 그 유지 또는 사용을 위하여 일반적으로 필요한 범위 내의 대지 부분에 한정된다(96다40080).
㉢ 동일인에게 속하였던 대지나 지상물 중 건물만을 매수하면서 대지에 관한 임대차 계약을 체결하였다면 위 건물매수로 인하여 취득하게 될 관습상의 법정지상권을 포기하였다고 볼 것이다(91다1912).
㉣ 관습법상 법정지상권을 취득한 경우 건물의 매수인은 대지 소유자에게 지료를 지급할 의무가 있다.

05 ① 대지에 저당권 설정 당시 건물이 없는 경우 대지의 저당권이 실행된 경우 건물에 법정지상권이 성립하지 않는다.

06 ㉢ 허가규정을 위반한 자가 스스로 계약이 무효임을 주장하는 것이 신의성실의 원칙에 반하는 것은 아니다(97다33218).
㉡ 무효 상태이므로 채무불이행을 이유로 계약을 해제할 수 없다(97다4357).

07 ③④ 일방이 허가신청절차에 대한 이행거절 의사를 분명히 하더라도 상대방은 소로서 협력의 이행을 청구할 수 있다(95다28236). 협력의무불이행을 이유로 손해배상청구 가능하며, 협력의무불이행에 대한 손해배상예정액을 약정할 수 있다(96다49933).
① 허가받기 전에는 물권적·채권적 효력은 무효이나 허가를 받으면 소급하여 유효한 유동적 무효이다(90다12243).
② 허가받기 전의 계약은 무효이므로 권리의 이전 또는 설정에 관한 어떠한 이행청구도 할 수 없다(90다12243).

08 ③ 특별한 사정이 없는 한 토지거래허가를 받지 않아 유동적 무효상태에 있는 매매계약에서도 매도인이 <u>계약금의 배액을 상환하고 계약을 해제함으로써</u> 적법하게 해제된다(97다9369).
① 토지거래계약 허가구역 내 토지에 관하여 허가를 배제하거나 잠탈하는 내용으로 매매계약이 체결된 경우에는 그 계약은 체결된 때부터 확정적으로 무효이다. 이러한 '허가의 배제나 잠탈 행위'에는 토지거래허가가 필요한 계약을 허가가 필요하지 않은 것에 해당하도록 계약서를 허위로 작성하는 행위뿐만 아니라, 정상적으로는 토지거래허가를 받을 수 없는 계약을 허가를 받을 수 있도록 계약서를 허위로 작성하는 행위도 포함된다(2011도614).

⑤ 토지거래허가요건을 갖추지 못하였음에도 허가요건을 갖춘 타인 명의로 매매계약을 체결한 경우, 위 행위는 이 매매계약에 관하여 토지거래허가를 잠탈하고자 하는 것으로서, 「부동산 거래신고 등에 관한 법률」에서 처벌대상으로 삼고 있는 '토지거래허가 없이 토지의 거래계약을 체결한 경우'에 해당한다(2010도1116).

09 ③ 토지거래허가를 받지 못한 경우 건물만이라도 매매하였을 것이라고 볼 수 있는 특별한 사정이 있는 경우에 한하여 토지에 대한 허가가 있기 전에 건물만의 소유권이전등기를 할 수 있다(92다16836).
② 유동적 무효 상태에 있는, 토지거래허가구역 내 토지에 관한 매매계약에서 계약의 쌍방 당사자는 공동허가신청절차에 협력할 의무가 있고, 이러한 의무에 위배하여 허가신청절차에 협력하지 않는 당사자에 대하여 상대방은 협력의무의 이행을 소구할 수도 있다.
그러므로 매매계약 체결 당시 일정한 기간 안에 토지거래허가를 받기로 약정하였다고 하더라도, 그 약정된 기간 내에 토지거래허가를 받지 못할 경우 계약해제 등의 절차 없이 곧바로 매매계약을 무효로 하기로 약정한 취지라는 등의 특별한 사정이 없는 한, 이를 쌍무계약에서 이행기를 정한 것과 달리 볼 것이 아니므로 위 약정기간이 경과하였다는 사정만으로 곧바로 매매계약이 확정적으로 무효가 된다고 할 수 없다(2008다50615).

10 ㉠ 소수지분권자가 다른 공유자와 협의 없이 공유물의 전부 또는 일부를 독점적으로 점유·사용하고 있는 경우, 다른 소수지분권자는 공유물의 보존행위로서 공유물의 인도를 청구할 수 없으며, 자신의 지분권에 기초하여 공유물에 대한 방해 상태를 제거하거나 공동 점유를 방해하는 행위의 금지 등을 청구할 수 있다(2018다287522).

11 ④ 분묘기지권의 효력이 미치는 지역의 범위 내에서 쌍분뿐만 아니라 기존의 분묘에 합장하여 단분 형태의 분묘를 설치하는 것도 허용되지 않는다.
① 분묘의 기지에 대한 지상권 유사의 물권인 관습상의 법정지상권이 점유를 수반하는 물권으로서 권리자가 의무자에 대하여 그 권리를 포기하는 의사표시를 하는 외에 점유까지도 포기하여야만 그 권리가 소멸하는 것은 아니다(92다14762).
② 분묘기지권을 시효로 취득한 경우, 분묘기지권자는 토지 소유자가 지료를 청구하면 그 청구한 날부터의 지료를 지급할 의무가 있다(2017다228007).

12 ㉠ 시효취득한 경우에는 토지소유자가 지료를 청구한 날부터 지료를 지급해야 한다.
㉡ 분묘기지권에는 그 효력이 미치는 범위 안에서 새로운 분묘를 설치하거나 원래의 분묘를 다른 곳으로 이장할 권능은 포함되지 않는다(2007다16885).

13 ㉠ 토지소유자의 승낙에 의하여 성립하는 분묘기지권의 경우, 성립 당시 토지 소유자와 분묘의 수호·관리자가 지료 지급의무의 존부나 범위 등에 관하여 약정을 하였다면 그 약정의 효력은 분묘기지의 승계인에 대하여도 미친다.
㉢ 「장사법」 시행 후 토지 소유자의 승낙 없이 설치된 분묘는 분묘기지권을 시효로 취득할 수 없다.

제2장 중개실무 관련 법령

01 ④   02 ④   03 ③   04 ③   05 ④   06 ②   07 ③   08 ④   09 ①   10 ⑤
11 ①   12 ⑤   13 ④   14 ④   15 ③   16 ③

01 ④ 甲과 乙 사이의 매매계약은 유효이므로 甲은 乙에게 소유권이전등기를 청구할 수 있다.
① 매도인 乙과 명의신탁자 甲이 매매계약을 체결하고 그 등기는 명의수탁자 丙 명의로 한 3자 간 등기명의신탁이다.
② 甲과 丙 사이의 명의신탁약정 및 丙 명의로 이루어진 등기는 무효이다.
③ 소유권은 여전히 乙에게 속한다.
⑤ 丙이 甲의 이전등기 요구를 거부한 경우 甲은 乙을 대위하여 丙 명의의 등기말소를 청구하고 다시 乙에게 소유권 이전등기를 청구할 수 있다.

02 ㉠ 부동산의 위치와 면적을 특정하여 2인 이상이 구분소유하기로 하는 약정을 하고 그 구분소유자의 공유로 등기한 경우, 이는 「부동산 실권리자명의 등기에 관한 법률」상 명의신탁약정에 해당하지 않으므로 그 등기는 유효하다.

03 ③ 명의신탁약정은 무효이므로 甲은 명의신탁해지에 기한 소유권이전등기를 청구할 수 없다(98다1027).
① 소유권 이외의 물권도 타인 명의로 등기하는 경우는 「부동산 실권리자명의 등기에 관한 법률」상 명의신탁약정에 해당하여 위법하다.
② 채무 변제를 담보하기 위해 채권자가 부동산에 관한 물권을 이전받거나 가등기하는 경우는 이 법상 명의신탁약정에 해당하지 아니한다.
④ 3자 간 등기명의신탁에 있어서 乙이 자의로 甲에게 바로 소유권이전등기를 경료해 준 경우, 그러한 소유권이전등기도 결국 실체관계에 부합하는 등기로서 유효하다(2004다6764).
⑤ 악의의 제3자에게도 대항할 수 없다.

04 ㉢ 일반적으로 명의수탁자는 신탁재산을 유효하게 제3자에게 처분할 수 있고 제3자가 명의신탁사실을 알았다 하여도 그의 소유권취득에 영향이 없는 것이기는 하지만, 특별한 사정이 있는 경우, 즉 명의수탁자로부터 신탁재산을 매수한 제3자가 명의수탁자의 명의신탁자에 대한 배신행위에 적극 가담한 경우에는 명의수탁자와 제3자 사이의 계약은 반사회적인 법률행위로서 무효라고 할 것이고, 따라서 명의수탁 받은 부동산에 관한 명의수탁자와 제3자 사이의 매매계약은 무효로 보아야 할 것이다(91다29842). 재산을 타인에게 신탁한 경우 대외적인 관계에 있어서는 수탁자만이 소유권자로서 그 재산에 대한 제3자의 침해에 대하여 배제를 구할 수 있으며, 신탁자는 수탁자를 대위하여 수탁자의 권리를 행사할 수 있을 뿐 직접 제3자에게 신탁재산에 대한 침해의 배제를 구할 수 없다(77다1079).

05 ① 3자 간 등기명의신탁에 해당하므로 수탁자 乙 명의의 등기는 무효이다.

② 소유자는 매도인 丙이므로 甲은 명의신탁해지를 원인으로 乙에게 소유권이전등기를 청구할 수 없다.

③ 甲은 부당이득반환을 원인으로 乙에게 소유권이전등기를 청구할 수 없다.

⑤ 악의의 제3자인 丁은 소유권을 취득한다.

06 ② 법령상 제한을 회피할 목적으로 명의신탁약정을 한 경우이므로 甲이 소유자이며 乙은 소유권을 취득할 수 없다. 그러므로 甲은 乙을 상대로 부당이득반환을 원인으로 한 소유권이전등기를 청구할 수 없다.

07 ③ 乙을 매도인으로 하는 신탁자 甲과 수탁자 丙 간의 중간생략등기형이다. 옳은 것은 ⓛⓒ이다.

ⓛ 명의신탁자는 신탁부동산의 소유권을 가지지 아니하고, 신탁자와 수탁자 사이에 위탁신임관계를 인정할 수도 없다. 따라서 명의수탁자가 신탁받은 부동산을 임의로 처분하여도 명의신탁자에 대한 관계에서 횡령죄가 성립하지 아니한다(2014도6992).

ⓝ 종중, 배우자, 종교단체의 특례에 해당하지 않으므로 명의신탁약정 및 수탁자 명의로 된 등기는 무효이다.

ⓔ 丙이 소유권을 취득하고 甲은 丙에게 대금 상당의 부당이득 반환청구권을 행사할 수 있는 경우는 계약명의신탁이다.

08 ④ 구분소유자는 그가 가지는 전유부분과 분리하여 대지사용권을 처분할 수 없다. 다만, 규약으로써 달리 정한 경우에는 그러하지 아니하다.

09 ② 구분소유자는 그 전유부분이나 공용부분을 보존하거나 개량하기 위하여 필요한 범위에서 다른 구분소유자의 전유부분 또는 자기의 공유에 속하지 아니하는 공용부분의 사용을 청구할 수 있다. 이 경우 다른 구분소유자가 손해를 입었을 때에는 보상하여야 한다.

③ 공유자가 공용부분에 관하여 다른 공유자에 대하여 가지는 채권은 그 특별승계인에 대하여도 행사할 수 있다.

④ 대지 위에 구분소유권의 목적인 건물이 속하는 1동의 건물이 있을 때에는 그 대지의 공유자는 그 건물 사용에 필요한 범위의 대지에 대하여는 분할을 청구하지 못한다.

⑤ 공용부분에 대한 공유자의 지분은 그가 가지는 전유부분의 처분에 따른다.

10 ⑤ 담보책임의 기산점은 전유부분의 경우 구분소유자에게 인도한 날이며 공용부분은 사용검사일·사용승인일이다.

11 ① 「장사법」은 2001년 1월 13일에 시행되었으며 동법 시행 후 토지 소유자의 승낙 없이 설치된 분묘는 분묘기지권을 시효로 취득할 수 없으나 동법 시행 전에 설치된 분묘는 시효취득할 수 있다.

④ 자기 소유 토지에 분묘를 설치한 사람이 그 토지를 양도하면서 분묘를 이장하겠다는 특약을 하지 않음으로써 분묘기지권을 취득한 경우, 특별한 사정이 없는 한 분묘기지권자는 분묘기지권이 성립한 때부터 토지 소유자에게 그 분묘의 기지에 대한 토지사용의 대가로서 지료를 지급할 의무가 있다(2020다295892).

12 ① 분묘기지권은 분묘의 기지 자체뿐만 아니라 그 분묘의 수호 및 봉제사에 필요한 범위 내에서 분묘의 기지 주위의 공지를 포함한 지역에까지 미치는 것이고 그 확실한 범위는 각 구체적인 경우에 개별적으로 정해야 할 것이다.

② 분묘기지권은 권리자가 토지 소유자에 대하여 분묘기지권을 포기하는 의사표시로 소멸하며, 점유까지 포기해야 하는 것은 아니다(판례).

③ 개인묘지는 전체면적을 30m² 이내로 설치할 수 있으며, 분묘 1기의 면적에 대한 규정은 없다. 가족묘지(100m² 이하), 종중 또는 문중묘지(1,000m² 이하), 법인묘지(10만m² 이상)를 설치하고자 하는 자는 묘지관할관청의 허가를 받아야 하며, 분묘 1기 및 시설물의 면적은 10m²(합장의 경우에는 15m²)를 초과하여서는 아니 된다.

④ 가족묘지를 설치·관리하고자 하는 자는 해당 묘지를 관할하는 시장 등의 허가를 받아야 한다.

13 ④ 시장 등은 묘지의 설치·관리를 목적으로 「민법」에 따라 설립된 <u>재단법인</u>에 한정하여 법인묘지의 설치·관리를 허가할 수 있다.

14 ④ 토지 소유자, 묘지 설치자 또는 연고자는 다음의 어느 하나에 해당하는 분묘에 대하여 그 분묘를 관할하는 시장 등의 허가를 받아 분묘에 매장된 시신 또는 유골을 개장할 수 있다.

> 1. 토지 소유자의 승낙 없이 해당 토지에 설치한 분묘
> 2. 묘지 설치자 또는 연고자의 승낙 없이 해당 묘지에 설치한 분묘

토지 소유자, 묘지 설치자 또는 연고자는 개장을 하려면 미리 3개월 이상의 기간을 정하여 그 뜻을 해당 분묘의 설치자 또는 연고자에게 알려야 한다. 다만, 해당 분묘의 연고자를 알 수 없으면 그 뜻을 공고하여야 한다.

15 ③ 토지 소유자 등이 무연고분묘에 대하여 개장을 하고자 하는 때에는 미리 3개월 이상의 기간을 정하여 그 뜻을 해당 분묘의 설치자 또는 연고자에게 통보하거나 공고해야 한다.

16 ① 시장 등은 묘지의 설치·관리를 그 목적으로 「민법」에 의하여 설립된 재단법인에 한하여 법인묘지의 설치·관리를 허가할 수 있다.

② 2년 ⇨ 1년

④⑤ 가족자연장지 또는 종중·문중자연장지를 조성하려는 자는 보건복지부령으로 정하는 바에 따라 관할 시장 등에게 신고하여야 한다.

제3장 임대차실무 관련 법령

Answer

01 ⑤	02 ②	03 ④	04 ④	05 ③	06 ③	07 ③	08 ⑤	09 ③	10 ①
11 ②	12 ③	13 ⑤	14 ⑤	15 ④	16 ⑤	17 ④	18 ④	19 ⑤	20 ⑤
21 ④	22 ⑤	23 ②	24 ④	25 ⑤					

01 ⑤ 대항력의 취득요건은 주택의 인도와 주민등록이며, 우선변제권을 취득하려면 대항요건 외에 임대차계약서에 확정일자를 받아야 한다.

02
- 乙(임차인)이 임대차기간 종료 (㉠ 2개월) 전까지 갱신거절의 통지를 하지 않은 경우, 그 기간 만료시에 전 임대차와 동일한 조건으로 묵시적 갱신이 된다.
- 乙(임차인)이 (㉡ 2기)의 차임액을 연체한 경우에는 묵시적 갱신이 허용되지 않는다.
- 甲(임대인)이 임대차기간 종료 (㉢ 6개월) 전부터 (㉣ 2개월) 전까지의 기간에 갱신거절의 통지를 하지 않은 경우, 그 기간 만료시에 전 임대차와 동일한 조건으로 묵시적 갱신이 된다.
- 묵시적 갱신이 된 후, 乙(임차인)에 의한 계약해지의 통지는 甲이 그 통지를 받은 날로부터 (㉤ 3개월)이 지나면 그 효력이 발생한다.

03 ④ 임차인이 대항력을 갖춘 후에 저당권이 설정되더라도 저당권 설정등기 이후에 증액된 보증금에 대해서는 경매로 소유권을 취득한 매수인에게 대항할 수 없다. 물론, 증액 이전의 보증금은 대항할 수 있다.
① 대항요건을 갖추고 계약서에 확정일자를 받아야 경매 시 후순위보다 우선변제를 받을 수 있다.
② 서울특별시의 경우 보증금 1억 6,500만원 이하인 임차인이 소액임차인이다.
③ 다세대 주택은 공동주택이므로 동·호수까지 정확히 전입신고를 해야 대항력이 인정된다.
⑤ 주민등록의 신고는 행정청에 도달하기만 하면 신고로서의 효력이 발생하는 것이 아니라 행정청이 수리한 경우에 비로소 신고의 효력이 발생한다.

04 ④ 차임 또는 보증금의 증감에 관한 분쟁, 임대차 기간에 관한 분쟁, 보증금 또는 임차주택의 반환에 관한 분쟁, 임차주택의 유지·수선 의무에 관한 분쟁, 공인중개사 보수 등 비용부담에 관한 분쟁 등이 있는 경우 주택 임대차 분쟁조정위원회에 조정을 신청할 수 있다.
① 확정일자는 주택 소재지의 읍·면사무소, 동 주민센터 또는 시(특별시·광역시·특별자치시는 제외하고, 특별자치도 포함)·군·구(자치구)의 출장소, 지방법원 및 그 지원과 등기소 또는 「공증인법」에 따른 공증인이 부여한다.
② 임차주택의 일부를 주거 외의 목적으로 사용하는 경우에도 동법이 적용된다.
③ 묵시적 갱신된 경우, 임차인(乙)은 임대인(甲)에게 계약해지를 통지할 수 있다.
⑤ 증액의 경우에는 20분의 1을 초과할 수 없으나, 감액청구는 제한 없이 가능하다.

05 ③ 임대차계약을 체결하려는 자는 <u>임대인의 동의를 받아</u> 확정일자부여기관에 해당 주택의 임대차 목적물, 확정일자 부여일, 차임·보증금, 임대차기간의 열람 또는 그 내용을 기록한 서면의 교부를 요청할 수 있다.

06 ㉡ 일시사용을 위한 임대차임이 명백한 경우에는 적용되지 않는다.
㉢ 점포 및 사무실로 사용되던 건물에 근저당권이 설정된 후 그 건물이 주거용 건물로 용도 변경되어 이를 임차한 소액임차인은 보증금 중 일정액을 근저당권자보다 우선하여 변제받을 권리가 있다.
㉣ 임대인이 주택의 소유자가 아니더라도 그 주택에 관하여 적법하게 임대차계약을 체결할 수 있는 권한을 가진 임대인과 임대차계약을 체결한 경우 「주택임대차보호법」의 보호를 받을 수 있다.

07 ③ 「주택임대차보호법」이 적용되는 임대차로서는 반드시 임차인과 주택의 소유자인 임대인 사이에 임대차계약이 체결된 경우에 한정된다고 할 수는 없고, 주택의 소유자는 아니지만 주택에 관하여 적법하게 임대차계약을 체결할 수 있는 권한(적법한 임대권한)을 가진 임대인과 임대차계약이 체결된 경우도 포함된다(2007다38908).
① 임차인은 2년 미만의 기간이 유효함을 주장할 수 있다.
② 임차인의 선순위 저당권에 의해 경매가 실시된 경우, 임차권은 그 경락으로 소멸하며, 임차인은 경락인에게 대항할 수 없다.
④ 다가구 주택은 단독주택이므로 지번만 정확히 주민등록을 하면 대항력이 있다.
⑤ 확정일자를 갖춘 임차인과 소액임차인은 임차주택과 그 대지가 함께 경매될 경우뿐만 아니라 임차주택과 별도로 그 대지만이 경매될 경우에도 그 대지의 환가대금에 대하여 우선변제권을 행사할 수 있고, 임대차 성립 당시 임대인의 소유였던 대지가 타인에게 양도되어 임차주택과 대지의 소유자가 서로 달라지게 된 경우에도 마찬가지이다.

08 ⑤ 임차인의 우선변제권을 승계한 금융기관은 임차인이 대항요건을 상실한 경우 우선변제권을 행사할 수 없다.
① 「주택임대차보호법」상의 대항력과 우선변제권을 모두 가지고 있는 임차인이 보증금을 반환받기 위하여 보증금반환청구 소송의 확정판결 등 집행권원을 얻어 임차주택에 대하여 스스로 강제경매를 신청하였다면 특별한 사정이 없는 한 대항력과 우선변제권 중 우선변제권을 선택하여 행사한 것으로 보아야 하고, 이 경우 우선변제권을 인정받기 위하여 배당요구의 종기까지 별도로 배당요구를 하여야 하는 것은 아니다(2013다27831).

09 ③ 임차인은 계약갱신요구권을 1회에 한하여 행사할 수 있으며 갱신요구에 의하여 갱신된 임대차기간은 2년으로 본다.
④ 임차인의 계약갱신요구에 따라 갱신된 이후 임차인은 언제든지 임대인에게 계약해지를 통지할 수 있다. 해지는 임대인이 그 통지를 받은 날부터 3개월이 지나면 그 효력이 발생한다.

10 ① 대항요건을 적법하게 갖춘 것은 ㉠㉡이다.

㉠ 다가구용 단독주택이 다세대 주택으로 변경되었다는 사정만으로 임차인이 이미 취득한 대항력을 상실하게 되는 것은 아니다(2006다70516).

㉡ 주민등록이 주택 임차인의 의사에 의하지 않고 제3자에 의하여 임의로 이전되었고 그와 같이 주민등록이 잘못 이전된 데 대하여 주택 임차인에게 책임을 물을 만한 사유도 없는 경우, 주택 임차인이 이미 취득한 대항력은 주민등록의 이전에도 불구하고 그대로 유지된다(2000다37012).

㉢ 다세대 주택을 임차하고 건물의 지번은 올바르게 기재하였으나 동·호수를 틀리게 전입신고를 한 경우 대항력이 없다.

㉣ 정확한 지번과 동, 호수로 주민등록 전입신고서를 작성·제출하였는데 담당공무원이 착오로 수정을 요구하여, 잘못된 지번으로 수정하고 동, 호수 기재를 삭제한 주민등록 전입신고서를 다시 작성·제출하여 그대로 주민등록이 된 사안에서, 그 주민등록이 임대차의 공시방법으로서 유효하지 않고 이것이 담당공무원의 요구에 기인한 것이라 하더라도 마찬가지이다(2006다17850).

11 ② 임차권등기명령이 이루어지면 임차권등기명령 당시 이미 우선변제권이나 대항력을 취득한 사람은 그 지위를 그대로 유지하고, 등기 이전에 우선변제권이나 대항력을 취득하지 못하였던 임차인은 임차권등기 시를 기준으로 우선변제권과 대항력을 취득한다. 또한, 임차권등기 이후에는 점유를 이전하더라도 대항력과 우선변제권을 상실하지 않는다.

12 ① 임대차기간을 1년으로 약정한 경우, 임차인은 그 기간이 유효함을 주장할 수 있다.

② 임대차계약이 묵시적으로 갱신된 경우, 임차인은 언제든지 임대인에게 계약해지를 통지할 수 있다.

④ 임대차가 종료된 후에 임차권등기명령을 신청할 수 있다.

⑤ 대항력을 갖춘 임차인은 새로운 소유자에게 임차권을 주장할 수 있다.

13 ①「주택임대차보호법」은「상가건물 임대차보호법」과 달리 소액임차인을 판단할 때 보증금만으로 판단한다. 서울특별시에서 보증금 1억 6,500만원 이하인 임차인은 월 차임이 있더라도 소액임차인에 해당하므로 임차인은 경매 시 선순위 저당권자보다 보증금 중 5,500만원을 우선하여 변제받을 수 있다.

② 우선변제권은 6월 10일 발생한다.

③ 갱신되는 임대차는 전 임대차와 동일한 조건으로 다시 계약된 것으로 본다. 다만, 차임 또는 보증금은 20분의 1 범위에서 증액을 청구할 수 있다.

④ 임차인만 임대인에게 2년 미만으로 정한 기간의 유효함을 주장할 수 있다.

14 ⑤ 임차인은 임차주택을 양수인에게 인도하지 아니하면 우선변제권 행사에 따른 보증금을 받을 수 없다.

15 ① 환산보증금을 초과하는 임차인도 계약갱신요구권은 인정된다.

② 환산보증금을 초과하는 경우 임대인은 1년 미만으로 정한 기간이 유효함을 주장할 수 있다.

③ 환산보증금을 초과하는 임차인은 임차권등기명령을 신청할 수 없다.

⑤ 3기의 차임액을 연체한 임차인에 대해 임대인은 이를 이유로 계약갱신의 요구를 거절할 수 있다.

16 ① 그 다음 날부터 제3자에 대하여 효력이 생긴다.

② 임차인은 임차건물을 양수인에게 인도하지 않으면 배당에서 보증금을 받을 수 없다.

③ 임차인만 1년 미만으로 정한 기간의 유효함을 주장할 수 있다.

④ 임대인이 기간이 끝나기 6개월 전부터 1개월 전까지 임차인에게 갱신 거절의 통지 또는 조건변경의 통지를 하지 아니한 경우에는 그 기간이 만료된 때에 전 임대차와 동일한 조건으로 다시 임대차한 것으로 본다. 이 경우에 임대차의 존속기간은 1년으로 본다.

17 ④ 환산보증금(서울 9억원)을 초과하는 임대차의 경우에는 아래의 내용만 적용된다.

> 1. 대항력
> 2. 계약갱신요구권
> 3. 권리금 보호규정
> 4. 3기 차임연체와 계약해지
> 5. 상가건물임대차 표준계약서 권장

위 문제의 경우 보증금 5억원, 월 차임 500만원이므로 환산보증금은 10억원이다. 환산보증금을 초과하는 경우이므로 위 5가지만 적용되고 나머지 「상가건물 임대차보호법」 규정은 적용되지 않는다.

㉠ 기간을 정하지 않았거나 1년 미만으로 정한 경우 임대차 기간을 1년으로 본다는 규정은 환산보증금을 초과하는 임대차의 경우 적용되지 않으므로 틀린 지문이다.

㉢ 환산보증금액을 초과하는 임대차의 계약갱신의 경우에는 당사자는 상가건물에 관한 조세, 공과금, 주변 상가건물의 차임 및 보증금, 그 밖의 부담이나 경제사정의 변동 등을 고려하여 차임과 보증금의 증감을 청구할 수 있다. 틀린 지문이다.

㉣ 환산보증금을 초과하는 임차인은 확정일자에 의한 우선변제권을 취득할 수 없으므로 경매 시 후순위 권리자보다 보증금을 우선변제 받을 수 없다. 틀린 지문이다.

㉡ 환산보증금을 초과하는 임대차에서 묵시적 갱신이 되는 경우는 「민법」의 임대차를 적용하므로 옳은 지문이다.

18 ④ 주택임대차의 경우 임차인의 계약갱신요구권 행사 이후에 임차인은 언제든지 임대인에게 계약의 해지를 통지할 수 있으나, 상가임대차에서는 임차인의 계약갱신요구권 행사 이후에 임차인이 언제든지 임대인에게 계약의 해지를 통고할 수 있는 규정이 없다.

19 ⑤ 임차인이 임차한 주택의 전부 또는 일부를 고의나 중대한 과실로 파손한 경우 갱신요구를 거절할 수 있다.

20 ⑤ 환산보증금이 4억 5천만원이므로 「상가건물 임대차보호법」 전부가 적용되는 경우이다.

> • 국토교통부장관은 법무부장관과 협의를 거쳐 임차인과 신규임차인이 되려는 자의 권리금 계약 체결을 위한 표준권리금계약서를 정하여 그 사용을 권장할 수 있다.
> • 법무부장관은 국토교통부장관과 협의를 거쳐 보증금, 차임액, 임대차기간, 수선비 분담, 관리비 부과 항목 등의 내용이 기재된 상가건물임대차표준계약서를 정하여 그 사용을 권장할 수 있다.

21 ④ 환산보증금을 초과하는 임대차의 경우에는 아래의 내용만 적용된다.

> 1. 대항력
> 2. 계약갱신요구권
> 3. 권리금 보호규정
> 4. 3기 차임연체와 계약해지
> 5. 상가건물임대차 표준계약서 권장

㉠ 임차권등기명령 규정은 적용되지 않는다.

㉡ 환산보증금을 초과하는 경우에는 임대인과 임차인 모두 1년 미만으로 정한 기간이 유효함을 주장할 수 있다.

㉢ 계약갱신요구의 거절사유가 있는 경우에는 권리금을 보호받을 수 없다.

㉣ 계약갱신요구권은 인정된다.

22 ① 임차인만 1년 미만의 유효함을 주장할 수 있다.

② 임차권등기명령 신청은 임대차기간이 종료되고 보증금을 받지 못한 경우만 가능하다.

③ 임차인의 계약갱신요구권은 최초 기간을 포함하여 전체 10년까지 행사할 수 있으나 묵시적 갱신이 되는 경우까지 전체 임대차기간을 10년으로 제한하는 것은 아니다(2009다64307).

④ 경매 시 우선변제권을 인정받기 위해서는 배당요구 종기까지 대항요건을 유지해야 한다.

23 ① 관할 세무서장으로부터 확정일자를 받아야 한다.

③ 국토교통부장관은 권리금에 대한 감정평가의 절차와 방법 등에 관한 기준을 고시할 수 있다.

④ 보증금이 전액 변제되지 아니한 대항력 있는 임차권은 매각으로 소멸하지 않는다.

⑤ 임대인에게 손해배상을 청구할 권리는 <u>임대차가 종료한 날부터 3년 이내</u>에 행사하지 아니하면 시효의 완성으로 소멸한다.

24 ④ 임대인이 정당한 사유 없이 임차인의 권리금을 지급받는 것을 방해하여 임차인에게 손해를 발생하게 한 때에는 그 손해를 배상할 책임이 있다. 이 경우 그 손해배상액은 신규임차인이 임차인에게 지급하기로 한 권리금과 임대차 종료 당시의 권리금 중 낮은 금액을 넘지 못한다.

25 ⑤ 환산보증금을 초과하는 임대차에서는 임차인의 우선변제권이 인정되지 않는다.

① 환산보증금을 초과하는 임대차에서도 계약갱신요구권은 인정된다.

② 환산보증금을 초과하는 임대차에서는 임대인과 임차인 모두 1년 미만의 유효함을 주장할 수 있다.

③ 환산보증금을 초과하는 임대차에서도 계약갱신요구권은 인정된다.

④ 환산보증금을 초과하는 임대차에서는 임차인의 임차권등기명령 신청권이 인정되지 않는다.

제4장 경매실무 관련 법령

01 ① 매수신청보증은 '매수가격의 10분의 1'이 아니라, '최저매각가격의 10분의 1'이다.

② 매각허가결정이 확정되면 법원은 대금지급기한을 정하고, 이를 매수인과 차순위매수신고인에게 통지해야 하며, 매수인은 대금지급기한까지 매각대금을 지급해야 한다. '대금지급기일'이 틀리다.

③ 배당요구를 해야 배당을 받을 수 있는 채권자는 법원이 정하여 공고하는 배당요구의 종기까지 배당요구를 해야 한다. 배당요구의 종기는 첫 매각기일 이전으로 정한다. 매각결정기일까지 배당요구를 할 수 있는 것이 아니다.

④ 유치권은 매수인에게 인수되므로, 매수인이 점유를 이전받으려면 유치권자에게 그 유치권으로 담보하는 채권을 변제할 책임이 있다.

02 ④ 매각허가결정에 대하여 항고를 하고자 하는 이해관계인은 보증으로 매각대금의 10분의 1에 해당하는 금전 또는 법원이 인정한 유가증권을 공탁해야 한다.

03 ① 경매대상부동산에 대한 압류는 채무자에 대한 경매개시결정이 송달된 때 또는 경매개시결정등기가 된 때 효력이 생긴다.

② 경매개시결정에 따른 압류의 효력이 생긴 때에는 집행법원은 절차에 필요한 기간을 감안하여 배당요구를 할 수 있는 종기를 첫 매각기일 이전으로 정한다.

③ 「주택임대차보호법」에 따라 주민등록 및 확정일자를 갖춘 임차인은 등기되지 않은 권리이므로 배당요구를 해야 배당을 받을 수 있다.

④ 차순위매수신고인은 매수인이 대금을 모두 지급하면 매수의 책임이 없게 되며, 즉시 매수신청의 보증을 돌려줄 것을 요구할 수 있다.

04 ② 부동산의 매각은 집행법원이 정한 매각방법에 따른다. 부동산의 매각은 매각기일에 하는 호가경매, 매각기일에 입찰 및 개찰하게 하는 기일입찰 또는 입찰기간 내에 입찰하게 하여 매각기일에 개찰하는 기간입찰의 세 가지 방법으로 한다.

③④ 「민사집행법」 제107조 및 제109조

⑤ 「민사집행법」 제113조

05 ② 차순위매수신고를 한 사람이 둘 이상인 때에는 신고한 매수가격이 높은 사람을 차순위매수신고인으로 정한다. 신고한 매수가격이 같은 때에는 추첨으로 차순위매수신고인을 정한다(「민사집행법」 제114조, 제115조, 제119조 참조).

06 ① 매각허가결정이 확정되면 매수인은 법원이 정한 대금지급기한 이내에 대각대금을 지급해야 한다.
② 차순위매수신고인이 있는 경우에 매수인이 대금지급기한까지 그 의무를 이행하지 아니한 때에는 차순위매수신고인에게 매각을 허가할 것인지를 결정하여야 한다. 차순위매수신고인에 대한 매각허가결정이 있는 때에는 매수인은 매수신청의 보증을 돌려줄 것을 요구하지 못한다(「민사집행법」 제137조).
③ 최저매각가격의 10분의 1
④ 최고가 매수신고인이 된 후 매각결정기일까지 제출해야 한다.

07 ③ 매각결정기일까지 ⇨ 매각기일까지(「민사집행법」 제140조 참조)

08 ④ 차순위매수신고는 그 신고액이 최고가매수신고액에서 그 보증을 뺀 금액을 넘는 때에만 할 수 있다. 매수신청보증이 3천만원이므로 차순위매수신고는 4억원에서 3천만원을 뺀 3억 7천만원을 넘는 자만 할 수 있다.

09 ④ 차순위매수신고는 그 신고액이 최고가매수신고액에서 그 보증을 뺀 금액을 넘는 때에만 할 수 있다.
① 매수신청 보증금액은 최저매각가격의 10분의 1이므로 1천만원을 제공해야 한다.
②③ 최고가매수신고를 한 사람이 둘 이상인 때에는 그 사람들에게 다시 입찰하게 하여 최고가매수신고인을 정한다. 이 경우 입찰자는 전의 입찰가격에 못 미치는 가격으로는 입찰할 수 없다. 다시 입찰하는 경우에 입찰자 모두가 입찰에 응하지 않거나 둘 이상이 다시 최고의 가격으로 입찰한 때에는 추첨으로 정한다.
⑤ 매수인이 대금을 납부하면 차순위매수신고인은 매수의 책임을 벗게 되고 즉시 매수신청의 보증을 돌려 줄 것을 요구할 수 있다.

10 ① 담보가등기는 매각으로 소멸하나, 최선순위 보전가등기는 소멸하지 않는다.

11 ③ 「민사집행법」 제92조 제3자는 권리를 취득할 때에 경매신청 또는 압류가 있다는 것을 알았을 경우에는 압류에 대항하지 못한다.
⑤ 「민사집행법」 제88조 집행력 있는 정본을 가진 채권자, 경매개시결정이 등기된 뒤에 가압류를 한 채권자, 「민법」·「상법」, 그 밖의 법률에 의하여 우선변제청구권이 있는 채권자는 배당요구를 할 수 있다.

12 ㉡ 중개사무소 개설등록이 취소된 경우 지방법원장은 매수신청대리인 등록을 취소해야 한다.
㉢ 중개사무소 폐업신고로 매수신청대리인 등록이 취소된 경우는 결격사유에 해당하지 않으므로 언제든 다시 매수신청대리인 등록을 할 수 있다.

13 ④ 지방법원장 ⇨ 법원행정처장

14 법원에 매수신청대리인으로 등록된 개업공인중개사가 매수신청대리의 위임을 받은 경우 다음의 행위를 할 수 있다.

> 1. 「민사집행법」 제113조 규정에 따른 매수신청 보증의 제공
> 2. 입찰표의 작성 및 제출
> 3. 「민사집행법」 제114조 규정에 따른 차순위매수신고
> 4. 「민사집행법」 제115조 제3항, 제142조 제6항 규정에 따라 매수신청의 보증을 돌려줄 것을 신청하는 행위
> 5. 「민사집행법」 제140조 규정에 따른 공유자의 우선매수신고
> 6. 「임대주택법」 제15조의2 규정에 따른 임차인의 임대주택 우선매수신고
> 7. 공유자 또는 임대주택 임차인의 우선매수신고에 따라 차순위매수신고인으로 보게 되는 경우 그 차순위 매수신고인의 지위를 포기하는 행위

② 할 수 없는 행위는 ⓛ 매각불허가결정에 대한 즉시항고, ② 인도명령을 신청하는 행위이다.

15 ① 공인중개사인 개업공인중개사와 법인인 개업공인중개사가 매수신청대리인으로 등록을 신청할 수 있다.

16 ② 개업공인중개사가 매수신청대리를 위임받은 경우 권리관계, 경제적 가치, 매수인이 부담해야 할 사항 등에 대하여 위임인에게 성실·정확하게 설명하고 등기사항증명서 등 설명의 근거자료를 제시해야 한다. ⓛⓜ은 설명사항이 아니다.

17 ② 매수신청대리인이 되고자 하는 개업공인중개사는 손해배상책임을 보장하기 위하여 보증보험 또는 협회의 공제에 가입하거나 공탁을 하여야 한다. 대리인으로 등록한 후에 보증을 설정하는 것이 아니다.

18 ③ 중개업의 실무교육을 받았더라도 매수신청대리를 하기 위해서는 별도의 경매실무교육을 받아야 한다.

19 ④ 매수신청대리 보수의 지급시기는 약정이 있는 경우 이에 따르며, 별도의 약정이 없는 한 매각대금 지급기한일로 한다.

20 ④ <u>법원행정처장</u>은 매수신청대리업무에 관하여 <u>협회</u>를 감독한다. <u>지방법원장</u>은 매수신청대리업무에 관하여 관할 안에 있는 협회의 <u>시·도 지부</u>와 매수신청대리인 등록을 한 <u>개업공인중개사</u>를 감독한다.

21 ⑤ 개업공인중개사는 보수에 대하여 이를 위임인에게 위임계약 전에 설명해야 한다.

22 ㉠ 매수신청대리업의 폐업신고를 한 경우, ㉤ 「공인중개사법」에 따라 공인중개사 자격이 취소된 경우: 매수신청대리 절대적 등록취소 사유

㉡ 최근 1년 이내에 이 규칙에 따라 2회 이상 업무정지처분을 받고 다시 업무정지처분에 해당하는 행위를 한 경우: 매수신청대리 임의적 등록취소

㉢ 등록 후 매수신청대리 등록요건을 갖추지 않게 된 경우: 매수신청대리 임의적 등록취소

㉣ 「공인중개사법」에 따라 업무의 정지를 당한 경우: 매수신청대리 절대적 업무정지

23 ① 매수신청대리 확인·설명서에 등록한 인장을 사용하지 아니한 경우는 매수신청대리업무의 정지를 명할 수 있는 사유이다. 즉 임의적 업무정지 사유이다. 나머지 ②③④⑤는 절대적 업무정지 사유이다.

연구 집필위원

정지웅	최상준	김상진	윤영기
송성호	신정환	고형석	홍덕기

제37회 공인중개사 시험대비 **전면개정**

2026 박문각 공인중개사

합격예상문제 **2차** 공인중개사법·중개실무 정답해설집

초판인쇄 | 2026. 4. 5.　**초판발행** | 2026. 4. 10.　**편저** | 박문각 공인중개사연구소

발행인 | 박 용　**발행처** | (주)박문각출판　**등록** | 2015년 4월 29일 제2019-000137호

주소 | 06654 서울시 서초구 효령로 283 서경 B/D 4층　**팩스** | (02)584-2927

전화 | 교재 주문 (02)6466-7202, 동영상문의 (02)6466-7201

판 권
본 사
소 유

비매품
ISBN 979-11-7519-981-1 | ISBN 979-11-7519-980-4(2차 세트)

박문각 공인중개사

합격예상문제 2차

공인중개사법·중개실무

박문각 공인중개사
온라인강의 www.pmg.co.kr
유튜브　박문각 클라쓰

박문각 북스파
박문각 공식
온라인 서점

동영상강의 무료제공 | 방송시간표 수록

기본이론 방송　2026. 1.12(월) ~ 7. 1(수)
문제풀이 방송　2026. 7. 6(월) ~ 8.19(수)
모의고사 방송　2026. 8.24(월) ~ 9.30(수)

2026 올해의 교육 브랜드파워 1위
교육서비스 부문 1위

2025 고객선호브랜드지수 1위
교육(교육서비스)부문

2024 고객선호브랜드지수 1위
교육(교육서비스)부문

2023 고객선호브랜드지수 1위
교육(교육서비스)부문

2022 한국 브랜드 만족지수 1위
교육(교육서비스)부문 1위

2021 조선일보 국가브랜드 대상
에듀테크 부문 수상

2021 대한민국 소비자 선호도 1위
교육부문 1위

비매품

14320

9 791175 199811
ISBN 979-11-7519-981-1
ISBN 979-11-7519-980-4 (2차 세트)

04 기출문제풀이

기출문제 풀이로
출제경향 체크!

—
핵심기출문제 총 2권
회차별 기출문제집 총 2권
저자기출문제

| 핵심기출문제 |

| 회차별 기출문제집 |

| 저자기출문제 |

05 예상문제풀이

시험에 나오는
모든 문제유형 체크!

—
합격예상문제 총 6권

06 핵심마무리

단기간 합격을 위한
핵심만을 정리!

—
핵심요약집 총 2권
파이널 패스 100선

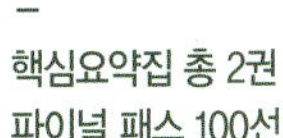

| 핵심요약집 |

| 파이널 패스 100선 |

07 실전모의고사

합격을 위한
마지막 실전 완벽 대비!

—
실전모의고사 총 2권
THE LAST 모의고사

| 실전모의고사 |

| THE LAST 모의고사 |

박문각 공인중개사

합격예상문제 시리즈

1차 부동산학개론 | 민법·민사특별법
2차 공인중개사법·중개실무 | 부동산공법 | 부동산공시법령 | 부동산세법